100 EXERCICES ET ÉTUDES DE CAS POUR LA FORMATION

Division de Reed Business Information
2, rue Maurice-Hartmann, 92133 Issy-les-Moulineaux
3e édition 2003
ISBN 2 7101 1606 5
ISSN 0768-2026

100 exercices et études de cas pour la Formation

Communication, créativité,
et développement personnel

Édition établie par
Lionel Bellenger et Philippe Pigallet

ESF
éditeur

Collection
Formation permanente en sciences humaines

Collection fondée par Roger Mucchielli
et dirigée par Lionel Bellenger

Depuis 1966, la collection « Formation permanente en sciences humaines » a publié les contenus de séminaires de formation et de perfectionnement en sciences humaines, avec un succès croissant, puisque les premiers titres parus dépassent aujourd'hui leur 17e édition, et sont traduits dans le monde entier.

Dans le sillage de Roger Mucchielli, tous ceux qui s'intéressent à la psychologie sociale ou qui veulent prévoir eux-mêmes leur formation continue, seront heureux de savoir que la collection s'enrichit constamment de nouveaux auteurs spécialistes du développement personnel et professionnel.

Puisqu'on ne peut suivre toutes les sessions de formation et de recyclage, la formule originale de nos ouvrages permet à chacun de travailler sur leur contenu théorique et pratique et d'effectuer ainsi en permanence son autoperfectionnement.

* * *

Vous trouverez, en fin d'ouvrage, la liste complète des ouvrages parus dans la collection « Formation permanente »

Table des matières

Avant-propos 9

Première partie

CONNAISSANCE DE SOI

Introduction 13

Exercices 1 à 25 14

Corrigés des exercices 1 à 25 76

Deuxième partie

EFFICACITÉ PERSONNELLE

Introduction 119

Exercices 1 à 26 120

Corrigés des exercices 1 à 26 190

Troisième partie

COMMUNICATION

Introduction 243

Exerciccs 1 à 15 244

Corrigés des exercices 1 à 15 285

Quatrième partie

NÉGOCIATION, PERSUASION ET INFLUENCE

Introduction 313

Exercices 1 à 18 314

Corrigés des exercices 1 à 18 358

Cinquième partie

MANAGEMENT

Introduction 397

Exercices 1 à 16 398

Corrigés des exercices 1 à 16 440

Avant-propos

Après la publication du *Dictionnaire de la Formation et du Développement personnel*, il était tentant d'aller plus loin dans l'offre d'un outil de références au service des professionnels de la formation. La sélection des 1 500 définitions à partir du lexique des 10 000 mots rassemblés par les auteurs des 120 livres de la collection invitait à renouveler l'expérience au bénéfice d'une des préoccupations majeures et constantes des animateurs et des enseignants : disposer de cas et d'exercices en groupe.

C'est fait avec ce nouveau manuel qui offre le meilleur du patrimoine de la collection en matière de cas et d'exercices. Nous avons sélectionné, parmi le millier de cas de la collection, un ensemble de 100 spécimens particulièrement pertinents. Ils ont été regroupés en cinq domaines :

- connaissance de soi ;
- efficacité personnelle ;
- communication ;
- négociation, persuasion et influence ;
- management.

Chaque domaine rassemble 10 à 20 études de cas classées selon une progression logique et offrant ainsi un réel parcours d'entraînement.

Chaque cas, des plus classiques (jeux de la Nasa, du passeur, expérience de Milgram) aux plus originaux et ludiques, est assorti d'un corrigé apportant un éclairage — parfois théorique, parfois méthodologique — aux lecteurs soucieux d'exploiter au mieux les ressources de la pédagogie active.

Plus que jamais, la demande en formation soulève le problème de l'expérimentation, de la mise en situation, de l'entraînement. La pédagogie des études de cas a fait ses preuves et offre les conditions d'une sensibilisation, puis d'une réelle appropriation, par le jeu d'un parcours progressif de cas complémentaires.

C'est ainsi que le renforcement peut s'opérer au profit d'une bonne assimilation et d'une meilleure lucidité des apprenants qui deviennent de cette façon les vrais acteurs de leur perfectionnement.

Lionel Bellenger, Philippe Pigallet

Première partie
Connaissance de soi

Table de la première partie

Introduction 13

1. Dans quelle mesure choisissons-nous ce qui nous arrive? 14
2. Le diagnostic du caractère 14
3. Que faites-vous avec vos sentiments? (test) 19
4. Les impressions 22
5. La honte et l'orgueil 27
6. Le cas Marcel 28
7. Le cas Marie-Christine 29
8. L'histoire de mes relations 32
9. Les « jeux » 32
10. Autodiagnostic de la personnalité 37
11. Mieux comprendre votre scénario personnel 42
12. Localiser les situations de stress 43
13. Évaluez vos stresseurs professionnels 47
14. Le travail du non 48
15. Neutraliser vos croyances limitantes 48
16. Qui a tué la princesse? 50
17. Quelle est votre conception du temps? Êtes-vous monochrone ou polychrone? 51
18. Les quatre règles d'or d'un bon planificateur 53
19. La synchronisation sur les métaprogrammes 57
20. La photocopieuse hors d'usage 59
21. La fête gâchée 61
22. La raison de la force et la force de la raison 64
23. Poste de travail et motivation 65
24. Un repérage des stratégies de changement : la mise en place de machines à commandes numériques 68
25. L'autoformation au quotidien – Étude de cas 73

Corrigés 1 à 24 76

Introduction

Percevons-nous le temps de manière linéaire comme un ruban décomposable en segments déterminés ou nous laissons-nous facilement interrompre au milieu d'une tâche sans que cela nous perturbe outre mesure ? Notre appréhension du temps nous en dit long aussi sur nous-mêmes.

Or ce qui est important c'est de bien se connaître : de savoir ce qui nous gouverne afin d'être vraiment l'acteur de notre existence au quotidien. En fait, depuis notre enfance, nous sommes comme « programmés » par des automatismes mis en place inconsciemment à travers diverses expériences. Et cela distord, limite ou généralise notre perception de la réalité.

Par ailleurs, la construction de notre personnalité s'est accomplie par le biais d'« inconscients parentaux » qui ont forgé, avec plus ou moins de bonheur, les bases de la confiance en soi qui mobilise notre énergie. Enfin, nous nous sommes créé avec l'âge une « image de soi » avec laquelle nous cherchons à donner le change au mépris des émotions qui nous habitent : celles que nous éprouvons, celles que nous nous autorisons à copier, celles que nous tentons de masquer, celles qui nous sont inconnues…

Nous ne nous rendons pas toujours compte que notre subjectivité exacerbée, nos stéréotypes nous font voir le monde à travers des lunettes déformantes. À trop nous accrocher à nos idées, ne nous étonnons pas alors de faire mauvaise impression !…

Il faut dire que, tous les jours, notre caractère nous incite à adopter des croyances aidantes ou limitantes qui favorisent ou non notre épanouissement personnel. Mais il n'est pas trop tard pour changer. Pour éviter en particulier d'entrer dans des « jeux » stériles avec les autres consistant à critiquer systématiquement pour se protéger, fuir ses responsabilités, ou jouer les sauveurs indésirables.

Après avoir évalué à leur juste mesure tous ces stresseurs professionnels qu'il importe de réduire, rien ne nous interdit plus de nous prendre en mains pour choisir désormais ce qui nous arrive. Il suffit pour cela que nous nous montrions prêts à exprimer nos sentiments. Car bien se connaître rend capable de définir clairement ses priorités, donne aussi plus d'assurance en soi, motive enfin dans son attitude face au travail en permettant de faire la part de ce qui relève de la réalisation de soi-même ou de l'affiliation aux valeurs de l'entourage.

La connaissance de soi nous permet ainsi de repérer nos stratégies de changement. Car la connaissance de soi-même est déjà le premier pas vers la réalisation de soi. Bien se connaître soi-même, c'est avoir déjà commencé de changer…

1. Dans quelle mesure choisissons-nous ce qui nous arrive?

♦ Virginie Cornet, Philippe Auriol, n° 108

1. Listez les choix clés que vous avez faits dans votre vie.
2. Listez les événements de votre vie que vous avez eu l'impression de « subir ». En quoi avez-vous contribué à ce qui s'est passé?
3. Notez ce qui n'est pas juste d'après vous dans votre vie.

Que pouvez-vous choisir de faire pour changer ce qui n'est pas juste?

4. Fermez les yeux et pensez à quelque chose que vous n'obtenez pas. Appelez cette chose le problème X.

— Qui est impliqué avec vous dans ce problème?

— Qui blâmez-vous?

— Que vous dites-vous à vous-même?

— Quels bénéfices vous procure le fait de ne pas obtenir ce que vous aimeriez avoir?

— Pensez au problème de la façon suivante :

« Je veux ...... et ce qui est nécessaire pour l'obtenir c'est ....
Quelles sont les circonstances dans lesquelles je peux l'obtenir?
Quelles actions sont nécessaires?
Donc, pour obtenir ...., je vais .... »

Corrigé page 76

2. Le diagnostic du caractère

♦ Roger Mucchielli, n° 11

NB — En exercices collectifs, seules les 5 questions de la fin de l'exercice peuvent faire l'objet de discussion en petits groupes, les expériences étant préalablement faites individuellement. Sur le modèle de cet exercice on peut prendre pour thème n'importe lequel des Questionnaires de caractère ou des Inventaires de traits de personnalité. Si l'on dispose de temps (attention à bien faire l'information préalable chaque fois), on peut faire plusieurs expériences avec des questionnaires variés et ensuite en faire la critique comparée.

Information préalable. Les méthodes de diagnostic du caractère supposent préalablement un « inventaire des traits de personnalité ». Plusieurs approches ont été utilisées :

Une des plus connues consiste à prendre pour point de départ *le vocabulaire.* Toutes les langues sont en effet riches en qualificatifs des conduites, des humeurs, des états de conscience et des traits différentiels. On peut donc dresser la liste de tous ces mots pour obtenir le catalogue exhaustif des aspects de la personnalité. Allport et Odbert ont fait ce travail pour la langue anglaise et ont publié, en 1936, une liste de 4500 mots représentant tous les traits de personnalité. Devant un tel encombrement, on pense naturellement qu'une simplification est souhaitable, et les auteurs, regroupant les synonymes et les séries par degrés d'un même trait, aboutirent à une liste de 171 « traits », la plupart exprimés sous forme d'opposition bi-polaire, du type « confiant-soupçonneux », « chaleureux-froid », etc. Travaillant sur ce matériel, R.-B. Cattell, entre 1950 et 1959, proposa une super-liste de « traits-sources » découverts par l'analyse factorielle, regroupés sous 16 catégories ou « facteurs ».

Cet inventaire de Cattell, rédigé sous forme de « questionnaire de personnalité » est un monument où se trouvent pêle-mêle les traits normaux et pathologiques, infantiles et adultes, de niveau intellectuel et d'affectivité, des traits de large généralité (telle la sensibilité) et des traits particuliers (tel « grincheux »).

De cette masse monstrueuse, dont Cattell continue à essayer d'extraire le maximum (évidemment on y retrouve tout) par des manipulations statistiques ou empiriques selon les périodes, Eysenck, vers 1950, a dit qu'on pouvait la ramener à deux facteurs bipolaires de base : d'une part, *l'extraversion-introversion* et, d'autre part, le *névrotisme* (facteur général de maladie mentale) dont le pôle contraire serait la stabilité-maturité (facteur de la normalité).

L'extraversion-introversion nous renvoie à la typologie de Carl Gustav Jung. Mais ce sont là, pour Jung, des attitudes fondamentales que viennent spécifier d'une part la détermination de la « fonction dominante » (il en donne 4 : pensée, sentiment, sensation, intuition), et d'autre part, la dialectique de l'*Ombre* et de la *Persona,* c'est-à-dire la composition du personnage social *(persona)* qui renvoie dans l'*Ombre* (forme d'inconscient personnel) les traits de caractère non conformes à l'image que le sujet veut donner de lui, ou à ce qui est « récompensé » par le milieu.

NB — Toutes les typologies ont quelques points de départ « intuitifs ». Selon des préférences sentimentales ou intellectuelles..., ou selon leurs *a priori* d'école, les psychologues sont plus indulgents ou plus sévères pour les typologies actuellement formulées. Un exemple typique en est fourni par Nuttin (*La structure de la personnalité*, 1965-1968) où l'auteur « éreinte » la typologie de Heymans-Wiersma-Le Senne au nom d'une haute exigence scientifique, et présente avec complaisance l'inventaire de Cattell ou le système de Sheldon qui sont éreintés par d'autres auteurs toujours au nom de la rigueur scientifique!

Pour vous donner une idée des méthodes de diagnostic caractérologique, nous vous proposons un questionnaire de personnalité fondé sur la typologie de Jung, auquel nous ajouterons des questions « complémentaires » dont le sens apparaîtra par la suite.

Il vous est demandé de répondre pour vous-mêmes avec le maximum de sincérité à ce questionnaire, en cochant les attitudes, traits de caractère ou d'humeur, que vous reconnaissez *comme vous appartenant.* Faites cela au fur et à mesure de la lecture, en lisant par rangées horizontales. En règle générale, si vous cochez la proposition de gauche, vous excluez celle de droite et inversement. Cependant, si vous trouvez vraie aussi une autre de ces propositions, sur la même rangée, cochez-la. Le mode de dépouillement sera donné à la fin.

SÉRIE 1

ATTITUDE A	**ATTITUDE B**
• Au cours de l'information reçue ou de la rencontre des faits, prend habituellement l'attitude de spectateur-observateur.	• Au cours de l'information reçue ou de la rencontre des faits, est habituellement porté tout de suite à juger (approuver – désapprouver – arbitrer – prendre parti).
• Manifeste un intérêt dominant pour le monde des choses et les problèmes matériels.	• Manifeste un intérêt dominant pour le monde des personnes et les problèmes humains.
• Devant un procédé nouveau, cherche d'abord à se renseigner sur son utilité pratique et ses applications.	• Devant un procédé nouveau, cherche d'abord à savoir comment il marche et sur quel principe il fonctionne.
• Accorde plus de poids aux impératifs de l'action, et pense qu'une réflexion prolongée handicape le plus souvent l'action.	• Accorde plus de poids aux exigences de la réflexion et pense qu'une action insuffisamment préparée risque plus souvent l'échec.
• Éprouve plus de plaisir à se plonger dans l'analyse des faits extérieurs et de l'actualité.	• Éprouve plus de plaisir à s'analyser soi-même, à vivre en pensée et en imagination.

SÉRIE 2

FONCTION A	FONCTION B	FONCTION C	FONCTION D
• Lors d'un débat à arbitrer, se décide en fonction de la logique des arguments et de la déduction des conclusions.	• Lors d'un débat à arbitrer, se décide en fonction des sentiments éprouvés pour les personnes en discussion.	• Lors d'un débat est attentif aux voix, aux intonations, aux gestes et décide en fonction de ses perceptions.	• Dans un débat est attentif à ce qui n'est pas dit, interprète, se fie à son intuition.
• Cherche l'assentiment en faisant une démonstration, cherche donc plutôt à *convaincre*.	• Cherche l'assentiment en opérant par charme et suggestion, cherche donc à *persuader*.	• Multiplie les arguments et les preuves, cherche à *faire sentir* comme il sent.	• Attire l'attention sur les nuances, les analogies, les impondérables, *laisse deviner* ou supposer.
• De sang-froid, réfléchi, méthodique, se fie à sa Raison et se méfie des inclinations affectives.	• Enthousiaste, spontané, impulsif, se fie à ses élans et inclinations et se méfie de la froide Raison.	• Se fie à ce qu'il constate, voit, touche, perçoit.	• Se fie à ce que le réel lui fait entrevoir, à ce qu'il imagine à partir des faits ou des sentiments.
• Aime abstraire et comprendre.	• Aime éprouver affectivement.	• Aime éprouver sensoriellement.	• Aime imaginer les possibles.
• Porté à l'analyse intellectuelle.	• Porté à la compréhension affective globale.	• Porté à exploiter les données réelles observables.	• Porté à l'invention et à la création de données nouvelles.
• A plutôt l'esprit de système, se soucie de la cohérence des idées et des opinions, plus que des sentiments, des faits ou des purs possibles.	• Se laisse aller à ses sentiments sans se soucier de la cohérence des idées et opinions. Préfère la fidélité et l'accord affectif à la cohérence intellectuelle.	• Fait attention à tous les détails, respecte les faits, a l'esprit concret et aime la clarté des observations. Préfère expérimenter que croire ou supposer.	• Se fie à ses prémonitions et n'est pas mal à l'aise dans le compliqué, l'enchevêtré, le désordre. Aime être dans le « pourquoi pas ? »

SÉRIE 3

• Avez-vous un « moral » très résistant?	• Ou êtes-vous facilement « démoralisé(e) »?
• Avant la décision, votre délibération intérieure est-elle rapide et claire?	• Ou bien votre délibération se prolonge-t-elle de manière pénible, éveillant des conflits de tendances et de multiples hésitations?
• Après un choix ou une décision vous engageant dans une certaine direction, êtes-vous porté à ne « rien regretter » et à avoir la certitude intime que vous avez fait du mieux possible?	• Après un choix ou une décision vous engageant dans une certaine direction, votre satisfaction est-elle de courte durée, et êtes-vous généralement en proie à des regrets?
• Trouvez-vous que vos sentiments sont faciles à définir et, somme toute, assez clairs?	• Trouvez-vous que vos sentiments sont confus, contradictoires, compliqués?
• Êtes-vous habituellement détendu(e), à l'aise dans votre existence, naturel (le), et d'esprit libre?	• Ou êtes-vous habituellement tendu(e), mal à l'aise dans votre existence, jouant le plus souvent un rôle que vous vous imposez, contracté(e) et toujours préoccupé(e) pour une chose ou une autre?

Dépouillement des réponses. En examinant les cases cochées par colonne, dans les trois groupes successifs de questions, vous devez remarquer que l'une des colonnes est majoritaire en ce qui concerne les cases cochées. Cette « dominance » vous donne :

1. En ce qui concerne la série 1 des questions, votre appartenance à l'un des deux types d'orientation générale *Extraverti* (attitude A) ou *Introverti* (attitude B).

2. En ce qui concerne la série 2, la fonction dominante qui spécifie l'orientation précédente : *Pensée* (fonction A) ou *Sentiment* (fonction B) ou *Sensation* (fonction C) ou *Intuition* (fonction D).

À ce moment de vos calculs, vous pouvez dire, selon votre autodiagnostic, auquel des 8 types vous appartenez (Ext. Pensée, Ext. Sentiment, Ext. Sensation, Ext. Intuition, Introv. Pensée, Introv. Sentiment, Introv. Sensation, Introv. Intuition).

3. En ce qui concerne la série 3, vous pouvez évaluer le degré d'unité ou de dissociation conflictuelle du Moi : les réponses positives de la colonne de gauche comptant pour indices d'unité, et celles de la colonne de droite pour indices de conflit et de tension chroniques.

Tout ceci étant fait, répondez aux questions suivantes :

Question 1 : comment définiriez-vous les concepts d'« extraversion » et d'« introversion » d'après les repères fournis par les 5 questions correspondantes ?

Question 2 : comment définiriez-vous, de même, les concepts de « fonction Pensée », « fonction Sentiment », « fonction Sensation », « fonction Intuition » ?

Question 3 : sachant que, à partir des deux caractéristiques majeures (détermination de l'appartenance au type Extraverti ou Introverti et d'autre part détermination de la fonction dominante), Jung *déduit* un portrait-type par une série de rapports psychologiques,... décrivez schématiquement les 8 portraits.

Question 4 : sachant maintenant que (toujours selon la théorie de Jung) lorsqu'il y a conflit et dissociation, une « ombre » se développe qui vient perturber le style typique et normal de la personnalité, et que cette « ombre » se définit comme l'inverse du caractère reconnu par le Moi et comme un inverse *demeuré archaïque* par l'effet même du refoulement... décrivez schématiquement les 8 caractères dans leur état respectif de conflit interne.

Question 5 : (question de critique méthodologique)

A. – Que se passe-t-il à votre avis lorsqu'on demande à quelqu'un de répondre à un questionnaire de personnalité ? Quelles sont les sources d'erreurs qui rendent le résultat incertain ?

B. – Si vous faites répondre quelqu'un (qui vous connaît bien) *pour vous* au même questionnaire, les résultats sont différents de votre autodiagnostic dans 75 à 80 % des cas. Qu'est-ce que cela prouve ?

C. – Conceptualisez les conclusions empiriques précédentes et formulez les différentes « instances personnelles » en action dans une situation de « réponse à un questionnaire de personnalité ».

D. – Que valent en définitive ces méthodes ? Et comment rectifier éventuellement les erreurs de l'auto-diagnostic ?

Corrigé page 76

3. Que faites-vous avec vos sentiments ? (test)

♦ Viviane Dubos, n° 98

Faites un bilan de votre santé relationnelle.

Quels sont les sentiments les plus fréquents qui gouvernent vos relations avec votre entourage, y compris vous-même ?

Ce test décline une galerie de portraits : cochez les phrases qui vous ressemblent.

1. Vous vous sentez facilement gêné par toute manifestation de tendresse, venant de votre conjoint, ou maladroit lorsqu'un élan d'affection vous porte vers lui.

2. Vous attendez avec excitation les fêtes (religieuses ou anniversaires). Vous aimez célébrer les événements, même anodins, par des cadeaux, des invitations ou des fleurs.

3. Vous n'aimez pas vous sentir découragé : être actif, en mouvement, est d'ailleurs un excellent moyen de prévenir ce sentiment.

4. On dit de vous que vous ne savez pas masquer vos sentiments.

5. Vous cultivez l'art d'un réveil lascif : ce moment est celui d'un regard imaginatif sur la journée qui vous attend.

6. Vous avez tendance à afficher un sourire de rigueur, alors que vous vous sentez blessé.

7. Vous êtes fréquemment déçu par votre entourage, vos proches.

8. Votre entourage vous apprécie pour votre aisance à aller vers les autres et votre chaleur : vous êtes fréquemment sollicité, invité à des soirées.

9. Vous manifestez facilement de l'impatience face à la lenteur des autres.

10. Vous ne supportez pas les temps d'attente : taxis, bus, files d'attente dans les cinémas, salles d'attente des médecins...

11. Vous vous sentez facilement honteux, humilié ou désarmé face à un reproche ou un trait ironique.

12. La bonne humeur, vous êtes tombé dedans quand vous étiez petit!

13. On dit de vous : « Il est toujours en train de courir! »

14. Vos remarques suscitent souvent des réactions comme : « Ah! Quel rabat-joie tu fais! »

15. Vous bouillez intérieurement lorsque quelqu'un vous adresse une critique. Cette personne baisse d'ailleurs aussitôt d'un degré (au moins) dans votre estime.

16. Vous savez vous arrêter et profiter des menus plaisirs du quotidien : un spectacle de rue, une promenade, une musique, une discussion entre amis...

17. Vous êtes considéré comme un boute-en-train : c'est un excellent antidote à la solitude.

18. Vous vous surprenez souvent à froncer les sourcils : plusieurs personnes vous en ont déjà fait la remarque.

19. Toute action à entreprendre qui sort de votre cadre habituel — déplacement dans une ville étrangère, visite à un médecin nouveau, démarche ou négociation auprès d'une administration, rencontre avec

les professeurs de vos enfants, voyage... — vous effraie, voire vous paralyse.

20. Vous ne perdez jamais longtemps le sourire.

21. On vous a déjà dit : « On ne peut rien te dire sans que tu t'énerves aussitôt. »

22. Vous vivez beaucoup dans le futur : vous pensez toujours à ce qui vous attend demain.

23. Vous avez compris depuis longtemps que la confiance en soi, c'est d'abord un regard optimiste sur les autres.

24. Il ne se passe pas une journée sans que vous ayez un reproche à formuler à vos proches. Vous avez d'ailleurs le sentiment qu'ils se fichent complètement de ce que vous dites, ou qu'ils le font exprès.

25. Lors d'un premier contact, vous donnez l'image de quelqu'un qui est plutôt froid et prétentieux.

26. Quand vous recevez un compliment, c'est immédiat : vous ne savez pas cacher votre plaisir. Vous ne voyez d'ailleurs aucune raison de le taire.

27. Vous mettez un point d'honneur à ne pas faire de vagues dans votre entourage : on vous plaisante de temps en temps sur votre côté timide et effacé.

28. Vous avez une réputation de « grande gueule » ou de « flambeur » : en fait, vous ne vous gênez pas pour exprimer haut et fort une opinion.

29. Vous ne vous reconnaissez dans aucune des phrases précitées : même si certaines vous ressemblent, vous n'aimez pas être placé dans une case ou une autre.

30. Vous vous sentez souvent triste, abandonné, déprimé.

31. Les accès de cafard viennent sans prévenir et sans raison apparente.

32. Les « bons coups » de cafard, vous les prenez uniquement quand vous rencontrez un échec professionnel ou amoureux.

33. L'instant du réveil, le matin, est un moment pénible : vous avez plutôt envie de vous réfugier sous vos couvertures et de laisser les problèmes de la journée se régler seuls.

34. Franche rigolade et bonnes parties de rire, vous y participez au quotidien.

35. Répondre au téléphone ou appeler un client, un ami que vous n'avez pas vu depuis longtemps, est source d'angoisse. Vous ne le faites qu'après avoir beaucoup temporisé.

36. Vous aimez garder une certaine indépendance et liberté d'action vis-à-vis de vos proches, même si vous payez cela en moments de solitude non vraiment désirés.

Corrigé page 79

4. Les impressions

♦ Guy Barrier, n° 117

Application 1

Afin de sensibiliser les personnes en formation à l'influence des apparences extérieures sur leurs préjugés éventuels, le formateur leur proposera un travail d'observation à partir d'enregistrements télévisés. Il aura sélectionné, préalablement, une série d'extraits d'émissions où apparaissent des personnages s'exprimant spontanément à l'antenne, cinq minutes au minimum : interviews, débats télévisés, etc. On évitera cependant des situations trop formelles (présentation du journal télévisé, déclaration officielle du ministre), où le style de la communication est déterminé par avance. Cette observation pourra s'appuyer sur l'échelle de jugements proposée p. 23, inspirée du principe des différenciateurs sémantiques (ces instruments ont été très utilisés en marketing afin de cerner certaines connotations ou propriétés sensorielles de ces différenciateurs chaud/froid, souple/dur, etc.).

Variantes a

Chaque participant présente au caméscope son établissement et le contenu de sa formation, pendant cinq minutes environ. Avec l'accord des intéressés, les exposés sont montrés aux individus d'une autre promotion, de préférence dans un établissement différent, afin qu'ils remplissent les feuilles de tabulation de l'échelle des jugements. On est ainsi assuré que les considérations interpersonnelles d'affinités n'interféreront pas dans les jugements émis. À travers un tel jumelage, chacun obtiendra des éléments de connaissance de son « image publique ». Les jugements obtenus par chacun pourront rester personnels ou non, selon le contrat passé avec le groupe.

Variantes b

Les participants invitent par courriers et contacts téléphoniques des intervenants extérieurs à l'établissement, spécialistes dans un domaine particulier (professionnels, représentants d'association, etc.). Le lendemain, ils rédigent un compte rendu à partir de leurs notes et répondent en annexe à la question suivante : quelles sont les impressions visuelles ou auditives que vous avez pu mémoriser concernant notre invité ? L'échelle des jugements pourra également être utilisée.

Application 2

Connaître l'opinion d'autrui à son propre sujet est sans doute la chose la plus désirée et la plus redoutée par tout un chacun. Le test collectif suivant essaie de répondre à cet objectif, en prenant soin d'éviter l'expression des inimitiés éventuelles, grâce à un système évitant les choix négatifs (tout jugement de valeur est écarté, afin de mettre l'accent sur le potentiel de chacun).

Le groupe fonctionnera donc comme un miroir, permettant à chaque participant de savoir quelle image il donne aux autres, soit d'une certaine manière, à la société. D'autre part, il est souhaitable que les participants aient déjà collaboré ensemble, afin d'évaluer des modes de fonctionnement et non plus des apparences.

Consigne de passation : afin d'aider votre camarade (ou collègue) à mieux se connaître, vous répondrez au questionnaire (p. 24) aussi objectivement que possible, en cochant un seul choix par ligne. Si vous estimez devoir faire un choix intermédiaire, ou ne pas pouvoir répondre, cochez la case « neutre ». La personne concernée aura, au préalable, fait sa propre auto-évaluation en remplissant le tableau.

ÉCHELLE DES JUGEMENTS

		Médian		
naturel				sophistiqué
attentif				rêveur
sûr de lui				tendu
franc				dissimulateur
calme				emporté
cartésien				approximatif
spontané				réservé
chaleureux				froid
sévère				gentil
clair				confus
souple				formaliste
gai				triste
humble				suffisant
sympathique				antipathique

QUESTIONNAIRE

Nom de la personne concernée : ....
Date : ....

Pôle 1		**Pôle 2**		**neutre**
esprit d'équipe		autonomie		
persévérance		mobilité des objectifs		
sait convaincre autrui		sait comprendre autrui		
esprit abstrait		esprit pratique		
délègue volontiers		délègue peu		
sens du commandement		sens de la hiérarchie		
ambition		modestie		
prudence		goût du risque		
goût des détails		esprit de synthèse		
franchise		diplomatie		
facilité d'expression		qualités d'écoute		
prévoyance		improvisation		
souplesse		formalisme		
stabilité		goût du changement		
exigeant		tolérant		
esprit logique		intuition		
goût de l'ordre		sens de l'improvisation		
innovation		conservatisme		
matérialisme		idéalisme		
extraversion		introversion		
autocontrôle		émotivité		
esprit d'initiative		besoin d'être soutenu		
réflexion prudente		spontanéité d'action		
esprit critique		esprit consensuel		
esprit de compétition		esprit de coopération		
curiosité		discrétion		
objectivité		subjectivité		
assurance		réserve		
directivité		empathie		

NB — En individuel, le lecteur pourra également effectuer ce petit bilan, en remplissant lui-même le tableau puis en demandant à l'un de ses proches d'en remplir un autre exemplaire.

Application 3

Cet exercice est inspiré du test de Szondi, épreuve projective consistant à soumettre aux sujets six séries de huit photos. Ils doivent alors désigner les personnages qu'ils trouvent sympathiques et ceux qui leur paraissent antipathiques. Par recoupement factoriel des choix, le test original permet d'aboutir à un « profil pulsionnel » de l'individu selon ses projections envers tel type de visage.

Source : *Manuel des techniques projectives, H.* & L. Anderson, Éditions universitaires, 1965.

L'exercice proposé ici n'a aucun but clinique, puisqu'il s'agit simplement de constater des concordances éventuelles de choix au sein d'un groupe.

Pour constituer le matériel de travail, le formateur sélectionne une série de photos de personnages dans des magazines, si possible dans des revues étrangères afin d'éviter les opinions préexistantes. Les répondants devront classer leurs jugements individuellement sur une échelle graduée de 1 à 5 (de très antipathique à très sympathique). Les types de photos devront être homogènes : portraits ou « en pied », afin de ne pas introduire de biais. Quoique obéissant à une sémiotique particulière, la photo de mode pourra être utilisée ; elle rendra l'exercice encore plus interactif.

Application 4

Matériel nécessaire : un magnétophone

Peut-on relier la voix à la personnalité, ou à l'apparence physique des individus ? L'exercice consiste à présenter aux observateurs 5 à 10 extraits d'entretiens de personnes inconnues de trois minutes chacun. Dans un premier temps, le formateur montre l'image sans le son, puis fait écouter à l'aide du magnétophone les voix des locuteurs ayant été recopiées sur une cassette audio (utiliser les prises RCA et non pas un micro). Un troisième passage permet de revoir les images muettes.

Le groupe observera le degré de concordance des jugements, ceci permettant d'identifier les critères vocaux à l'origine des appariements (volume de la voix, rythme, résolution, fluidité, intonations prosodiques), ainsi que les critères « morphologiques », supposés correspondre. Divers stéréotypes peuvent ressortir, tels que grosse voix — personne corpulente, voix cassante — visage sévère, etc.

Variante

Une autre expérience consiste à enregistrer la voix de tous les membres d'un groupe s'exprimant sur un point d'actualité, puis à faire écouter les entretiens dans un ordre aléatoire. La liste nominative du groupe est distribuée à chacun, qui tentera de reconstituer les appariements corrects. Le pourcentage de convergence des choix est ensuite calculé, ainsi que le taux de réponses justes. Les cas particulièrement intéressants concernent les convergences de choix erronés.

De même, on remarquera que de nombreuses personnes ont des difficultés à reconnaître leur propre voix, tout comme le premier passage au caméscope crée souvent chez l'individu un sentiment d'étrangeté à l'égard des expressions lui appartenant.

Application 5

Stéphane Lagaffe, étudiant en BTS Gestion, est sur le point de se présenter à un entretien faisant suite à la demande de stage qu'il avait formulée. Il s'agit de souligner, à partir du récit suivant, les différentes erreurs de préséance commises au fil de cette rencontre.

Stéphane a rendez-vous à 11 h avec le directeur de la BNP. À l'heure prévue il se dirige, un journal à la main, vers le hall d'accueil. On l'oriente alors vers la salle de réunion du personnel.

Autour de lui, il aperçoit divers panneaux d'affichage : produits financiers de la BNP, notes de service, procès-verbaux de réunions, etc. Stéphane jette un vague coup d'œil puis s'assied. Sur la table, quelques brochures présentent l'actualité bancaire, au milieu de diverses revues. Pour se détendre, Stéphane feuillette tranquillement l'Équipe, *en attendant son interlocuteur, M. Courtois. Il profite de son avance pour fumer une petite cigarette : il n'y a pas de cendrier, mais un porte-parapluies paraît tout indiqué.*

Ah ! Voilà enfin M. Courtois ! Stéphane repose son journal, pendant que l'arrivant se dirige vers lui. Il tend au directeur une main un peu moite, alors que celui-ci tient une pile de dossiers. M. Courtois dépose les documents et se présente : « Enchanté ! » répond Stéphane, un peu intimidé. Le directeur accompagne Stéphane vers son bureau et tente d'engager la conversation dans le couloir : « Vous avez trouvé notre agence sans problème ? ». « Oui », répond Stéphane.

M. Courtois le fait entrer dans son bureau. Le futur stagiaire, de plus en plus impressionné, s'assied le premier. Puis il regarde un peu partout, et enlève sa veste pour être plus à l'aise. Monsieur Courtois entame l'entretien : Stéphane approche sa chaise pour mieux entendre et prend quelques points d'appui sur le bureau de son hôte afin de prendre des notes. Il aperçoit alors un cendrier sur le bureau du directeur et demande : « Vous permettez que je fume ? » « Oui, bien sûr, acquiesce celui-ci, je vais faire comme vous. Vous en voulez une ? » « Non merci, dit Stéphane, je préfère les miennes ».

Au cours de la discussion, Stéphane griffonne quelques mots à l'aide d'un stylo passablement rongé par les soucis. Soudain, le téléphone sonne. « Un instant », s'excuse M. Courtois. « Faites donc », répond Stéphane qui ne dissimule pas son intérêt pour la conversation.

L'entretien reprend. Un collaborateur du directeur entre dans le bureau, M. Courtois se lève pour l'accueillir. Stéphane toujours dans son fauteuil esquisse un timide « bonjour ». Après avoir pris congé, le directeur retourne dans son bureau et passe en revue les différentes bévues de son invité. Il paraît bien sceptique et semble disposé à émettre toutes réserves sur cette candidature.

Chaque participant note toutes ses observations à propos de ce cas. Une mise en commun permet au formateur de repréciser différents points concernant l'entretien de sélection.

Ouvrage conseillé : J. Tixier, *L'entretien provocateur. Une méthode de sélection des cadres dirigeants*, Épi, 1984.

Corrigé page 80

5. La honte et l'orgueil

♦ Bruno Barjou, Lionel Bellenger, Marie-Josée Couchaere, Rehbia Couillet, Philippe Pigallet, n° 150

Dans *Les Mots*, Jean-Paul Sartre rapporte une anecdote de son enfance particulièrement significative pour comprendre l'édification de notre personnalité. Il se retrouve, à la fête de l'Institut des langues vivantes, avec son grand-père, lorsqu'une simple remarque de celui-ci suscite en lui un sentiment de honte et un sursaut d'orgueil intéressants à analyser. Vous essaierez de résumer, à travers cet épisode, comment on se décide à « être soi-même » et sur quels mécanismes psychologiques repose notre personnalité.

« À l'Institut des langues vivantes, la foule battait des mains sous la flamme mouvante d'un bec Auer, ma mère poussait du Chopin, tout le monde parlait français, sur l'ordre de mon grand-père : un français lent, guttural, avec des grâces fanées et la pompe d'un oratorio. Je volais de main en main sans toucher terre; j'étouffais contre le sein d'une romancière allemande quand mon grand-père, du haut de sa gloire, laissa tomber un verdict qui me frappa au cœur : "Il y a quelqu'un qui manque ici : c'est Simonnot." Je m'échappai des bras de la romancière, je me réfugiai dans un coin, les invités disparurent; au centre d'un anneau tumultueux, je vis une colonne : M. Simonnot lui-même, absent en chair et en os. Cette absence prodigieuse le transfigura. Il s'en fallait de beaucoup que l'Institut fût au complet. Seul, M. Simonnot *manquait.* Il avait suffi de prononcer son nom : dans cette salle bondée, le vide s'était enfoncé comme un couteau. Je m'émerveillai qu'un homme eût sa place faite. Sa place : un néant creusé par l'attente universelle, un ventre invisible d'où, brusquement, il semblait que l'on pût renaître. Pourtant, s'il était sorti de terre, au milieu des ovations, si même les femmes s'étaient jetées sur sa main pour la baiser, j'aurais été dégrisé – la présence charnelle est toujours excédentaire. Puisque c'était mon lot, à moi, d'être à chaque instant situé parmi certaines personnes, en un certain lieu de la terre et de m'y savoir superflu, je voulus manquer comme l'eau, comme le pain, comme l'air à tous les autres hommes dans tous les autres lieux. »

Jean-Paul Sartre, *Les mots*,
Gallimard, coll. Folio, 2001, p. 76-77.

Corrigé page 82

6. Le cas Marcel

♦ Lionel Bellenger, n° 100

Le père de Marcel était métallurgiste dans un chantier naval au Havre. Peu instruit, il restera simple ouvrier sableur, un métier ingrat et dur qui lui vaudra d'attraper une maladie pulmonaire à caractère professionnel du type silicose.

Militant syndical convaincu, il participe à toutes les grèves entre 1950 et 1970. Il inculque à sa famille les valeurs de camaraderie (renforcées durant une captivité en Allemagne), de respect des autres, du travail et de l'argent durement gagné. Marcel y est particulièrement sensible. Le père de Marcel effrayé par les responsabilités, inhibé devant ses chefs, refusera toute maigre responsabilité. Comme honteux et déçu par son échec, il fera partager à Marcel son mépris pour la réussite sociale individuelle (« ces ingénieurs en blouse blanche qui ne savent rien et qui commandent »). Marcel, dirigé vers un lycée technique (« là où on fait de l'atelier pas de la philo ») traverse les études avec un certain succès mais tourne le dos aux écoles d'ingénieurs, se refusant inconsciemment à « trahir » son père. Il choisit des études supérieures littéraires, par défi, prend la revanche de son père « dans la rue » en mai 68, et se dirige vers l'enseignement pour former les autres. Terriblement ambitieux, il restera longtemps en retrait, sans aller vers des responsabilités, comme à nouveau pour ne pas trahir son père, lequel aspire pourtant au succès de son fils. Le succès viendra pourtant pour Marcel dans l'accomplissement des valeurs parentales d'amour des autres, du travail, du partage, du mérite, et c'est l'enseignement, l'éducation et la formation qui constitueront le seul champ possible d'expression en harmonie avec la problématique parentale d'origine.

À partir de ce cas, engager une discussion pour établir le lien entre construction du moi, confiance en soi et rapport aux parents ; quels sont les facteurs explicatifs ?

Comment aurait-on pu aider Marcel ?

Pourquoi Marcel s'en est-il sorti ?

Créer deux équipes de cinq ou six personnes qui travaillent en parallèle.

Insister sur les deux questions clés :
- À quoi Marcel a-t-il dû faire face ?
- Qu'est-ce qui pouvait le faire échouer ou s'en sortir ?

Faciliter le *debriefing* en désignant un rapporteur par équipes. Les participants interrogent pour approfondir.

Corrigé page 84

7. Le cas Marie-Christine

♦ Odile Fèvre, Éric Schuler, n° 114

Le cas particulier de l'assertivité dans les jeux de rôles

On pratique de plus en plus les jeux de rôles dans les sessions de formation. L'exercice est très formateur, mais présente un inconvénient majeur qui est le temps nécessaire au déroulement complet : préparation des rôles, exécution du jeu, souvent enregistré, visionnage de tout ou partie de l'enregistrement et commentaires du groupe, des participants et de l'animateur. La mise en œuvre complète d'un jeu de rôles demande fréquemment quarante-cinq minutes. À raison de douze stagiaires jouant deux par deux, l'exécution de six jeux de rôles demande donc près de cinq heures, soit la quasi-totalité d'une journée de formation. De plus, si la participation est très formatrice, l'état de spectateur est vite lassant et ne doit pas, à notre sens, se prolonger plus d'une heure ou deux.

Pour cette raison, nous recommandons ou bien de limiter la taille des groupes (six à huit participants), ou de réduire la durée des jeux de rôles à une dizaine de minutes (une demi-heure environ pour le déroulement complet), ou encore de répartir les jeux de rôles tout au long du stage, à raison par exemple de deux ou trois par jour.

Néanmoins, les jeux de rôles consacrés à l'assertivité présentent, par rapport à bien d'autres, un avantage considérable dans la mesure où les deux protagonistes ont un objectif à atteindre, alors que traditionnellement l'un d'entre eux travaille un point particulier et que l'autre ne sert que de faire-valoir.

Il est enfin possible d'utiliser les jeux de rôles de différentes façons : après une première présentation, on peut en effet :

— demander aux mêmes participants de recommencer une séquence que l'un d'entre eux n'a pas su maîtriser;

— demander à un autre couple de jouer immédiatement le même jeu (on commentera alors les deux prestations à l'issue de la seconde);

— poursuivre plus longtemps l'exécution du jeu en demandant à de nouveaux participants de prendre la place des premiers et de continuer le jeu en reprenant le dialogue là où il a été interrompu.

Méthode de mise en œuvre

Pour la mise en œuvre des jeux de rôles, nous recommandons de suivre la méthode suivante :

Présentation au groupe et aux protagonistes

Après le choix des protagonistes (volontaires ou selon l'ordre défini par avance), l'animateur présente au groupe les grandes lignes du jeu, sans préciser les données particulières qui ne seront connues que de l'un ou l'autre des joueurs.

Il invite alors quelques volontaires (un ou deux par rôle) à sortir de la salle de réunion avec les joueurs pour aller, en deux sous-groupes séparés, préparer leur rôle durant cinq à dix minutes. Il remet à chacun d'eux le document précisant la situation; les deux joueurs ne doivent alors plus communiquer entre eux. Il rejoint ensuite quelques instants chacun des joueurs et de leurs collaborateurs pour s'assurer auprès d'eux que le rôle est bien compris, répondre à d'éventuelles questions, souligner l'objectif de chacun et l'inviter à l'atteindre. Il met enfin à profit le temps de préparation pour exposer au groupe les données complètes de la situation, les points particuliers à observer, les critères d'évaluation de la réussite de chacun des joueurs. Enfin, il disposera la salle de façon à créer un environnement favorable (place de la caméra, place des protagonistes, accessoires utiles, etc.).

Le jeu de rôles se déroule alors jusqu'à ce que les points clés aient été abordés ou que les joueurs estiment que leur dialogue est terminé.

L'animateur demande alors à un participant de prendre sa place et de noter au tableau, durant son absence, les points forts et points faibles remarqués par le groupe pour chacun des joueurs. Pendant ce temps, il sort de la salle avec les joueurs et recueille leurs remarques (difficultés ressenties, satisfaction sur certains points, impression générale, etc.).

La dernière phase rassemble l'ensemble des participants pour donner successivement la parole :

— aux joueurs qui expriment leur sentiment sur la façon dont ils ont exécuté leur rôle et atteint leur objectif ;
— au groupe qui confirme ou infirme leurs propos et ajoute les commentaires recueillis ;
— à l'animateur enfin qui effectue la synthèse des observations.

Si le jeu de rôles est enregistré, nous recommandons de ne jamais visionner la totalité de la séquence devant le groupe, mais de brèves séquences mettant en évidence certains points forts ou points faibles durant les échanges. Les protagonistes pourront, s'ils le désirent, visionner l'ensemble ultérieurement en dehors des heures de travail du groupe.

Enfin, pour des raisons de confidentialité, nous recommandons de toujours veiller à effacer les bandes à l'issue d'un stage.

Jeu de rôles : Marie-Christine

Rôle de la supérieure hiérarchique de Marie-Christine

Il est 17 heures. Vous avez confié ce matin à votre assistante Marie-Christine la tâche de mettre au net un rapport important et volumineux (12 pages) que vous devez distribuer lors de la réunion de demain. Elle vient de vous le rapporter, et vous êtes atterrée par le résultat : fautes d'orthographe (une ou deux par page), alinéas douteux, titres mal mis en évidence. Il est vrai que votre document manuscrit était difficile à lire et mal mis en page. Vous pensez qu'il y a encore au moins une heure de travail pour la mise au net définitive, et savez que Marie-Christine a pour habitude de partir à 17 h 30. Votre réunion est demain matin à 9 heures. Comment procédez-vous ?

Rôle de Marie-Christine

Il est 17 heures et vous venez de rapporter à votre direction le rapport de 12 pages qui vous a été confié ce matin (au dernier moment, comme d'habitude) pour la réunion de demain matin. Le manuscrit était mal écrit, vous avez eu du mal à le lire ou à l'interpréter, sans compter les fautes d'orthographe à corriger. Vous savez que vous n'y avez pas consacré le plus grand soin, et pensez bien que votre supérieure n'en sera pas très satisfaite. Vous comptez, comme d'habitude, partir à 17 h 30 pour chercher votre fils à la crèche avant de rentrer chez vous. La réunion est à 9 heures demain matin, et vous pouvez, si nécessaire, venir un peu plus tôt pour effectuer des corrections et un nouveau tirage. En fait, vous ne vous estimez qu'à demi responsable car vous pensez, sans le lui avoir jamais dit, que votre supérieure attend toujours le dernier moment pour vous confier des tâches importantes comme celle-ci. Toutefois, vous ne vous attendez pas à recevoir de compliments. Il va sans doute falloir vous justifier, et trouver une solution pour régler ce problème avant demain matin.

Corrigé page 85

8. L'histoire de mes relations

♦ Pierre Michard et Arlette Yatchinovsky, n° 110

Identifiez les cinq personnes, hors de votre contexte familial, avec lesquelles vous avez eu une relation marquante qui a compté pour vous. Dans un premier temps, décrivez le plus concrètement possible cette relation et, dans un second temps, analysez le type de relation, la place de chacun dans cette relation, la nature des échanges, leur durée, leur rythme, la raison pour laquelle elle vous a marqué, de quelle manière, etc.

Recommencez avec chacune des 5 relations identifiées.

Corrigé page 85

9. Les « jeux »

♦ Dominique Chalvin, n° 63

Un exemple de « jeu de persécuteur » [1] : Ball-trap [2]

(ou la critique systématique pour se protéger de ses propres faiblesses).

Récit : « On n'est pas des moutons, on est des cadres »

Face aux difficultés du marché, et à son encadrement qui lui reproche de ne pas prendre assez d'initiatives et de ne pas assez écouter le terrain,

1. Les cas présentés ici sont extraits du livre de D. Chalvin et F. Eyssette, *Comment sortir des petits conflits dans le travail*, Dunod.
2. Chacun connaît ce sport : un appareil à ressort lance en l'air des pigeons d'argile qui servent de cible. Les joueurs tirent avec leur fusil pour atteindre le pigeon dès qu'il est lancé.

le directeur d'exploitation d'une société de services décide d'appliquer à ses cadres un remède « à la mode » : la concertation, pour les faire participer, les faire adhérer et les motiver à la vie de la société. M. Poulain a pris les grands moyens : deux jours pleins dans une luxueuse résidence au cœur de la forêt de Rambouillet pour établir ensemble un plan stratégique pour les cinq ans à venir : évolution du marché, forces et faiblesses de la société, atouts, opportunités à saisir, plan d'actions, etc.

La veille au soir, les cadres arrivent au rendez-vous, quelque peu surpris. C'est la première fois qu'une telle réunion est organisée. La société deviendrait-elle malade de la parlotte ?

Les cadres sont-ils devenus d'un coup si intelligents qu'on prenne la peine de demander leur avis ? Que peuvent-ils exprimer d'autre que ce qu'ils disent quotidiennement depuis plusieurs mois ?

La réunion commence, animée par M. Poulain en personne. À l'issue de la présentation de l'objectif poursuivi, il propose de laisser la parole à un volontaire. Silence épais. Personne ne bronche. « Bon, reprend le directeur. Ça commence bien. Je vais vous montrer ce à quoi moi j'avais pensé et nous allons en discuter ».

Dès le premier transparent sur l'état du marché, des remarques se font entendre : « Pas d'accord ! Je ne crois pas que ça évoluera ainsi... » Vers la fin de l'exposé, chaque transparent est commenté par une série de « Oui, mais vous oubliez un point essentiel... ». Ce point étant d'ailleurs aussitôt contesté par une autre partie de l'assemblée.

À l'issue de la première journée de réunion, M. Poulain constate que le travail n'a pas beaucoup avancé. La discussion a vite tourné aux principes généraux. Et chacune de ses idées a immédiatement été démolie par une majorité d'intervenants.

Pour améliorer la situation, M. Poulain recourt au travail en groupe pour la deuxième journée. Malheureusement, les résultats ne sont pas meilleurs. Chaque sous-groupe présente ses plans pour les cinq ans à venir. Les autres se font un plaisir de descendre systématiquement chaque point énoncé aux cris de « Oui, mais... ». La réunion tourne à la grande rigolade. On croirait voir un stand de tir où les pigeons d'argile sont envoyés et chacun s'amuse à tirer dessus. Bientôt les éclats de rire, la dérision, deviennent la règle.

Alors, M. Poulain, qui bouillait d'une rage intérieure mal contenue depuis de longues minutes, demande la parole. Les participants se taisent et le voient qui, pendant trois ou quatre minutes de silence total, fait de visibles efforts sur lui-même pour se calmer. Enfin, c'est d'une voix sourde et presque détachée qu'il annonce :

« Messieurs, il est quatre heures. La réunion est terminée. Merci d'y avoir participé. Simplement, je voudrais vous faire noter deux petites choses : au prix où nous sommes tous payés, je pensais pouvoir récolter après deux jours de travail, une somme de réflexion qui nous aurait aidés à affronter l'avenir. Eh bien franchement, eu égard à l'investissement, je dirai que je n'en ai pas pour mon argent. »

« Après ces deux jours, je n'ai rien, ou presque rien. »

« La deuxième chose, c'est que j'ai joué le jeu de la concertation. J'ai voulu entendre, et tenir compte, de vos idées et de vos avis. Or, vous n'étiez d'accord sur rien sauf pour détruire les idées du voisin, ou les miennes. Ce n'est pas très rassurant sur le niveau des cadres de cette maison, ni sur l'avenir. »

« Je ne vous cache pas ma profonde déception. Merci, Messieurs. »

Un grand silence suivit cette remarque. Les cadres sont vexés, tristes ou en colère, selon leur caractère. Tous sont malheureux et mécontents. Après le départ de Poulain, ils vont boire un dernier verre et commentent la sortie du patron :

« C'est toujours la même chose, il veut avoir notre avis et dès qu'on le donne, il n'est pas content. »

« C'est à vous dégoûter de participer. On n'est pas des moutons, quand même… on est des cadres… »

Et chacun s'en va en pensant :

« Évidemment, Poulain est techniquement plus fort que nous et nos avis sont faibles… mais Poulain, en tout cas, il est faible pour la concertation… »

En suivant une grille d'analyse des « jeux » entre interlocuteurs, déterminez les options possibles pour en sortir.

Un exemple de « jeu de victime » : débordé

(ou l'art de fuir ses responsabilités et de justifier ses échecs en entraînant les autres avec soi)

Récit : « la contagion » ou « la montagne de travail accouche de souris qui ont la rage… »

Dans une grande société de distribution, Charles vient d'être promu « cadre » au service des livraisons. Il a été chargé de la réorganisation d'un des systèmes de livraison… Il connaît bien son métier et entend montrer rapidement que « cela doit changer… »

Pour imposer son image de monstre de travail, Charles décide de tout remanier de fond en comble : nouvelle organisation du travail, nouvelles procédures à suivre, nouveaux découpages, nouveaux fichiers. Ses collègues reçoivent de plein fouet la nouvelle charge de travail et commencent à marquer leur inquiétude, sinon leur démotivation, face à un collègue qui chamboule tout, en s'occupant des moindres détails.

D'ailleurs, le chiffre total des livraisons n'augmente pas. Les plaintes, puis les premières critiques arrivent jusqu'à son patron, M. Boileau :

« Je ne comprends pas. Vous êtes là de 7 heures du matin jusqu'à 10 heures le soir, vous venez travailler tous les week-ends… ce qui me semble assez fou, et encore vous ne trouvez pas le temps d'assurer ce que je considère comme une priorité : assurer au minimum la qualité de vos livraisons ».

— « C'est vrai, Monsieur, je travaille énormément. Je crois à ce que je fais, alors je me défonce littéralement au travail. Ça, on ne peut pas me le reprocher. D'ailleurs, si vous saviez dans quel état j'ai trouvé le service... J'ai été obligé de tout remettre en ordre, de tout clarifier. Tout le monde ne l'a pas compris, on me l'a même reproché ! Mais maintenant vous allez voir le changement ! »

Dans les semaines suivantes, Charles voulut imposer son organisation à ses collègues. Mais ceux-ci ne croyaient pas nécessaire de changer si vite, ou de changer tout court : « On n'a pas le temps, pour l'instant. Les priorités sont ailleurs. Faisons d'abord ce qui a été prévu, on verra ensuite ».

« Mais moi, le temps je le trouve », rétorquait fièrement Charles, qui se mit à imaginer à leur place les nouveaux modes de travail qui pourraient coller avec sa réorganisation. Un jour Charles « explose » :

« Je me défonce 15 heures par jour, je manque d'y laisser ma santé, vous savez que je suis sous calmants, mon médecin me l'a prescrit, et vous me faites des reproches ! Vous feriez mieux de regarder chez vous comment ça marche... »

— « Que voulez-vous dire ? »

— « Je me comprends, c'est le principal. Si tout le monde travaillait comme moi, il n'y aurait pas de problèmes. Seulement, dès qu'il faut avancer, plus personne n'est là. Je ne peux rien faire de bon parce que vous traînez les pieds... Tout cela est de votre faute... »

Quelques jours se passent... Par son agitation personnelle, Charles a fini par créer dans le service une ambiance survoltée : les incidents se multiplient entre les gens...

Mais quelle mouche a piqué tout le monde au service livraisons ?

En suivant une grille d'analyse des « jeux » entre interlocuteurs, déterminez les options possibles pour en sortir.

Un exemple de « jeu de sauveur » : l'arrangeur arrosé

(ou « Comment à vouloir toujours tout arranger, on n'arrange rien »)

Récit : « Le gentil chef piégé »

M. Bernard est le nouveau chef du service financier. Il est gentil et facile. Une dizaine de jours après son arrivée, une employée, Sabine, vient se plaindre ouvertement de son laxisme. Il laisse faire aux employés tout ce qu'ils veulent. « Les autres employés exagèrent, dit-elle, discussions interminables entre collègues, coups de fils personnels en province, séjours prolongés à la cafétéria. Tout ça influe profondément sur le travail et certains signes commencent à annoncer que le pire est pour demain. En tout cas, du temps de M. Jean, le précédent chef de service, on n'avait jamais vu ça. »

M. Bernard promet d'y mettre bon ordre. En fait, le voilà profondément préoccupé par cette situation. Sa période d'essai est de trois mois et déjà, au bout de dix jours, les employés se laissent complètement aller. Si ça se sait, c'en est fait de sa situation.

Le lendemain, M. Bernard décide de se tenir debout au milieu du service, allant de l'un à l'autre, sous des prétextes futiles, et jetant des regards inquisiteurs sur ce qui se passe.

À midi, Mme Berthe, la plus ancienne du service, téléphone ostensiblement à sa fille, à qui elle demande des nouvelles de sa santé, de son mari et de ses enfants. Lorsqu'elle raccroche, M. Bernard se précipite.

« Vous donnez souvent des coups de fil personnels pendant votre travail ? »

— « Oui. À chaque fois qu'un de mes enfants est malade, qu'il est chez moi et que j'en suis responsable. D'ailleurs, je l'ai toujours fait. C'est normal. De plus, j'attends toujours midi pour le faire, je suis donc sur mon heure de déjeuner. Si vous voulez que je paie la communication, je vous donnerai les cinquante centimes. » Les autres membres du service regardent avec intérêt la passe d'armes. M. Bernard, pour sortir de la négociation, et montrer son talent d'organisateur propose alors la règle suivante : « Sur l'heure du déjeuner, les mères de famille peuvent appeler un enfant malade, mais pas question autrement. »

À la cafétéria, le service se regroupe autour de Mme Berthe : « Vous l'avez vu fouiner toute la matinée, à nous espionner, à chercher à nous coincer. Qu'est-ce qu'il croit, on n'est pas des écoliers. D'ailleurs, il faut se serrer les coudes, il va sûrement chercher à nous embêter pour la cafétéria. » Une stratégie est rapidement mise au point. Mme Berthe ira négocier avec M. Bernard deux pauses café pour l'ensemble du service, l'une à 10h jusqu'à 10h15 et l'autre à 15h jusqu'à 15h15. M. Bernard, ravi de résoudre son problème à si peu de frais acquiesce et rappelle aux uns et aux autres qu'on peut toujours s'entendre si chacun respecte les règles du jeu.

Quelques jours plus tard, Mme Sabine revient. Son fils est malade. Elle doit l'emmener voir le médecin, en fin d'après-midi. Peut-elle s'absenter deux heures, payées, à récupérer ? M. Bernard hésite. La procédure interne ne le prévoit pas mais au dire de l'intéressé certains chefs de service le font. D'ailleurs un simple coup de fil à son collègue des ventes le rassure sur cette possibilité d'accorder deux heures à récupérer. Et puis, Sabine est un bon élément qui ne lui donne pas de soucis, et même plutôt des satisfactions. Alors, c'est d'accord.

Le mercredi suivant, deux femmes sont absentes. Mme Berthe, dès l'arrivée de M. Bernard le lui signale en ajoutant qu'elles arriveront à 14 heures. Elles sont en « heures de médecin à récupérer ». M. Bernard s'inquiète de cette nouveauté. En fait, explique Mme Berthe, c'est la règle instituée par M. Bernard lui-même il y a quelques jours avec Sabine. Le chef de service n'est pas d'accord et il entend donner son avis *a priori* sur chaque cas particulier. « C'est impossible, lui répond-on. Comment une mère de famille peut-elle se lever à 7 heures, venir au bureau l'attendre jusqu'à 9 heures pour repartir chez elle avec une autorisation, alors que justement ses enfants ont besoin d'elle ? »

Abattu et se sentant piégé, le chef de service décide systématiquement de tout refuser à son personnel, pour ne plus se faire avoir.

Le vendredi, il reçoit une photocopie de l'ordre du jour des questions des délégués du personnel. Le point n° 1 est rédigé ainsi : « Extension à l'ensemble des services des avantages acquis par le service Finances : cafétéria, coups de téléphone, enfant malade ».

Une note laconique de la direction du personnel lui demande de présenter dans les meilleurs délais quelques explications.

En suivant une grille d'analyse des « jeux » entre interlocuteurs, déterminez les options possibles pour en sortir.

Corrigé page 87

10. Autodiagnostic de la personnalité

♦ Dominique Chalvin, n° 48

Connaître ce qui nous rend tendu et nous angoisse

En prenant une échelle de 1 à 5, indiquez les personnes, événements ou situations qui provoquent en vous un malaise, une tension, une angoisse :

1. très faible ;
2. faible ;
3. moyen ;
4. fort ;
5. très fort.

Vous trouverez dans le corrigé un exemple de liste.

Vous décidez de vous occuper de ce qui vous angoisse le moins, et que vous avez le plus de chance d'arriver à maîtriser de façon assertive. Faites face, mais avec réalisme. Pour cela, vous vous bâtissez une échelle personnelle de désescalade de votre tension, concernant la situation choisie (voir corrigé).

Avez-vous une personnalité capable de faire face aux stress ?

1 point : *jamais* — 2 points : *rarement* — 3 points : *parfois* — 4 points : *fréquemment* — 5 points : *toujours.*

Points	
	1 — « Des rencontres avec de nouvelles relations m'apportent beaucoup de stress. »
	2 — « Mon entourage me considère comme un fonceur et trouve que je travaille trop dur. »
	3 — « Ce qui se passe dans ma vie est une affaire de hasard et de circonstances. »
	4 — « Si j'ai le choix, je préfère travailler seul. »
	5 — « Quand le travail n'est pas bien structuré pour moi, je commence à ressentir de l'anxiété. »
	6 — « Une évaluation négative concernant mon travail me rend déprimé pendant des jours. »
	7 — « Je suis fier d'être celui qui obtient les meilleurs résultats dans mon unité. »
	8 — « Prendre des décisions dans mon travail est une grande source de stress pour moi. »
	9 — « Je ne peux pas faire grand-chose pour influencer les décisions de ceux qui ont du pouvoir dans mon entreprise. »
	10 — « Mon travail est moins productif si je dois le faire avec d'autres. »
	11 — « Je me fie davantage aux opinions d'autrui qu'aux miennes. »
	12 — « J'aime mieux avoir un gain stable sur lequel je peux compter que d'avoir un travail stimulant où je prends des responsabilités. »
	13 — « J'ai du mal à supporter les échecs. »
	14 — « Comme c'est impossible de changer une vaste organisation, j'ai tendance à me ranger du côté du statu quo. »
	15 — « J'ai tendance à ménager les autres plutôt qu'à oser les affronter. »

1 point : *jamais* — 2 points : *rarement* — 3 points : *parfois* — 4 points : *fréquemment* — 5 points : *toujours.*

Points	
	16 — « Si une méthode marche bien, je ne vois pas pourquoi je la changerais. »
	17 — « J'ai besoin des éloges de mon entourage pour être sûr que je fais du bon travail. »
	18 — « Pour éviter des échecs, je ne prends pas de risque. »
	19 — « Je ne me sens pas bien dans ma peau. »
	20 — « Des changements dans ma vie habituelle me tracassent et me troublent. »
	21 — « Je n'ai pas l'habitude de me livrer aux autres. »
	22 — « Je suis excessivement prudent et anxieux face à une situation nouvelle. »
	23 — « J'ai tendance à accomplir de plus en plus de travail dans un temps réduit. »
	24 — « Mon travail m'empêche de faire les choses que j'aurais vraiment envie de faire dans la vie. »
	25 — « Quand on me critique, je commence à douter de moi. »
	26 — « Je suis fier d'être bien ordonné, soigneux et ponctuel. »
	27 — « Je n'aime pas les réceptions ou autres réunions où les gens sont nombreux. »
	28 — « Le succès est en grande partie une affaire de chance. »
	29 — « Je profite de mes loisirs pour parler travail ou faire des affaires. »
	30 — « Cela me gêne terriblement d'être contredit. »
	Total

Avez-vous une vie stressante habituellement ?

Quelle sera votre réaction typique ? Notez ces situations de 1 à 4.

1 : jamais ; 2 : parfois ; 3 : fréquemment ; 4 : toujours.

	1	2	3	4
1 — Cherchez-vous à accomplir le plus de choses possible dans le moins de temps possible ?				
2 — Êtes-vous impatient s'il y a des délais ou des interruptions ?				
3 — Est-il nécessaire pour vous de gagner pour éprouver du plaisir à jouer ?...				
4 — Appuyez-vous sur l'accélérateur pour circuler avant que le feu passe au rouge ?				
5 — Avez-vous peur de demander de l'aide ou d'exprimer ce dont vous avez besoin ?				
6 — Recherchez-vous constamment le respect et l'admiration d'autrui ?				
7 — Êtes-vous souvent irrité de voir les façons peu efficaces de travailler qu'ont beaucoup de gens ?				
8 — Regardez-vous souvent votre montre ?				
9 — Cherchez-vous constamment à améliorer votre position et vos réalisations ?				
10 — Avez-vous tendance à vous engager dans de nombreuses actions à la fois, même si vous disposez de peu de temps ?				
11 — Avez-vous l'habitude de faire plus d'une chose à la fois ?				
12 — Êtes-vous souvent en colère ou irritable ?				
13 — Êtes-vous toujours avec des personnes sans jamais vous retrouver seul et tranquille pour des périodes suffisamment longues ?				
14 — Parlez-vous rapidement en ayant tendance à accélérer le déroulement des conversations ?				
15 — Vous considérez-vous comme un fonceur ?				
16 — Êtes-vous considéré comme tel dans votre entourage ?				
17 — Êtes-vous typiquement engagé dans « trente-six » projets ou activités différents à tout moment ?				
18 — Y a-t-il beaucoup de délais à respecter dans votre travail ?				
19 — Vous sentez-vous vaguement coupable si vous vous relaxez et si vous ne faites rien pendant votre temps de loisirs ?				
20 — Prenez-vous trop de responsabilités ?				
Total des points :				

Est-ce que votre vie est plus stressante depuis un an ?

Comptez 1 point pour chaque événement que vous avez vécu pendant les 12 derniers mois.

1 — Vous êtes-vous mis à boire, manger ou fumer plus que d'habitude ? . . ☐

2 — Avez-vous du mal à dormir la nuit ? . . . . ☐

3 — Êtes-vous plus irritable et plus disposé à argumenter que d'habitude ? ☐

4 — Avez-vous des ennuis avec votre patron ? . . . . ☐

5 — Avez-vous eu (ou un de vos proches) une maladie grave ? . . . . ☐

6 — Avez-vous divorcé récemment ? . . . . ☐

7 — Avez-vous connu une augmentation dans le nombre de malentendus conjugaux ou familiaux ? . . . . ☐

8 — Avez-vous connu des difficultés sexuelles ? . . . . ☐

9 — Avez-vous perdu un proche parent ou un ami ? . . . . ☐

10 — Êtes-vous marié depuis peu, ou avez-vous commencé à vivre avec quelqu'un ? . . . . ☐

11 — Y a-t-il eu une naissance ou grossesse dans votre famille ? . . . . ☐

12 — Avez-vous des problèmes financiers ? . . . . ☐

13 — Avez-vous été licencié ou avez-vous changé votre travail ? . . . . ☐

14 — Vous sentez-vous énervé et irrité, prêt à sortir de vos gonds à la moindre occasion ? . . . . ☐

15 — Passez-vous plus de trois heures par jour devant votre téléviseur ? . . . ☐

16 — Avez-vous eu des ennuis avec le fisc, avec la loi ? . . . . ☐

17 — Avez-vous connu une augmentation du nombre de délais à respecter ou du nombre d'heures de travail ? . . . . ☐

18 — Avez-vous déménagé ? . . . . ☐

19 — Avez-vous des ennuis avec votre belle-famille ? . . . . ☐

20 — Êtes-vous exposé aux bruits constants ou continus chez vous ou votre travail ? . . . . ☐

Corrigé page 93

11. Mieux comprendre votre scénario personnel

♦ Rebiha Couillet, n° 124

Cet exercice est inspiré des séances de thérapie avec Carlo Moïso et George Escribano.

Première étape : travail individuel

Répondez le plus lucidement et authentiquement possible à ces questions sur votre scénario.

— À partir des éléments récoltés, configuration des scénarios en binôme.

— Approfondissement en grand groupe pour ceux qui le souhaitent.

1. Y avait-il un proverbe, un slogan, une citation qui revenait souvent dans votre famille ? Quel était-il ? Qu'évoquait-il pour vous ? Que ressentiez-vous ?
2. Quel était le maître mot chez vous ?
3. Comment qualifierez-vous la vie de vos parents ? Quelle était l'ambiance à la maison ?
4. Comment vos parents parlaient-ils de vous ?
5. Quels étaient les interdits les plus importants chez vous ? Qu'est-ce qui justifiait, selon vous, ces interdits ?
6. Quels étaient vos rêves, enfant ?
7. À quel héros de roman, de conte ou de bande dessinée, vous identifiiez-vous, petit ?
8. Si vous deviez parler de vous, de façon honnête et objective, quels sont les qualificatifs qui vous viennent à l'esprit ?
9. Citez quelques qualificatifs pour décrire votre mère, votre père et autre adulte influent vivant à la maison (grand-parent, par exemple).
10. Au crépuscule de votre vie, lorsque vous jetterez un regard panoramique sur votre vie, qu'aimeriez-vous dire à ce sujet ?

Corrigé page 95

12. Localiser les situations de stress

♦ Dominique Chalvin, n° 48

Jusqu'où va le niveau de stress dans votre travail ?

	oui	non
1 — « Êtes-vous responsable de gens dans votre travail ? Ou êtes-vous responsable de choses qui concernent le bien-être d'autrui ? »		
2 — « Êtes-vous soumis à une pression continue dans votre travail ? »		
3 — « Êtes-vous souvent face à face avec le public ? »		
4 — « Dans votre travail, y a-t-il beaucoup d'absentéisme pour raison médicale ? »		
5 — « Payez-vous des primes d'assurances plus élevées que pour d'autres occupations ? »		
6 — « Êtes-vous généralement épuisé en fin de journée ? »		
7 — « Est-il possible qu'une erreur dans votre travail puisse affecter sérieusement la vie d'autrui ? »		
8 — « Travaillez-vous principalement dans des situations qui ne sont pas prévisibles ou contrôlables d'un jour à l'autre ? »		
9 — « Dans des emplois similaires au vôtre, est-il typique de rencontrer des problèmes de consommation excessive d'alcool ou des problèmes conjugaux ? »		
10 — « Avez-vous du mal à vous détendre quand vous n'êtes pas à votre travail ? »		
11 — « Avez-vous des problèmes d'insomnie ? »		
12 — « Êtes-vous irrité ou vexé par des choses insignifiantes ? »		

Analyser la situation de travail et localiser les points chauds

Ci-après, un questionnaire pour vous aider à déterminer à quel point votre travail est source de stress. Notez chaque affirmation de 1 à 7, le 7 étant pour le niveau d'accord le plus élevé :

	oui	non
1 — « J'aurais du mal à vous dire aujourd'hui ce qu'on attendra de moi demain. »		
2 — « Je suis constamment déchiré entre les exigences de mon travail et les besoins de mon personnel. »		

3 — « D'une façon générale, j'ai plus de travail que je ne peux en faire dans un laps de temps donné. »		
4 — « J'ai peu de temps pour accomplir mon travail car je passe la plus grande partie de mon temps dans des réunions avec mes subordonnés, ou au téléphone. »		
5 — « Je ne suis jamais tout à fait sûr de ce que mon patron attend de moi. »		
6 — « Il est plutôt fréquent que j'aie des différences d'opinion avec mes supérieurs. »		
7 — « On m'a demandé, fréquemment, de commencer un nouveau projet avant que j'aie terminé le précédent. »		
8 — « En dernier lieu, c'est moi qui suis responsable des échecs et des réussites de mes subordonnés. »		
9 — « Il est rare que j'aie une bonne vue d'ensemble de l'étendue des responsabilités de mon travail. »		
10 — « J'ai souvent du mal à traiter avec mes subordonnés et puis avec d'autres gens aussi. »		
11 — « J'ai l'impression de ne jamais avoir le temps de faire un travail de qualité. »		
12 — « Je suis responsable de beaucoup de choses, mais je n'ai pas l'autorité de mener un projet jusqu'au bout. »		
13 — « Je suis trop mal informé pour pouvoir effectuer un travail correct. »		
14 — « Mon travail comporte beaucoup de choses que je n'ai aucun plaisir à faire, et parmi celles-ci il y a l'aspect administratif. »		
15 — « J'ai l'impression qu'aussitôt que je commence à comprendre tous les aspects de mon travail, le changement de politique est instauré. »		
16 — « J'ai l'impression de manquer de temps, tellement mon travail est exigeant. »		
17 — « J'ai du travail sous la pression des délais. »		
18 — « J'aimerais avoir moins de responsabilités pour le travail des autres. »		
19 — « J'ai du mal à maintenir mes compétences à jour, et à rester bien informé des changements continuels au niveau des produits et de la politique de la maison. »		

20 — « Je doute que mon avis compte pour beaucoup dans les délibérations sur la politique de la maison. »

21 — « Souvent, les difficultés de mon travail dépassent mes possibilités. »

22 — « Une fois franchie toute la paperasserie nécessaire pour démarrer un projet, je me trouve démuni de la motivation et de l'enthousiasme que j'avais au départ. »

23 — « Mes qualifications ne seront plus suffisantes d'ici quelques années. »

24 — « Je ne suis toujours pas très sûr de connaître les critères d'après lesquels mon travail est jugé. »

25 — « Je ne comprends pas pourquoi la Société doit prendre une nouvelle direction quand le système actuel paraît bien fonctionner. »

26 — « On me demande de travailler avec des subordonnés moins compétents que moi, et pourtant on attend que je boucle mon travail. »

27 — « Certaines des nouveautés concernant la politique de la Société sont implantées trop vite pour que j'arrive à m'y faire. »

28 — « J'ai du mal à déléguer de l'autorité, n'étant jamais sûr que quelqu'un d'autre fera le travail convenablement. »

29 — « Je ne suis pas très sûr de ce que sera mon rôle dans cette Société dans les années à venir. »

Le degré de stress dans votre entreprise

Cochez « oui » ou « non » après chaque phrase selon qu'elle s'applique ou non à votre Entreprise.

oui | non

1 — « Dans mon entreprise, il faut qu'on nous dise de nous occuper d'un nouvel arrivant ou d'une personne qui a des problèmes. Personne n'en prendra l'initiative. »

2 — « Toute autorité, tout pouvoir sont le monopole d'une seule personne. »

3 — « La Direction ne diffuse que rarement des informations à tous les niveaux de la hiérarchie. Il est rare qu'un département soit tenu au courant de ce qui se passe dans les autres services. »

4 — « Notre Société manque d'objectifs clairs et bien définis. »

5 — « Dans mon entreprise, nos désaccords ne se règlent pas facilement, et d'ailleurs cela dégénère souvent en énervement et en échanges coléreux. »

6 — « Mon chef immédiat tient un contrôle serré sur les fonctions du département. »

7 — « Chez nous, on n'est pas suffisamment informé pour savoir exactement ce que l'on attend de nous. »

8 — « Les gens, chez nous, ne veulent pas travailler dur pour des buts prédéterminés. »

9 — « Il n'y a pas d'esprit d'équipe ni de fierté à faire part de quelque chose chez nous. »

10 — « Chez nous, les décisions sont toujours très longues à prendre. »

11 — « Les gens ne se tiennent pas mutuellement informés de ce qu'ils font. »

12 — « Chez nous, les ambitions de certains et les petites querelles des autres dissipent l'énergie. »

13 — « Les accidents de travail sont fréquents. »

14 — « On se sert de la coercition pour appliquer les demandes et les décisions de la maison. »

15 — « Chez nous, on est trop axé sur le conformisme. On bloque la route aux idées nouvelles. »

16 — « Chez nous, chacun ne pense qu'à accomplir sa propre tâche sans se soucier des objectifs principaux. »

17 — « Dans ma Société, les plaisanteries sont du genre exaspérant, et de façon générale certains se trouvent exclus de ces échanges. »

18 — « La Direction n'appuie pas ceux à qui elle délègue de l'autorité. »

19 — « Les désaccords et les différences d'opinion entre employés et employeurs, n'ont pas à être cités chez nous. »

20 — « On se débrouille pour échapper au travail et aux stages. »

Corrigé page 96

13. Évaluez vos stresseurs professionnels

♦ Chantal Selva, Guy Missoum, n° 91

Voici une liste des stresseurs les plus souvent cités dans les études sur le stress dans le milieu professionnel.

Notez de 1 à 4 chacun de ces facteurs, selon qu'ils vous stressent : pas du tout, un peu, assez, beaucoup.

	Pas du tout (1)	Un peu (2)	Assez (3)	Beaucoup (4)
Surcharge de travail				
Conflit de rôles				
Manque de feed-back				
Conflits personnels				
Ambiguïté de rôle dans la mission				
Climat organisationnel instable				
Conditions de travail pénibles				
Gravité des erreurs possibles				
Situations d'incertitudes				
Conflit entre vos valeurs et celles de l'entreprise				
Responsabilité du travail d'autres personnes				
Frustration				
Sous-charge de travail (manque)				
Manque de participation				

Corrigé page 97

14. Le travail du non

♦ Rebiha Couillet, n° 124

À partir d'un objet que des personnes veulent récupérer le stagiaire doit le défendre et manifester son « non ».

Plus la force des participants qui veulent récupérer l'objet sera grande, plus l'acteur en question devra investir en énergie et en persuasion pour manifester son non.

Les participants auront comme consigne de le faire crier le « non » de plus en plus fort.

Autre exercice : (en groupe de 3)

• À partir de situations évoquées dans lesquelles la difficulté à dire non a été éprouvée, les participants pourront réactiver les peurs archaïques à la base de cette difficulté.
• Ils évalueront les conséquences de ce non.
• Ils imagineront d'autres scénarios avec la même difficulté. Quelles conséquences sur les plans affectif, professionnel, social.
• Ils reprendront ensuite la même situation et l'imagineront avec l'expression du non.
Quelles conséquences ?
Quel ressenti ?

Corrigé page 98

15. Neutraliser vos croyances limitantes

♦ Rebiha Couillet, n° 124

1. Identifiez des événements qui (d'après vous) se produisent selon un schéma répétitif.

Exemple : vous n'arrivez pas à aller jusqu'au bout d'une relation affective : vous papillonnez.

2. Avec l'aide de deux autres personnes, ou seul(e) si vous choisissez de faire cet exercice seul(e), retrouvez la croyance qui se loge derrière ce comportement.

Types de questions à poser :

Que satisfais-tu comme désir quand tu agis de la sorte ?

Quelles raisons trouves-tu à ce comportement ?

Que ressens-tu ?

Que te dis-tu ?

Je me dis que la vie est...

Les gens sont...

Que je suis...

3. Une fois la croyance repérée, cherchez son origine. Rappelons qu'une croyance est une généralisation d'une idée ou d'une perception à toute autre solution.

4. Quel coût avez-vous payé pour cette croyance ?
– financier,
– affectif,
– relationnel,
– santé,
– carrière professionnelle,
– autres.

5. La ou les personnes qui vous ont légué cette croyance sont-elles un modèle ?

6. Visualisez-vous cinq ans avec le maintien de cette croyance.

Quelles conséquences observez-vous (sur le plan personnel ou professionnel) ?

Rentrez dans cet état et décrivez, aussi précisément que possible, les conséquences que vous ressentez.

Grossissez cette image projetée.
– Que voyez-vous ?
– Qu'entendez-vous ?
– Que vous dites-vous ?

Les personnes qui vous accompagnent dans cet exercice vous aideront à vous associer, c'est-à-dire à entrer pleinement dans cet exercice.

7. Par quelle croyance pouvez-vous la remplacer ?

Trouvez des exemples où cette croyance ne se justifie pas (ceci afin d'en justifier le caractère permanent).

8. Trouvez un modèle matérialisant l'adoption de cette croyance. Décrivez-le. Quels effets produit cette croyance sur votre vie professionnelle et personnelle ?

9. Comment pouvez-vous interpréter cette croyance? Dans quelle situation? Décrivez une situation précise, dans laquelle cette croyance vous servira. Évaluez toutes les conséquences positives d'une telle croyance. Amplifiez l'image. Imprégnez-vous des sensations liées aux conséquences positives de cette croyance. Réjouissez-vous. Pour donner plus d'intensité, vous pouvez associer un stimulus externe à cette sensation (un petit cri, une chanson, vous toucher...). Ce phénomène appelé ancrage chez les PNListes a pour effet d'intensifier la sensation et de la retrouver en activant l'autre.

10. Identifiez ce qui pourrait vous aider pour vous approprier totalement cette croyance :
– autres modèles,
– témoignages,
– essais dans des situations à faible enjeu,
– confirmation par des lectures.

Corrigé page 99

16. Qui a tué la princesse?

♦ Philippe Pigallet, n° 127

La mort tragique de la princesse de Galles, le 31 août 1997, dans un accident de voiture à Paris, interroge sur les responsabilités de notre époque.

« *L'homme qui a tué Lady Diana* » titrait de façon provocatrice un hebdomadaire, en accusant nommément d'assassinat le magnat de presse australo-américain Rupert Murdoch, propriétaire, entre autres journaux, du *Sun* – ce tabloïd britannique à sensations, devenu sous sa houlette, au prix des procédés les plus racoleurs, le premier quotidien du pays.

Sur le modèle de la célèbre « étude de cas » dite du *Passeur*[1], on pourrait se demander de qui, ou de quoi, cette jeune femme, belle, sympathique et

1. Il s'agit de cette femme mariée qui revient de chez son amant mais ne peut traverser le pont pour rentrer chez elle car un fou menaçant lui interdit le passage. Ni un ami peu charitable, ni le passeur qui ne saurait travailler gratuitement ne lui viendront en aide : elle sera tuée par le fou... Qui peut être tenu pour responsable : la femme, le mari, l'amant, le fou, le passeur, l'ami? Cette étude de cas est traitée p. 314.

généreuse – comme s'accordaient à le dire tous les commentateurs – devenue à la fois héroïne de conte de fées et star médiatique planétaire a-t-elle été la victime ? Au choix, et dans le désordre : du sort, d'un chauffeur en état d'ébriété, des paparazzi, de la vindicte des Windsor, de la légèreté de son prince charmant, de son ambition, de l'idéologie des médias, de nous tous ? Argumentez vos raisons. Montrez en quoi cet événement est révélateur d'une culture en crise.

Corrigé page 100

17. Quelle est votre conception du temps ? Êtes-vous monochrone ou polychrone ?

♦ Philippe Cruellas, Raphaël Benayoun, n° 62

Répondez aux 10 questions. Chaque fois, il y a 2 options (A ou B) possibles. Choisissez celle qui vous correspond le plus.

1 – A – Aux rendez-vous, je suis ponctuel et j'aime que les autres le soient aussi.

B – Être à l'heure ne doit pas être une obsession. On peut se permettre une marge de liberté autour de l'heure du rendez-vous.

2 – A – Quand quelqu'un a des problèmes personnels importants, il est bon qu'il puisse l'évoquer dans le cadre professionnel. Cela peut débloquer la situation.

B – Il faut éviter dans le cadre professionnel de se mêler ou d'intervenir dans la vie privée des autres.

3 – A – Faire des projets personnels à long terme est sans intérêt. C'est difficilement réaliste. Tellement de choses peuvent arriver.

B – Il faut avoir des objectifs dans la vie et des projets à long terme, car ils permettent de concrétiser ce que l'on veut ou où l'on veut aller.

4 – A – Dans une file d'attente, j'aime bien l'ordre : chacun à son tour pour être servi.

B – Un attroupement sans ordre strict ne me dérange pas. Cela ressemble à la vie.

5 – A – J'aime être engagé dans plusieurs situations ou événements. J'aime faire plusieurs choses à la fois.

B – Chaque chose à son heure. J'aime faire une seule chose à la fois.

6 – A – J'aime bien fixer des délais aux tâches. Tenir mes engagements. Avoir de la méthode, c'est très important.

B – Il y a trop d'impondérables dans la vie. C'est difficile de savoir à l'avance combien de temps prendra telle rencontre, telle tâche. La vie est souvent imprévisible.

7 – A – Être à plusieurs dans le même lieu permet d'échanger et d'avoir une vie de groupe, de rechercher une synergie.

B – Tout compte fait, j'aime mieux le travail clairement compartimenté. Chacun dans son bureau, on peut ainsi s'isoler. Pour les rencontres : il y a les réunions.

8 – A – Je laisse se prolonger une discussion si cela me plaît, même s'il y a autre chose à faire. Je ne vais pas interrompre un entretien agréable pour respecter un horaire établi.

B – Une fois que l'essentiel est dit, il faut respecter l'horaire établi, et passer à la personne ou à la tâche suivante. On n'a pas le droit d'empiéter sur le temps des autres.

9 – A – Un plan une fois établi doit être fermement suivi.

B – Il faut accepter les fluctuations et les modifications à un plan, même à la dernière minute.

10 – A – Je préfère les grandes villes anonymes ; chacun y est libre.

B – Je préfère la vie au village où tout le monde se connaît.

Corrigé page 102

18. Les quatre règles d'or d'un bon planificateur

♦ Philippe Cruellas, Raphaël Benayoun, n° 62

1. Planifier

Dans la vie professionnelle, êtes-vous un bon planificateur ?

	Presque toujours	Fréquemment	Parfois	Presque jamais
1 — J'ai la liste de mes objectifs personnels à long terme à portée de la main. Je la révise périodiquement.				
2 — Mes objectifs professionnels sont spécifiques, mesurables et ciblés dans le temps.				
3 — Mon premier travail le matin est d'établir un programme et de fixer les priorités de la journée.				
4 — J'ai une liste des choses à faire dans les prochaines semaines, car je planifie à l'avance.				
5 — Je comprends ce que je fais et pourquoi je le fais.				
6 — Ma philosophie : la précision et l'économie de moyens.				
7 — Plus la « tempête » fait rage et plus je prends du temps pour voir venir.				
Total				

2. S'organiser

Êtes-vous bien organisé ?

	Presque toujours	Fréquemment	Parfois	Presque jamais
1 — Je prévois souvent une marge, car les choses prennent souvent plus de temps que je ne le pense.				
2 — Je n'ai pas besoin d'emporter du travail « à la maison » le soir ou le week-end pour ce que j'ai à faire.				
3 — Au bureau, je ne suis pas le premier arrivé ni le dernier parti.				
4 — Je traite en premier les choses prioritaires.				
5 — Dire « non » ne me pose pas de problème.				
6 — Je ne m'occupe d'un dossier, courrier… que si je suis prêt à le traiter tout de suite.				
Total				

3a. Faire ou faire faire ce qui est important : animer

Êtes-vous un bon animateur ?

	Presque toujours	Fréquemment	Parfois	Presque jamais
1 — Chaque semaine, je rencontre pairs, supérieurs et subordonnés pour coordonner activités et priorités quotidiennes. Je les revois chaque matin avec ma secrétaire et les membres les plus importants de mon équipe.				

	Presque toujours	Fréquemment	Parfois	Presque jamais
2 — Je ne fais pas le travail des autres. Je délègue tout ce qui peut l'être, en n'oubliant pas de contrôler la bonne obtention des résultats.				
3 — Je demande régulièrement à mes subordonnés et pairs comment nous pouvons optimiser la gestion de notre temps.				
4 — Les réunions que je convoque commencent à l'heure, se déroulent et finissent dans les temps. Elles sont peu nombreuses et, de l'avis de tous, efficaces.				
5 — J'ai pour mes subordonnés un plan de développement. Cela m'aide pour assigner telle ou telle action.				
6 — J'évite de me perdre dans les détails. Cela m'évite notamment de ralentir le travail de mon équipe.				
7 — Chacun de mes subordonnés connaît les objectifs qui lui sont assignés, et ce qu'il devra faire pour les atteindre.				
Total				

3b. Faire ou faire faire ce qui est important : déléguer

Êtes-vous un bon délégateur ?

1 — Apportez-vous régulièrement du travail à la maison ? .... ☐
2 — Travaillez-vous plus longtemps que vos subordonnés ? .... ☐
3 — Passez-vous du temps à faire pour d'autres ce qu'ils devraient faire eux-mêmes ? .... ☐
4 — Après vos absences, trouvez-vous un excès de courrier ? .... ☐
5 — Vous occupez-vous encore d'affaires qui vous concernaient avant votre promotion ? .... ☐
6 — Passez-vous du temps à des détails que d'autres pourraient traiter ? . ☐
7 — Êtes-vous souvent interrompu par des affaires en cours ? .... ☐
8 — Aimez-vous garder un œil sur tout ? .... ☐
9 — Avez-vous à vous dépêcher pour tenir les délais ? .... ☐
10 — Êtes-vous incapable de maîtriser vos priorités ? .... ☐

Total ☐

4. Contrôler

Êtes-vous un bon contrôleur ?

	Presque toujours	Fréquemment	Parfois	Presque jamais
1 — J'examine régulièrement mes vieilles habitudes.				
2 — Une fois par semaine, je prends quelques minutes pour évaluer quantitativement et qualitativement ce que j'ai fait dans ma semaine.				
3 — Je prends du temps régulièrement pour repérer mes « bouffe-temps » (réunions, téléphone...) et mettre en place des protections.				

4 — Durant l'année, j'ai analysé les différents types d'écrits (notes, courrier...) engendrés par mon travail pour les éliminer, simplifier ou améliorer.

5 — Je me demande souvent avant d'entreprendre quelque chose si cela est prioritaire.

6 — Après avoir écrit, je fais deux lectures : une pour le style et une pour les fautes.

7 — Je fais souvent le rapport :

$$\frac{\text{résultats obtenus}}{\text{temps passé}}$$

Total				

Corrigé page 103

19. La synchronisation sur les métaprogrammes [1]

♦ Chantal Selva, n° 86

Identifiez les métaprogrammes qui apparaissent dans les phrases ci-dessous. Supposez un critère quand c'est nécessaire, et indiquez comment vous devez effectuer la synchronisation sur les métaprogrammes.

. . . .

1. *J'ai entendu dire que vous faites une conférence au printemps prochain.*

. . . .

1. **Métaprogrammes :** ce sont les programmes automatiques que nous avons mis en place inconsciemment depuis notre enfance à travers nos différentes expériences. Ils distordent, limitent ou généralisent notre perception de la réalité. Ils sont identifiables dans le langage utilisé par les partenaires d'une négociation.

2. *L'été prochain, j'ai envie de partir dans un pays lointain qui me dépaysera, où je découvrirai la vie des habitants ; j'espère pouvoir parler un peu avec eux.*

. . . .

3. *Nous recherchons un battant qui sait gérer un service, conduire et motiver une équipe. Il doit aimer prendre des risques et il désire s'intégrer dans une équipe dynamique et enthousiaste.*

. . . .

4. *Je vais acheter une nouvelle voiture mais j'hésite sur la marque ! Je ne veux pas avoir de problèmes de moteur au bout de quelques milliers de kilomètres ni grever mon budget de dépenses d'entretien onéreuses.*

. . . .

5. *Moi, au contraire, je veux une voiture confortable, rapide et agréable à conduire.*

. . . .

6. *Je suis étonné devant ton enthousiasme pour cette mission au Canada. Je ne peux m'empêcher de me demander quel est le sens de tout cela, à quoi cela sert ? Et à quoi cela va-t-il aboutir ?*

. . . .

7. *Je suis sincère, j'ai refusé sa proposition parce qu'elle ne me séduisait pas sur le moment. Mais, après coup, j'ai regretté, j'aurais dû lui demander un délai de réflexion.*

. . . .

8. *J'ai occupé ce poste de conducteur de train pendant neuf ans. Maintenant, j'ai un peu envie de faire autre chose. Mais quoi ? Et puis, je ne voudrais pas que cela change trop ma vie quand même.*

. . . .

9. *Je voudrais un caméscope. La seule chose qui compte pour moi, c'est qu'il soit léger et de bonne qualité. Je vous fais confiance sur ses caractéristiques techniques, c'est votre métier et je n'y connais rien.*

. . . .

Corrigé page 105

20. La photocopieuse hors d'usage

♦ Édouard Limbos, n° 55

Procédure/Nombre

L'animateur lit lentement et commente le texte ci-dessous, dont un exemplaire est distribué aux participants.

Pour 10 personnes environ.

La situation

Dans une Administration publique, une rencontre est organisée à l'intention des cadres moyens, afin de discuter de certains problèmes relatifs à la réorganisation et à la restructuration des divers services.

Le sous-directeur, Monsieur Roger Dandois, 42 ans, a été chargé de veiller au bon fonctionnement de ce colloque. C'est pourquoi il a fait appel à une animatrice extérieure, Madame Bénédicte Graf, 45 ans, psychosociologue spécialisée dans la conduite des débats et réunions.

La veille, celle-ci a demandé à Monsieur Dandois de faire photocopier un document de 3 pages, à distribuer aux 17 participants, car elle vient de se rendre compte, en dernière minute, que sa réserve était épuisée.

Monsieur Dandois a chargé une employée, Mademoiselle Marie-Luce Tissier, 29 ans, d'effectuer ce travail le plus rapidement possible.

Mais cette dernière a omis de le faire la veille de la réunion, pensant qu'elle aurait pu l'effectuer le matin même, puisque les membres sont convoqués pour 10 heures et que les employés doivent être à leur poste à 8h30.

L'événement

Mademoiselle Tissier a été prise, durant la nuit, d'une terrible rage de dents. Après plusieurs heures d'insomnie, elle décide de se rendre chez son dentiste, car la douleur est intolérable.

Elle téléphone donc à Monsieur Dandois pour l'avertir de son absence, pour lui signaler que les photocopies n'ont pas été réalisées, et que le document à reproduire se trouve sur sa table de travail.

Monsieur Dandois demande alors à un autre employé, Monsieur Jean-Marie Lorie, 24 ans, nouveau venu dans la maison, de faire reproduire le document en question. Il ajoute qu'il s'agit d'un travail urgent, car la réunion est prévue ce matin.

Jean-Marie Lorie se précipite chez le préposé aux appareils de bureau, Monsieur Georges Humblet. Mais ce dernier ne se trouve pas dans le petit local où sont entreposés les appareils : rotatives, duplicateurs et l'unique photocopieuse. Il est sorti pour s'acheter des cigarettes, et son absence, d'après un collègue de bureau voisin, sera d'environ un quart d'heure.

Jean-Marie Lorie s'adresse à ce collègue, Monsieur Didier Laforêt, pour lui demander de l'aider. Ce dernier lui répond qu'il connaît le maniement de la photocopieuse, mais que ce travail n'entre pas dans ses attributions normales.

Devant l'urgence du travail à accomplir, Jean-Marie Lorie décide de s'en charger lui-même, directement. Il prend la fiche placée à l'extrémité de la cordelière électrique de l'appareil et l'introduit dans la prise de courant.

Stupeur!... Un bruit sourd se produit, un peu de fumée se dégage et une odeur de brûlé se répand dans la pièce!

La photocopieuse est « grillée », car elle est prévue pour un voltage de 110 et le courant électrique est branché sur une tension de 220! L'appareil fonctionne normalement par l'intermédiaire d'un transformateur de courant. Celui-ci avait été débranché par Monsieur Humblet pour une utilisation momentanée, sur un autre appareil.

Selon vous, qui est responsable de cet incident?

La tâche du groupe

— Dans une *première* phase, chaque membre dresse une liste des 6 personnes impliquées dans cet incident, classées en fonction de leur responsabilité dans ce qui est arrivé.

Il importe de les départager toutes, car il ne peut y avoir d'*ex-aequo.* Mais il est concevable de ne classer qu'une partie des personnes, en plaçant à part celles qui n'auraient *aucune* responsabilité dans l'épisode.

— Dans une *seconde* phase, le groupe doit se mettre d'accord sur une *liste unique.*

— La *durée* est limitée (exemple : 1 heure), et le groupe discute dans la seconde étape, sans l'animateur fonctionnel.

Corrigé page 106

21. La fête gâchée

♦ Bruno Barjou, Lionel Bellenger, Marie-Josée Couchaere, Rehbia Couillet, Philippe Pigallet, n° 150

Étudiant à Paris dans une grande école de commerce, Frank, le personnage principal du film de Laurent Cantet, *Ressources Humaines*, revient pour quelques mois chez ses parents, en Normandie : le temps d'effectuer un stage pratique de fin d'études dans l'usine même où son père travaille comme ouvrier depuis trente ans. Le directeur des ressources humaines le charge de concevoir un questionnaire sur le passage aux trente-cinq heures et de le soumettre à l'appréciation de l'ensemble des salariés.

Cette première expérience concrète du monde du travail laissera un goût amer au jeune étudiant qui va perdre, en quelques jours, toutes ses illusions. L'initiative déclenche, pour commencer, l'hostilité déclarée de la représentante syndicale de la CGT qui appelle le personnel à boycotter la consultation. Puis, les questions que Frank avaient soigneusement préparées sont systématiquement modifiées, sans ménagement, par le directeur des ressources humaines, pour en banaliser volontairement la portée. Enfin, le jour venu, une grande proportion de salariés, indifférents ou sceptiques, remplit leur feuille sans conviction, sous l'œil du directeur de l'usine qui circule dans les rangs, comme à l'école, en jetant, par-dessus leur épaule, de furtifs coups d'œil à leur « copie ».

Mais le pire reste à venir. Alors qu'il utilise l'ordinateur du secrétariat de l'entreprise pour rédiger son rapport de stage, Frank tombe sur une lettre adressée par le directeur à l'Inspection du travail, faisant état d'une décision de licenciement concernant douze salariés de l'usine, parmi lesquels figure son propre père. Or, pour célébrer sa réussite, Frank avait souhaité inviter ses parents au restaurant. Il ne saurait gâcher la soirée en annonçant la mauvaise nouvelle à cette occasion. Mais on se doute, en même temps, que ce qu'il vient de vivre ne peut que peser sur l'ambiance d'un repas qui aurait dû être une fête mais au cours duquel le fossé entre le père et le fils ne va cesser de se creuser…

Après un bref rappel du sens à donner aux concepts de « croyances » et de « valeurs », on visionnera intégralement la séquence du restaurant. On constituera ensuite trois sous-groupes qui se chargeront, respectivement, pendant une dizaine de minutes environ, d'analyser les croyances et les valeurs de l'un des trois personnages de cette scène (au choix : Frank, le père ou la mère), en se donnant pour objectif de dégager leurs « représentations » mentales ou sociales, c'est-à-dire les opinions, stéréotypes ou préjugés dont chacun d'eux se sert comme « guide de lecture » pour décrypter le monde environnant. Enfin, une fois le groupe reconstitué en formation plénière, les analyses et réflexions de chaque sous-groupe pourront alimenter une discussion commune sur la relation difficile entre Frank et son père : les raisons de leur différend et de leurs difficultés à se comprendre et même à se parler...

Au restaurant

Frank, son père et sa mère sont attablés dans un restaurant en train de dîner. Frank a l'air méditatif et est d'humeur maussade.

– Le père (s'adressant tout d'un coup à Frank) : Au fait, tu connais la dernière ? Le chef du personnel est venu me voir, il m'a dit qu'il voulait me changer de poste. Ils veulent me trouver un poste plus léger.

– Frank (les yeux baissés et le ton grave) : Quand est-ce qu'il t'a dit ça ?

– Le père : Cet après-midi. Il m'a dit texto qu'à l'atelier c'était trop fatigant pour un vieux schnock comme moi et qu'ils allaient me trouver un truc plus léger.

– Frank (d'une voix sombre) : Et toi qu'est-ce que tu lui as répondu ?

– Le père : Attends, tu me connais. Moi je lui ai répondu que je n'étais pas d'accord (s'emballant un peu). En plus, tu me vois à la vérification ?

– La mère : C'est pas la peine de crier, tout le monde nous regarde.

– Le père (répondant à la mère) : Tu ne crois pas que tu exagères un petit peu ? Allez, détends-toi !

– La mère (gentiment ironique) : Oh... pour être détendu, toi tu es détendu... Tu l'es tellement que tout le restaurant en profite.

– Le père (se reprenant) : Tu as raison, allez, on va trinquer.

Ils lèvent tous les trois leur verre rempli de vin rouge.

– Le père (après avoir entrechoqué son verre, regarde Frank) : Allez ! À ta réussite !

– La mère (à l'unisson) : À mon fils !

Tous les trois restent silencieux un court laps de temps.

– Le père (comme s'il réfléchissait à voix haute, s'adresse de nouveau à Frank) : Dis, tu sais le patron, c'est quelqu'un de bien, hein ? Si, si. Il a su voir en toi et puis s'il a confiance, il proposera un poste...

– Frank (piqué au vif) : Papa, le patron ce n'est pas une assistante sociale, il fait ce qui l'arrange, c'est tout.

– Le père (insistant) : Mais si, il a su voir en toi, il a su voir les qualités que tu avais, il a su voir ce que tu allais amener à l'entreprise.

– Frank (cinglant) : Papa, arrête de le prendre pour un saint, s'il te plaît !

– La mère : Vous m'avez amenée ici pour manger ou pour vous disputer ?

– La mère (détournant la conversation) : Très bon...

– Le père (confirmant) : Bien sûr que c'est très bon.

– Le père (une nouvelle idée lui traversant l'esprit) : Tiens, au fait, tu as corrigé ma copie ?

– Frank (haussant les épaules et levant les yeux au ciel, visiblement exaspéré) : Papa, c'est pas une copie : c'est un questionnaire, c'est un sondage. Il n'y a rien à corriger, ce n'est pas un examen.

– Le père (cherchant ses mots) : Mais si, sur l'annualisation, je ne sais pas si j'ai bien répondu : c'était flou, c'était pas..., j'ai pas bien compris. Et puis sur cette histoire d'horaire, comment... tu sais, cet horaire qu'il faut analyser, qu'il faut machin, je ne suis pas très sûr de moi...

– Frank (d'un ton radouci pour calmer le jeu) : Tu ne veux pas parler d'autre chose, un peu ?

– La mère (venant à la rescousse de Frank, en s'adressant à son mari) : Oh arrête de l'embêter avec le travail ! Tu peux le laisser un peu tranquille. Il a le droit de se détendre un peu : il a travaillé toute la journée...

C'est maintenant la fin du repas. De retour des toilettes, le père s'arrête au comptoir pour payer.

– Le père (qui a sorti machinalement un billet de son portefeuille) : Vous pouvez nous faire l'addition s'il vous plaît ?

– L'employée du restaurant : Bien sûr, monsieur.

Depuis sa place, Frank s'aperçoit du manège. Se levant immédiatement de table, il se précipite vers son père.

– Frank (son portefeuille à la main) : Non, non, non, non c'est moi qui paye (il fait pression sur le bras de son père pour marquer sa détermination). Papa, papa, je vous invite, c'est moi qui paye, d'accord ?

– Le père : Avec quoi tu vas payer (écartant Frank) ? Tu n'as pas encore touché ta paye.

– Frank : Mais papa, c'est pas une dette, c'est un prêt. Et demain, si j'en ai besoin, en plus la banque elle m'en refait un, elle sera ravie...

– Le père (contrant son fils) : Justement, c'est bien ce que je dis (il repousse la main de Frank) : ce sont des dettes.

– Frank (détachant ses mots pour convaincre) : Papa, si une banque est d'accord pour me prêter 70 000 francs pour me payer mes études, c'est quand même qu'elle considère que financer un étudiant, c'est un bon investissement, non ?

– Le père (revenant à la charge) : C'est pour tes études, c'est pas pour faire la fête (il repousse Frank encore plus fermement). Allez, laisse-nous payer.

La mère, qui les a rejoints, s'est glissée entre mari et fils.
– La mère (sur un ton de supplique) : Frank, laisse payer ton père, ça lui fait plaisir.
– Frank (du tac au tac) : Mais si ça me fait plaisir à moi de vous inviter !

Joignant le geste à la parole, il s'adresse à l'employée du restaurant, en lui tendant sa carte de crédit.
– Frank (avec fermeté) : S'il vous plaît...

L'employée du restaurant insère sa carte dans l'appareil, tape le montant de la facture et lui tend à son tour l'appareil pour qu'il compose son code. Frank a obtenu gain de cause : c'est finalement lui qui a payé...

Père, mère et fils sortent du restaurant sans mot dire. Arrivés devant la voiture du père, Frank se tourne vers ses parents.
– Frank : Bon, vous rentrez seuls. Moi, je vais faire un petit tour en ville.
– La mère : Ah bon ? Mais il est tard quand même : tu pourrais rentrer te coucher.
– Frank : Oh maman, s'il te plaît !
– La mère : Bon, rentre pas trop tard, alors !

Corrigé page 107

22. La raison de la force et la force de la raison

♦ Philippe Pigallet, n° 127

Tout le monde connaît la fable de La Fontaine *Le loup et l'agneau* (livre I, fable 10) que voici :

« La raison du plus fort est toujours la meilleure :
Nous l'allons montrer tout à l'heure.
Un agneau se désaltérait
Dans le courant d'une onde pure.
Un loup survient à jeun, qui cherchait aventure,
Et que la faim en ces lieux attirait.
"Qui te rend si hardi de troubler mon breuvage ?
Dit cet animal plein de rage :
Tu seras châtié de ta témérité.
– Sire, répond l'agneau, que Votre Majesté
Ne se mette pas en colère ;

Mais plutôt qu'elle considère
Que je me vas désaltérant
Dans le courant
Plus de vingt pas au-dessous d'Elle ;
Et que par conséquent, en aucune façon,
Je ne puis troubler sa boisson.
– Tu la troubles, reprit cette bête cruelle ;
Et je sais que de moi tu médis l'an passé.
– Comment l'aurais-je fait si je n'étais pas né ?
Reprit l'agneau ; je tète encore ma mère.
Si ce n'est toi, c'est donc ton frère.
Je n'en ai point.
– C'est donc quelqu'un des tiens ;
Car vous ne m'épargnez guère,
Vous, vos bergers et vos chiens.
On me l'a dit : il faut que je me venge."
Là-dessus, au fond des forêts
Le loup l'emporte et puis le mange,
Sans autre forme de procès. »

Le loup étant le plus fort, il pourrait manger l'agneau sur le champ. Et pourtant, il raisonne. Pourquoi et comment raisonne-t-il ? Comment raisonne l'agneau ? Y a-t-il de bonnes raisons de manger les agneaux ? La raison du plus fort est-elle toujours la meilleure ?

Corrigé page 112

23. Poste de travail et motivation [1]

♦ Christie Ravenne, n° 72

Entourez la réponse qui décrit le mieux votre attitude face au travail : de 1 : pas d'accord du tout ; à 5 : tout à fait d'accord.

1. Dans mon travail, je souhaite avoir des rencontres fréquentes avec mes collaborateurs 5 4 3 2 1
2. Quand je me fais aider par quelqu'un, c'est que je ne peux pas faire le travail autrement 5 4 3 2 1

1. D'après Mac Clelland.

3. Ce que je souhaite avant tout, c'est avoir l'occasion d'exercer et d'améliorer mes compétences 5 4 3 2 1
4. Je vise haut dans ma profession ; je ne veux pas m'arrêter dans mon ascension professionnelle 5 4 3 2 1
5. J'aime pouvoir parler et plaisanter avec mes collègues 5 4 3 2 1
6. Je n'aime pas être obligé de rester la plus grande partie de la journée assis à un bureau 5 4 3 2 1
7. J'aime bien que les autres viennent à moi pour les décisions 5 4 3 2 1
8. Dans une équipe, l'important, c'est de s'entendre les uns avec avec les autres 5 4 3 2 1
9. Quand je suis amené à aider les autres, j'en suis satisfait 5 4 3 2 1
10. Dans ma fonction, je désire rencontrer souvent le supérieur dont je dépends 5 4 3 2 1
11. Je n'aime pas dans un travail qu'il dépende de la capacité des autres à bien faire leur propre tâche 5 4 3 2 1
12. J'aime avoir un nombre élevé de personnes à superviser 5 4 3 2 1
13. Le plus important pour moi, c'est le contact, les interactions avec d'autres gens 5 4 3 2 1
14. Je veux un travail dont on peut retirer un sentiment de fierté 5 4 3 2 1
15. Une fonction me convient si elle offre des possibilités de créativité et d'innovation 5 4 3 2 1
16. Pour moi, un travail doit toujours présenter quelque chose de nouveau 5 4 3 2 1
17. Si une erreur peut coûter très cher, ce travail n'est pas pour moi 5 4 3 2 1
18. Je ne veux pas être obligé de passer beaucoup de temps à dire aux autres ce qu'ils doivent faire 5 4 3 2 1
19. Je préfère une unité de travail relativement petite 5 4 3 2 1
20. J'attends de mon poste qu'il me permette de vraiment réaliser quelque chose 5 4 3 2 1
21. Il ne faut surtout pas que je sois toujours à faire approuver mon travail par mon supérieur 5 4 3 2 1
22. Je préfère les postes qui confèrent un certain statut 5 4 3 2 1
23. Mon idéal, c'est un travail qui implique une bonne part de coopération avec les autres 5 4 3 2 1
24. Je veux voir le résultat final de mon travail et non pas voir les projets disparaître après que j'y aie apporté ma contribution 5 4 3 2 1
25. Je préfère les postes dans lesquels on arrive à bien connaître les autres 5 4 3 2 1

26. Je déteste subir une pression forte pour faire face aux délais 5 4 3 2 1
27. J'apprécie les postes bien définis présentant des limites précises 5 4 3 2 1
28. Je suis porté vers les postes dans lesquels on travaille presqu'exclusivement seul 5 4 3 2 1
29. L'obligation de s'assurer que les choses marchent sans heurts me paraît nécessaire 5 4 3 2 1
30. Si mon poste m'amène à regarder avec sympathie les problèmes des autres, j'en serai satisfait 5 4 3 2 1
31. Une fonction qui me donne l'occasion d'influencer les autres, à bon escient, me convient 5 4 3 2 1
32. Ce que je souhaite vraiment c'est un poste qui me permette de faire une carrière dans laquelle je peux me réaliser 5 4 3 2 1
33. Je préfère une situation dans laquelle l'essentiel de mon temps consiste à diriger les autres 5 4 3 2 1
34. J'attends de ma fonction qu'elle me donne l'occasion de rendre les gens heureux 5 4 3 2 1
35. J'aimerais un poste qui me donne l'occasion d'être en contact avec les autres le plus souvent possible 5 4 3 2 1
36. Il m'est indifférent d'avoir à faire des heures supplémentaires 5 4 3 2 1
37. J'aime la diversité ; je n'aime pas refaire continuellement la même chose 5 4 3 2 1
38. Je tiens à ce que les conditions physiques de mon lieu de travail soient très agréables 5 4 3 2 1
39. Je refuse de devoir mettre de côté le travail que je suis en train de faire 5 4 3 2 1
40. Je préfère un poste qui me permette de suivre un travail depuis sa conception jusqu'à sa réalisation 5 4 3 2 1
41. J'aimerais assez que l'essentiel de ma tâche consiste à prendre des décisions 5 4 3 2 1
42. Ne pas avoir une minute de répit ne me dérange pas 5 4 3 2 1
43. Ce que je souhaite avant tout, c'est un poste dans lequel la qualité du travail fini soit un élément essentiel ; je tiens à l'excellence 5 4 3 2 1
44. Il m'est égal qu'il y ait un gros volume de travail 5 4 3 2 1

Corrigé page 113

24. Un repérage des stratégies de changement : la mise en place de machines à commande numérique

♦ Patrick Gilbert, n° 73

Cet exercice de repérage des stratégies de changement peut être fait individuellement ou en groupe (jeu de rôle).

Exercice individuel

Votre travail consiste à caractériser les positions de cinq protagonistes dont les points de vue sont présentés ci-dessous, notamment en vous référant aux stratégies définies dans le texte ci-après :

— stratégie conservatrice;

— stratégie rationaliste;

— stratégie personnalisante;

— stratégie décisionnelle.

Jeu de rôles

L'exercice se déroulera en cinq étapes :

1) Lire à tous les participants le texte de présentation et le leur remettre. Leur annoncer qu'ils vont participer à un jeu de rôles, certains comme protagonistes, d'autres comme observateurs. Indiquer que le déroulement de l'exercice se fera en deux étapes : un jeu de rôles de quinze minutes suivi d'une discussion.

2) Demander cinq volontaires pour jouer les rôles et donner à chacun la description correspondante.

3) Faire sortir les cinq volontaires et étudier avec les observateurs les rôles pour bien comprendre les stratégies en présence. Faire des hypothèses sur les comportements que vont adopter les acteurs.

4) Dès que les protagonistes sont prêts, les introduire et leur demander de démarrer la réunion. Arrêter la discussion au bout de quinze à vingt minutes.

5) Analyser avec le groupe le déroulement de la réunion. Faire intervenir d'abord les protagonistes, puis les observateurs. Mettre particulièrement en évidence :

— la dynamique de chacune des stratégies;

— les alliances et affrontements liés aux stratégies.

Présentation

La société Mecanik SA compte 400 personnes dont 65 % d'ouvriers. Son activité couvre l'usinage en moyennes séries de pièces mécaniques pour l'industrie aéronautique.

La concurrence de plus en plus vive en sous-traitants la conduit à se doter progressivement d'un parc de machines à commande numérique pour maintenir la confiance de ses donneurs d'ordre et aborder des plus grandes séries.

Nous sommes début mai et deux nouvelles machines doivent arriver courant octobre. Afin de discuter l'introduction dans l'usine de cet équipement, le P-DG convoque à une réunion ses proches collaborateurs.

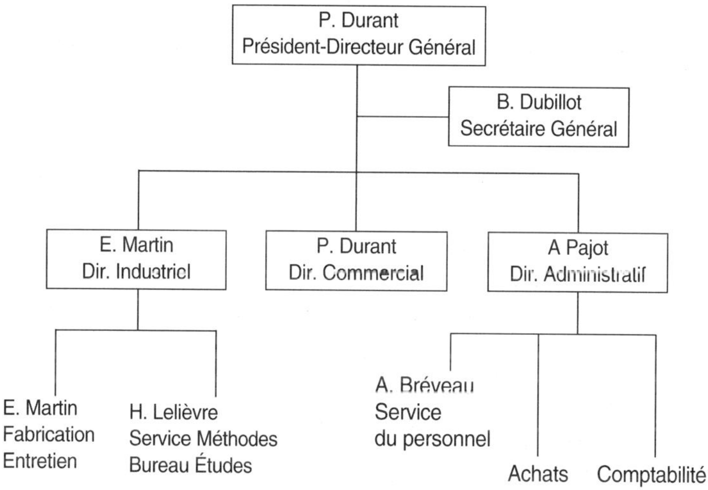

Les protagonistes

Philippe Durant, P-DG, 43 ans

Pour amorcer cet important investissement, le P-DG envisage le passage des ouvriers de l'atelier concerné en équipes alternantes (2 ou 3 × 8). Il pense que cela ne devrait pas poser de problèmes. D'autres usines de la localité ont mis en place une organisation de travail en équipes et le personnel paraît y trouver certains avantages. Philippe Durant est prêt à verser une prime de poste qui, venant s'ajouter aux majorations prévues par la convention collective, devrait constituer une somme attractive. Le coût serait largement compensé par le temps d'utilisation plus long des machines. Cependant, il est possible que certains aspects du problème lui aient échappé. C'est un patron libéral. Il a toute confiance en son directeur industriel, mais il estime que celui-ci voit parfois les problèmes d'une manière trop exclusivement technique. Aussi, il a pensé qu'un débat ouvert, avec l'ensemble de ses principaux collaborateurs, devait avoir lieu.

Bernard Dubillot, secrétaire général, 38 ans

À son point de vue, Mecanik SA accroîtrait sa performance si Martin et Pajot adoptaient des principes de gestion plus modernes.

Martin est compétent techniquement, mais conduit ses activités de manière traditionnelle et, finalement, peu efficiente. Pour Bernard Dubillot, il serait souhaitable, par exemple, d'éclater la fabrication en îlots de travail jouissant d'une certaine autonomie et jugés sur des objectifs en qualité, coût et délais comme cela existe déjà chez certains concurrents.

Pajot aborde les problèmes humains dans une optique administrative. Anne Bréveau — une embauche suggérée par Dubillot à Durant — va heureusement apporter de la compétence dans ce domaine. Pour rentabiliser l'investissement, la mise en place d'horaires décalés devra être assortie de contreparties pour le personnel. Des formules sont à rechercher avec l'encadrement des ateliers qui aura un rôle clé dans l'explication et la mise en place.

Anne Bréveau, chef du personnel, 28 ans

Anne Bréveau souhaite mettre en œuvre les méthodes qu'elle a apprises au cours de ses études de psychosociologie industrielle. Pour elle, rentabilité et motivation du personnel sont liées : il faudra donc faire un sérieux effort d'information et de formation auprès du personnel concerné. Dans le cas contraire, elle estime qu'on risque d'aboutir à une mauvaise utilisation des équipements. Les profils de recrutement devront être revus. Il faudra aussi éviter que le matériel soit « parachuté » dans les ateliers de manière autoritaire. Un bon démarrage consisterait à former l'encadrement à un style de management plus participatif. À commencer par Martin, toujours crispé dans sa technique et son autoritarisme. Alexandre Pajot lui a dit être « assez d'accord » avec cette approche « à condition que l'on prenne son temps, et qu'il y ait le minimum de vagues ».

Émile Martin, directeur industriel, 45 ans

Il estime que la recherche de production en plus grande série doit renforcer le rôle du bureau des méthodes dirigé par son adjoint Henri Lelièvre. Il proposera un effort de rationalisation accrue, justifié par le coût des équipements utilisés. À son avis, cet effort passe par une intégration complète de la programmation des commandes numériques au bureau des méthodes. Cette question étant d'ordre strictement technique, il ne comprend pas que Monsieur Durant ait voulu en débattre avec autant de gens. Ils auraient pu aborder ce sujet ensemble, éventuellement avec Dubillot puisque celui-ci s'occupe de la gestion financière ; quoique Dubillot ne soit pas plus compétent que Pajot pour discuter technique... Quant à la jeune Bréveau, on se demande ce qu'elle vient faire là. Monsieur Durant aurait dû inviter plutôt Lelièvre, beaucoup plus compétent sur le sujet.

Alexandre Pajot, directeur administratif, 56 ans

Alexandre Pajot est dans la maison depuis 32 ans ; il y est entré après ses études de droit, pour seconder Monsieur Louis, le père de Philippe. Il estime que l'introduction de ces nouvelles machines ne devrait pas poser de problèmes majeurs, si l'on respecte les procédures légales d'information du personnel. La première chose à faire est une information préalable du Comité d'Établissement. Il est temps d'informer officiellement le personnel car il a été averti, au cours d'une réunion de l'organisation patronale locale, d'une rumeur selon laquelle Mecanik automatise pour licencier. Heureusement, les ouvriers ont tous dans leur contrat de travail une clause évoquant la possibilité du travail en équipe. Il va suggérer à Philippe de rencontrer en tête à tête le secrétaire du Comité d'Établissement avant la fin de la semaine de façon à préparer les esprits. Alexandre Pajot espère que Martin et ce touche-à-tout de Dubillot limiteront leurs ambitions de réorganisation pour ne pas compliquer le problème. Il compte sur Anne Bréveau pour « faire passer les choses en douceur ».

Définition des stratégies de changement

Suivant leur culture, les entreprises optent pour des stratégies différentes devant une éventualité de changement. Deux principales alternatives stratégiques s'offrent à elles.

— Elles peuvent choisir d'agir sur *les valeurs humaines* (amélioration des communications, de l'implication personnelle des relations personnelles), ou n'en rien faire.

— Elles peuvent aussi se saisir de l'opportunité de changement pour agir sur *les valeurs de rendement* (amélioration des performances collectives, de la productivité, de la qualité), ou se refuser à cette possibilité.

Les deux séries d'alternatives stratégiques se combinant entre elles, on aboutit à quatre types de stratégies de changement[1] :

1) Les *stratégies conservatrices* sont celles où tout changement est perçu comme porteur de risque. Les stratégies conservatrices reproduisent à l'infini les mêmes comportements ; pour elles, le changement ne

1. Par type, nous entendons ici un ensemble d'attitudes et de comportements homogènes vis-à-vis de l'opportunité de changement et par l'intermédiaire desquels la culture organisationnelle se manifeste.

peut être que subi. De telles stratégies sont caractéristiques des entreprises de culture narcissique[2]. Mike Burke désigne ainsi une mentalité marquée par un refus de toute remise en cause et un faible intérêt de l'entreprise pour les choses et les événements qui l'environnent, sauf toutefois pour ceux qui confortent sa propre vision du monde. Cette culture serait présente à la fois dans de grandes entreprises et dans les administrations ainsi que dans certaines PMI à gouvernement autoritaire.

2) Dans les *stratégies rationalistes*, on vise le changement par l'activation exclusive des valeurs de rendement, en privilégiant le système économique. Les stratégies rationalistes se rencontrent surtout dans les entreprises de culture défensive. Leur fonctionnement est basé sur la mesure, la codification des comportements et le développement de l'organisation formelle. Les entreprises « défensives » ne sont guère plus ouvertes que les « narcissiques ». Cette identité culturelle prévaudrait dans les grandes entreprises traditionnelles.

3) Les *stratégies personnalisantes*, comme les stratégies rationalistes, veulent changer la situation au regard d'une sorte de valeurs et les préserver au regard des autres valeurs. Mais il s'agit ici, à l'inverse du cas précédent, d'activer les valeurs humaines, en privilégiant le système social. Ce type de stratégie ne correspond pas à une culture d'entreprise spécifique.

4) Les *stratégies décisionnelles* sont celles qui visent l'amélioration simultanée des données humaines et du rendement et tentent de combiner système économique et système humain. Elles donnent lieu à des pratiques novatrices et offensives. Elles se rencontrent surtout dans les entreprises de culture adaptative et visionnaire. Ces cultures se caractérisent par leur ouverture à l'évolution et leur capacité à en saisir les opportunités et à adapter les structures en conséquence. Faite d'audace et de dynamisme, la culture visionnaire cherche non seulement à anticiper le changement, comme la culture adaptative, mais aussi à vivre l'incertitude en s'adaptant de manière continue aux évolutions. Cette culture est notamment celle d'entreprises décentralisées, de hautes technologies, ou de petites entreprises de service.

Seules les stratégies rationalistes, personnalisantes et décisionnelles correspondent à des changements volontaires.

2. La terminologie utilisée pour caractériser les cultures d'entreprise est empruntée aux études du Centre de Communication Avancée du groupe Eurocom. Cf. les ouvrages de Mike Burke : *Les styles de vie des cadres et des entreprises*, InterEditions, 1982, et, chez le même éditeur, *À chacun son style d'entreprise*, 1987.

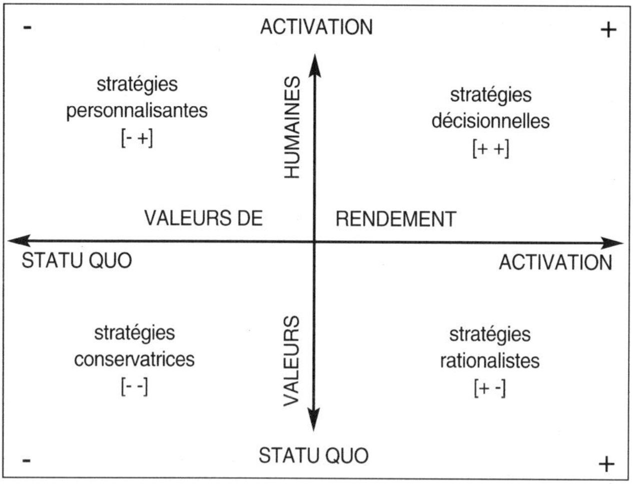

Corrigé page 114

25. L'autoformation au quotidien Étude de cas

Exercice individuel ou de groupe

« Mon nom est Pierre Duchemin. J'habite depuis plusieurs années en région parisienne, près de Versailles. Je suis responsable commercial dans une société d'ingéniérie en informatique (49 salariés), dont les bureaux sont situés dans la Grande Arche de la Défense.

Je suis marié, père de trois enfants, dont deux filles de 8 et 5 ans et un petit garçon de 15 mois. Mon épouse Françoise est standardiste à mi-temps dans une agence de publicité de Versailles.

Dans mon métier, l'anglais est une nécessité et je le pratique régulièrement avec mes clients. Mais mon problème, c'est l'allemand... Nous venons d'être rachetés par un groupe bavarois et les opportunités d'évolution outre-Rhin ne devraient pas manquer dans les années, peut-être même les mois à venir.

J'ai donc décidé de me lancer d'urgence dans l'apprentissage de cette langue que je ne connais pas, et qui – je dois vous l'avouer – ne m'inspire pas beaucoup. Il faut dire que la culture et la civilisation allemandes me sont tout à fait étrangères. Mais Françoise, dont c'était la 1re langue vivante au collège et au lycée, m'a promis de m'aider.

Pour démarrer, j'ai repéré une méthode d'initiation avec cassettes et exercices écrits qui me semble intéressante. « L'Allemand en 100 Leçons », cela semble raisonnable comme progression, non ? Je pense d'ailleurs que ces méthodes se valent toutes et que c'est la motivation de l'utilisateur qui fait la différence ! L'important pour moi, ce sont les cassettes pour pouvoir travailler en voiture, tout au long de mes déplacements dans la journée. Il faut dire que dans mon métier de directeur commercial, je roule beaucoup (75 000 kilomètres l'an dernier...) surtout en ville et sur autoroute. Je dois d'ailleurs quitter Versailles très tôt le matin pour éviter les embouteillages de l'entrée dans Paris et revenir tard le soir afin d'éviter... les embouteillages des retours sur la banlieue. Heureusement que Françoise est une couche-tard, comme moi et que nous supportons très bien nos cinq-six heures de sommeil par nuit ! Certes, je vois peu les enfants pour le moment, mais il me reste les week-ends et les vacances.

Mon projet est assez clair dans ma tête. N'ayant pas le temps matériel de suivre une formation longue en immersion complète, ni même par cours du soir ou par correspondance, je vais faire ça moi-même. L'objectif est assez simple : m'initier suffisamment à l'allemand dans les six mois qui viennent pour pouvoir soutenir une conversation courante... Mon atout : la régularité de l'étude. Mes trajets automobiles quotidiens de départ et de retour à la maison seront désormais consacrés à ma leçon du jour, sur le lecteur de cassettes de ma voiture. Et tous les samedis matin, je réviserai en faisant les exercices écrits. Quand j'aurai un problème, Françoise m'aidera. Elle m'a déjà proposé de me faire réviser tous les soirs des listes de vocabulaire technique et les conjugaisons les plus difficiles...

Elle m'a d'ailleurs déjà donné deux idées :

1°) partir une huitaine de jours en Allemagne avec les enfants aux prochaines vacances scolaires ;

2°) transformer l'an prochain les cours de pré-initiation à l'anglais que Laetitia (notre aînée) a commencés cette année en cours de pré-initiation à l'allemand. Cela sera sympa que l'on puisse tous les trois (elle, sa mère et moi) parler allemand entre nous...

Pour le reste, je me suis acheté un gros guide de voyage pour l'Allemagne, que je compte « potasser » à temps perdu sur la géographie, la culture, etc. Françoise aimerait aussi que je me plonge dans quelques romanciers allemands contemporains (traduits en français, bien sûr...), pour « m'imprégner », comme elle dit. Mais cela me semble un peu superflu, et je ne vois pas ce que cela m'apportera par rapport au cours. Et puis il faut bien souffler un peu, non ? »

À partir de ce cas, analyser par écrit (exercice individuel) ou engager une discussion (exercice de groupe) pour évaluer le projet d'autoformation de Pierre Duchemin.

1°– que penser de son projet proprement dit ? est-il cohérent ? est-il vraisemblable ? sur quels points devrait-il être éclairci, modifié, enrichi éventuellement ?

2°– quels sont les problèmes de toutes natures auxquels Pierre Duchemin va devoir faire face pour mener son projet à bien ?

3°– si vous étiez à sa place, que feriez-vous concrètement pour mettre toutes les chances de votre côté ?

Corrigé page 115

Corrigés de la première partie

CORRIGÉ 1

Certaines croyances sont aidantes, d'autres, limitantes. Présumer qu'on ne choisit pas ce qui nous arrive et qu'on ne peut pas changer les choses est une façon de se limiter avant même d'essayer. Au contraire, penser que nous choisissons ce qui nous arrive dans la vie, nos comportements, nos pensées, nos réactions, en un mot notre vie, est certainement une croyance aidante car elle nous permet d'être pleinement acteur de notre vie et de nous mobiliser pour changer ce que nous souhaitons. C'est en cela que le concept de choix nous intéresse.

CORRIGÉ 2

Q. 1 : Il s'agit d'attitudes générales qui seraient indépendantes de l'histoire personnelle, du sexe et du milieu culturel d'appartenance. L'extraversion est orientation vers le monde extérieur, les choses, l'action. L'introversion est orientation vers la vie intérieure, vers tout ce qui est subjectif, vers la réflexion personnelle ou l'imagination.

Q. 2 : Sans discuter ici du choix de Jung (qui élimine d'autres fonctions telles que Attention, Décision, Imagination, etc.), et d'après les seuls repères inhérents aux questions, la fonction *Pensée* est le raisonnement-jugement, la fonction *Sentiment* le « cœur » au sens de Pascal et la capacité de sympathie au sens étymologique, la fonction *Sensation* groupe les intérêts sensoriels et l'expérience des données du monde sensible, la fonction *Intuition* est le savoir irrationnel, le dépassement des données de fait par une perception des possibles ou des impondérables.

Q. 3 et 4 : Schémas descriptifs des diverses combinaisons (résumés des longs développements qu'en donne Jung dans *Types psychologiques*). Les numéros bis concernent les réponses à la question 4 de l'exercice.

1. *Extraverti-Pensée* (type Normal). Très grand besoin de maîtriser les faits et les personnes, de planifier l'action, de produire et d'être efficace. Souci de convaincre autrui. Très grande confiance en soi, en son propre jugement. Agit par « réalisme » affiché et prévisions méthodiques. Très engagé dans la vie pratique sans rien perdre de l'esprit de système. Horreur de la confusion, du romantisme, du farfelu.

1bis. *Extraverti-Pensée* (type Complexé). Mêmes dispositions mais à l'arrière-plan, sentiments possessifs exclusifs, jalousie, tendance à soupçonner les autres de noirs desseins. Hantise de l'échec personnel.

2. *Extraverti-Sentiment* (type N). Grand intérêt pour les contacts sociaux, facilités par un grand souci d'accord, une chaleur de l'abord, une capacité de sympathie et le goût des échanges. La coopération et la participation sont spontanées. Tendance à adopter les opinions des groupes d'appartenance, et à la suggestibilité.

2bis. *Extraverti-Sentiment* (type C). Mêmes dispositions, mais à l'arrière-plan : peur de la solitude, inquiétudes sur la vérité, tendances à penser par préjugés et stéréotypes, dévalorisation intellectuelle des objets et des êtres qui, sentimentalement, sont les plus appréciés.

3. *Extraverti-Sensation* (type N). Très grand souci de réalisme et respect de l'expérience. Besoin d'être toujours au courant de l'actualité. Esprit prompt et concret, à l'aise dans la résolution des problèmes matériels pratiques et des situations aventureuses. Besoin de jouissance sensorielle, recherche de sensations et du sensationnel.

3bis. *Extraverti-Sensation* (type C). Par-dessous la personnalité active ci-dessus définie, se font jour des angoisses excessives, des obsessions de l'opinion d'autrui. Des idées bizarres, de type phobique ou magique, surgissent contre l'expérience et alimentent des doutes pénibles sur ce que le sujet perçoit.

4. *Extraverti-Intuition* (type N). Sens étonnant des nuances, des chances de succès, des possibilités offertes, de l'occasion. Confiance absolue dans le flair personnel et la bonne étoile. Esprit de synthèse. Sens des hypothèses justes et goût du risque. Délicatesse dans les rapports sociaux et intimes.

4bis. *Extraverti-Intuition* (type C). À certains moments qui tranchent par rapport aux comportements ci-dessus, attachement excessif à des « vérités » purement imaginaires, fixation sentimentale aberrante à des êtres qui ne conviennent pas autant à son style, souci obsédant de certaines sensations tendances hypocondriaques.

5. *Introverti-Pensée* (type N). Rigidité des principes personnels et tendance à se couper de la vie et d'autrui en développant un système subjectif tenu pour unique vérité. Intransigeance dureté envers les autres. Rigorisme intraitable, inflexibilité, risque de solitude morale.

5bis. *Introverti-Pensée* (type C). Mêmes tendances avec à certains moments avidité incoercible des effusions affectives si méprisées d'habitude. Se fait plaintif et cherche la sécurité à travers la sympathie de type maternel, ou par des rites magiques d'auto-protection.

6. *Introverti-Sentiment* (type N). Intense besoin d'échanges affectifs sélectifs sous un masque froid et inabordable. « Sentimental »-type, avec : réserve, vulnérabilité, timidité du genre crainte du ridicule. Romantisme, idéalisme désintéressé, tendances à l'utopie sentimentale et à la mélancolie.

6bis. *Introverti-Sentiment* (type C). Sous les idéaux humanitaires et les besoins affectifs « purs » du type précédent, apparaissent un souci exagéré de ce que les autres pensent, une peur des intrigues contre soi et une tendance à épier, à surveiller, à combiner.

7. *Introverti-Sensation* (type N). Esprit d'analyse mais coupé de la vie et du mouvement. Recherche de sensations « pures », intellectuelles, esthétiques (formes, musique, couleurs, etc.) goûtées solitairement ou avec un petit

groupe d'amis fidèles ou d'initiés. Plaisir de l'imaginaire et de la rêverie poétique. Coloration subjective de l'Univers.

7bis. *Introverti-Sensation* (type C). Les tendances ci-dessus sont entrecoupées d'obsessions, combattues mais impérieuses, consistant en pressentiments de dangers, en désir de deviner les secrets des autres a priori considérés comme malpropres ou malveillants. De plus, attachements magiques à certains objets ou à certains principes sans valeur objective.

8. *Introverti-Intuition* (type N). Mysticisme, goût de l'herméneutique (des symboles, des énigmes et de leurs interprétations). Ésotérisme, tendance à faire mystère de ce que l'on pense ou de ce que l'on sait. Sensibilité très vive, frémissante, fantasque, créatrice dans la solitude voulue et protégée.

8bis. *Introverti-Intuition* (type C). Mêmes tendances, entrecoupées de besoins surprenants, exigeant impulsivement des jouissances grossières et brutales, ou un besoin de se faire remarquer, parfois extravagant. Attachement obsédant à certains objets ou à certaines personnes, dans un « climat » d'hypersensibilité pénible.

Q. 5 : *A)* Nombreuses sources d'erreur (à constater dans votre expérience de réponse à ce questionnaire) parmi lesquelles : suggestion des catégories ou facteurs lorsqu'ils sont connus ou devinés à l'avance, confusion entre ce que l'on est et ce que l'on voudrait être, difficulté à caractériser le style habituel et tendance à dire « cela dépend des problèmes ou des moments, etc. », difficultés à distinguer le « naturel » et l'« appris » ou acquis au cours de l'existence personnelle...

B) L'intéressé a automatiquement tendance à reprocher à l'autre de « ne pas le connaître », persuadé qu'il est que la connaissance « intérieure » de soi est supérieure (ce qui est une belle illusion dans la plupart des cas). Si l'hypothèse est vraie (l'autre qui répond pour vous, vous connaît bien), la discordance prouve l'illusion de la conscience de soi et les efforts involontaires de défense (dénégation, refoulement de traits de caractère que le Moi refuse d'accepter).

C) Il y a au moins 6 « instances » en action : 1) le caractère constitutionnel ou tempérament, 2) le Moi actuel ou présent, impliquant l'acquis, les habitudes, les réactions conditionnées par l'Histoire ou les milieux successifs, les rôles appris ou suggérés, les complexes, les maladies, les états de l'humeur, etc., 3) l'image de soi pour soi, l'idéal du Moi (ou Moi désiré), correspondant aux attitudes et comportements que l'on voudrait avoir, ce qui implique l'élimination de réactions actuelles, 4) l'image que l'on veut donner de soi aux autres (façade sociale) 5) le Moi secret que l'on voudrait cacher, 6) la conscience morale (distincte dans beaucoup de cas de l'idéal du Moi) qui dicte un Moi conforme à des principes personnels d'origine connue ou venant d'un obscur passé et de diverses rationalisations.

D) Peu. La rectification n'est possible que par deux voies : d'une part un armement de connaissances psychologiques permettant de distinguer les différentes influences évoquées ci-dessus et leur mode symptomatique d'apparition... d'autre part une capacité d'observation psychologique des comportements et de compréhension de leur sens. *NB : « peu » ne veut pas dire « rien du tout ».*

CORRIGÉ 3

Ce test est une invitation à mieux connaître l'image de soi : un concept coloré par les émotions que nous éprouvons, celles que nous nous autorisons à exprimer, celles que nous tentons de masquer, celles qui nous sont inconnues.

Les phrases-portraits ont pour but de faciliter le repérage des émotions ou des sentiments les plus fréquents, avec lesquels nous venons habiter nos journées. Les plus fréquents sont souvent les moins connus ou ceux dont l'expression est maladroite, contenue, inappropriée, ou encore exagérée.

Une émotion privilégiée, récurrente, vient ainsi gouverner notre vie.

Cette émotion peut être masquée par une attitude. Cette attitude possède dès lors un caractère réflexe, ou encore obligatoire, contraignant.

Cette attitude peut émerger de l'ensemble de la personnalité, comme un trait de caractère dominant.

Quatre émotions jouent ainsi un rôle important : la colère, la peur, la tristesse et la joie.

COLÈRE	PEUR	TRISTESSE	JOIE
4	11	1	2
6	19	2	5
7	22	13	8
9	25	14	12
10	27	17	16
15	28	30	20
18	29	31	23
21	33	32	26
24	35	36	34

Lorsque nous essayons consciemment de différencier des sentiments, il nous arrive de faire des confusions : la peur peut être prise pour de la colère, la colère peut être perçue comme de la tristesse lorsque s'y mêle une once de déception...
L'analyse transactionnelle a jeté un nouvel éclairage, en introduisant le concept de sentiment « racket ».
Il existe trois manières de prendre conscience des sentiments familiers qui nous accompagnent.

1) *La méta-position.* Dès que surviennent des sensations particulières, qui introduisent une rupture avec le moment juste précédent, prenez du recul en vous questionnant : Que se passe-t-il ? Qu'est-ce que je ressens immédiatement ? Quel effet vient de me faire ce qu'il me dit ?...

2) Ou bien encore, on peut *réactiver le souvenir* d'une journée qui vient de se dérouler, avec le risque de faire l'impasse sur certains ressentis. Un écueil existe : se remémorer des événements passés, consciemment, peut être vécu comme un effort, surtout si on arrive au terme d'une journée fatigante. La réactiver en mémoire, c'est comme la revivre une deuxième fois. Cette réactivation est une démarche qui prend du temps (ne serait-ce que quelques minutes), moment de suspension dans le temps, où on va s'installer confortablement et faire se dérouler ce film, donc sans rien faire apparemment (ni lire le journal, ni se remémorer une liste de courses impératives).

Or, la plupart d'entre nous sommes plutôt réluctants à ne rien faire et les autres aiment bien, lorsqu'ils ne font rien, rêver, c'est-à-dire penser à des choses agréables, qui distillent du plaisir. Réactiver une journée qui vient de se dérouler n'est pas forcément une source immédiate de plaisir. Nous serions donc plutôt prêts à réaliser cette démarche à condition d'avoir une vision claire, concrète et convaincue des bénéfices (plaisir différé) que l'on pourra en retirer.

En fait, l'effort d'une telle démarche est considérablement réduit si on l'inscrit dans un autre cadre, qui stimule l'envie ou la curiosité. Par exemple, mettre à l'épreuve nos capacités de mémoire à court terme, une épreuve qu'on pourra égayer de questions subsidiaires, telles que : « De quelle couleur était la cravate d'X, rencontré ce matin ? Portait-il une cravate ou n'était-ce pas plutôt un col roulé ? »... mettant également à l'épreuve votre talent d'observation.

On peut même transformer cet exercice en jeu amusant, en le réalisant avec un interviewer choisi parmi nos proches.

3) Une troisième démarche, simple et facile, parfois surprenante, et donnant une image vraie, est d'interviewer vos proches : un panel suffisamment large de gens avec qui vous travaillez et vivez ou vous distrayez.

Vous pouvez vous inspirer des techniques de créativité pour faciliter les réponses qu'ils pourront vous donner :

« Si j'étais un animal, une couleur, une émotion... qu'est-ce que je serais ? »

CORRIGÉ 4

Application 1

Un des objectifs de la mise en commun serait de déterminer la contribution de chaque pôle d'items (ex. : gai/triste) au niveau du choix, plus générique, sympathie/antipathie. D'autres variables plus corporelles ou expressives peuvent naturellement entrer en compte (sourire, regard...). Le tableau n'est qu'un support à la réflexion collective.

Variante a

Cet exercice met en question une certaine « conscience de l'image de soi ». À cet égard, l'utilisation en formation de l'autoscopie-vidéo peut familiariser l'individu avec sa propre image, même s'il affirme généralement : « Je n'aime pas me voir à la TV ». Il n'est pas conseillé cependant d'utiliser des gros plans, ni toujours souhaitable que le bilan d'un passage individuel se passe en grand groupe. Selon divers auteurs, l'ignorance de notre propre *style expressif* peut être à l'origine d'un sentiment de dualité, parfois proche du déni, entre le « vrai moi » et ce que les autres voient de nous.

Application 2

Les scores obtenus seront cumulés par pôle d'items ; il est également possible d'apprécier l'homogénéité de chacun d'entre eux en calculant les écarts types. Précisons bien que ce type de portrait, s'appuyant sur la « méthode des juges » ne saurait être confondu avec un test psychométrique étalonné, ou un bilan de compétences. Il ne définit pas des aptitudes de l'individu, mais plutôt des appréciations de son entourage, qui peuvent aider à une meilleure auto-estimation. Il est à noter que les inventaires de personnalité s'appuient sur un auto-jugement des répondants, et peuvent comporter certains biais de « désirabilité sociale ». Il peut être édifiant, en formation, de comparer les deux instruments de testage.

Dans le cadre d'une session orientée « dynamique des groupes », il est possible de présenter au tableau les observations reçues par chacun (reproduire alors la feuille de tabulation au tableau). Il va de soi qu'une telle option suppose que l'animateur dispose de l'expérience nécessaire afin de gérer correctement les interactions.

Application 3

À partir du dépouillement des réponses, il y a lieu de se demander quels sont les stéréotypes ayant induit les choix les plus convergents : habillement, âge, expression faciale, port de tête, gestualité, regard. Ces différents paramètres devront donc être diversifiés dans la préparation du support pédagogique.

Application 4

Les expériences de Wolf (Anderson, *Manuel des techniques projectives en psychologie clinique*, Presses Universitaires de France, 1965) ont montré que les personnes reconnaissent rarement dans ce genre d'exercice leur propre style expressif, vocal ou autre. Au niveau de la voix, le fait que celle-ci soit entendue par l'oreille interne engendre souvent un sentiment de non-appartenance.

Wolf a présenté à des sujets plusieurs formes expressives leur appartenant : écriture sous forme de stimuli rapides (tachistoscope), photos des mains, films pris à leur insu avec masquage du visage... Le pourcentage de non-reconnaissance est surprenant, de 10 à 60 % selon la forme expressive. Sami Ali intitule cette dimension d'auto-reconnaissance « l'espace de l'inquiétante étrangeté ».

Application 5

1. La première erreur est de ne pas avoir prévu une marge d'avance par rapport à l'horaire, afin de parer à tout imprévu (embouteillage, etc.). Le respect de la ponctualité augure souvent de la suite de la rencontre.

2. Ne jamais venir les mains vides à une telle réunion ; avoir un porte-documents fait montre d'un plus grand souci de professionnalisme.

3. Le fait de s'intéresser à toute information sur les panneaux d'affichage montre l'intérêt du candidat à l'égard de la culture d'entreprise. De même, dans certaines sociétés les brochures de présentation de l'entreprise peuvent être déposées volontairement pour tester la motivation du candidat.

4. Stéphane devrait, bien entendu, se lever en apercevant le directeur. En revanche, si l'hôte n'a pas les mains libres, éviter de tendre la main.

5. Lors d'une présentation, « enchanté » est un peu guindé ; de plus, l'expression sonnera faux si l'on est impressionné ou mal à l'aise.

6. Approcher sa chaise n'est correct que dans une certaine limite, une certaine « zone privée » devant être respectée. Bien entendu, on ne doit pas appuyer ses coudes sur le bureau d'un supérieur, ni y déposer de dossiers sans autorisation préalable.

7. Ce n'est pas à l'invité de proposer de fumer.

8. Le fait de prendre des notes révèle à bon escient l'intérêt qu'on a pour son interlocuteur. Néanmoins, l'instrument graphique doit être présentable...

9. Lorsque l'hôte téléphone, il est plus convenable de feuilleter des documents plutôt que de le fixer attentivement.

10. Il est indiqué bien entendu de se lever lorsqu'une tierce personne entre.

CORRIGÉ 5

Jean-Paul Sartre, à sept ans, se sent seul et abandonné lors d'une fête donnée à l'Institut des langues vivantes que dirige son grand-père. Alors que tout le monde semble se connaître, il n'a pas l'impression, lui, d'être « reconnu ». Il s'est donc « réfugié » dans un coin, à l'écart de l'assistance, lorsque son grand-père prend la parole pour déplorer l'absence de l'un de ses collaborateurs : « Il y a quelqu'un qui manque ici, c'est Simonnot ! ». Cette intervention va profondément blesser l'amour propre du petit-fils. Choqué que le maître des lieux, investi à ses yeux d'un prestige qui le rend tout-puissant, fasse un tel cas de ce Monsieur Simonnot, le jeune Jean-Paul a tôt fait d'interpréter la petite allocution comme un privilège exorbitant. Il se montre alors terriblement jaloux du fameux Simonnot qu'il envie d'avoir obtenu une telle consécration en public[1]. Il envisage immédiatement les hypothèses les plus farfelues et les plus défavorables pour lui : « Mon grand père le préfère à moi », « Il ne m'aime plus : c'est lui qu'il aime », « Simonnot vaut mieux que moi », « C'est mon lot d'être superflu », etc. Sa jalousie le conduit ainsi à une véritable reconstruction fantasmatique de cette scène, qui l'oblige à parer M. Simonnot de dons quasi surnaturels (capacité magique à apparaître soudain au beau milieu de l'assemblée) ou encore d'une force de séduction exceptionnelle (lorsqu'il apparaît, les femmes se jettent sur lui pour l'ovationner). Qualités seules capables d'expliquer cette préférence insupportable que l'enfant ressent littéralement comme un coup de couteau planté dans sa chair.

1. Il est intéressant de mettre en relation cet épisode autobiographique avec les théories psychologiques portant sur la formation de l'identité chez l'enfant. Les spécialistes soulignent généralement la nécessité, pour le nouveau-né, de sortir de la relation fusionnelle avec la mère. Rupture initiale indispensable pour déclencher une exploration sensori-motrice qui va, très vite, lui conférer, dès l'âge de deux ans, les bases d'une première personnalisation grâce à l'acquisition de la marche puis de la parole. Cette étape sera suivie d'une véritable conquête du moi, marquée par une imitation active et revendicative. Mais le moment décisif concerne le stade suivant : celui de l'intelligence concrète, au cours duquel l'enfant, obligé de fréquenter l'école, devra s'aventurer hors du cocon familial. En passant des « autruis significatifs » (les proches auxquels il s'identifie) aux « autruis généralisés », il va ainsi intérioriser son *alter ego*, ce double de lui-même qui jouait jusque-là pour lui le rôle de confident et de médiateur auprès de son entourage familial. Ce processus est considéré, notamment par le psychologue George-Herbert Mead, comme un facteur clé de socialisation, analogue, en quelque sorte, pour nos contemporains, au cérémonial de l'initiation dans les sociétés traditionnelles. Car seule une véritable identification active peut permettre à un enfant d'aujourd'hui de devenir « acteur social » en même temps que « sujet personnel[2] ».

2. Reste que tout ne dépend pas seulement de considérations extérieures. Comme tout être humain, l'enfant peut contribuer par sa volonté à changer le cours des choses. Et ce sursaut sera d'autant plus important que le traumatisme qui l'a suscité aura été violemment ressenti. « Je voulus manquer comme l'eau, comme le pain, comme l'air à tous les autres hommes dans tous les autres lieux », écrit Sartre. Bien que fortement teintée de revanche narcissique, cette résolution va néanmoins dans le bon sens. Elle est le

1. On a ici un bel exemple de ce que le philosophe et anthropologue René Girard appelle la « rivalité mimétique ». *Mimèsis* (imitation en grec) désigne ce désir de convoitise auquel nul n'échappe : le désir de ce qui est désiré par l'autre ou de ce qu'il possède et qu'on lui envie. Cf. R. Girard, *Celui par qui le scandale arrive*, Desclée de Brouwer, Paris, 2001.

2. Cf. G.-H. Mead, *L'esprit, le soi et la société*, PUF, Paris, 1963. Sur les étapes de la construction de la personnalité de l'enfant, on pourra consulter H. Wallon, *La vie mentale*, coll. « Messidor », n° 2, Éditions sociales, 1982.

signe d'une capacité à prendre son destin en mains sans faire porter aux autres la responsabilité de ses déconvenues, c'est-à-dire sans tomber dans la « mauvaise foi », comme dira le même Sartre à l'âge adulte ! Deux points importants sont à rattacher à ce « je voulus » qui vient conclure la relation de cette anecdote vécue.

a) Le sursaut de Sartre met fin à une spirale d'autodénigrement qui a culminé dans cet étrange aveu qui confine au masochisme : « Puisque c'était mon lot de me savoir superflu »... Il y a effectivement une certaine lâcheté à attendre tout des autres en renonçant à son libre arbitre. L'*estime de soi* est donc une condition *sine qua non* pour s'aguerrir en acquérant progressivement la confiance en soi nécessaire pour affronter le monde extérieur. Au lieu de se complaire dans un discours de victimisation et de lamentation qui s'alimente tout seul : plus on se pose en victime, plus on trouve en effet de nouvelles occasions de continuer à se lamenter en persévérant dans la passivité.

b) Mais il ne s'agit pas non plus de nier la réalité : rien ne serait pire qu'une sorte de spontanéisme qui confondrait fraîcheur d'âme et force de caractère. La deuxième exigence réside dans le choix d'une lucidité sereine qui se donne les moyens de *vouloir pour pouvoir*. On le sait, selon Épictète, « il n'y a, fondamentalement, que deux catégories de choses : celles qui dépendent de nous et celles qui n'en dépendent pas ». Entre le fatalisme défaitiste et l'activisme candide, seule est déterminante la force de la volonté : de la « proaïrèsis ». *Proairesis*, en grec, correspond à la décision volontaire, la faculté de juger (plutôt que le jugement lui-même), le « choix de vie » va jusqu'à traduire Pierre Hadot : « Quel genre d'homme veux-tu être ? » demande Épictète dans ses *Entretiens*. Le fait même que cette question puisse se poser indique l'exigence d'un choix primordial, d'un jugement par lequel nous saisissons la réalité. Chez les auteurs classiques, proairèsis signifie le choix d'une profession. C'est par un acte du même ordre qu'il nous faut opter délibérément pour tel ou tel genre de vie. « Dis-toi d'abord qui tu veux être, répond Épictète, puis fais en conséquence ce que tu dois faire... [3] » En résumé, il s'agit en quelque sorte de conjuguer à la fois *savoir vouloir* et *vouloir savoir*. Tout l'enseignement d'Épictète découle de cet engagement fondateur (pour reprendre un terme du vocabulaire sartrien) de la *proairèsis*, pouvoir souverain de la liberté de vouloir.

CORRIGÉ 6

Ce cas illustre que la construction du moi se fait en interaction constante avec les inconscients parentaux : des transferts s'opèrent et des fixations s'élaborent par sédimentations successives. Ensuite le contexte et d'autres rencontres modèlent et réactivent le capital de départ. Marcel aurait pu tout aussi bien échouer que réussir, selon la médiation exercée par un moi plus ou moins costaud aux prises avec un surmoi « chargé » d'idéaux actifs et contraignants, et des désirs non moins présents au niveau du « ça ».

3. Épictète, *Entretiens*, III 23. coll. « Tel », n° 233, Gallimard, Paris, 1993.

CORRIGÉ 7

Jeu de rôles Marie-Christine

Marie-Christine doit :

Reconnaître la médiocre qualité de son travail si (et seulement si) on la lui fait remarquer.

Saisir cette occasion pour dire à sa supérieure qu'elle porte une partie de la responsabilité en raison de la remise tardive de documents difficiles à transcrire. Idéalement, elle mentionne simplement le problème (ce n'est pas le moment de le résoudre) et demande un entretien pour le régler plus tard.

Maintenir sa décision de partir à 17 h 30 ce soir.

Attendre une demande claire pour proposer de venir plus tôt le lendemain matin.

Rappeler, en partant, qu'elle compte sur un prochain entretien pour régler le problème de façon durable.

Peut aussi demander l'aide de son manager ou d'une tierce personne pour achever le travail en temps utile (peut-être ce soir, en son absence ?).

La supérieure hiérarchique doit :

Mentionner sans agressivité la qualité déplorable du travail effectué.

Demander comment Marie-Christine compte s'y prendre pour qu'elle dispose du rapport le lendemain matin à 9 heures.

Accepter, si elle les formule, les remarques de Marie-Christine relatives à ses difficiles conditions de travail.

Proposer ou accepter un rendez-vous pour chercher ensemble de meilleures conditions de travail.

Accepter et faciliter toute solution créative proposée par Marie-Christine pour qu'elle dispose d'un rapport correct à l'heure dite.

Peut demander à Marie-Christine de rester exceptionnellement plus tard ce soir.

CORRIGÉ 8

Cet exercice, dans un premier temps, ne fait pas l'objet de consigne plus précise afin de vous permettre d'identifier spontanément quelles ont été vos relations marquantes, ce qu'est une relation marquante pour vous, quelles sont les personnes qui ont compté, pourquoi et comment.

Similitudes qui peuvent être dues :

• aux personnages marquants :

— traits de caractère,

— métiers,

— attitudes,

— rôles ;

• aux conditions :
— à l'état d'esprit personnel,
— à votre style,
— à vos attentes.

Dans un second temps, vous définirez plus en profondeur le style de relation.

À titre d'exemple : l'histoire de Jean

Jean a choisi des relations qui comptent dans sa formation intellectuelle, des relations qui se sont déroulées au sein de groupes institués universitaires conduits par des maîtres porteurs d'options philosophiques marquées. Il a voulu y faire figurer la relation avec Sartre qu'il n'a jamais rencontré personnellement en dehors de réunions publiques.

Relations affectives mais distantes où il a rarement été en position privilégiée. À chaque fois qu'il a pu davantage connaître les vies de ces figures d'autorité, il a été très déçu. S'il a évolué intellectuellement, c'est justement parce qu'il a constaté des différences entre les discours philosophiques de ses maîtres et leurs vies. Maintenant, il s'en veut d'avoir été leurré en leur imaginant des vies exemplaires. Nous proposons à Jean, à partir de cet exercice, d'écrire l'histoire de sa formation intellectuelle. Nous lui suggérons de mettre en rapport les événements de sa vie avec l'histoire des croyances théoriques auxquelles il a adhéré : l'existentialisme, le marxisme, la psychanalyse. Le groupe lui suggère également de réfléchir au rapport entre le lien qu'il a eu à ses maîtres et celui qu'il a eu à son père, homme mutique et renfermé. Jean qui a dépassé la cinquantaine est maintenant en position d'initiateur dans certaines de ses fonctions. La question de comment transmettre sans leurrer et la nécessité d'avoir un rapport imaginaire à un maître demeurent pour lui des interrogations. De plus, il s'interroge sur le fait que son fils, âgé de 15 ans, qui lui reproche de trop parler et de n'avoir rien fait avec lui l'attaque au sein même du noyau de ses croyances actuelles.

Si le travail est fait en groupe pendant que la relation est concrètement décrite, les autres participants repèrent au fur et à mesure les principales caractéristiques telles qu'elles sont susmentionnées.

Prenons l'exemple de la relation d'Albert Camus avec son maître d'école pour décrire une relation.

« Celui-là n'avait pas connu son père, mais il lui en parlait souvent sous une forme un peu mythologique, et, dans tous les cas, à un moment précis, il avait su remplacer ce père. C'est pourquoi Jacques ne l'avait jamais oublié, comme si, n'ayant jamais éprouvé réellement l'absence d'un père qu'il n'avait pas connu, il avait reconnu cependant inconsciemment, étant enfant d'abord, puis tout au long de sa vie, le seul geste paternel, à la fois réfléchi et décisif, qui fût intervenu dans sa vie d'enfance. Car Monsieur Bernard, son instituteur de la classe du certificat d'études, avait pesé de tout son poids d'homme, à un moment donné, pour modifier le destin de cet enfant dont il avait la charge, et il l'avait modifié en effet. »

L'École. Le premier homme, Gallimard, 1994, p. 129.

CORRIGÉ 9

Le « jeu du persécuteur » (Ball-trap)

Les points clés à analyser pour comprendre et résoudre ce jeu.

1. Les séquences habituelles du jeu : SE = PF = AIR = SI

11. [SE] *Les sous-entendus et messages cachés derrière la conversation officielle.*
Poulain dit le message caché suivant à ses cadres : « Dites-moi les idées qui me conviennent », bien que son message officiel soit le contraire.
Les cadres pensent en eux-mêmes : « Parler ne va servir à rien », bien qu'extérieurement, ils parlent et participent.

12. [PF] *Les points faibles.*
Poulain a peur du groupe et du silence.
Les cadres ont peur de ne pas avoir de « bonnes » idées.

13. [AIR] *Les attitudes instinctives et le renversement des rôles SVP.*
Poulain adopte une position de *victime* en présentant son plan, puis une position de *persécuteur* en attaquant les cadres.
Les cadres adoptent une position de *persécuteurs* en critiquant tout ce qui est présenté, puis de *victimes* quand Poulain les attaque.

14. [SI] *Les sentiments inefficaces pour résoudre le jeu.*
Poulain a des sentiments de colère qui renforcent sa peur du groupe et du vide : il sera prêt à recommencer le conflit « ball-trap ».
Les cadres ont des sentiments de tristesse et de rancœur qui renforcent leur esprit critique pour un prochain ball-trap.

2. Le type de jeu parmi les trente jeux cités

Ball-trap représente le type de jeu où l'interlocuteur se dit : « Si, moi, je ne suis pas valable et si j'ai des ennuis, les autres aussi, puisque tout ce qu'ils disent ne vaut rien... D'ailleurs, je le leur prouve en faisant la critique systématique de tout ce qu'ils disent... »

3. Les causes psychologiques du jeu : les avantages nuisibles

31. *Le besoin de sensations fortes (le stress).*
Tous sont excités par la critique et les attaques réciproques.

32. *L'avantage de maintenir ses positions de vie négatives.*
Poulain a une position d'inférieur (Non OK-OK) au début parce qu'il a peur du groupe; ensuite, il prend une position de supériorité en étant moralisateur (OK-Non OK).
Les cadres critiquent au début en prenant des airs supérieurs (OK-Non OK) puis ils se sentent coupables et inférieurs (Non OK-OK).

33. *L'avantage d'obéir aux messages négatifs.*
Poulain se dit : si ce n'est pas complètement accepté, rien n'est accepté; il pense en termes de tout ou rien.
Les cadres croient que pour être à la hauteur, il convient de dévaloriser l'autre. (Message négatif : Sois parfait).

34. *L'avantage de méconnaître la situation réelle.*
Ils méconnaissent tous l'importance de la difficulté de la concertation.

35. *L'avantage de fuir le problème (la passivité).*
Cette fuite se traduit par de l'agitation et l'agressivité de Poulain contre les cadres et des cadres contre Poulain. Ainsi, tous fuient les problèmes de la concertation et les difficultés du travail en groupe.

36. *La facilité des solutions routinières.*
Quand on ne sait pas bien faire face à une situation difficile, une bonne façon de s'en sortir est de critiquer systématiquement les idées des autres.

37. *Les conversations stéréotypées pour occuper son temps de façon prévisible.*
Ainsi, chacun va raconter le séminaire raté...

4. Les objectifs positifs possibles à poursuivre ensemble

L'organisation d'une journée de concertation passe par la définition commune d'objectifs.

Poulain peut définir avec les cadres des objectifs réalistes, valables et intéressants pour un séminaire de ce type.

Les cadres peuvent profiter de l'occasion avec réalisme pour faire passer quelques-unes de leurs idées peu prises en considération jusque-là.

5. Les options : les actions possibles et les démarches envisageables pour atteindre les objectifs

51. *Options pour Poulain.*

— Revenir à une analyse réelle des possibilités de concertation, sans peur et sans rêve.

— Sortir de la peur du groupe et du vide en apprenant les méthodes de travail en groupe.

— Changer le climat de sécurité et de liberté, en développant des méthodes de travail directives, précisant bien les buts réalistes de la réunion, les droits de chacun, les moments de libre expression sans critique, puis les évaluations des résultats obtenus.

— Demander aux cadres : que veulent-ils vraiment?

— Développer une attitude de travail en commun avec ses cadres sans souci de supériorité ni d'infériorité réciproques.

— Rendre positifs les messages reçus : une solution partielle peut être valable; la critique peut avoir des aspects constructifs; les attaques ont parfois un aspect intéressant.

52. *Options pour les cadres.*

— Sortir de l'idée que, pour être fort, il est indispensable de rendre l'autre faible : c'est une impasse qui ne profite à personne.

— Proposer de préparer la réunion pour apporter des idées pratiques et des méthodes de concertation.

— Se donner un message positif; dans toutes circonstances, il y a possibilité d'en profiter pour faire passer des idées, être stratège et responsable.

Le « jeu de victime » (débordé)

Les points à analyser pour comprendre et résoudre ce jeu.

1. Les séquences habituelles du jeu SE + PF = AIR + SI

11. [SE] *Les sous-entendus et messages cachés derrière la conversation officielle.*
Charles sous-entend : « Vous êtes responsables de mon surmenage en n'approuvant pas mon action ».
Ses collègues lui disent secrètement : « Continue de te fatiguer pour prouver que tu es capable… »

12. [PF] *Les points faibles.*
Charles n'est pas sûr de sa valeur…
Ses collègues doutent de sa valeur, ce qui renforce le point faible de Charles.

13. [AIR] *Les attitudes instinctives et le renversement des rôles SVP.*
Charles se met en position de pauvre cadre débordé *(victime),* puis joue le rôle d'inquisiteur, donneur de leçons et créateur d'une ambiance survoltée *(persécuteur).*
Ses collègues adoptent, au début, un rôle de *persécuteur,* en poussant Charles au surmenage, puis ils se laissent mettre en *victimes,* eux-mêmes devenant « débordés ».

14. [SI] *Les sentiments inefficaces pour résoudre le conflit.*
Charles est un inquiet qui a peur et doute de lui : sentiments qui accompagnent et activent son surmenage.
Ses collègues sont irrités puis énervés et, par là, inefficaces…

2. Le type de jeu parmi les jeux cités

Débordé est le type même de conflit lié à des attitudes d'agitation et de surmenage qui représentent un moyen classique de fuir ses responsabilités et de justifier ses échecs en entraînant les autres avec soi…

3. Les causes psychologiques du jeu : les avantages nuisibles

31. *Le besoin de sensation forte (le stress).*
Charles vit l'excitation nerveuse du surmenage…

32. *L'avantage de maintenir ses positions de vie négatives.*
Charles ne se sent pas à la hauteur (Non OK-OK), sentiment renforcé par l'attitude de ses collègues (OK-Non OK), puis attaque ses collègues et leur fait la leçon (OK-Non OK) et entraîne finalement tout le monde dans l'agitation inefficace (Non OK-Non OK).

33. *L'avantage d'obéir aux messages négatifs.*
Charles est conditionné à se surmener par des messages du type : « Fais des efforts, et arrange-toi pour ne pas bien arriver; comme cela tu continueras à faire des efforts… »
Ses collègues suivent les messages : « Fais des efforts, continue toujours, quoi qu'il en soit, sois mécontent et ne réussis pas ».

34. *L'avantage de méconnaître la situation réelle.*
Charles méconnaît les possibilités réelles de solution. Les collègues méconnaissent l'importance du problème.

35. *L'avantage de fuir le problème.*
Charles s'agite et se surmène, puis s'agresse lui-même en devenant malade. Ce comportement lui permet de se cacher le problème réel du changement à faire passer dans le service…
Ses collègues ne veulent rien faire, puis leur passivité prend la forme d'agitation.

36. *La facilité des solutions routinières.*
Charles suit un modèle classique qui peut se formuler ainsi : « Avec le travail, on arrive à tout. »
Ses collègues sont passifs : « Surtout, ne rien changer à rien », puis ils se laissent influencer sans réagir.

37. *Les conversations stéréotypées pour occuper son temps de façon prévisible.*
Le service retentit des « jérémiades » de Charles, bientôt répercutées en écho par tous ses collègues.

4. Les objectifs positifs possibles à poursuivre ensemble

Charles peut se demander comme but positif de trouver les moyens pour avoir un rythme normal efficace de travail.

Ses collègues peuvent se donner comme but positif de trouver les moyens pratiques pour travailler efficacement avec Charles.

5. Les options : les actions possibles, les démarches envisageables pour atteindre ces objectifs

51. *Options pour Charles.*

— Découvrir qu'il a du pouvoir sur l'organisation de ses activités.

— Prendre conscience des phénomènes psychologiques qui accompagnent son comportement de surmené : culpabilité, se mettre en position de pouvoir refuser des responsabilités, justifier ses échecs, avoir des excuses pour faire mal son travail, etc.

— Se donner d'autres messages positifs : « Sois réaliste plutôt que parfait, travaille à ton rythme pour être efficace plutôt que te fatiguer sans bien réussir, sois heureux plutôt que parfait, sois heureux plutôt que de cultiver des airs de victime… »

— À partir de là, s'informer des méthodes habituelles d'organisation de son temps et de son travail (livre, stage, etc.) et voir avec son patron ce qu'il est réaliste de faire.

52. *Options pour ses collègues.*

— Rassurer Charles, le déculpabiliser, l'aider à mieux organiser son travail…

— Comprendre que lui faire la morale l'inquiète et le pousse à se surmener.

— Ne pas se laisser prendre à son agitation et proposer des solutions de rechange.

— Découvrir que le refus systématique de changer peut aller contre leurs propres intérêts à moyen terme.

— Négocier avec Charles un *modus vivendi*, sans demander l'arbitrage du patron, sauf cas de dernière nécessité.

Le « jeu de sauveur » (l'arrangeur arrosé)

Les points clés à analyser pour comprendre ce jeu.

1. Les séquences habituelles du jeu : SE + PF = AIR + SI

11. [SE] *Les sous-entendus et messages cachés derrière la conversation officielle.*

Bernard croit qu'il résout un cas particulier tandis que les autres pensent qu'ils obtiennent un avantage qui sera une nouvelle loi générale...

12. [PF] *Les points faibles.*

Bernard veut être bien vu et populaire et il a peur de heurter. Les autres sont avides de profiter de tous les avantages qui passent.

13. [AIR] *Les attitudes instinctives et le renversement des rôles SVP.*

Bernard veut être un *sauveur* et il en est *victime,* puis il devient *persécuteur*... Les autres se présentent en *victime* puis veulent *sauver* tout le personnel et finalement *persécutent* Bernard.

14. [SI] *Les sentiments inefficaces pour résoudre le conflit.*

Bernard a peur de faire de la peine, il ressent de la pitié, il est trop gentil, puis il se met en colère de façon excessive.

Les autres apparaissent tristes pour provoquer de la pitié et abuser de la situation, puis ils manifestent une colère excessive.

2. Le type de jeu

L'arrangeur arrosé est l'histoire typique du responsable qui croit que tout est possible, que tout peut s'arranger avec un peu de bonne volonté... À vouloir trop arranger, ce cadre n'arrange rien...

3. Les causes psychologiques du jeu : les avantages nuisibles

31. *Les besoins de sensations fortes (le stress).*

Les incidents ont lieu en public : chacun s'excite à voir ce qui se passe, comme au spectacle.

32. *L'avantage de maintenir ses positions de vie négatives.*

Bernard veut assumer seul les problèmes (OK-Non OK) et se retrouve piégé (Non OK-OK).

Les autres exagèrent leurs problèmes (Non OK-OK) et ensuite veulent en faire profiter tout le monde de façon peu réaliste (OK-Non OK).

33. *L'avantage d'obéir aux messages négatifs.*
Bernard croit qu'en faisant plaisir aux autres, tout s'arrange. Les autres croient qu'il est possible d'abuser et de profiter de la situation sans que personne s'en aperçoive... (Message négatif = fais plaisir).

34. *L'avantage de méconnaître la situation réelle.*
Bernard et les autres minimisent l'importance du problème.

35. *L'avantage de fuir les problèmes.*
Pour tous, c'est la fuite en avant : c'est à celui qui donne le plus et à celui qui prend le plus. C'est l'agitation incontrôlée... Où cela va-t-il s'arrêter?... C'est l'escalade. Ils fuient tous la réalité en oubliant que tout n'est pas possible...

36. *La facilité des solutions routinières.*
Plus tu donnes, plus ça va... Plus tu prends, plus ça va... Telles sont les solutions routinières qu'ils appliquent.

37. *Les conversations stéréotypées pour occuper son temps de façon prévisible.*
Bernard va se plaindre de l'ingratitude du personnel : « Après tout ce que j'ai fait pour eux... », dira-t-il.
Les autres vont crier à l'injustice...

4. Les objectifs positifs à poursuivre ensemble

Bernard peut se fixer comme but d'établir des relations justes, claires et efficaces avec son personnel.

Les autres peuvent négocier des avantages réalistes dans le cadre d'un travail efficace.

5. Les options : les actions possibles et les démarches envisageables pour atteindre ces objectifs

51. *Options pour Bernard.*

— Prendre conscience qu'il n'est pas seul dans une entreprise et qu'il n'a pas tous les pouvoirs.

— Revenir à davantage de réalisme.

— Liberté excessive et absence de normes : la direction du personnel devrait indiquer au chef du service financier le règlement intérieur en prévention de ce qui s'est passé.

— Pour prévenir d'autres conflits, une jurisprudence des privilèges doit être élaborée et discutée avec les autres chefs de service.

52. *Options pour les autres.*

— Prendre conscience des dangers d'abuser de la situation et des faiblesses de son chef, avec les « retours classiques de bâton » que cela risque de produire.

— Ne pas laisser d'autres collègues en profiter trop, car les ennuis provoqués par ces attitudes seront les ennuis de tout le monde.

— Mener des négociations réalistes sur ce qui est réellement possible dans le contexte d'un travail efficace.

— Eux aussi, ne pas oublier qu'ils ne sont pas seuls et que trop gagner à un endroit facile et faible peut bloquer l'ensemble.

— Un bon négociateur n'abuse jamais de sa victoire et sait s'arrêter à temps. Les autres doivent s'en souvenir…

CORRIGÉ 10

Connaître ce qui nous rend tendu et nous angoisse

	1	2	3	4	5
— Les voies fortes	×				
— Recevoir de la tendresse	×				
— Être critiqué	×				
— Être en faute			×		
— Le silence			×		
— Être ignoré				×	
— Être regardé					×
— Être mal aimé					×
— Être surpris				×	
— Un étranger	×				
— L'échec	×				
— Une personne en colère	×				
— La moquerie	×				
— Parler en public		×			
— Téléphoner	×				
— Mon patron		×			
— Sortir la nuit			×		
— Mes collaborateurs				×	
— Être conduit en voiture			×		
— Les jeunes ayant l'air de voyous	×				
— Les hommes	×				
— Les femmes				×	
— Les gens qui ont l'air fou			×		
— Les handicapés		×			
— Les personnes de couleur	×				
— Être seul	×				
— Être en groupe			×		
— Être dans une foule					×
— Monter en ascenseur		×			
— Être en avion				×	
— Être en voyage			×		
— Recevoir un compliment			×		
— Moi-même (!)		×			

Avez-vous une personnalité capable de faire face aux stress ?

Première analyse :

• Un nombre de points allant de 134 à 150 indique que certains aspects de votre personnalité sont à la base de votre stress.

• De 114 à 135 points montre que vous êtes quelqu'un qui peut difficilement supporter de grands stress sur de longues périodes.

• Un bon équilibre est indiqué par un nombre de points entre 74 et 115. Vous aurez un effort à faire pour garder un comportement positif dans des situations de stress.

• Entre 44 et 75 points, votre personnalité n'aggrave pas votre réaction au stress. Vous êtes capable de bien prendre en main la plupart des situations.

• Si vous avez un nombre de points allant de 30 à 45, vous possédez des caractéristiques qui désamorcent beaucoup de stress dans votre vie. Vous fonctionnez bien sous pression.

Seconde analyse :

Il est aussi possible d'identifier les traits de votre personnalité qui sont en cause dans votre façon de réagir. Voici des sous-groupes parmi les questions précédentes. Faites l'addition de chaque sous-groupe pour voir lequel est le plus chargé.

Sous-groupes	Questions	Total
(1) Votre estime personnelle : basse ou haute	6, 11, 17, 19, 25	
(2) Rigide ou flexible	5, 16, 20, 26, 30	
(3) Introverti ou extraverti	4, 10, 15, 21, 27	
(4) Blâme autrui ou prend sur lui*	3, 9, 14, 24, 28	
(5) Sujet au stress ou plutôt immunisé au stress	2, 7, 13, 23, 29	
(6) Cherche sécurité ou risque	1, 8, 12, 18, 22	

25 Points	5 Points	Score
1 — Estime basse	Estime haute	
2 — Rigide	Flexible	
3 — Introverti	Extraverti	
4 — Blâme autrui	Prend sur lui	
5 — Sujet à stress	Immunisé au stress	
6 — Sécurité	Risque	

* Dans le sens « endosse la responsabilité ».

Avez-vous une vie stressante habituellement ?

Scores

20-30 : vous êtes non productif et votre vie manque de stimulation.

31-50 : le bon équilibre.

51-60 : votre niveau de stress est maximal. Vous êtes trop tendu.

Au-delà de 60 : vous êtes candidat pour la maladie cardiaque.

Est-ce que votre vie est plus stressante depuis un an ?

Points-clés pour interpréter vos réponses.

1- 5 Le stress ne vous pose pas de problèmes.

6- 10 Le stress est de niveau modéré et ne sera pas néfaste si vous travaillez votre régime et si vous vous reposez.

11-15 Éliminez une partie du stress dans votre vie ou vous risquez des conséquences pour votre santé.

16-20 Le stress est excessif. Il vous rend sujet aux maladies graves.

CORRIGÉ 11

Les questions 5 et 9 correspondent aux conjonctions.

Les questions 1, 2 et 4 correspondent aux attributions.

Les questions 3 et 9 correspondent aux programmes.

Les questions 6, 7 et 10 correspondent au plan de vie.

La question 8 correspond aux décisions prises.

À titre d'exemple, voici les réponses de P., homme de 42 ans :

1. « Travailler à la sueur de son front ».
2. « Effort ».
3. La vie de ses parents est qualifiée de laborieuse et sans joie. Ambiance studieuse « grise ».
4. P. est qualifié d'intelligent, travailleur, fort, mûr.
5. Interdit de plaisanter, de parler à table, de se montrer et de rire trop fort.
6. Rêve de devenir célèbre et reconnu de ses pairs. Aspire également à vivre seul car la famille est vécue comme contraignante.
7. Conte traditionnel dans lequel le héros, un enfant orphelin, s'en sort tout seul.
8. Fort, indépendant, solide, jaloux, anxieux, bosseur.
9. Mère, généreuse mais pas tendre, tendue, dominatrice, pudique, jamais malade.
   Père : grave, laborieux, réservé et peu enclin à gagner de l'argent.
10. Ce qu'il aimerait dire, il a gagné et s'est battu tout seul.

Voici ce qui ressort de son scénario

P. consacre toute sa vie au travail. Il travaille énormément, il en est à son cinquième ouvrage. Il est reconnu effectivement par ses pairs. À 42 ans, il n'a toujours pas fondé de famille.

Il a du mal à se retrouver dans des ambiances conviviales où l'on plaisante, chahute. Il est souvent tendu, exprime peu ses sentiments et est assez distant.

Il ne gagne pas autant d'argent que son potentiel le lui permettrait.

Axes à développer

– Des permissions pour se détendre, être proche des gens.

– Apprendre le rire.

– Dépenser moins d'efforts.

– Reconsidérer la notion de l'argent.

– Casser l'équivalence complexe entre « famille » et « contrainte ».

CORRIGÉ 12

Jusqu'où va le niveau de stress dans votre travail ?

Neuf réponses affirmatives vous situent dans un emploi très dangereux en matière de stress. Il faut faire un véritable effort pour l'empêcher de détériorer votre santé.

Six à huit réponses affirmatives indiquent que le travail est source de stress mais c'est votre réaction qui sera le facteur déterminant.

Cinq réponses affirmatives indiquent que certains aspects de votre travail sont la cause de stress. Vous pouvez les contrôler.

Analysez votre situation de travail et localisez les points chauds

Vous dressez la liste des situations ou événements ou personnes ou occasions où vous avez mis 7, puis la liste des points cotés 6, etc. Vous obtenez ainsi :

Points chauds (cotés 6 et 7) ____________________

____

____

____

____

Points qui vont bien (cotés 1-2)
Points à surveiller (cotés 4 et 5)
Points qui vont assez bien (cotés 3 et 4)

Le degré de stress dans votre Société

— De 15 à 20 réponses « oui » : votre Société est dangereuse pour vous. Pourquoi y êtes-vous entré ?

— De 10 à 15 réponses « oui » : votre Société a des problèmes comme beaucoup d'autres.

— De 5 à 10 réponses « oui » : le stress est vraiment peu élevé.

CORRIGÉ 13

Observez vos résultats. Relevez et listez tous les facteurs que vous avez cotés 3 ou 4. Ce sont les principaux facteurs sur lesquels vous devez faire porter votre attention pour faire baisser votre niveau de stress.

1. Les stresseurs que vous pouvez diminuer en vous affirmant[1]

— La surcharge de travail.

— Le manque de participation.

— Les conflits et les ambiguïtés de rôles dans votre mission.

— Le manque de feed-back sur votre travail et votre rendement.

— Les conflits interpersonnels.

— Les frustrations (non-satisfaction d'un besoin).

Pour cela, *osez demander, apprenez à dire « non », exprimez vos sentiments* (« Quand vous..., voilà ce que je ressens..., voilà ce que j'imagine... ; qu'en pensez-vous ? »), *faites préciser votre mission, apprenez à négocier*[2-3].

2. Les autres facteurs sont liés à votre organisation du temps

Vous pouvez diminuer votre stress en gérant mieux votre temps.

— Définissez précisément vos objectifs à court, moyen et long termes.

— Hiérarchisez votre temps.

Faites chaque chose en son temps, la procrastination (= remettre à plus tard) est une source de stress.

— Évaluez votre temps.

— Déléguez chaque fois que c'est possible.

---

1. Cf. Dominique Chalvin, *L'affirmation de soi*, ESF éditeur, 6e édition, 1991.

2. Cf. Lionel Bellenger, *Stratégies et Tactiques de négociation*, 1, ESF éditeur, Paris 1991.

3. Cf. Chantal Selva, *La PNL appliquée à la négociation*, ESF éditeur, Paris, 1991.

CORRIGÉ 14

L'animateur apportera dans le *debriefing* de cet exercice l'enjeu du « non » et des limites.

Le non est nécessaire pour consolider la confiance en soi.

Rappel des 3 étapes du « non » nécessaires à la maturation de l'homme :
— le non oppositionnel
— le non existentiel
— le non positionnel

Le sujet privé de limites ne peut pas préserver son intégrité vis-à-vis de l'environnement. Trop soumis aux influences extérieures, il se fragilise, il devient une proie pour tous types de prédateurs.

Il n'a pas non plus de structure apte à fixer les limites à ses pulsions.

Le « non » permet de réguler tout excès, qu'il provienne de l'extérieur ou de l'intérieur.

Les éléments de scénario ont induit « des positions de vie » (concept d'analyse transactionnelle) chez l'enfant. Une position de vie est l'attitude de base adoptée par l'humain face aux autres. Les positions de vie ont été formalisées ainsi :

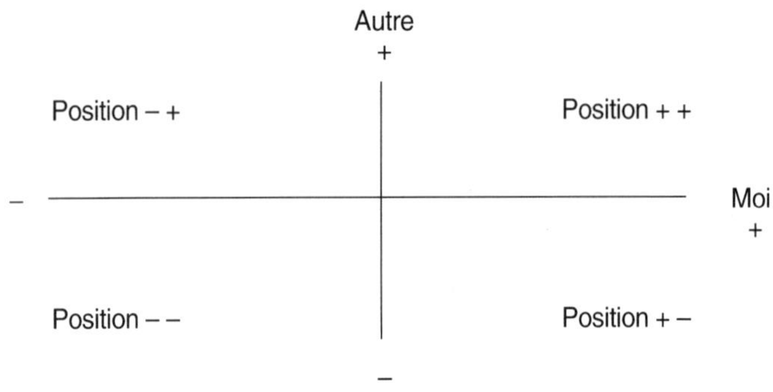

Position + + :	Je fais confiance à l'autre et je me fais confiance. J'adopte avec lui des échanges d'adulte à adulte, sans domination, ni soumission.
Position + – :	J'accorde plus de crédit à moi que j'en accorde aux autres. Position de dominateur.
Position – + :	Je me dévalorise, j'investis les autres de pouvoir. Je ne me fais pas confiance.
Position – – :	Je ne fais pas confiance aux autres, et je ne crois pas en moi.

La personne qui est dans une position – + craint de dire non, car elle ne veut pas être rejetée. Se dévalorisant, elle aura tendance à vouloir faire plaisir, bien souvent à son détriment.

Dire non, c'est affirmer sa présence, c'est donner son opinion.

Nous parlons bien entendu du non positionnel, c'est-à-dire le non qui est légitime dans la situation et qui peut être argumenté.

Rappelons que pour que le non ait plus de chance d'être accepté par l'interlocuteur, il doit être accompagné d'une proposition de rechange.

Exemple : Je ne peux pas traiter le dossier aujourd'hui, parce que ma charge de travail ne le permet pas, mais si cela peut attendre demain, je le ferai.

(Voir à ce sujet *L'affirmation de soi*, D. Chalvin, même collection).

CORRIGÉ 15

Cet exercice est basé sur le principe du plaisir/déplaisir. L'homme cherche en permanence à s'écarter du déplaisir et à le remplacer par le plaisir.

Si vous parvenez à décrire, aussi précisément que possible, les conséquences fâcheuses des croyances limitantes et surtout à déclencher des émotions puissantes, vous créerez une association de type : croyance A = déplaisir.

En remplaçant cette croyance par une autre plus épanouissante, vous construisez une nouvelle association : croyance B = plaisir.

Pour que cette nouvelle croyance s'installe définitivement, il est opportun de la soumettre à l'épreuve de la réalité, et de vérifier ses conséquences positives.

Par ailleurs, le moi se construit à partir d'un jeu d'identifications successives; il s'agit de trouver d'autres modèles susceptibles de représenter cette nouvelle croyance, et de rompre (symboliquement) avec les porteurs de croyances limitantes.

Exemple d'une croyance limitante de R : l'être et l'avoir sont incompatibles.

Conséquences :
— freiné dans sa carrière professionnelle,
— ne fait pas rémunérer, à leur juste valeur, ses services,
— a souvent des problèmes financiers,
— se fait avoir par certaines personnes qui ont compris sa difficulté à aborder la question de l'argent,
— ne se sent pas sécurisé quant à son avenir.

Personne dont il a hérité cette croyance : son père, un intellectuel qui n'a pas construit de fortune personnelle et qui ne lui a rien légué en héritage.

Croyance enrichissante : l'argent contribue à s'épanouir, puisqu'il permet de faire des enseignements, d'approfondir des connaissances, de voyager, de faire des séjours auprès de maîtres spirituels... L'avoir peut être, donc au service de l'être.

Autres modèles : hommes d'action en recherche personnelle, en quête spirituelle.

CORRIGÉ 16

Cet accident peut être appréhendé au moyen de la plupart des concepts proposés par les grands penseurs contemporains pour analyser le monde actuel :

1. Un monde marqué par la perte du sens politique et de l'autorité (Hannah Arendt)

Qui est vraiment responsable? : les paparazzi répondent à la demande des agences, les agences à celle des magazines, les magazines à celles des lecteurs, les lecteurs à celles de la société...

2. Un monde de surveillance (Foucault, Orwell)

Alain Finkielkraut écrit dans *Le Monde* du 3 septembre 97 : « *La personne la plus photographiée du monde a été quotidiennement traquée à pied, en hélicoptère, en voiture et à moto jusqu'à ce que mort s'ensuive : ce n'est pas un accident, c'est une conséquence. Une nouvelle puissance est née, que rien n'arrête et qui, pour satisfaire notre curiosité, anéantit méthodiquement notre conquête la plus fondamentale : le droit au respect de la vie privée. Michel Foucault avait raison : notre société n'est pas celle du spectacle mais de la surveillance. Et cette surveillance "permanente, exhaustive, omniprésente, capable de tout rendre visible", ce n'est pas l'Etat qui l'exerce, c'est précisément le spectacle* ».

3. Un monde obscène et voyeur (Jean Baudrillard, Gérard Miller)

Pour Salman Rushdie, l'intensité du regard que nous portons sur les personnages célèbres les transforme en « produits de consommation ». Et la mort de Diana est une « obscénité » du même ordre que le film *Crash* de David Cronenberg, tiré d'un roman de James Graham Ballard, qui, en réunissant les deux fétiches érotiques – la voiture et la star – dans un acte de violence sexuelle – un accident de voiture – avait, peu de temps auparavant, choqué l'opinion publique et provoqué les réactions de la censure (article du *Monde*, 14-15 septembre 1997).

4. Un monde « spectaculaire et marchand » (Guy Debord) où règne la loi du marché

Voici quelques citations à l'appui :

« *C'est trop facile de dire que le public aime se délecter. Il y a les camés et les dealers, nous sommes les dealers : assumons! Mais dans ce monde de*

la futilité, tout le monde, des paparazzi aux patrons de presse, se tient par la main. Et cela va continuer parce que les enjeux financiers sont énormes » (Francis Apesteguy, photographe).
« *Pour oublier les images dramatiques vues à la télévision, le lecteur se repose sur les sujets de l'actualité heureuse* ». « *C'est la loi du marché : quand on publie la photo d'un massacre en Algérie à la une de* Paris-Match, *on vend moins que si l'on publie la photo de Diana embrassant Dodi* » (agences Gamma et Abaca).

5. Un monde du faux et de l'artifice (Umberto Eco et Régis Debray)

Deux scènes extraites de l'émission *Envoyé spécial*, sur France 2, sont particulièrement révélatrices :

– Visitant les victimes des mines devant une forêt d'objectifs photographiques, la princesse ne paraît pas souffrir du harcèlement de la presse. Alors qu'elle s'apprête à s'asseoir au côté d'une petite unijambiste, retentit l'injonction d'un photographe : « *À gauche, s'il vous plaît* ». Et Diana, très « pro » : « *À gauche ? D'accord !* » Il faut en effet que la jambe amputée et l'absence de prothèse soient bien visibles sur la photo…

– Quelques instants plus tôt, alors qu'elle tente de recueillir le témoignage d'une autre petite victime, Diana chasse un micro s'approchant de trop près de la bouche de la fillette. « *Le geste fut machinal et ferme*, commente Daniel Schneidermann dans sa chronique du Monde (14-15 sept. 1997). *Mais à cet instant, quel était le souci de la princesse ? Ménager la timidité de la petite victime ? Éviter qu'un micro importun ne vienne polluer le champ des caméras ? Ou bien offrir d'elle-même, précisément, cette image de victime du harcèlement de la presse ? Sans le support d'une authentique sincérité, la compassion de Diana n'eût été qu'un détestable spectacle. Mais, en même temps, sans image techniquement propre, débarrassée des éléments parasites, elle n'était pas mondialement "vendable".* »

6. Un monde complexe (Edgar Morin)

Nous cherchons spontanément une causalité simple – d'abord les paparazzi, puis l'ébriété du chauffeur – mais il faut concevoir l'« imbrication » des facteurs. En effet, partout où opèrent les « médias » (c'est-à-dire des chaînes d'intermédiaires à la fois humains et techniques), plus rien n'est simple. Comme l'écrit le philosophe Daniel Bougnoux (Le Monde, 10 septembre 1997) :

« *Partout où les médias nous relient, ils nous divisent du même coup d'avec nous-mêmes. Cette torsion ironique infligée aux consciences peut aller jusqu'à l'« effet boomerang » et une réverbération tragique. Diana est-elle traquée ou truquée, princesse proche de la sainteté ou manipulatrice prise à son propre piège ? Que dire de notre stupide désir de voir, quand les motos lancées à la poursuite de la poule aux œufs d'or ne trouvent plus à flasher, sous la pile d'un pont, qu'un corps tordu dans la ferraille ? Que deviennent les paparazzi, quand les photos les plus chères du monde s'avèrent invendables et quand eux-mêmes, Quai des Orfèvres, deviennent la cible des objectifs ? Et "Monsieur Paul" est-il encore l'un des responsables de la sécurité de l'hôtel quand il tue le fils du patron, et ternit pour longtemps la réputation du Ritz ?, etc. »*

7. Pour laisser la question ouverte

Concluons avec cette phrase de Soljenitsyne, citée par A. Finkielkraut à la fin de son article (voir plus haut) :

« La presse viole impudemment la vie privée des célébrités au cri de "Tout le monde a le droit de tout savoir", slogan mensonger pour un siècle de mensonge, car, bien au-dessus de ce droit, il y en a un autre, perdu aujourd'hui : le droit qu'a l'homme de ne pas savoir, de ne pas encombrer son âme créée par Dieu avec des ragots, des bavardages, des futilités ».

CORRIGÉ 17

Reportez vos réponses sur cette feuille.

1)	Monochrone A	Polychrone B
2)	Monochrone B	Polychrone A
3)	Monochrone B	Polychrone A
4)	Monochrone A	Polychrone B
5)	Monochrone B	Polychrone A
6)	Monochrone A	Polychrone B
7)	Monochrone B	Polychrone A
8)	Monochrone B	Polychrone A
9)	Monochrone A	Polychrone B
10)	Monochrone A	Polychrone B
Total		

Selon l'anthropologue américain Edward Hall, les *cultures monochroniques* (un « seul temps » en grec) qui prévalent dans le monde occidental sont l'héritage de la révolution industrielle anglaise du XIXe siècle. Elles fonctionnent à partir d'une programmation de toutes les activités, d'une concentration sur chacune d'elles (« une chose à la fois ») et d'un code élaboré prescrivant l'exactitude et la stricte observance des horaires et des engagements qui en découlent. En effet, le temps est perçu de manière linéaire comme un ruban qui se déroule à mesure qu'on avance et que l'on peut décomposer. Chaque segment reçoit donc une affectation précise et est réservé à un projet parfaitement déterminé.

A l'opposé, les *cultures polychroniques* programment moins ou pas du tout. L'attention porte souvent sur des objets multiples; les relations interpersonnelles et les interactions gardent le pas sur les plans établis. Dans un système polychronique, on fait souvent plusieurs choses à la fois; les interruptions ou les changements sont fréquents et acceptés. (E. Hall, *Le langage silencieux*, Éditions du Seuil, coll. « Points »).

CORRIGÉ 18

1. Planifier

Si votre score est égal à 7.

- Vous marchez à vue.
- Toute votre énergie est dans l'action.

Si votre score est compris entre 8 et 14.

- Votre réflexe de planificateur est rare.
- Si vous voulez être plus efficace, changez l'aléatoire en réflexe quotidien.

Si votre score est compris entre 15 et 21.

- Vous êtes souple.
- Vous savez « voir venir ».
- Vous savez prévoir.

Si votre score est compris entre 22 et 28.

- Vous êtes un « sage », un planificateur « professionnel ». Bravo!

2. S'organiser

Si votre score est égal à 7.

- Vous êtes mené par les choses à faire.

Si votre score est compris entre 8 et 14.

- Votre capacité à vous organiser est fluctuante.
- Devenez plus méthodique.

Si votre score est compris entre 15 et 21.

- Vous êtes souple dans l'action.
- Vos réflexes et vos habitudes sont bons.
- Votre hygiène de vie professionnelle est plutôt bonne.

Si votre score est compris entre 22 et 28.

- Bravo, vous perdez le moins de temps possible.
- Vous êtes un champion de l'organisation.

3a. Faire ou faire faire ce qui est important : animer

Si votre score est égal à 7.

- Vous avez des réflexes de solitaire.
- Vous ne prenez pas en compte votre équipe.

Si votre score est compris entre 8 et 14.

- Vous devez vous « professionnaliser » encore dans la manière de gérer votre équipe, acquérir de nouveaux réflexes, apprendre à ne plus travailler seul.

Si votre score est compris entre 15 et 21.

- Vous êtes bien centré sur vous et sur votre équipe, avec souplesse.

Si votre score est compris entre 22 et 28.

- Vous êtes centré sur l'essentiel.
- Vous optimisez à tout moment l'efficience de votre équipe.

3b. Faire ou faire faire ce qui est important : déléguer

Si votre score est égal à 0.

- Vous êtes un excellent délégateur.

Si votre score est compris entre 1 et 4.

- Vous ne déléguez pas assez.

Si votre score est supérieur à 5.

- La délégation est un réel problème pour vous.

4. Contrôler

Si votre score est égal à 7.

- Vous n'avez plus le temps ou pas le réflexe de contrôler l'efficacité de votre action.
- Toute votre organisation est à revoir.

Si votre score est compris entre 8 et 14.

- Vous contrôlez irrégulièrement les résultats de vos actions.
- Vous devez revoir certains points de votre organisation.

Si votre score est compris entre 15 et 21.

- Votre contrôle est plutôt bon.
- Vous devez systématiser vos habitudes pour devenir un « professionnel ».

Si votre score est compris entre 22 et 28.

- Bravo, votre organisation vous permet d'avoir tout le temps nécessaire pour contrôler ce que vous faites.
- Vous êtes un « contrôleur professionnel ».

CORRIGÉ 19

1. Orientation **Information.** La personne recherche une information, il faut donc lui parler de contenus, confirmer ou infirmer l'information qu'elle a reçue.

2. Orientation **Lieu/Information/Personne** : L I (P).

La personne qui s'exprime ainsi parle d'abord de lieux : « pays lointain », « me dépaysera », puis elle fait émerger son orientation Information : « je découvrirai la vie des habitants ».

L'orientation Personne est plus faible (c'est pourquoi nous notons le P entre parenthèses) mais elle est présente : « parler un peu avec eux ».

3. Orientation **Action/Personne** A P et métaprogramme **Associé**[1].
— Action : « gérer, conduire, motiver, prendre des risques ».
— Personne : « motiver une équipe » (il est à noter qu'un manager qui n'a pas d'orientation Personne ne sait pas motiver une équipe), « s'intégrer dans une équipe ».
— Associé : « un battant », « aimer prendre des risques », « dynamique », « enthousiaste ».

Le critère de la personne qui a fait paraître cette annonce est essentiellement « l'efficacité dans l'action avec des hommes » ou « l'implication ». Les candidats à la pente naturelle **Dissocié** en contexte professionnel ont peu de chance d'être sélectionnés. La synchronisation ne peut s'effectuer que si le candidat a une réelle orientation **Action/Personne** et s'il sait exprimer son enthousiasme.

4. La personne évoque ici essentiellement les inconvénients qu'elle ne veut pas avoir en achetant une voiture. Son critère est sans doute « la tranquillité » ou « la sécurité ».

Il faut donc lui proposer une voiture qui répondra à ce critère, et lui montrer tous les inconvénients qu'elle s'évitera grâce à la voiture que vous lui proposez.

Orientation **Soi**, « Moi », et métaprogramme **Aller vers/Global.**

5. Au contraire, cette personne n'envisage que les avantages de la voiture à acheter. Son critère est « le plaisir ». Il faut lui parler en termes d'avantages et de façon globale.

1. Fonctionner sur le mode *Associé*, c'est s'inscrire dans l'action sans préoccupation du temps qui passe alors que le mode *Dissocié* correspond à quelqu'un de distrait et sur la réserve, plus spectateur qu'acteur.

Fonctionner en mode *global*, c'est appréhender le monde avec une vision d'ensemble de façon intuitive. Chercher la précision des détails et s'appuyer sur des faits immédiats, pratiques et concrets correspond au mode *spécifique*.

6. La personne est étonnée de l'enthousiasme de son interlocuteur. Elle se pose beaucoup de questions, reste en recul par rapport à la mission proposée. Elle fonctionne sur le mode **Dissocié.** La précision des questions révèle le MP **Spécifique.**

L'enthousiasme ne saurait la convaincre. Elle a besoin d'être convaincue et non pas persuadée. Pour cela, il convient de s'appuyer sur des faits concrets tout en montrant le recul que l'on prend. Un vocabulaire affectif, suggérant l'implication, l'engagement, l'inquiète.

7. Fonctionnement typiquement **Associé.** La personne agit d'emblée, sans recul ni analyse, sous l'impulsion de ses sentiments négatifs.

8. **Similitude/Différence.** La personne dit avoir occupé le même poste pendant neuf ans **(Similitude)** et désire « un peu » « faire autre chose » (**Différence** en position secondaire). Elle a besoin d'un renouvellement qui n'entraîne pas cependant de bouleversements dans sa vie.

Si vous voulez lui proposer un nouveau travail, donnez-lui d'abord des points de repères par rapport à son expérience, puis évoquez le plaisir de ce qui sera nouveau tout en la rassurant sur la douceur du changement.

9. Fonctionnement typiquement **Global.** La personne est susceptible d'acheter tout caméscope qui réponde à ses deux critères : légèreté et qualité, quelles que soient les caractéristiques techniques.

Lui décliner ses caractéristiques techniques ne peut que l'ennuyer. Il faut au contraire souligner la qualité générale du produit et... lui faire peser, soulever l'appareil !

En conclusion, nous remarquons que la plupart du temps les gens indiquent d'eux-mêmes comment ils fonctionnent. Il suffit d'écouter pour entrer dans leur modèle du monde, mais nous ne savons pas écouter.

CORRIGÉ 20

— L'exercice met en évidence les diversités de perception de l'événement.

— L'animateur met en évidence les aspects considérés comme importants par *chacun* des membres. On remarque l'importance des stéréotypes, des transferts, des projections personnelles.

— L'animateur rappelle régulièrement aux membres de combien de temps ils disposent encore.

— En cas de succès, comme en situation d'échec, par rapport à la *seconde phase,* le groupe s'interroge et tente d'analyser les raisons qui ont conduit à cette situation (facteurs adjuvants, facteurs opposants).

— Pourquoi est-on arrivé à bien réaliser la tâche demandée, c'est-à-dire dresser une liste *unique*? Ou, au contraire, comment expliquer que le groupe ne soit pas arrivé à l'accomplir ?

Point particulier : l'animateur fait prendre conscience des comportements individualistes des membres, qui tentent de faire triompher leur point de vue, ou qui s'accrochent à leurs idées.

La subjectivité joue ici un rôle important : souvent le problème n'est pas abordé de façon réaliste, logique ou rationnelle.

CORRIGÉ 21

Les valeurs du père

Trente ans de vie d'ouvrier ont inculqué au père une conception de l'existence qui pourrait se résumer en deux points :

1. la première des règles, c'est de ne rien devoir à personne. On ne peut compter que sur soi pour s'en sortir;

2. la deuxième, c'est qu'il faut être modeste et savoir « rester à sa place » : faire parler de soi ne peut qu'attirer des ennuis.

On comprend ainsi la raison de son obstination à ne pas laisser Frank payer le repas. Car « faire des dettes », c'est précisément enfreindre les deux principes qui sont à la base de toutes ses convictions. D'où cette insistance à ne pas céder sur ce point. Le père de Frank a beau être quelqu'un de plutôt timoré, sans grande confiance en lui : il ne laissera finalement son fils régler la facture – sans doute pour éviter un scandale – qu'après être monté au créneau à trois reprises :

> « – Frank : Non, non, non, non c'est moi qui paye. Papa, papa, je vous invite, c'est moi qui paye, d'accord?
>
> 1. Le père : Avec quoi tu vas payer? Tu n'as pas encore touché ta paye.
>
> — Frank : Mais papa, c'est pas une dette, c'est un prêt. Et demain, si j'en ai besoin, en plus la banque elle m'en refait un, elle sera ravie…
>
> 2. Le père : Justement, c'est bien ce que je dis : ce sont des dettes.
>
> — Frank : Papa, si une banque est d'accord pour me prêter 70 000 francs pour me payer mes études, c'est quand même qu'elle considère que financer un étudiant, c'est un bon investissement, non?
>
> 3. Le père : C'est pour tes études, c'est pas pour faire la fête. »

Cette morale du mérite, du sens de l'effort et du sacrifice est, en fait, chez lui, la traduction concrète de toute une philosophie de la vie qui repose fondamentalement sur deux valeurs essentielles : le *respect* et *l'honneur*.

• *Faire preuve de respect*, c'est accepter qu'il y ait des *chefs* (comme celui que le père de Frank continue à appeler « chef du personnel ») et qu'ils soient là pour commander; c'est reconnaître un certain nombre de privilèges à ceux qui détiennent pouvoir, connaissance ou les deux; c'est obéir aux ordres en se montrant docile. Dans une telle optique, le patron est censé mieux savoir ce qui est bon pour ses employés que les intéressés eux-mêmes. On appelle ça le *paternalisme*. Mais disposer d'une certaine autonomie conviendrait-il davantage au père de Frank? Il a déjà du mal à se livrer aux savants calculs de récupération du temps de travail que lui propose son fils… Ces histoires d'annualisation lui paraissent floues, le font revenir sur les bancs de l'école, l'éloignent de sa réalité quotidienne : il n'est pas « sûr de sa copie », d'avoir donné les bonnes réponses. Comment aurait-il d'ailleurs l'habitude qu'on le « consulte », lui qui toute sa vie n'a fait qu'exécuter et obtempérer?

• *Accepter l'autorité établie signifie-t-il, pour autant, que l'on soit prêt à avaler toutes les couleuvres?* Dans une autre scène du film, le père subit sans broncher les vexations d'un contremaître autoritaire et méprisant. Témoin de cet affront, Frank en est profondément choqué et il préfère partir, la rage au cœur, sans dire un mot, plutôt que de voir son père se laisser humilier de la sorte. Mais on peut aussi proposer une autre lecture moins pessimiste de cet épisode. Le père n'aurait, tout simplement, plus envie de se révolter (l'a-t-il d'ailleurs jamais eue?), parce qu'il a appris à faire la part des choses, à ne pas mélanger les genres, à se réserver des plages de loisir personnel où il s'adonne à la menuiserie. Donnant toujours un peu l'impression d'être bougon, il ne possède pas le talent de son fils pour la « communication ». Il préfère privilégier le travail manuel ou la vie de famille (dans une autre scène du film, on le voit prendre plaisir à jouer avec son petit-fils), et compenser ainsi sa tendance naturelle à la passivité par l'amour du travail bien fait. Ses vertus à lui s'appellent persévérance et modestie. Et c'est probablement grâce au souci constant de ne jamais démériter à ses propres yeux qu'il peut supporter cette humilité excessive, érigée en choix de vie, qui semble tourner, l'âge aidant, au fatalisme résigné.

• *On rejoint là la « logique de l'honneur »*, dont le sociologue et économiste Philippe d'Iribarne considère qu'elle imprègne encore la société française tout entière. L'importance de cette notion, dans notre culture, expliquerait ainsi, selon cet auteur, que l'« approche contractuelle » ne convienne pas à la mentalité française. Car nous attendons de nos chefs qu'ils tiennent compte de *l'honneur* de leurs employés, tout en assumant leurs propres responsabilités. Recueillir l'avis du personnel ne les dispensant, en aucun cas, d'avoir à prendre seuls les décisions qui sont de leur ressort. En France, une décision collégiale serait, en effet, considérée comme une forme de démission ou de lâcheté.

• Ainsi, alors que ce qui compte, aux États-Unis, c'est d'être équitable *(fair)* – aucune décision n'étant jamais prise unilatéralement afin que tout soit strictement codifié en cas de litige –, *les Français, eux, mettent avant tout l'accent sur la préservation de leur dignité*. Un sens de l'honneur bien spécifique les guide dans leur comportement au travail et ce code de conduite se concrétise sur le terrain par trois règles pratiques, partagées implicitement par la majorité du personnel.

1. Chacun tient à interpréter, à sa façon, ses responsabilités, et se donne à lui-même des *devoirs*. Les règles imposées « d'en haut » ne sont donc guère appréciées : on en prend et on en laisse. L'important, c'est plutôt d'accomplir ce que la coutume fixe à chacun, selon la catégorie de personnel à laquelle on appartient.

2. On a la *fierté* du travail bien fait, on n'aime guère que cela soit remis en cause par ceux de l'extérieur et on est prêt, s'il le faut, à se défendre vigoureusement de toute accusation.

3. Chaque service détient une sorte de *charge* qui implique des responsabilités précises. Entre deux services, les frontières sont strictes : on ne passe de l'un à l'autre que par des rites d'initiation formalisés (concours administratif, bilan de compétences, cursus de formation interne…). Et c'est pourquoi, en règle générale, les salariés supportent si mal les contrôles, car ils signifient, pour eux, que quelqu'un de l'équipe n'a pas rempli convenablement les devoirs de sa charge[1].

Bien que le père ne se montre pas particulièrement combatif pour défendre son honneur, on peut néanmoins dire qu'il partage, dans ses grandes lignes, cette vision du monde. On sent bien, notamment, qu'il n'accepterait pas facilement n'importe quelle autre tâche en remplacement de son travail actuel, et qu'il est donc sincère lorsqu'au début du dîner, il réplique à Frank :

« — Frank : Et toi qu'est-ce que tu lui as répondu ?

— Le père : Attends, tu me connais. Moi je lui ai répondu que je n'étais pas d'accord (s'emballant un peu). En plus, tu me vois à la vérification ? »

Mais cette question n'est déjà plus d'actualité, puisque, après trente ans de bons et loyaux services, le père (même s'il ne le sait pas encore !) vient d'être licencié, sans avoir été reçu, au préalable, par ce patron, dont il vantait pourtant les mérites à son fils, lors du repas :

« — Le père : Dis, tu sais, le patron, c'est quelqu'un de bien, hein ? Si, si. Il a su voir en toi et puis s'il a confiance, il proposera un poste… »

Ce qui a le don d'exaspérer Frank qui ne partage pas la même philosophie des valeurs que son père :

« — Frank : Papa, arrête de le prendre pour un saint, s'il te plaît ! »

On est donc loin de ce que commanderait une « logique de l'honneur », telle que Philippe d'Iribarne en fait remonter la genèse à Montesquieu et à Tocqueville. Selon cette conception, chacun, pour être respecté, doit « remplir ses devoirs ». C'est ainsi que les supérieurs sont révérés ou méprisés selon leur conduite. Car, dans l'honneur, on ne plie pas : on n'obéit qu'à plus noble que soi. À quelqu'un que l'on respecte, on obéit ainsi sans contrainte, car on s'élève soi-même, alors qu'au contraire, obéir par crainte ou par intérêt ne pourrait qu'avilir[2].

Les désillusions du fils

Le fils vit une véritable crise qui l'oblige à se remettre totalement en question. Le mot qui résume le mieux ce qu'il ressent, c'est celui de *honte*. Il a tout d'abord honte de lui-même : de s'être laissé berner par les belles paroles de l'utopie managériale, le discours lénifiant de la « barbarie douce. » Cette « consultation » du personnel était un leurre. En réalité, il ne sera pas davantage tenu compte de son travail que des réponses apportées au questionnaire qu'il s'était pourtant donné tant de mal à construire.

1. Cf. P. d'Iribarne, *La logique de l'honneur. Gestion des entreprises et traditions nationales*, coll. « Point Essais », n° 268, Le Seuil, p. 21 sq. (accomplir les devoirs de son état).

2. *Ibid.*, p. 79-81.

Il a honte aussi de cette éducation de soumission respectueuse que lui ont dispensée ses parents et il n'est pas loin d'y voir l'origine de ses déboires actuels : de son manque de lucidité notamment, et de l'excès de candeur auquel il se reproche d'avoir cédé. Il a honte, enfin et surtout, de l'image de faiblesse que son père lui renvoie en permanence, alors que, paradoxalement, il se sent toujours traité par lui en petit garçon irresponsable. Avec son père, les sujets de friction ne manquent d'ailleurs pas, et le pire, c'est qu'ils ont très vite tendance à prendre un tour conflictuel. Tant il est difficile, à tous les deux, de s'expliquer, d'utiliser les mêmes mots ou des mots auxquels ils donnent le même sens... Pas moins de trois sujets de discorde surgissent ainsi durant ce repas qui vont, tous, prendre l'allure de querelles sémantiques.

« – Le père : « Dis, tu sais le patron, c'est quelqu'un de bien, hein? Si, si. Il a su voir en toi et puis s'il a confiance, il proposera un poste...

— Frank : Papa, le patron ce n'est pas une assistante sociale, il fait ce qui l'arrange, c'est tout.

— Le père : Mais si, il a su voir en toi, il a su voir les qualités que tu avais, il a su voir ce que tu allais amener à l'entreprise

— Frank : Papa arrête de le prendre pour un saint, s'il te plaît! »

Le fils, qui sort d'une école de commerce, sait bien qu'une entreprise est d'abord un regroupement d'intérêt économique. À ce titre, un patron n'est pas une « assistante sociale », car il préférera toujours s'entourer de « ressources humaines » plutôt que de « cas sociaux »! Un patron n'est pas non plus un « saint », loin s'en faut, parce qu'il n'est ni omniscience, ni bonté pure. Frank prend son père pour plus naïf qu'il n'est. Car ce dernier, totalement désabusé, n'attend désormais plus rien de personne. Il montrera d'ailleurs, à la fin du film, qu'il est à la fois trop orgueilleux ou trop timide pour solliciter l'aide de ses collègues ou des représentants syndicaux. Aucune de ces comparaisons ne lui convient donc. Le père de Frank, qui n'a jamais rien connu d'autre, est resté simplement un inconditionnel du paternalisme. Soutien, protection, autorité : toujours la « logique de l'honneur ». Mais il est difficile, quand on est un fils, de penser que son père peut avoir aussi besoin... d'un père!

«- Le père : Tiens, au fait, tu as corrigé ma copie?

— Frank : Papa, c'est pas une copie : c'est un questionnaire, c'est un sondage. Il n'y a rien à corriger : ce n'est pas un examen.

— Le père : Mais si sur l'annualisation, je ne sais pas si j'ai bien répondu : c'était flou, c'était pas..., j'ai pas bien compris. Et puis sur cette histoire d'horaire, comment... tu sais, cet horaire qu'il faut analyser, qu'il faut machin, je ne suis pas très sûr de moi...

— Frank : Tu ne veux pas parler d'autre chose un peu?

— La mère : Oh arrête de l'embêter avec le travail! Tu peux le laisser un peu tranquille. Il a le droit de se détendre un peu : il a travaillé toute la journée... »

Or, à juste titre, Franck ne veut surtout pas inverser les rôles en « corrigeant » son propre père car c'est pour le coup qu'il s'installerait dans une relation *père-enfant* (au sens que lui donne l'Analyse transactionnelle). On comprend, en tout cas, sa déception. Alors qu'il vient juste d'intégrer le monde adulte du travail et des responsabilités, le fils aurait pu espérer pouvoir, enfin, être traité en égal par son père, dans une transaction de type *adulte-adulte*. Au lieu de cela, c'est le père qui régresse au stade infantile en éprouvant le désir de retourner sur les bancs de l'école…

« – Frank : Non, non, non, non c'est moi qui paye. Papa, papa, je vous invite, c'est moi qui paye, d'accord ?

— Le père : Avec quoi tu vas payer ? Tu n'as pas encore touché ta paye.

— Frank : Mais Papa, c'est pas une dette, c'est un prêt. Et demain, si j'en ai besoin, en plus la banque elle m'en refait un, elle sera ravie…

— Le père : Justement, c'est bien ce que je dis : ce sont des dettes.

— Frank : Papa, si une banque est d'accord pour me prêter 70 000 francs pour me payer mes études, c'est quand même qu'elle considère que financer un étudiant, c'est un bon investissement, non ?

— Le père : C'est pour tes études, c'est pas pour faire la fête ».

Autres temps, autres mœurs. Son père thésaurisait en pensant qu'« un sou est un sou » ; Frank négocie avec un banquier pour financer ses projets. Ce faisant, il préfère spéculer sur l'avenir et croire aux vertus des bons placements, là où son père s'en tenait strictement au cumul de son épargne passée.

« Tu seras un homme mon fils… »

En conclusion, le père a finalement une attitude ambivalente à l'égard de son fils. D'un côté, il est impressionné par ses connaissances et son aisance sociale, qui le rangent désormais, à ses yeux, du côté de ceux qui savent et décident. Mais, d'un autre côté, il n'en continue pas moins d'éprouver le besoin de prodiguer à Frank des conseils pour que celui-ci puisse faire « bonne figure » devant son patron ou encore qu'il ne dilapide pas trop vite ses économies…

Bref, pas plus qu'il n'a pris conscience qu'il valait mieux « investir » sur un bon produit plutôt que de thésauriser à perte, ce père d'un autre âge ne peut admettre qu'un patron recherche, avant tout, son intérêt : c'est-à-dire préfère, de loin, un collaborateur dynamique ou un bon gestionnaire à un adolescent obéissant et respectueux… Enfin – et c'est sans doute ce que son fils lui pardonne le moins –, avec une telle philosophie des valeurs, le père de Frank est bien loin de pouvoir comprendre, psychologiquement, l'importance hautement symbolique que revêt, pour son fils, le fait d'inviter ses parents au restaurant, en payant, pour la première fois, l'addition…

La figure éternelle de la mère

La mère est d'abord une femme effacée qui ne craint rien tant que de déranger les voisins en parlant trop fort, ou encore que ne soient abordés des sujets qui fâchent. Elle reproche, au début, à son mari de « crier » alors qu'il n'a pas particulièrement haussé le ton de sa voix. Seulement, il parle de son travail, évoque une visite du chef du personnel… Pour elle, ce sont là des sujets tabous, qu'il vaut mieux ne pas aborder en public. Elle inspecte alors, d'un rapide coup d'œil circulaire, la salle de restaurant, comme si des espions s'y étaient tapis à son insu : on sent qu'elle éprouve réellement le sentiment d'être épiée. « Tout le monde nous regarde », « Tout le monde en profite » dit-elle à deux reprises. En réalité, ce qu'elle ne supporte pas c'est que l'on fasse étalage de sujets personnels dans un lieu public...

C'est pourquoi elle ne prend jamais elle-même la parole pour donner son avis, mais elle rappelle les convenances, se porte à la rescousse de son fils quand elle le sent en difficulté et distribue remontrance sur remontrance à son mari (« Laisse-le tranquille. Arrête de l'embêter »). Elle prêche également la modération, invitant Frank à céder aux objurgations du père. Car elle a parfaitement intégré les usages tacites, les « bonnes manières » : tout ce qu'il convient de respecter, si l'on veut donner de soi une image de famille unie, sans alimenter le « qu'en-dira-t-on » :

« — La mère : Frank, laisse payer ton père, ça lui fait plaisir.

— Frank (du tac au tac) : Mais si ça me fait plaisir à moi de vous inviter! »

En définitive, son admiration pour son fils est indéniable, ce qui se ressent, particulièrement, à un autre moment du repas, quand elle trinque à la réussite de Frank, avec ses simples mots : « À mon fils », ce qui en dit long sur sa fierté de mère. Il faut dire qu'elle entretient avec lui des rapports plus chaleureux et connivents que le père, très formaliste, qui a beaucoup de mal à abandonner son air grave. À la sortie du restaurant, lorsque Frank prend congé de ses parents, en leur annonçant qu'il va faire un petit tour en ville, elle ne peut s'empêcher de lui faire remarquer que cela n'est pas « raisonnable », mais elle n'insiste pas car elle a toute confiance en son fils et elle a aussi, sans doute, pris toute la mesure de la journée éprouvante que celui-ci vient de vivre.

CORRIGÉ 22

1) Le loup raisonne à partir d'un redoutable syllogisme à la majeure implicite : « *Tout individu qui trouble la boisson d'un autre doit être châtié* » (injonction érigée en norme), « *Or tu troubles ma boisson* » (mauvaise foi), « *Donc tu seras châtié* ». Le fait qu'il ait la force pour lui et qu'il ait faim ne lui suffit pas : cette supériorité est de l'ordre du nécessaire et le loup se veut « juste », même si c'est avec de mauvais arguments. « *Et je sais... Si ce n'est... c'est donc... Car...* ». Chaque phrase est donc justifiée, ce qui prouve que le loup a besoin non seulement de manger, mais d'avoir raison. Il finit d'ailleurs par énoncer un argument tout à fait convaincant : « *Car vous ne m'épargnez guère...* » Il est indéniable, en effet, que, pris par les bergers, le loup serait mort.

On pourrait donc dire que le loup appartient au monde de la nature et l'agneau au monde de la culture : aucun arbitrage n'est possible entre les deux, seule joue la loi du plus fort...

2) L'agneau voit venir le loup. Il n'ignore rien des intentions de ce dernier à son égard puisque le loup, en le voyant, a déjà posé la conclusion de son raisonnement : « *Tu seras châtié* ». Il essaie de s'en sortir par une démons-

tration en principe imparable : géographiquement, il lui est impossible de troubler l'eau du loup. Mais cette évidence est trop teintée de soumission déférente *(« Que Votre Majesté ne se mette pas en colère… »)* pour avoir le moindre poids ! En fin de compte, l'agneau ne peut rien contre le loup ni physiquement, ni intellectuellement.

3) Pour autant, le loup aurait-il raison de se laisser mourir de faim en renonçant à cette vie de carnivore qui est sa « raison d'être » ? Il faut conclure, par conséquent, que le loup a raison de manger l'agneau en raison… de son état, ne serait-ce que pour nous dédouaner d'aimer le gigot d'agneau…

CORRIGÉ 23

Portez le chiffre que vous avez entouré dans une de ces trois colonnes selon le numéro de la question. Faites le total des points par colonne (ne vous inquiétez pas si des questions ne sont pas notées, ce sont des « leurres » pour brouiller les pistes ; n'en veuillez pas à l'auteur).

Ces trois échelles vous permettront de savoir ce que vous recherchez le plus dans votre poste de travail :

- La réalisation de vous-même ?
- L'affiliation, l'appartenance à un groupe ?
- L'exercice d'un pouvoir ?

Échelle de réalisation		**Échelle d'affiliation**		**Échelle de pouvoir**	
Question	**Points**	**Question**	**Points**	**Question**	**Points**
3		5		1	
4		19		7	
14		13		12	
15		23		18	
20		25		22	
24		30		29	
32		34		31	
43		35		33	
Total		Total		Total	

CORRIGÉ 24

Stratégie des acteurs

	Stratégie conservatrice	Stratégie rationaliste	Stratégie personnalisante	Stratégie décisionnelle
Durant		×[1]		
Dubillot				×
Bréveau			×	
Martin		×[2]		
Pajot	×			

1. Logique économique.

2. Logique technique.

Sans qu'il y ait une liaison mécanique, ces stratégies correspondent ici, dans les grandes lignes, à la situation de ceux qui les mettent en œuvre : rang hiérarchique, fonction occupée, formation initiale…

Hypothèses sur la dynamique du jeu

Les règles du jeu sont à la fois dictées par la structure de l'entreprise et les stratégies de chaque acteur.

Philippe Durant dispose de l'autorité formelle de rang le plus élevé. Il est donc attendu que les comportements s'alignent sur celui du P-DG. Chacun, en fonction de la stratégie qui a sa préférence, va chercher à se concilier les bonnes grâces du P-DG tout en faisant pression sur les autres acteurs.

La stratégie d'Émile Martin est rationaliste, comme celle de Philippe Durant, mais elle repose sur une logique technique, et non pas sur la logique économique guidant le P-DG. Si l'on admet, avec Crozier et Friedberg, que le pouvoir d'un individu dépend de la zone d'incertitude qu'il contrôle face à ses partenaires, on conviendra que le directeur industriel possède de sérieux atouts pour faire prévaloir son point de vue. En effet, la bonne mise en place des nouvelles machines dépend largement de lui, car il aura à gérer les moyens matériels et humains de réalisation. Il cumule ainsi deux sources de pouvoir : la compétence technique (pouvoir d'expert) et la maîtrise des communications dans le secteur où le changement est envisagé.

Anne Bréveau (stratégie personnalisante) aura sans doute un comportement offensif, car ce changement est pour elle l'opportunité d'améliorer sa situation dans l'organisation. Sa position peut la conduire à s'allier avec Bernard Dubillot (stratégie décisionnelle) pour s'opposer à Émile Martin. Une telle coalition dispose de ressources limitées. Une négociation est cependant possible entre une coalition Dubillot-Bréveau et Émile Martin.

Alexandre Pajot (stratégie conservatrice) aura certainement une position défensive. Sa principale ressource est la connaissance des règles juridiques de communication avec les représentants du personnel et avec les individus. Étant opposé à la fois aux désirs de changement de Martin et à ceux de Dubillot, il peut être tenté de jouer un rôle amenant les deux protagonistes à se neutraliser mutuellement.

CORRIGÉ 25

1) Le projet de Pierre Duchemin est assez classique dans sa formulation. Il désire s'initier « *rapidement à l'allemand dans les six mois qui viennent pour pouvoir soutenir une conversation courante* ». L'expérience prouve que cet objectif est très ambitieux, surtout pour une langue que l'on n'a jamais abordée en milieu scolaire. Il aurait sans doute intérêt à axer son projet sur l'acquisition progressive d'une compréhension orale (comprendre une conversation courante) et écrite (lire des articles généraux dans des magazines), la capacité de conversation ne pouvant se développer qu'ultérieurement, sur le terrain.

2) Parmi les difficultés qu'il risque de rencontrer dans la poursuite de son projet d'apprentissage de l'allemand, on notera essentiellement :

— l'absence d'enjeu professionnel concret à court terme,

— un intérêt à priori faible pour cette langue et cette culture.

Ces deux points font pour l'instant de son projet d'autoformation un acte raisonné et raisonnable d'anticipation, mais sans véritable pression et dont le plaisir d'apprendre semble, pour l'instant du moins, quasiment absent.

3) En termes de démarche, Pierre Duchemin pourrait utilement – en fonction des éléments qui nous sont fournis – articuler son action d'autoformation autour des points suivants :

— Intégrer dès le départ son épouse dans son projet; le fait de constituer un « binôme d'auto-apprentissage » pouvant se révéler particulièrement utile en termes de motivation et d'intérêt (en revanche, faire passer sa fille Laetitia de l'apprentissage de l'anglais à celui de l'allemand sous prétexte de « cohérence familiale » constitue une idée totalement absurde. À oublier d'urgence...).

— Contrairement à son projet initial, il devrait envisager – avant toute autre action – de suivre une initiation à la langue allemande dans un cadre institutionnel (stage intensif, cours du soir), ne serait-ce que pendant quelques semaines ou quelques mois. L'acquisition en groupe des bases sera un élément facilitateur de son auto-apprentissage futur.

— Structurer son entraînement autour de la pratique quotidienne « rituelle » des cassettes audio en voiture (plutôt sur le trajet « aller « du matin), en le complétant par une relecture rapide mais à tête reposée en fin de soirée.

— Compléter dès que possible (2-3 mois) par la lecture de textes simples tels que magazines bilingues (type Vocable) ou de romans en allemand simplifiés à destination de publics scolaires; l'aide d'un petit dictionnaire bilingue sera vite nécessaire.

— Enrichir lentement mais sûrement son vocabulaire par l'apprentissage par cœur et systématique de 5-6 mots nouveaux par jour (soit environ 35/semaine, 150/mois, etc., sachant que notre vocabulaire usuel en français oscille entre 300 et 600 mots...).

À noter enfin que l'apprentissage d'une langue étrangère ne peut s'envisager que dans la durée et la régularité.

En effet, cet apprentissage s'effectue moins par mémorisation que par familiarisation et imprégnation.

Apprendre vite une langue est un non-sens psychologique, sauf à accepter de ne rien fixer en mémoire et de tout oublier dans les jours qui suivront la fin du temps d'acquisition...

Deuxième partie
Efficacité personnelle

Table de la deuxième partie

Introduction 119

1. Le portrait de la femme sans âge 120
2. Psychologie de l'observateur 122
3. Voir et comprendre 124
4. Savoir deviner juste 125
5. Les deux Robinson 126
6. Analyse d'images publicitaires interactives 128
7. Comment se porte votre mémoire ? 131
8. Identifier les modes de fonctionnement du cerveau 135
9. Comment éviter les pièges du temps 138
10. Questionnaire anticipation 140
11. Mieux gérer son temps en acquérant de bons réflexes 144
12. Simulation court terme, moyen terme et long terme 147
13. Être efficace dès le matin 152
14. La corbeille « courrier » (« in basket ») 153
15. Établir un plan de journée sous la dictée 156
16. Les opérations mentales :
    1) Les opérations mentales en séquence situation 160
    2) Les opérations mentales en séquence action 162
17. Le PAPSA 163
18. Abstraire, comparer, juger 168
19. Jugements et propositions 172
20. Le jeu de l'espion 173
21. Erreurs de définition 174
22. Douze histoires drôles 175
23. Comment « faire passer » une information : récrire en traduisant en langage clair 176
24. La lettre d'accompagnement en réponse à une petite annonce 178
25. Êtes-vous assertif ? 181
26. Les deux meilleurs hôtels du monde 185

Corrigés 1 à 26 190

Introduction

L'efficacité personnelle doit permettre d'apprendre à cultiver ses propres ressources. Seule façon de réussir à relever les défis de la vie quotidienne, tant professionnels que personnels afin de mettre en œuvre à chaque fois des solutions adaptées et pertinentes et de décider à bon escient. Mais pour mieux s'y prendre, il faut d'abord s'expliquer avec soi-même.

Or, sans que nous en soyons toujours conscients, nos codes de références travestissent la réalité. Nous sommes victimes des automatismes de l'habitude. Notre attention est sélective. Nous sommes enclins à laisser nos émotions prendre le pas sur nos jugements.

Tout d'abord, un auto-diagnostic peut aider à mieux connaître ses aptitudes dans un double registre : mémoire et affirmation de soi. Que faut-il retenir pour affronter le monde complexe d'aujourd'hui ? Comment aborder lucidement autrui ou la relation aux événements ? La stimulation intellectuelle et la motivation à agir passent en effet par l'obtention d'un bon profil mnémonique et la capacité à se montrer déterminé.

Il faut alors cultiver l'esprit de découverte. Se mettre en position d'anticiper, comprendre, juger sans se laisser décourager par l'ambiguïté, le jargon ou le bluff. Développer, en particulier, un comportement de lecteur actif en sachant explorer les méandres d'un texte sans perdre ses facultés de concentration et de questionnement. Notre cerveau est ainsi fait qu'il nous permet, pour peu que nous le voulions, d'allier intuition et raisonnement.

L'acquisition d'une plus grande perspicacité est tout aussi décisive. Observer, s'appuyer sur les indices : autant de compétences bien utiles pour démêler les affaires courantes. Tout l'art finalement, c'est d'être à la fois réaliste et opérationnel. Bien définir ce dont il est question, évaluer sans erreur de jugement, transmettre clairement une information écrite. Mais aussi s'ouvrir à l'exploration inventive, faire preuve de créativité en jouant des associations d'idées sans brider son imagination.

Enfin, vous trouverez dans ce chapitre deux exercices aux exigences plus larges qui sollicitent la capacité de trancher en connaissance de cause dans le cadre de situations bien précises :

— faire le choix des deux meilleurs hôtels du monde (ex. 26) ;

— réagir de façon urgente et optimale aux informations et demandes écrites laissées dans sa « corbeille à courrier » par des collègues de travail (ex. 14).

L'occasion de vérifier la portée pratique de tous ces outils expérimentés. Pour mieux pouvoir prendre ensuite la mesure, en grandeur réelle, des nouveaux atouts qu'on aura su intégrer.

1. Le portrait de la femme sans âge

♦ Roger Mucchielli, n° 9

Exercice en session ou TP de groupe

1) Faites circuler le dessin ci-dessous après avoir donné au groupe la consigne suivante :

« Nous faisons maintenant un exercice concernant les opinions personnelles. Vous allez voir un dessin représentant une tête de femme. Le dessin passera de mains en mains. Pendant le court instant où vous disposerez de l'image, vous devez mentalement vous faire une opinion sur l'âge de cette femme. Pendant cette partie de l'exercice, nous vous prions de garder le silence le plus complet et de ne pas communiquer entre vous. »

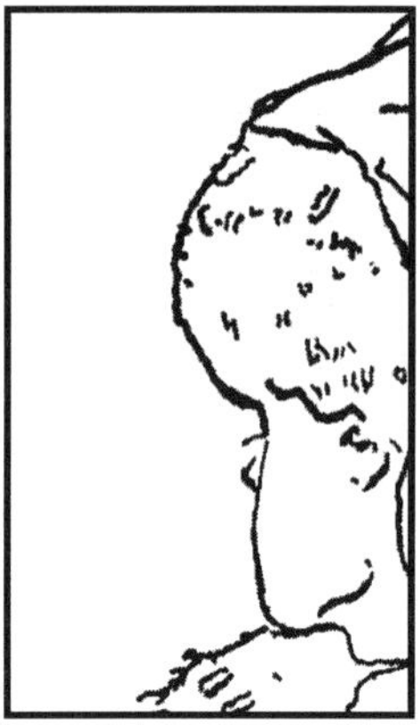

2) L'image ayant circulé, vous récupérerez le dessin. Puis, vous tracerez sur un tableau une série de colonnes représentant 7 tranches d'âges (moins de 20 ans, de 20 à 30 ans, de 30 à 40, de 40 à 50, de 50 à 60, de 60 à 70, plus de 70 ans) et vous énoncerez ainsi la suite de l'exercice :

« Chacun de vous, *sans s'occuper de l'opinion des autres*, va maintenant dire à haute voix l'âge qu'il attribue à la femme représentée sur l'image qu'il a vue. »

Les participants disent alors leur opinion à tour de rôle. L'animateur met une croix dans la colonne d'âge correspondant à chaque annonce.

Généralement, si le groupe est hétérogène et lorsque cet exercice est fait pour la première fois, un certain effet de surprise se produit à l'annonce d'âges très différents (par exemple : *18 ans, 65 ans, 80 ans, 30 ans*, etc.). L'animateur les reporte sur son tableau sans manifester aucun étonnement.

La surprise des participants est telle, qu'ils demandent alors à revoir l'image, certains allant jusqu'à soupçonner, contre toute évidence, qu'ils n'ont pas vu le même dessin. Un second passage de l'image a lieu si on le demande, et dans les mêmes conditions que la première fois (il convient de redire la consigne). Les annonces se font de nouveau et le tableau déjà écrit se trouve confirmé.

L'animateur fera remarquer que les *opinions individuelles sont divergentes* et que le tableau fait ressortir deux opinions moyennes, ou *deux groupes d'opinion difficiles à concilier*, par exemple « moins de 30 ans » et « plus de 60 ans ».

3) La discussion est alors ouverte sur le phénomène révélé par l'expérience. Elle sera orientée sur 4 points successifs :

— débat contradictoire entre les deux « partis » et justifications respectives (on fera remarquer à cette occasion les différents *modes d'affirmation* de l'opinion : intransigeant-agressif, facile à ébranler-douteur, tolérant-conciliant, etc., et « opinion que l'on a sur autrui quand il ne partage pas nos opinions »),

— découverte de l'« explication »,

— analyse de la formation de l'opinion individuelle par suite de la structuration du donné au niveau *perceptif,*

— définition de l'opinion comme phénomène *psychologique* et formulation des lois psychologiques mises en jeu.

Corrigé page 190

2. Psychologie de l'observateur

♦ Roger Mucchielli, n° 17

Faux témoins de bonne foi

Information préalable. La psychologie du témoignage est intéressante à plus d'un titre dans un séminaire consacré à l'observation psychologique.

D'une part, tout observateur est d'abord un témoin. Certes, c'est un témoin alerté, attentif, parfois entraîné et informé, mais sa perception est nécessairement sujette aux défaillances de la perception humaine en général. D'autre part, dans ce qu'on appelle les « recherches sur le terrain », surtout lorsqu'elles comportent une part d'observation-participation, le compte rendu d'observation se rapproche du témoignage tel qu'il est conçu par les historiens et les juristes.

Les recherches sur la psychologie du témoignage ont commencé avec Alfred Binet au début du siècle. Puis W. Stern, Claparède, Smith, Gorphe, Allport et Postman et d'autres ont apporté leurs contributions. La liste des sources d'erreur chez les témoins (sans mettre en cause leurs intentions, et leur bonne foi étant assurée) est loin d'être achevée mais elle est déjà longue.

Votre travail consiste :

1) à formuler la ou les lois générales des erreurs d'observation à partir de chacune des expériences et de leurs résultats ci-dessous rapportés ;

2) à trouver par la réflexion toutes les autres causes d'erreur possible.

Expérience A

(d'après Claparède, cité par Cenac)

Claparède, au cours de ses leçons de psychologie judiciaire qu'il donnait à la Faculté de Droit de Genève, posa inopinément à ses étudiants une vingtaine de questions relatives aux locaux de l'Université, du genre de celles-ci : *Y a-t-il une fenêtre donnant sur le corridor de l'Université à gauche en entrant par la porte des Bastions ? Quelle est la couleur des rideaux de cette fenêtre ? Les colonnes du vestibule du premier étage de la Faculté sont-elles rondes ou carrées ? Quel est le nombre de ces colonnes ?* D'autres questions concernaient l'estimation des grandeurs : *Quelle est la distance en mètres qui sépare les deux ailes de l'Université ?*

Résultats :

1) Sur les 54 étudiants qui ont répondu, aucun n'a fourni un témoignage entièrement exact.

2) Les étudiants qui fréquentaient la Faculté depuis plusieurs années n'ont pas fourni de meilleures réponses que ceux qui ne la fréquentaient que depuis un semestre.

3) 52 sujets sur 54 ont répondu à la question 1 et, sur ce nombre, 44 ont nié l'existence de cette fenêtre, alors qu'elle existe ; ces témoignages sont ainsi massivement concordants... dans l'erreur.

4) Une tendance nette, dans les réponses aux questions d'évaluation, apparaît : les petites grandeurs étaient dites plus grandes que leur mesure objective, et les grandeurs importantes étaient dites plus petites (en moyenne) que leur dimension réelle.

Expérience B

Claparède, Varendonck, Rousset, etc., ont utilisé des incidents préfabriqués pour étudier la psychologie du témoignage.

Claparède organisa un incident de ce genre devant ses étudiants : le 13 décembre, lendemain de la Fête de l'Escalade, un individu masqué fit irruption dans la salle de Faculté où Claparède faisait son cours, se mit à gesticuler en proférant des paroles incompréhensibles. Claparède lui ordonna de s'en aller et comme il n'obtempérait pas, le mit à la porte. L'incident avait duré 20 secondes.

L'individu masqué avait une longue blouse en toile grise, un pantalon foncé presque caché par sa blouse, des gants blancs, un foulard brun clair et blanc autour du cou, un chapeau de feutre mou, il tenait une canne, avait une pipe et portait sur les bras un tablier bleu.

Quelques jours après Claparède demanda aux étudiants de lui donner le signalement de l'individu en répondant à un interrogatoire de 12 questions. Puis, il leur demanda également combien de temps avait duré l'incident. Enfin, il procéda à une épreuve de reconnaissance en montrant aux sujets une série de 10 masques, parmi lesquels se trouvait celui de l'intrus.

Résultats :

1) Sur les 12 questions posées la moyenne des réponses obtenues (justes ou fausses) a été de 7,7 par sujet, et la moyenne des réponses justes de 4,5 par sujet.

2) Un certain nombre de sujets ont dit que l'intrus avait un chapeau de paille et des grandes bottes, un pantalon à carreaux, les cheveux noirs. L'un d'eux a assuré que les mains étaient grossières !

3) Les deux tiers des sujets ont déclaré que l'intrus avait un foulard, mais neuf ont déclaré qu'il était rouge (alors qu'il était brun clair et blanc).

Corrigé page 190

3. Voir et comprendre

♦ Philippe Pigallet, n° 57

Cet exercice en cinq points constitue une expérience classique de perception fort utile pour bien connaître les mécanismes de la lecture.

1) Que voyez-vous ?

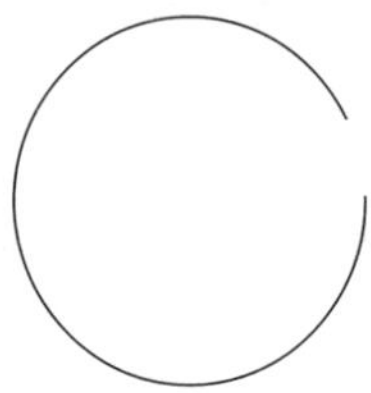

2) Que lisez-vous ?

3) Quel mot lisez-vous ?

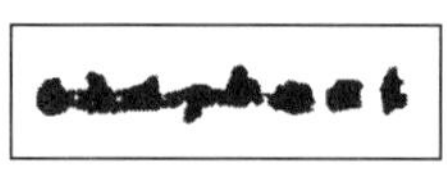

4) Que représente la figure du milieu dans chacune des deux lignes suivantes ?

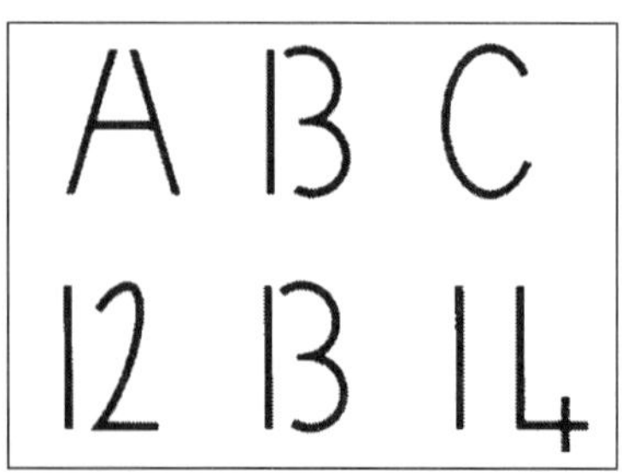

5) Que retenez-vous ?

Corrigé page 191

4. Savoir deviner juste

♦ Philippe Pigallet, n° 57

Les exercices suivants doivent vous permettre de vérifier que la lecture d'un texte est une construction active de signification et qu'il n'est pas nécessaire de lire mot à mot pour comprendre. En fait, il faut apprendre à *deviner juste !*

1) Le discours électoral

Lisez ce texte à la suite sans vous arrêter ni revenir en arrière puis remplacez chaque occurrence du mot *schtroumpf* par le terme approprié.

« Demain vous *schtroumpferez* aux urnes pour *schtroumpfer* celui qui sera votre *schtroumpf* ! Et à qui allez-vous *schtroumpfer* votre voix ? À un quelconque *Schtroumpf* qui ne *schtroumpfe* pas plus loin que le bout de son *schtroumpf* ? Non ! Il vous faut un *Schtroumpf* fort sur qui vous puissiez *schtroumpfer* sans *schtroumpfer* ! Et je suis ce *Schtroumpf* !... Certains — que je ne *schtroumpferai* pas ici — *schtroumpferont* que je ne *schtroumpfe* que les honneurs ! Ce n'est pas *schtroumpf* ! C'est votre *schtroumpf* à tous que je veux et je me *schtroumpferai* jusqu'à la *schtroumpf* s'il le faut pour que la *schtroumpf* règne dans nos *schtroumpfs* ! Et ce que je *schtroumpfe,* je le *schtroumpferai ! ! Schtroumpfer,* voilà ma devise ! C'est pourquoi, tous ensemble, la *schtroumpf* dans la *schtroumpf,* vous voterez pour Moi !... Vive le pays *schtroumpf* ! Vive moi ! »

(Peyo et Y. Delporte, *Le Schtroumpfissime*, Dupuis, 1978, p. 9)

2) Trois définitions poétiques

Ces définitions sont extraites de poèmes en prose de Francis Ponge figurant dans le recueil intitulé *Le parti pris des choses* (NRF Poésie/Gallimard 1967). Que désignent-elles ?

— Au contraire des escarbilles qui sont les hôtes des cendres chaudes, ils aiment la terre humide. *Go on*, ils avancent collés à elle de tout leur corps.

— Allumette volante, sa flamme n'est pas contagieuse. Minuscule voilier des airs maltraité par le vent en pétale superfétatoire, il vagabonde au jardin.

— Elle encourage le lecteur, — puis s'incline sur son assiette et se noie dans son aliment.

Corrigé page 192

5. Les deux Robinson

♦ Philippe Pigallet, n° 57

Les textes suivants sont tous les deux de Michel Tournier et racontent la même histoire. Le premier est extrait de son roman *Vendredi ou les limbes du Pacifique* (Gallimard, 1967) et le second de *Vendredi ou la vie sauvage* (Folio Junior, n° 30), version remaniée du livre précédent réécrit à l'usage des enfants.

Lisez attentivement ces deux textes. Lequel vous paraît le plus simple à lire et pourquoi ? Essayez de faire la liste des éléments respectifs de chaque version qui rendent votre lecture plus ou moins facile.

Vendredi ou les limbes du Pacifique

Aucun changement notable n'avait altéré ses traits, et pourtant il se reconnut à peine. Un seul mot se présenta à son esprit : *défiguré.* « Je suis défiguré », prononça-t-il à haute voix, tandis que le désespoir lui serrait le cœur. C'était vainement qu'il cherchait dans la bassesse de la bouche, la matité du regard ou l'aridité du front — ces défauts qu'il se connaissait depuis toujours — l'explication de la disgrâce ténébreuse du masque qui le fixait à travers les taches d'humidité du miroir...

Narcisse d'un genre nouveau, abîmé de tristesse, recru de dégoût de soi, il médita longuement en tête-à-tête avec lui-même. Il comprit que notre visage est cette partie de notre chair que modèle et remodèle, réchauffe et anime sans cesse la présence de nos semblables. Un homme que vient de quitter quelqu'un avec qui il a eu une conversation animée : son visage garde quelque temps une vivacité rémanente qui ne s'éteint que peu à peu et dont la survenue d'un autre interlocuteur fera rejaillir la flamme. « Un visage éteint. Un degré d'extinction sans doute jamais atteint encore dans l'espèce humaine. » Robinson avait prononcé ces mots à haute voix. Or sa face en proférant ces paroles lourdes comme des pierres n'avait pas davantage bougé qu'une corne de brume ou un cor de chasse. Il s'efforça à quelque pensée gaie et tâcha de sourire. Impossible. En vérité il y avait quelque chose de gelé dans son visage et il aurait fallu de longues et joyeuses retrouvailles avec les siens pour provoquer un dégel. Seul le sourire d'un ami aurait pu lui rendre le sourire...

Michel Tournier, *Vendredi ou les limbes du Pacifique*, © Éditions Gallimard.

Vendredi ou la vie sauvage

Robinson n'avait jamais été coquet et il n'aimait pas particulièrement se regarder dans les glaces. Pourtant cela ne lui était pas arrivé depuis si longtemps qu'il fut tout surpris, un jour en sortant un miroir d'un des coffres de la *Virginie,* de revoir son propre visage. En somme, il n'avait pas tellement changé, si ce n'est peut-être que sa barbe avait allongé et que de nombreuses rides nouvelles sillonnaient son visage. Ce qui l'inquiétait tout de même c'était l'air sérieux qu'il avait, une sorte de tristesse qui ne le quittait jamais. Il essaya de sourire. Là, il éprouva comme un choc en s'apercevant qu'il n'y arrivait pas. Il avait beau se forcer, essayer à tout prix de plisser ses yeux et de relever les bords de sa bouche. Impossible, il ne savait plus sourire. Il avait l'impression maintenant d'avoir une figure de bois, un masque immobile, figé dans une expression maussade. À force de réfléchir, il finit par comprendre ce qui lui arrivait. C'était parce qu'il était seul. Depuis trop longtemps, il n'avait personne à qui sourire et il ne savait plus ; quand il voulait sourire, ses muscles ne lui obéissaient pas. Et il continuait à se regarder d'un air dur et sévère dans la glace, et son cœur se serrait de tristesse. Ainsi, il avait tout ce qu'il lui fallait sur cette île, de quoi boire et manger, une maison, un lit pour dormir, mais pour sourire, personne, et son visage en était comme glacé.

Michel Tournier, *Vendredi ou la vie sauvage*, © Éditions Gallimard.

Corrigé page 193

6. Analyse d'images publicitaires interactives

♦ Guy Barrier, n° 140

On trouve sur Internet des sites consacrés aux bannières publicitaires, parfois classées par thèmes et secteurs d'activité qui permettent de mener sur un paradigme très large une analyse des modalités de l'expression. L'exercice proposé se décompose ainsi : ouvrir tout d'abord le site zaw.tm (http://www.zaw.tm.fr/) qui recense plus de 2000 publicités classées selon huit rubriques thématiques, ou familles de produits :

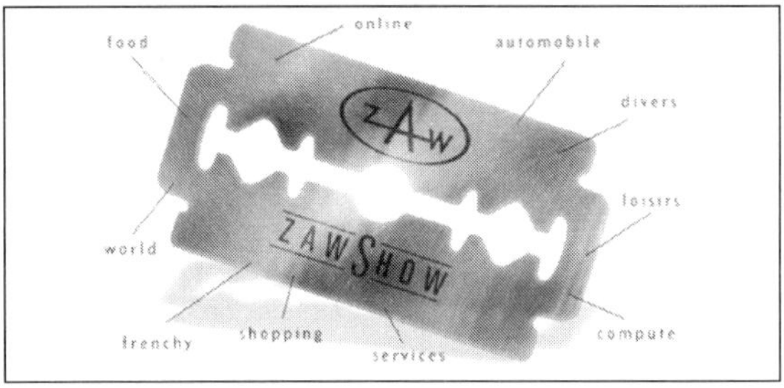

Application 1

Sélectionner parmi ces différentes rubriques différents exemples, selon les critères de choix suivants

• **Saillance :** la bannière publicitaire présente une parfaite saillance visuelle, elle s'impose à la perception par sa force d'attraction et se détache nettement du contexte :

• **Lisibilité :** graphisme et mise en page homogènes, densité visuelle équilibrée, contrastes et choix des polices bien maîtrisés :

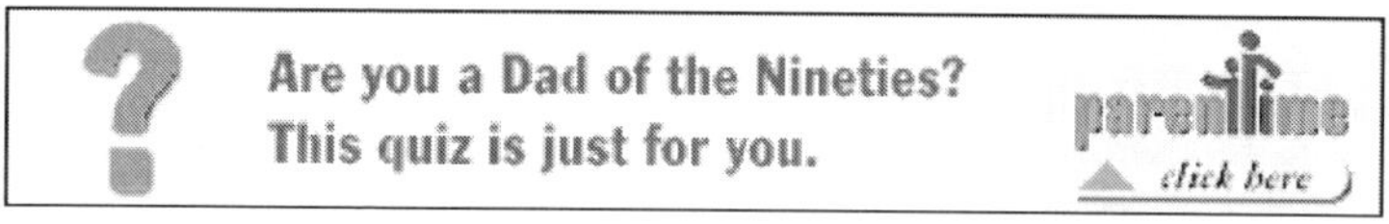

Exemple de bannière à faible lisibilité et contraste inadéquat :

• **Mise en page et gestion optimum de l'espace :** la composition de la bannière montre un équilibre judicieux des proportions, le poids des composants graphiques est harmonieusement réparti :

Exemple de mauvaise utilisation : mauvais rapport de proportions graphiques, choix chromatiques non homogènes, mise en page peu cohérente :

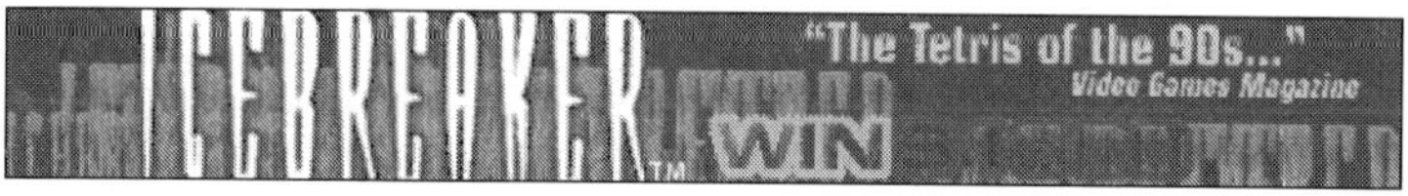

• **Lecture panoramique et globale :** un large balayage oculaire permet d'embrasser du regard la composition, économie visuelle induite par le dispositif :

• **Lecture segmentée et par séquences successives :** plusieurs saccades oculaires, allers-retours et interactions entre les zones de l'image sont nécessaires pour l'appréhender ; complexité visuelle supérieure.

• **Saturation de la densité visuelle**, faibles zones de repos visuel :

• **Accroche ludique :**

• **Accroche rationnelle** (esprit critique ou pratique) :

• **Force perlocutoire du texte** ou prise à partie du destinataire (ordre, interpellation, question, conseil…) [2] :

2. Dans l'exemple présent : jouez ! gagnez ! encaissez !

Après sélection, il est possible d'abstraire les bannières de leur contexte et d'exporter les spécimens retenus vers un logiciel de graphisme tel que Powerpoint[3]. Ce dernier dispositif permet, le cas échéant, de présenter le présent travail au groupe sous la forme d'un exposé.

Application 2 (niveau plus avancé)

Analysez à présent une bannière de votre choix selon les modalités résumées ici

— Quelles sont les zones claires et les zones sombres? Quels sont alors les éléments valorisés par la répartition de l'intensité et les effets de contrastes?

— Quelles sont les zones de couleur chaude et de couleur froide? En conséquence certaines zones semblent-elles occuper l'avant-scène et d'autres s'inscrire à l'arrière-plan?

— Distingue-t-on des capteurs d'attention centrale et des éléments périphériques?

— Est-ce que le graphisme induit une impression plutôt formelle, dynamique, ludique?

— La composition est-elle simple ou complexe? La structure est-elle symétrique ou dissymétrique? Peut-on en inférer un circuit de circulation du regard?

— Rencontre-t-on des éléments iconiques? Quels sont les procédés métaphoriques (objet pour un autre) ou métonymiques (partie pour tout) véhiculés par l'image?

Corrigé page 193

7. Comment se porte votre mémoire ?

♦ Marie-Josée Couchaere, n° 50

Le but de cet exercice est de permettre à chacun de faire le diagnostic de ses conduites mnémoniques pour se situer dans le système d'ensemble (accueil, transfert, réactivation) et pouvoir établir un plan d'éducation de sa mémoire.

---

3. Pour cela, positionner le pointeur de la souris sur l'image, cliquer sur le bouton droit et exécuter « save as » (définir le répertoire d'accueil). L'image ainsi enregistrée sera ensuite récupérée dans le logiciel de graphisme en exécutant « insérer image » sous Powerpoint, ou OPEN sous un autre logiciel tel que Paint Shop Pro.

Il s'agit d'un test de 69 affirmations auxquelles on doit répondre par trilogies.

Chacun est invité à repérer les comportements spontanés qu'il a déjà à son actif en vue de mieux saisir ceux qu'il lui reste à renforcer.

Instructions

Vous disposez d'un capital de notation de *3 points* pour chaque trilogie d'affirmations énoncées ci-dessous. Répartissez les 3 points entre les 3 affirmations selon l'importance que vous accordez à chaque affirmation ou leur fréquence dans vos comportements.

Exemple :

1. Je retiens bien ce qui m'intéresse 2
2. Je retiens mieux quand je prends des notes 0
3. Je me méfie du temps qui passe car il installe l'oubli 1

Test : diagnostic des conduites mnémoniques

1. Je retiens bien ce qui m'intéresse. ....
2. Je retiens mieux quand je prends des notes. ....
3. Je me méfie du temps qui passe car il installe l'oubli. ....
4. J'utilise volontairement des trucs mnémotechniques (« mais, ou, et, donc, or, ni car », « faire un nœud à son mouchoir »). ....
5. Pour bien retenir, il faut savoir ce qu'on veut retenir. ....
6. Avant de commencer ma journée, je vérifie ce que j'ai prévu de faire. ....
7. Je refais plusieurs fois les mêmes choses. ....
8. Je retiens mieux ce qui évoque autre chose que je connais déjà. ....
9. Je m'efforce d'être attentif en toutes occasions. ....
10. J'ai la mémoire des noms. ....
11. Si je n'utilise pas les notes que j'ai prises rapidement, elles perdent de leur utilité. ....
12. Si je suis contraint et forcé de retenir, je ne retiens rien du tout. ....
13. Quand je suis fatigué ou quand j'ai des soucis, j'ai la mémoire qui flanche. ....
14. Je ne sais pas (ou plus) retenir par cœur. ....
15. Avant de vouloir en savoir plus sur quelque chose, je fais le point sur ce que j'en sais déjà. ....

16. J'oublie les choses dont je ne parle plus. ....
17. Avant de partir, je m'interroge pour savoir si je n'ai rien oublié. ....
18. Je saisis toutes les occasions de pouvoir utiliser mes connaissances. ....
19. Je varie mes sources d'information. ....
20. Je dispose de plusieurs techniques de prise de notes. ....
21. Je retiens mieux quand je suis impliqué. ....
22. J'ai peu de chance de retenir si je n'ai pas compris. ....
23. Pendant la journée, je vérifie régulièrement où j'en suis par rapport à ce que j'avais prévu de faire. ....
24. J'ai une mémoire sensorielle (visuel, auditif, tactile, gustatif, olfactif), ...
25. Je dors bien et naturellement (pas de barbituriques, pas de calmants chimiques). ....
26. J'attache de l'importance à l'organisation matérielle. ....
27. Je m'informe régulièrement sur un maximum de choses. ....
28. Avant de m'endormir, je fais le point sur ce que j'ai fait pendant la journée. ....
29. J'utilise un agenda que je tiens à jour régulièrement (ou tout autre support ayant la même fonction). ....
30. Pour retenir, il faut que j'aie ressenti quelque chose au fond de moi-même. ....
31. C'est en parlant de ce que j'ai appris que je retiens. ....
32. Pour mieux retenir quelque chose, il faut s'en imprégner plusieurs fois différemment. ....
33. Je me rends disponible aux autres. ....
34. Je mange des céréales, des noix, des noisettes (ou autres fruits secs). ....
35. Lorsque j'interromps un travail, je prends le temps de clarifier ce à quoi je suis déjà arrivé. ....
36. J'aime faire et refaire. ....
37. J'ai une mémoire professionnelle plutôt fiable. ....
38. Lorsque je reprends un travail, je prends le temps de me rappeler ce à quoi j'en étais arrivé, au besoin je vérifie et complète mes souvenirs avant de poursuivre. ....
39. J'exerce régulièrement ma respiration pour m'oxygéner les neu-

rones (sport, yoga...). ....

40. J'ai plaisir à évoquer mes souvenirs. ....
41. Je retiens ce qui est logique. ....
42. Je prends le temps de penser à moi (sport, relaxation, détente, méditation, sorties, hobby...). ....
43. Je retiens ce qui a un sens ou ce à quoi je donne un sens. ....
44. J'oublie rarement ce que j'ai aimé. ....
45. Je tiens à jour mes connaissances. ....
46. J'évite de fumer. ....
47. C'est lorsque j'ai fourni un effort physique ou intellectuel sur quelque chose que ma mémoire en garde trace. ....
48. À chaque fois que je fais l'effort de me rappeler quelque chose, cela contribue à mieux l'ancrer dans ma mémoire. ....
49. Tant que je n'ai pas fait les choses moi-même, je ne m'en souviens pas. ....
50. J'évite de prendre des excitants (café, alcool, thé...). ....
51. Mon but est d'en savoir plus sur ce que je sais déjà. ....
52. Quand je suis dans un lieu public, j'observe attentivement ce qui se passe autour de moi. ....
53. J'ai pour habitude de confronter mes idées à celles des autres. ....
54. Je sais qu'avec le temps j'ai tendance à déformer les faits et j'y prends garde.
55. Je ne me contente pas de la théorie, je cherche toujours à mettre en pratique.
56. J'entretiens mes connaissances. ....
57. J'ai la mémoire du cœur. ....
58. Lorsque je suis malade, fatigué ou stressé, j'ai recours aux médecines naturelles (homéopathie, acupuncture, phytothérapie, repos...).
59. Je retiens bien les choses qui m'ont fait réfléchir. ....
60. Je revois facilement les gens et les choses. ....
61. Je suis curieux et je pose des questions sur bien des choses. ....
62. Je sais comment lire pour bien retenir. ....
63. Je m'arrête de temps à autre pour faire un bilan de vie. ....
64. J'évite de faire sonner le réveil pour me réveiller. ....
65. Je travaille méthodiquement. ....

66. Lorsque j'ai pris des notes, je les relis au plus tard le lendemain. ....
67. Je sais m'arrêter de travailler pour ne rien faire. ....
68. Je m'efforce de parler clairement et précisément sur ce que je sais. ....
69. J'évite de m'obstiner à me souvenir et tant mieux s'il y a des choses que j'oublie. ....

Corrigé page 194

8. Identifier les modes de fonctionnement du cerveau

♦ Dominique Chalvin, n° 61

Reprenez le modèle d'explication du fonctionnement du cerveau de Ned Hermann ci-dessous.

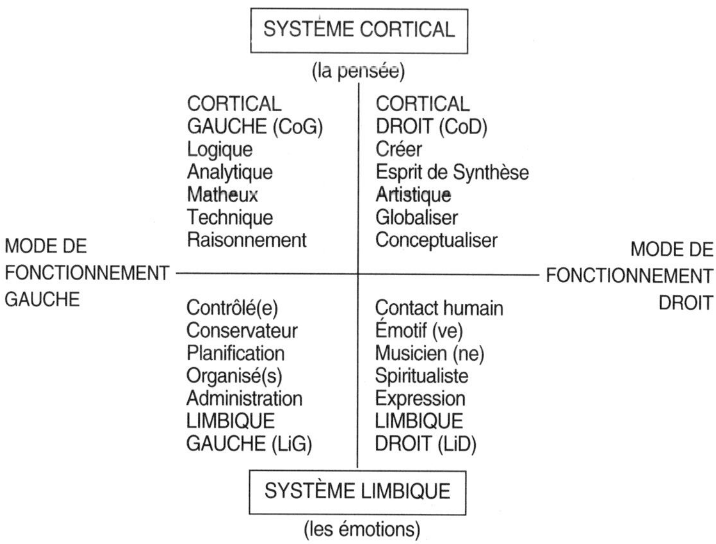

Petites annonces

Quelles préférences cérébrales activent ces petites annonces ?

Annonce n° 1

“ Ce n'est pas quand on roule - C'est quand on attrappe une contredanse qu'on s'arrête ”

C'est peut-être pourquoi il y a tant de contredanses en France

On ne roule pas assez - Un rien nous arrête.

Pour rêver - Se plaindre - Pleurer - Pester - Protester - Revendiquer - Nier - Abjurer - Gémir - Menacer - Supplier - **Ou ne rien faire.**

Et le Monde nous tombe dessus.

La nostalgie - la mélancolie - la pluie - la sécheresse - le percepteur - la maladie - les ennuis - l'ennui - le désenchantement - la peur du lendemain - toutes les peurs - le chômage - **les contredanses.**

Il faut rouler pour éviter le pire et cueillir le meilleur

« Nous roulons pour notre clientèle »

Nous analysons et nous anticipons ses besoins.

Nous traduisons en principes simples et en langage accessible tout ce qui se rapporte au patrimoine (constitution ou gestion) ou à la consommation différée (épargne-retraite).

Nous affinons notre service pour privilégier l'individu en lui évitant tous les syndromes du traitement de masse.

« Nous roulons pour vous »

Nous vous sélectionnons à partir de critères humains, individuels et non systématiques.

Vous nous choisissez au moins autant que nous vous distinguons.

Nous vous formons longuement (8 mois) et complètement en assumant la charge considérable de cet investissement.

Nous vous rémunérons selon un mode souple, adapté à vos mérites et à vos résultats, à partir d'une conception, large, de la rémunération.

Nous avons toujours refusé les plans de carrière. Pour des raisons philosophiques, mais aussi parce-qu'insister sur l'évidence relève de Pierre DAC :

Notre CA a augmenté de 400 % en 5 ans.

Il faut des hommes et des femmes de tout niveau pour y faire face

Nous n'avons jamais de contredanse : nous n'arrêtons pas de rouler.

Bien sûr, il faut nous prendre en marche.

D'où quelques accidents ! pour ceux qui ne roulent pas aussi vite que nous.

Pour essayer :
- Modèle type du véhicule : 25 ans au moins.
- Puissance : formation commerciale minimum BAC +
(Bricolage génial examiné avec faveur)

Annonce n° 2

VIVEZ VOS AMBITIONS AVEC NOUS

La Division Télécommunications de THOMSON-CSF : 3000 personnes dans deux centres en région parisienne et en province.
Une compétence incontestée dans le domaine des radiocommunications et la maîtrise des grands systèmes de télécommunications.
Une situation de leader en France.
Une position privilégiée sur le marché mondial avec près de la moitié de son chiffre d'affaires à l'export dans les cinq continents.

VENEZ VIVRE A FOND VOS AMBITIONS AVEC NOUS :

Prendre dès le départ des responsabilités motivantes,
Vous passionner pour une technologie avancée privilégiant l'action et l'esprit créatif.
Évoluer dans un contexte international.

ET DEVENEZ LES PROMOTEURS DES NÔTRES :

Répondre à l'explosion des besoins en communication en préparant les télécommunications du futur:

Annonce n° 3

TAT

1ère compagnie aérienne régionale.

Dans le cadre de son développement recherche pour compléter sa Direction financière à Tours.

CADRES FINANCIERS ET COMPTABLES H/F

Assurant les fonctions d'AUDIT interne.

Cadres confirmés, les candidats de formation de type:
DECS, ESSEC, SCIENCES PO, éco-fi
justifiant d'une expérience réussie de 3 à 5 ans dans la fonction.

Merci d'adresser lettre manuscrite, CV photo et prétentions en précisant la référence CC/DF au Service du Personnel T.A.T. - BP 0237 - 37002 TOURS cedex.

Annonce n° 4

L'U.R.S.S.A.F. DE PARIS
SÉCURITÉ SOCIALE
recherche

ORGANISATEURS

Diplômés pour études en milieu administratif
- Horaire hebdomadaire : 39 heures.
- Avantages sociaux.
- Salaire annuel brut de début : 101.800 F.
- Déroulement de carrière jusqu'à : 192.000 F.

Les candidats de nationalité française devront :
- Etre titulaires d'un diplôme en organisation du travail.
- Posséder, si possible, une expérience d'organisateur.

Les candidatures manuscrites, accompagnées d'un C V détaillé, devront être adr. à la :
DIVISION DU PERSONNEL,
3, r. Franklin, 935f8 MONTREUIL, B.P. 430

Nota — Le même exercice peut être fait avec la publicité, les titres des journaux, etc.

Les affaires courantes

Comment sont traitées les affaires courantes suivant les préférences cérébrales ?

— Si le CoG est prioritaire.
— Si le LiG est prioritaire.
— Si le LiD est prioritaire.
— Si le CoD est prioritaire.

Corrigé page 196

9. Comment éviter les pièges du temps

♦ Marie-Josée Couchaere, n° 125

Lucien Brillant est cadre, responsable d'équipe, chef des produits « modèles réduits » à la société Modelair dont le siège est à La Défense. Parmi ses collaborateurs, se trouve Jacques Cartier et il a une secrétaire, Christine. Il est en relation avec des fournisseurs (ERB) et des distributeurs (Martin, distributeur belge).

En ce lundi 13 novembre au soir, Lucien Brillant rentre chez lui à 19 h 30. Après s'être débarrassé de son pardessus il s'assoit dans un fauteuil et branche la télévision.

Il sort son agenda pour prendre connaissance de sa journée du lendemain (ci-joint agenda).

À ce moment, sa femme Jacqueline entre dans l'appartement.

Lucien reprend la lecture de son agenda pendant que Jacqueline se précipite dans la cuisine pour préparer le repas.

Quelques minutes plus tard, Jacqueline réapparaît pour rappeler à Lucien qu'il doit porter la voiture au garage le lendemain matin, avant 9 h car elle démarre toujours aussi mal et, l'hiver approchant, il faut vraiment faire quelque chose.

Il avait complètement oublié, il est mécontent et cherche à obtenir de sa femme qu'elle y aille elle-même sachant qu'il a une réunion à La Défense à 9 h 30 et qu'il compte bien être à l'heure.

Mais Jacqueline lui rappelle également qu'il lui avait promis de lui passer sa propre voiture puisqu'elle emmène Julien chez l'orthodontiste pour 9 h à Paris dans le XVIe arrondissement.

Son mécontentement grandit car il avait aussi oublié ce point et il comptait pourtant bien aller à La Défense en voiture puisqu'il doit déjeuner dans Paris.

Finalement, il accepte de se charger de la voiture.

AGENDA - PLAN DE JOURNÉE

Notes	Rendez-vous	Faire	Téléphoner	
	8 h 45 : garage		À qui	Quoi
Le Parvis 18 Salon des conférences	9 h30 : réunion La Défense	Apporter chiffres ventes de la semaine	Dupont	succursale
Salle 8, 2e étage	10 heures		Durand	tarifs
	11 heures		Martin	retard livraison
Le pot au feu rue Tronchet	12 h 30 : déjeuner responsable achats	Apporter devis Sté ERB		
	13 heures		RTL	émission direct
	14 heures			
	15 heures : RV Jacques Cartier			
	16 h 30 RV Christine		Écrire	
	17 h 30 : RV ERB		À Qui ?	Quoi ?
	18 h 30 : récupérer voiture			
	20 heures			
		Priorité A : Martin		

Il ira à la Défense en RER et à son déjeuner en taxi. Il ajoute donc sur son agenda : 8 h 45 garage, tout en pensant que la gare du RER étant juste à côté du garage, il ne s'en sort pas si mal.

Il vérifie alors tous ses autres rendez-vous. Son dernier rendez-vous est prévu à 17 h 30 avec un fournisseur. Il pense en avoir pour une demi-heure et finir à 18 h 00. Avec une demi-heure de RER il sera à temps au garage pour reprendre sa voiture à 18 h 30.

Faites une première analyse de la manière dont Lucien Brillant a conçu son plan de journée. Quelles en sont les anomalies dangereuses ?

Corrigé page 197

10. Questionnaire anticipation

♦ Daniel Latrobe, n° 139

Ce questionnaire a pour but de vous permettre de faire le point sur les insuffisances d'anticipation.

L'**anticipation** est souvent difficile à mettre en œuvre par manque de temps.

Pourtant elle est un gage d'efficacité à long terme et probablement un des seuls moyens pour récupérer du confort.

Notez en toutes lettres, dans le carré qui suit la question, la mention « NON » si vous estimez ne pas passer suffisamment de temps à satisfaire la question posée, puis comptez le nombre de NON.

Passez-vous suffisamment de temps...	**OUI ou NON ?**
1. À vous former professionnellement ? Les métiers évoluent et la réactualisation des connaissances doit se rapprocher de l'autoformation permanente. C'est un processus continu qui stimule la créativité et diminue l'ennui et la routine.	
2. À lire la presse professionnelle ? Un grand nombre de journalistes de talent prennent le temps d'analyser, comprendre et synthétiser les grandes tendances à venir. En tirez-vous le meilleur parti pour identifier les aptitudes qui deviendront vos alliées ?	
3. À vous tenir au courant de ce que font les concurrents ? L'esprit de vigie n'est pas le seul problème de la direction, il est une attitude permanente de veille qui alerte sur les difficultés à venir et stimule nos capacités à réagir.	
4. À organiser votre bureau et vos outils de travail ? La prise de conscience du manque de temps met souvent en lumière les pertes de temps étonnantes dans la recherche d'un stylo, d'un document, d'un interlocuteur... Le rangement et le nettoyage sont parfois nécessaires pour y voir plus clair !	

Passez-vous suffisamment de temps…	OUI ou NON ?
5. À vous fixer de nouveaux objectifs d'amélioration ? La plupart des intentions deviennent rarement des actions. Se fixer un objectif c'est avoir discerner l'intérêt d'un projet, peser les moyens à mettre en œuvre et se fixer une échéance de réalisation. Ces quelques étapes intermédiaires font passer de l'envie à l'engagement. Lorsque la « réaction » à des objectifs ressemble à de la fuite il est plus sain de changer les objectifs. N'oublions pas que se fixer des objectifs c'est se protéger des velléités.	
6. À maîtriser l'informatique pour un usage courant ? Interrogez les personnes qui jonglent assez bien avec l'informatique, elles ont passé beaucoup de temps à apprendre, souvent par essais et erreurs. Même si la « convivialité » des ordinateurs rend l'apprentissage agréable, le temps à consacrer pour devenir autonome n'est pas négligeable. Or, demain, cette technologie sera incontournable. N'est-il pas temps d'apprivoiser ce qui par la suite vous fera gagner « énormément » de temps ?	
7. À rechercher les gisements de productivité partout ? C'est la tension qui est pénible, pas le plaisir d'améliorer ! Un bon conseil : transformez l'inconvénient du stress en plaisir d'imagination. De nombreuses pertes de temps peuvent trouver remèdes dans votre propre zone d'autorité. Mieux vaut agir que subir.	
8. À développer des connaissances en d'autres domaines ? **L'expression écrite** : me sentirais-je capable d'écrire un article de journal ou un livre ? **L'expression orale** : me sentirais-je capable de présenter la Société devant un groupe de 30 cadres ? Négocier : saurais-je finement négocier une nouvelle embauche pour mon équipe auprès de mon responsable hiérarchique ?	
9. À faire circuler l'information ? (articles de presse, revue ou autre) On reçoit autant qu'on donne. On ne gagne pas de temps contre les autres. Cherchons plutôt à en faire gagner aux autres par notre propre autonomie. Apporter aux autres une information utile c'est leur faire gagner du temps. Tôt ou tard s'établira l'évidence : le partage n'appauvrit pas mais enrichit.	

Passez-vous suffisamment de temps...	OUI ou NON ?
10. À vous ménager des moments de plaisir ? S'arrêter après une trop grande saturation, partager un bon moment avec les collègues, boire un pot, prendre un repas amélioré lors d'un déplacement....	

Mais tout cela demande du temps ! Où le trouver ?

N'oubliez pas deux choses :

— Gérer son temps c'est faire la chasse aux pertes de temps subies.

— Gérer son temps c'est souvent investir du temps aujourd'hui pour en gagner davantage demain.

En tant que hiérarchique...

Passez-vous suffisamment de temps...	OUI ou NON ?
1. À informer votre équipe sur les enjeux de demain et du changement des modes de travail par des discussions ou la circulation d'informations (articles, abonnements journaux) ? La peur de l'avenir crée la résistance au changement. Or de très nombreux changements sont porteurs d'épanouissement malgré la peur qu'ils génèrent. Il est du rôle des managers d'accompagner la prise de conscience en apportant des informations précises qui modifient la perception subjective des événements.	
2. À écouter votre équipe sur les difficultés qu'elle rencontre à respecter les objectifs que vous leur avez fixés ? Attention, écouter ne veut pas dire organiser des réunions interminables et fastidieuses, mais mettre au point un système simple de remontée des difficultés ou des suggestions.	
3. À promouvoir la polyvalence pour mieux faire face aux pics d'activité et favoriser la « réactique » (capacité de réaction aux changements du marché) ? La polyvalence est une nécessité et un atout. Elle donne plus de souplesse à l'organisation et offre à tous l'élargissement de ses savoir-faire.	

Passez-vous suffisamment de temps…	OUI ou NON ?
4. À diagnostiquer les surcharges de travail de votre personnel pour alléger les uns et mieux répartir sur les autres ? Actuellement le manque de temps des managers aboutit fréquemment à l'injustice dans la répartition du travail et entraîne une maigre reconnaissance pour les Zélanies et l'impunité pour les « Gégênes ».	
5. À identifier les profils d'évolution des postes pour accompagner les nouvelles technologies ? Qui échappera demain à l'utilisation courante des technologies de l'information (Internet, intranet, etc.) ? Et comment évolueront demain des fonctions qui aujourd'hui sont peu concernées par les aides assistées par ordinateurs ?	
6. À définir de nouveaux objectifs de progrès pour anticiper les réorganisations ? Elles ne manqueront pas d'arriver sans cette anticipation. Puis décliner ces objectifs généraux en objectifs particuliers, en vue de promouvoir l'autonomie de chaque collaborateur. Manager c'est mettre en place les conditions de réussite de son équipe. Et on ne gagne pas au hasard. Les bons résultats sont la conséquence d'une réflexion minutieuse autour de règles et d'objectifs motivants. Il y a là un véritable budget temps à préserver pour éviter à la fois les erreurs et les précipitations.	
7. À analyser votre définition de fonction pour confier aux membres de votre équipe les missions ou tâches qui sont les vôtres (par transfert et non délégation permanente) ? La compétitivité des organisations ne sera assurée que si le manager hisse vers le haut les compétences de son personnel. Quitte pour cela à alléger sa charge de travail en consacrant du temps à éliminer les tâches à faible valeur ajoutée.	
8. À montrer de la reconnaissance aux personnes de bonne volonté ? Si aujourd'hui les augmentations de salaires et primes sont chiches, il existe d'autres moyens de reconnaissance appropriés : temps libre, liberté d'initiative, souplesse organisationnelle, etc.	

Passez-vous suffisamment de temps…	OUI ou NON ?
9. À réfléchir à l'adaptation de vos comportements managériaux selon les besoins de chaque membre de l'équipe et au cas par cas ? Il faut s'aider de « grilles de lecture » de management. Le côté ingrat du métier d'encadrant tient au fait que les erreurs sont durement payées et se traduisent par : la résistance au changement, le non-respect des objectifs, l'exclusion du hiérarchique, le mutisme de l'équipe, la collusion incompréhensible.	
10. À organiser des moments de plaisir (pour marquer un événement, reconnaître une performance ou simplement faire la fête : danser, boire et manger) ? Il s'agit d'oublier le formalisme et de partager de bons moments. N'oublions pas que la pression sur les performances, justifiée par la mondialisation, impose au manager d'apporter, pour compenser le stress, du plaisir à travailler. La fête est une idée, la liberté dans le travail en est une autre, tout comme la satisfaction au plaisir d'apprendre.	

Corrigé page 199

11. Mieux gérer son temps en acquérant de bons réflexes

♦ Marie-Josée Couchaere, n° 125

Étude de cas : Lucien Brillant passe une journée noire (2e période)

Lucien Brillant quitte son domicile à 8 h 30. Il monte dans sa voiture qui ne veut pas démarrer. Après cinq minutes d'acharnement, le moteur se met enfin en marche.

Au garage à 8 h 45 il a la désagréable surprise de trouver la queue à la réception. Quand arrive enfin son tour, il est prêt à laisser la voiture mais le réceptionnaire ne l'entend pas ainsi : il veut absolument que Lucien Brillant essaie la voiture devant lui.

Après quelques tergiversations, il sort finalement du garage, 20 minutes plus tard – il est alors 9 h 05.

Pressant le pas jusqu'au RER, il se précipite au guichet pour prendre un ticket et trouve encore la queue.

À 9 h 15, il saute dans le RER pour arriver à La Défense à 9 h 45.

Déjà très en retard pour sa réunion, il décide de ne pas repasser à son bureau pour prendre les documents qu'il voulait apporter.

À 9 h 55, il fait une entrée discrète en salle 8.

Après avoir compris que la réunion a commencé légèrement en retard, il s'en trouve rasséréné mais apprend avec stupeur qu'il n'y aura pas de pause jusqu'à 11 h 30. Il ne pourra donc pas passer ses coups de fil.

Au cours de la réunion, il est interrogé sur les chiffres de vente de la semaine. N'ayant pas le document sur lui, il s'engage à les communiquer dans l'après-midi ainsi qu'à vérifier auprès de la succursale l'état d'avancement des travaux.

12 h – Fin de la réunion. Lucien Brillant se précipite sur le téléphone pour appeler le distributeur belge au sujet des retards de livraison. Malheureusement le téléphone n'est pas branché sur l'international et il est donc obligé de renoncer à appeler.

12 h 05 – Il file attraper un taxi pour se rendre à son rendez-vous de déjeuner.

12 h 30 - Il arrive pile à l'heure mais son interlocuteur est en retard.

Après quelques minutes d'attente Lucien Brillant décide d'aller passer 1 ou 2 coups de fil.

De retour dans le hall, son interlocuteur, arrivé entre-temps, lui fait la remarque qu'attendre n'est pas très agréable.

Après quelques ennuis pour trouver une table et des attentes dans le service, Lucien Brillant rentre à son bureau en retard pour son rendez-vous avec son collaborateur, Jacques Cartier.

15 h 15 – il repousse à 15 h 30 son rendez-vous avec Jacques parce qu'il doit absolument passer ses coups de fil.

15h 20 - Christine, la secrétaire de Lucien Brillant, lui demande d'avancer son rendez-vous à 16 heures car elle a malheureusement un empêchement personnel : la nourrice de son fils est malade et elle doit aller le chercher elle-même à l'école.

Lucien Brillant accepte et pense s'arranger rapidement avec Jacques.

Après avoir passé ses coups de téléphone, Lucien Brillant reçoit finalement son collaborateur à 15 h 40.

16 heures – Alors qu'ils sont en plein entretien, Christine se présente et insiste. Lucien Brillant décide de reprendre rendez-vous avec Jacques. Ils sortent leurs agendas mais n'arrivent pas à trouver un créneau commun avant un certain temps et Jacques est visiblement ennuyé.

Sous la pression de Christine, ils se séparent et Lucien promet à Jacques de se libérer pour le lendemain en repoussant un autre rendez-vous.

Lucien Brillant commence à échanger quelques informations avec sa secrétaire et le téléphone les interrompt. C'est le distributeur belge au sujet des retards de livraison. Christine comprend l'importance de son coup de fil et sans plus attendre, écrit sur un papier les quelques informations restantes qu'elle avait à voir avec son chef. Lucien Brillant lui donne rendez-vous pour le lendemain à 8 h 30 précises.

16 h 30 – Christine est partie.

Lucien Brillant respire enfin et en profite pour rattraper son temps puisque le prochain rendez-vous est prévu à 17 h 30.

Il passe ses derniers coups de fil et relit les notes qu'il a prises pendant la réunion. Il transmet les chiffres de vente de la semaine au directeur adjoint et appelle la succursale pour vérifier l'état d'avancement des travaux.

17 h 40 – Il s'aperçoit que son interlocuteur n'est toujours pas arrivé.

17 h 45 – M. Schmoll de la société ERB arrive essoufflé et, après s'être excusé, propose de revenir un autre jour.

Mais Lucien Brillant l'invite quand même à rester. L'entretien commence alors que soudain Lucien Brillant se rappelle qu'il doit récupérer la voiture de sa femme au garage.

18 h 15 – Lucien Brillant et M. Schmoll se séparent obligés de se revoir une prochaine fois.

18 h 45 – Lucien Brillant arrive au garage pour trouver les portes closes.

Détectez dans cette 2e période les pièges du temps que Lucien Brillant n'a pas su éviter.

Corrigé page 199

12. Simulation court terme, moyen terme et long termes

♦ Daniel Latrobe, n° 139

Vous allez reprendre le travail demain! Voici la liste des tâches que vous allez retrouver. Qu'allez-vous en faire?

À partir des supports qui vous permettent de gérer le CT le MT et le LT, essayez de bâtir votre **emploi du temps**.

Il vous faut donc :

— 1 plan de journée;

— 1 tableau de quinzaine;

— 1 fiche mémoire;

et un planning (ici, 6 mois seulement).

Hypothèse de base

La date d'aujourd'hui est le jeudi 11 janvier. Votre plan de journée sera établi pour demain vendredi 12.

Zone géographique : soit votre ville (les durées de déplacement seront définies en conséquence) soit Paris.

L'utilisation habituelle de d'autres supports, y compris les agendas informatiques, ne change rien à la logique ici sous-jacente. Vous êtes libre d'organiser votre temps comme bon vous semble : ne pas tout faire, répartir le travail des gros dossiers sur plusieurs jours, différer ou encore déléguer.

Il est probable que pour la bonne réalisation de certaines tâches il soit nécessaire d'en prévoir d'autres comme la réservation des billets de transport (train ou avion), notez-les au fur et à mesure dès qu'elles arrivent à votre esprit.

N'hésitez pas à ajouter, si vous le jugez nécessaire, d'autres actions qui contribueraient à améliorer votre organisation.

L'exercice est volontairement long pour que, face à la lourde charge de travail qu'il s'agit d'harmoniser, les réflexes mentaux et la rapidité de tri l'emportent sur une gestion trop administrative. Bon courage, arrêtez-vous quand vous serez saturé.

— Lire le courrier du jour.

— Répondre aux e-mails.

— Penser à renvoyer une feuille de maladie récente.

— Aller chercher l'écharpe que vous avez oubliée dans un restaurant dimanche soir.

— Répondre à la « messagerie » qui vous demande de confirmer votre inscription pour un séminaire perfectionnement à l'informatique, que vous jugez indispensable et qui se tiendra les 6 et 7 juin.

— Travailler sur un gros dossier (GD) à frapper, à présenter parfaitement, qui vous prendra au moins 4 jours de travail, à condition que vous soyez tranquille, et à remettre dans 6 semaines.

— Corriger le fichier informatique de clients suite à un retour mailing de 50 noms incorrects (changement de personne ou d'adresse).

— Rendez-vous avec le journal de l'entreprise qui vous demande d'écrire un article autour de votre fonction, sujet que vous connaissez bien. Allez-vous accepter ? Le R.V. de préparation prendra de toute manière une demi-heure en principe, dans les 15 jours qui viennent, suivi d'un autre entretien de 2 heures ?

— Voici la liste de vos R.V. à « caser » dans votre agenda (considérez vos dates comme confirmées) :

- Entreprise SGL, distante de 50 km, demi-journée d'intervention d'ici 10 jours.
- Entreprise Fédération des Transports dans la région : R.V. à programmer un matin à 9 heures, sauf lundi et vendredi avant la fin du mois prochain.
- Entreprise Rhônesup située à Lyon-Centre : rencontre de travail de trois heures à programmer hors période de congés d'ici un mois.
- Entreprise Danoni : intervention d'une journée et demie d'ici trois semaines, lieu La Défense-Paris.
- Entreprise Récamo à rencontrer impérativement d'ici 5 jours, une petite heure disent-ils ; ils sont à 60 km.

— Commander un trieur 31 cases.

— Demander la réimpression de vos cartes de visite.

— Vous inscrire ou pas à un séjour de langue anglaise, payé par l'entreprise, pour perfectionnement, durée 8 jours : prochaines dates semaines 11, 17, 26.

— Préparer la salle de réunion pour la semaine prochaine, mardi à 10 heures.

— Récupérer un article, qui vous a été conseillé, dans un magazine professionnel de la pile de lecture du hall d'entrée.

— Sauvegarder sur disquette tout votre travail du mois.

— Modifier la présentation des listings d'heures des membres de l'équipe que vous remettez à la comptabilité.

— Remercier une collègue pour l'envoi d'un document.

— Confirmer votre présence à deux réunions, l'une dans cinq semaines, l'autre dans 8 semaines. Vous reprendrez contact dans 8 jours pour fixer les rencontres car la personne qui coordonne les dates est absente.

— Trier tous les journaux professionnels et presse économique que vous avez laissés s'entasser dans un coin du bureau. Les centres d'intérêts étant essentiellement professionnels.

— Donner votre choix de photos (numéros) que vous aimeriez faire reproduire (dernière fête de l'entreprise, les photos sont affichées dans le couloir du service).

— Travailler sur un nouveau dossier concernant un projet MR22 (recherche d'infos, saisie informatique, comparaisons de données avec un autre département, correction sur informatique, frappe, présentation, tirage de 30 dossiers reliés, envois) qui vous occupera une dizaine de jours. Mission importante qui devra être réalisée au plus tard dans trois mois.

— Créer, selon le temps qui vous restera, 15 transparents pour une petite réunion à laquelle vous participerez dans deux ou trois semaines avec 4 personnes (deux d'une entreprise extérieure, deux de votre département).

— Rappeler une amie qui vient de vous laisser un message ce matin même, qui dit que c'est important.

— Donner votre opinion sur une plaquette de présentation du service au département communication avant trois jours.

— Faire une liste des frais que le service comptable attend déjà depuis 8 jours.

— Téléphoner à l'entreprise Serran qui vous a appelé déjà trois fois, ne pouvant laisser de message (objet de l'appel confidentiel).

— Passer une série d'appels pour informer d'une confirmation de date de rendez-vous (une dizaine) d'ici 8 jours.

— Ranger le bureau.

— Faire arranger la prise de courant (faux contacts) qui alimente votre lampe de bureau et votre ordinateur.

— Rédiger une lettre d'information pour les personnels du département concernant une décision de réorganisation des postes de travail.

— Informer le planning central de vos congés : semaine 11 et semaines d'été 31, 32, 33, 34.

— Relire un compte rendu de huit pages à remettre dans 5 jours (revoir les phrases ainsi que la présentation et corriger les erreurs de frappe).

— Participer à un « pot » (comité restreint) de départ d'un collègue qui quitte l'entreprise dans 15 jours. Ce « pot » est prévu le vendredi soir dans 15 jours.

— Téléphoner à l'assurance de l'entreprise pour connaître le nouveau tarif si vous changiez la garantie de la voiture de société mise à votre disposition.

— Envoyer le double d'un dossier pour rendre service à un collègue qui vous a appelé vendredi dernier.

— Déjeuner avec une personne d'un autre département, un de ces jours, comme déjà évoqué entre vous.

— Reconfigurer l'arborescence de vos fichiers informatiques car vous avez du mal à retrouver vos dossiers.

— Apprendre, à partir du manuel d'utilisation, certaines fonctionnalités de l'Internet.

— Lire un ouvrage de deux cents pages qui vous intéresse.

— Préparer une lettre de 2 pages pour votre patron, à partir des informations qu'il vous a données concernant l'avis d'achat d'un matériel.

— Téléphoner au service des abonnements pour vous faire abonner à une revue technique.

— Informer le service formation que vous ne pourrez pas aller à la prochaine session « Négocier dans les affaires » prévue au mois de mars, mais que vous irez à celle programmée en semaine 20 (les lundi, mardi, et mercredi).

— Photocopier 50 pages dactylographiées pour demain soir.

— Faire une liste de fournitures avant la fin du mois.

— Acheter un traducteur électronique de langue : des promotions alléchantes sont proposées en ce moment dans un point de vente proche.

— Demander tickets de restaurant pour ce mois-ci.

— Envoyer un fax ce jour à une personne qui a demandé une info très rapidement.

— Reporter dans votre répertoire six adresses notées sur des « post-it ».

— Prévoir de laisser votre voiture pour le contrôle technique.

— Accompagner votre hiérarchique à une conférence professionnelle prévue au Palais des Congrès les 21 et 22 mars.

— Donner réponse au secrétariat d'un autre service, de votre acceptation ou non de don d'argent, afin de faire un cadeau de départ à la retraite d'une hôtesse d'accueil.

— Recherche sur projet T14 durant une vingtaine d'heures entre les semaines 14 et 17.

— Déplacement prévu en Asie toute la semaine 26.

Quelques conseils pour acquérir des réflexes opératoires qui vous serviront demain

1° Balayez d'abord la liste pour détecter les tâches incontournables et les engagements tels que stages, rendez-vous, congés.

Cochez-les, appréciez mentalement la catégorie UI et leur durée puis reportez-les immédiatement sur l'un des supports CT (plan de journée de demain !), MT (tableau de quinzaine des quinze prochains jours), LT (fiche mémoire pour au-delà de quinze jours). La tentation est de tout ajuster à 15 minutes près, ce qui rend fastidieux l'exercice et n'est finalement pas très proche de la réalité. Soyez réaliste, pragmatique, et rigoureux sur l'Important, et vivez l'ensemble des tâches dans une dynamique d'ajustement. Vous venez de bloquer les grandes priorités, passez à présent aux autres tâches !

Nota : Les supports importent peu, prenez de la distance avec eux, ce sont les principes clés qui nous intéressent. Quel que soit votre choix vous serez toujours confronté à la gestion simultanée du CT, MT et LT. L'inconfort au travail provient la plupart du temps d'un manque d'anticipation rendant insupportables des charges de travail qui auraient pu être prévenues. Mais n'oubliez pas que sans support vos progrès seront handicapés par l'absence de formalisation.

2° Prenez les autres tâches une par une, et reportez-les sur l'un des trois supports (l'information ne doit apparaître qu'une seule fois !)

Ne cherchez pas à *toutes* les apprécier avant de les reporter car, dans le quotidien, elles arrivent heure après heure, à chaque moment. Développez votre culture du temps en appréciant immédiatement leur urgence et leur importance, affectez leur une durée, et choisissez un peu arbitrairement de les caler sur le CT, MT ou LT.

De toute manière, l'essentiel n'est pas d'avoir un emploi du temps bloqué qui rende impossible toutes les modifications ou le traitement des imprévus, mais de « jouer » avec le temps pour jongler avec les tâches dans une recherche permanente de **forte valeur ajoutée.**

Le perfectionnisme procédurier n'est pas de rigueur car vous n'êtes pas sûr dès le départ de votre fiabilité. Êtes-vous sûr de la durée ? Êtes-vous sûr de la catégorie ? Êtes-vous sûr de bien apprécier votre coefficient de temps maîtrisé ? Et que va-t-il se passer réellement ?

3° Calculez les grandes masses de durées pour chaque catégorie UI du plan de journée et du tableau de quinzaine.

Diagnostiquez les difficultés possibles afin de déplacer les tâches ou les traiter différemment : automatisation, élimination ou simplification, délégation…

Et demain agissez !

De toute façon votre efficacité dépend de votre culture du temps. Celle-ci allie une aptitude à jongler avec les tâches, selon des stratégies qui s'affinent (investir du temps pour en gagner demain, développer vos connaissances dans un domaine qui vous facilitera demain le travail) et une « double-pensée » qui fait que, même dans l'action, vous gardez un regard d'analyse pour imaginer comment vous pourriez optimiser la durée de la tâche que vous venez d'accomplir.

Demain vous passerez à l'action en gardant près de vous vos supports pour voir comment évoluent les choses et remettre en question votre plan d'action. Vous tirerez des enseignements de chaque écueil. Pourquoi ai-je tendance à toujours sous-évaluer la durées des tâches ? Pourquoi suis-je autant « englué » dans le court terme ? Pourquoi ne suis-je pas capable de dire *Non* en donnant courtoisement les raisons ? Pourquoi ai-je tant de mal à apprécier les Urgences et les Importances ?

Sachez que de toute manière vous serez toujours meilleur que les personnes qui ne s'appliquent pas à mettre en œuvre ces quelques principes de gestion du temps.

Prenez du plaisir et bon courage !

Corrigé page 201

13. Être efficace dès le matin

♦ Marie-Josée Couchaere, n° 125

Lucien Brillant est cadre, responsable d'équipe, chef des produits « modèles réduits » (bateaux, voitures, trains) à la Société Modelair.

Ce matin là, en arrivant à son bureau, Lucien Brillant trouve un courrier très varié qui lui rappelle encore une fois l'importance stratégique de son poste, il y a là :

1. Un devis de la SARL « Micromode » pour la fourniture de 5 000 moteurs pour trains électriques ;

2. Un bulletin de réabonnement à *Modélisme*, un périodique spécialisé ;

3. Le dernier numéro de *l'Expansion* ;

4. Les chiffres de vente de la semaine présentés par produit ;

5. La proposition de formation de son service « Modèles réduits » aux techniques des cercles de qualité, élaborée par une société conseil ;

6. Une proposition pour un stand au 10e Salon international de la maquette et du modèle réduit, Porte de Versailles (150 000 visiteurs) ;

7. Un projet d'annonce pour lancer les ventes de modèles réduits en fin d'année, émanant de l'agence de publicité. Une maquette a été réalisée et l'agence préconise un passage dans *Maquettes, Automobile miniature, MRA Modèle réduit, Histoire et maquettisme, Le modèle réduit bateau ;*

8. Une lettre du distributeur belge s'inquiétant de retard dans les délais de livraison des modèles de fin d'année ;

9. Une lettre d'un journaliste de *RTL* invitant Lucien Brillant à participer dans un mois et demi à une émission en direct sur le thème « Les jouets sont-ils des objets précieux pour les confier aux enfants ? » ;

10. Une proposition d'éditeur pour l'achat de l'*Année du modèle réduit* ;

11. Une proposition d'abonnement avec réduction au *Nouvel Observateur* ;

12. Une invitation gratuite à un séminaire de deux jours « Réussir votre présentation en anglais » par International Language and Training Consultants.

D'après vous, quels traitements Lucien Brillant doit-il réserver à chacun de ces courriers ?

Corrigé page 207

14. La corbeille « courrier » (« in basket »)

♦ Victor Ernoult, Jean-Pierre Gruère et Fabienne Pezeu, n° 53

Objectif : évaluer, en fonction d'objectifs définis, le comportement d'un sujet confronté à des situations professionnelles diverses.

Consignes pour un individu

Cet exercice de simulation vous met dans la position d'un nouvel adjoint très récemment nommé auprès du Directeur administratif d'une entreprise moyenne. Plusieurs situations-problèmes sollicitent votre attention dès le premier jour de votre arrivée.

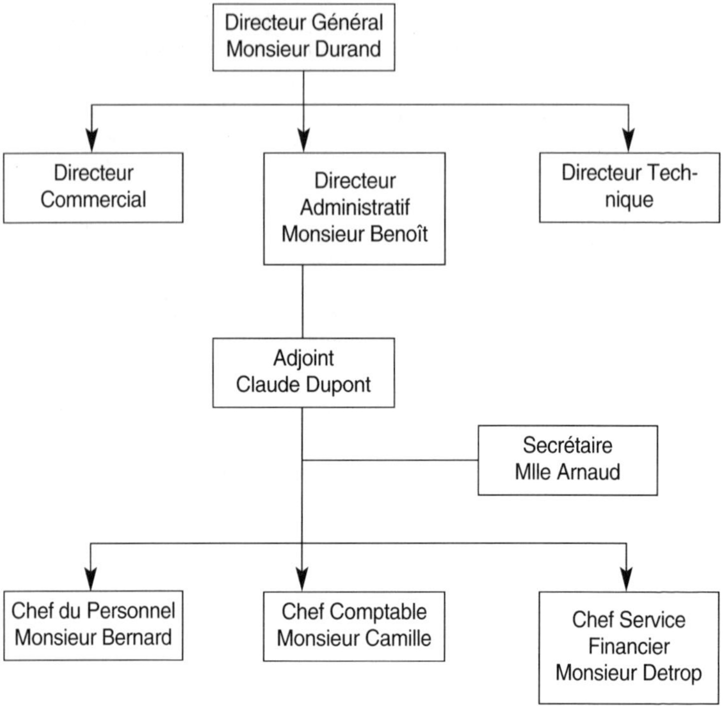

Votre tâche consiste à vous mettre à la place de Claude Dupont qui arrive pour la première fois dans un bureau et trouve trois documents dans sa corbeille « courrier ». Vous voulez traiter les problèmes de votre mieux : il est important que vos premières actions dans cette entreprise impressionnent favorablement les dirigeants et l'entourage.

Vous lisez les trois cas ci-dessous et inscrivez après chacun d'eux, l'action qu'il vous inspire.

Après quoi, vous tenterez de déceler les dimensions incluses dans vos réponses. Enfin, reportez-vous au corrigé.

Consignes pour un groupe

Chaque participant joue, dans un premier temps, le rôle de Claude Dupont et trouve une solution qui lui paraît adaptée aux trois notes de services présentées ci-après.

Quand tout le monde a terminé, l'animateur engage une discussion avec les membres du groupe réunis à cet effet. Tous devront tenter de trouver, par consensus, un ensemble d'issues estimées favorables à la résolution des cas. L'animateur pourra alors exposer les éléments du corrigé et introduire les notions d'analyse de contenu et de recherche des dimensions utiles.

Cas n° 1

Note à : Claude Dupont

De Mademoiselle Arnaud

Secrétaire

Vendredi 2 mars

Je souhaite prendre une semaine de vacances, la première semaine de mai. Je ne vois pas d'obstacle, a priori, pour l'organisation du travail. J'ai rassemblé à votre intention les dossiers non réglés par votre prédécesseur.

Excusez-moi de vous demander cela avant même de vous connaître, mais je pars à Ibiza avec des amis et je dois verser l'acompte pour une réservation avant samedi prochain.

Votre prédécesseur prenait habituellement une intérimaire. Mais, cette année, les compressions de budget rendront la chose plus difficile. De toute façon, la semaine du 1er mai sera courte à cause du pont.

Merci de votre réponse.

Mademoiselle Arnaud.

Cas n° 2

Note à Claude Dupont

De A. Benoït

Directeur Administratif

Jeudi 1er mars

Voici les dernières évaluations des collaborateurs dépendant de la Direction Administrative, établies par votre prédécesseur. Elles portent sur leurs résultats de l'an passé et sur leur comportement.

Armand	+ +	Kalar	+
Bouclier	+/–	Lusson	–
Couture	+	Manille	+/–
Damien	–	Norfolk	+
Elouis	–	Orstait	+ +
Forac	+ +	Pinottin	–
Gautier	+	Ouendron	+ +
Herbert	+	Rouergue	–
Ignacio	–	Saintonge	+ +
Jorny	– –	Tainaissy	– –

Clé d'interprétation :

+ +	excellent	–	médiocre
+	bon	– –	mauvais
+/–	moyen		

Cas n° 3

Note à Claude Dupont

De A. Benoît
Directeur Administratif

Vendredi 2 mars

Je rappelle que chaque cadre doit me faire parvenir son rapport mensuel le premier lundi de chaque mois. Ces rapports, centralisés par vos soins, doivent m'être transmis d'urgence.

NB — De Mademoiselle Arnaud.

Ce jour, nous n'avons pas encore reçu les rapports de trois cadres ni, bien sûr, le rapport de Jean Petit qui nous parvient très rarement.

Corrigé page 211

15. Établir un plan de journée sous la dictée

♦ Daniel Latrobe, n° 139

Chaque jour, les tâches vous arrivent tout au long de la journée et vous devez les prendre en compte au fur et à mesure. L'exercice suivant – à réaliser sur une photocopie du plan de journée en UI – se rapproche ainsi de votre réalité et vous invite à traiter la liste des tâches ci-dessous, ligne par ligne, en vous demandant ce que vous pourriez en faire. L'intérêt est de développer le mécanisme mental de traitement des tâches et quelques réflexes d'efficacité. Soyez autant attentif à ce qu'elles « déclenchent » dans votre esprit : agacement, impatience, plaisir, qu'à la case dans laquelle vous seriez tenté de la noter. Décidez en recherchant une cohérence. Surtout n'oubliez pas : « rigueur et souplesse » !

1. Le téléphone sonne et Géraldine vous demande de rappeler à 15 heures précises Sébastien. C'est lui qui le lui a demandé.

2. Sur votre bureau a été déposée une demande d'information qui vous prendra 20 minutes : à remettre dès que possible !

3. Vous souhaitez classer un document mais vous ne savez pas encore où, parce qu'il recouvre plusieurs domaines.

4. Faire votre plan de journée.

5. Laurent entre dans votre bureau : « Je ne te dérange pas ? Je voudrais te raconter la dernière réunion de vendredi dernier. Je te dis pas les débats ! Je dois faire d'ailleurs le compte rendu. »

6. Vous consultez votre planning annuel et voyez approcher la date d'un salon professionnel qui vous intéresse.

7. Un ami vous fait signe en passant devant votre bureau et vous propose d'aller déjeuner avec lui.

8. Vous tombez sur une information technique qui répond à une question que vous vous posiez sur un futur projet, mais vous ne pouvez pas garder le document, si vous êtes intéressé, il vous faut photocopier les 15 pages qui vous intéressent.

9. Vous souhaitez absolument frapper aujourd'hui un rapport qui a déjà pris du retard et l'envoyer par fax à un service technique d'une autre unité. Ce rapport correspond à 15 pages manuscrites qui deviendront, après mise en page, une dizaine de pages frappées.

10. Vous vous sentez fatigué des deux dernières journées et aimeriez partir plus tôt ce soir.

11. Vous devez téléphoner à un interlocuteur pour vous mettre d'accord sur une séance de travail à programmer dans les trois semaines qui viennent.

12. Vous allez vous chercher un café et vous rencontrez une ancienne amie, Colette, qui est de passage.

13. Vous vous rappelez que vous avez oublié dans votre voiture le magnétophone de poche que votre manager vous a prêté il y a trois jours et qu'il vous a réclamé pour demain soir. Mais vous avez oublié l'étui à la maison.

14. Vous réfléchissez sur une proposition technique qui vous prendra au minimum une heure.

15. Une réunion impromptue est déclenchée par un chef de projet qui vous demande au téléphone de bien vouloir y participer, elle se tiendra à 17h30 au rez-de-chaussée, salle orange.

16. Votre manager vous dit : « Tiens, lisez ça, c'est rapide, c'est les infos de Didier pour notre entretien de la semaine prochaine et reparlez m'en. » (4 pages de rapport d'une quarantaine de lignes par page).

17. Aurélie vient vous voir pour vous demander comment s'est passé votre séjour de trois jours en Allemagne.

18. Vincent voudrait que vous l'aidiez en lui donnant quelques conseils concernant un problème qu'on lui pose. Il doit répondre d'ici une heure par téléphone.

19. Vous souhaitez copier des fichiers pris sur le réseau et les mettre sur votre portable : fichier de 125 pages avec une trentaine de pages de croquis et de dessins. Vous aurez à travailler dessus dans quatre jours.

20. Vous apprenez que mardi prochain il y a grève générale, or vous avez deux rendez-vous hors de votre ville.

	PLAN DE JOURNÉE **DU ....**		
Priorités	**FAIRE**	Durée	Téléphoner
UI ☐			
☐			
☐			
☐			
☐			
☐			
☐			
☐			
U**I** ☐			
☐			
☐			
☐			
☐			
☐			
Ui ☐			
☐			
☐			
☐			
☐			
ui ☐			
☐			
☐			
☐			
	Total durée		

RENDEZ-VOUS	NOTES
7h 30 ____________	
8h 00 ____________	
8h 30 ____________	
9h 00 ____________	
9h 30 ____________	
10h 00 ____________	
10h 30 ____________	
11h 00 ____________	
11h 30 ____________	
12h 00 ____________	
12h 30 ____________	
13h 00 ____________	
13h 30 ____________	
14h 00 ____________	
14h 30 ____________	
15h 00 ____________	
15h 30 ____________	
16h 00 ____________	
16h 30 ____________	
17h 00 ____________	
17h 30 ____________	
18h 00 ____________	
18h 30 ____________	
19h 00 ____________	
19h 30 ____________	
20h 00 ____________	

Corrigé page 213

16. Les opérations mentales

♦ Roger Bazin, n° 22

1) Les opérations mentales en séquence situation

1. Meurtre ou suicide ?

Metz, 28 décembre, 18h30.

— Saleté de temps ! dit le commissaire Porel au moment où sonne le téléphone.

— Allô Police ? interroge une voix angoissée.

— Oui, que se passe-t-il ?

— Venez vite au n° 26 de notre rue. Je viens de rentrer chez moi et j'y ai trouvé ma femme morte : elle s'est suicidée !

— Ne touchez à rien. J'arrive.

Cinq minutes après le commissaire est sur les lieux et commence son enquête.

La femme semble s'être tuée : elle tient encore le revolver au bout de son bras droit.

Selon le mari, elle avait souvent des crises de dépression nerveuse, à l'approche de la fin du mois et de l'arrivée à échéance des traites à payer. Lui-même reconnaît que ses affaires ne marchent pas en ce moment : il exerce une profession libérale, sans secrétaire, dans un immeuble de bureaux, à l'autre bout de Metz.

Le temps écoulé entre le départ du bureau, l'arrivée à la maison, la constatation du décès et l'appel au téléphone, semble être convenable...

Et pourtant le commissaire note un indice qui lui prouve que l'homme ment.

Questions :

1) Quel est cet indice ?

Vous pouvez procéder en faisant répondre à vos questions un ami au courant ou les rédiger avant de lire les réponses pour vous mettre sur « la voie ».

2) Dans la séquence situation de cette énigme, quelle Opération Mentale vous a permis d'avancer vers la vérité ?

3) Comment utiliser cette Opération Mentale en séminaire de formation d'adultes ?

2. Le chauffeur d'autobus

Vous ne devez lire l'énoncé ci-dessous qu'une seule fois.

Sans le relire, essayez de trouver la réponse.

Problème :

Vous êtes un chauffeur d'autobus, et vous partez à vide.
— Au premier arrêt, 3 personnes montent.
— À l'arrêt suivant, 4 personnes montent et 2 personnes descendent.
— À l'arrêt suivant 2 personnes montent et 4 personnes descendent.

Question :

Quel est l'âge du chauffeur ?

Si vous ne trouvez pas, relisez l'énoncé une seule fois et répondez.

Si vous n'avez pas trouvé, relisez l'énoncé autant de fois que vous désirez en vous mettant dans la situation, c'est-à-dire dans le rôle que l'on *vous* donne.

Puisque l'on ne vous demande pas :
— le nombre de personnes qui restent dans l'autobus ;
— le nombre d'arrêts ;
c'est que les arrêts, les personnes en dehors du chauffeur ne constituent pas les éléments importants pour la réponse.

Ils brouillent et masquent l'élément utile, le mot qui vous met en situation.

Vous avez trouvé. Rendez-vous au corrigé pour découvrir l'Opération Mentale à l'intérieur de la séquence Situation.

3. Le décapité

À l'église, un couple écoute le sermon du prêtre. Celui-ci est soporifique.

L'homme s'endort et rêve qu'il vit au temps de la révolution, qu'il est arrêté et condamné à mort. Et le couperet tombe à la fin du sermon au moment précis où sa femme veut le réveiller d'un coup de missel sur la nuque… Et l'homme tombe raide mort !

Questions :

1) Qu'y a-t-il d'invraisemblable dans cette histoire que je viens de vous raconter ?

2) Comment utiliser l'Opération Mentale « Aspects et points de vue » en formation d'adultes ?

Nota. — Vous pouvez procéder pour la question 1 comme pour l'exercice 1, en obtenant les réponses par un ami au courant du corrigé.

Corrigé page 216

2) Les opérations mentales en séquence action

Un test du CEFSE Grenoble

Exercice individuel — En groupe l'animateur est lui-même participant. Chacun a sa feuille et ne s'exprime oralement et à haute voix que dans le cadre de l'application de l'exercice. Traduction : à partir du moment où l'animateur donne le top du départ, il perd sa casquette de responsable et ne répond pas aux questions éventuelles.

Pour vous, avant de lire le texte, il est conseillé d'avoir — en plus de la montre à trotteuse — un crayon « papier » pour pouvoir effacer et réutiliser le questionnaire. Prêts ? Partez !

Texte du test

1) Vous avez deux minutes pour répondre aux 23 lignes de ce test.
2) Lisez tout avant de commencer.
3) Mettez votre nom dans le coin droit, en haut de la feuille.
4) Faites l'opération 30 x 17 =...
5) Signez votre nom dans le coin gauche, en bas de la feuille.
6) Faites trois croix en haut à gauche.
7) Entourez les trois croix d'un cercle.
8) Multipliez 27 x 36 =...
9) Entourez le résultat d'un cercle.
10) Rayez le mot « droit » de l'instruction 3.
11) Soulignez le mot « nom » de l'instruction 5.
12) Arrivé là, criez très fort votre nom.
13) Entourez votre signature d'un cercle.
14) En bas à droite, faites un cercle.
15) Arrivé là, criez : « Je respecte les instructions ».
16) Entourez votre nom d'un rectangle.
17) Criez : « J'en suis à l'instruction 17 ».
18) En bas à droite, faites un triangle dans le cercle.
19) Entourez l'instruction 9.
20) Divisez 36 par 12 =...
21) Criez : « C'est moi qui respecte le mieux les instructions ».
22) Ne suivez que les instructions 2, 3, 22 et 23.
23) Rendez-vous au corrigé.

Corrigé page 218

17. Le PAPSA

♦ Hubert Jaoui, n° 81

Perception, Analyse, Production, Sélection, Application (PAPSA) : cette formule magique est le sésame de la créativité. En effet, c'est l'apport de l'école française à la créativité mondiale d'avoir démontré que la démarche créative ne saurait être limitée ni même concentrée dans la phase centrale de production d'idées, comme le proposent la plupart des démarches américaines. L'approche créative démarre à la *perception* la plus fine, la plus totale possible de la situation la plus problématique, passe par l'*analyse* créative de cette situation, laquelle inclut l'exploration la plus poussée possible, et une restructuration du champ du problème de manière à déboucher sur une radiographie à la fois réaliste et opérationnelle. Ensuite, vient la phase de *production* d'idées à partir des axes prioritaires. Une *sélection* créative suit, de manière à éviter que l'évaluation ne se transforme en une guillotine qui coupe tout ce qui dépasse, c'est-à-dire tout ce qui dérange. Enfin, l'*application* pour transformer les idées et concepts, qui seraient vains s'ils restaient théoriques, en de véritables actions de transformation.

Dressez votre profil créatif.

a) Si cent est le niveau créatif maximal, zéro le niveau minimal, quelle note globale vous attribuez-vous personnellement ?

b) En matière de *perception* créative, quelle note vous attribuez-vous de zéro à vingt (dix étant la moyenne) ? Perception créative, c'est-à-dire aptitude à saisir le maximum de faits dans les situations que vous avez décidées ou que vous avez le devoir d'aborder, finesse de perception de chacune des données, ouverture sans préjugés à tout, y compris à ce qui dérange.

c) Quelle note (0 à 20) vous mettez-vous sur le paramètre A1, l'*analyse* créative, c'est-à-dire l'aptitude à déstructurer à fond le champ d'un pro blème en dépassant sa formulation initiale, aptitude à questionner, à « demander ses papiers au problème », à le sillonner selon différents parcours logiques, jusqu'à déboucher sur *n* reformulations et à en choisir une qui paraisse la plus synthétique et opérationnelle ?

d) Quelle note mettez-vous (de 0 à 20) pour P2, la *production* créative ? Ce paramètre recoupe ce que vous avez pu apercevoir dans les exercices précédents (fluidité, flexibilité, originalité, élaboration).

e) S, comme *sélection* : il s'agit là de l'aptitude à accueillir les idées nouvelles, à se les représenter dans une vision prospective et à apprécier correctement, sans excès de pessimisme ou d'enthousiasme, les chances du succès d'une innovation. Ce paramètre recouvre également le courage de décider. Quelle note vous mettez-vous entre 0 et 20 ?

f) *Application,* A2 : il s'agit de l'aptitude d'abord à « vendre » l'idée à ceux qui seront chargés de la mettre en œuvre, et de suivre avec constance et humilité sa réalisation à travers les inévitables aléas de l'action. Quelle note vous mettez-vous, entre 0 et 20 ?

Reportez chacune de ces notes sur la grille ci-dessous. Vous aurez ainsi la forme de votre profil créatif. Faites le total des notes et comparez-le à la note globale que vous vous étiez mise précédemment (la base de référence étant 100).

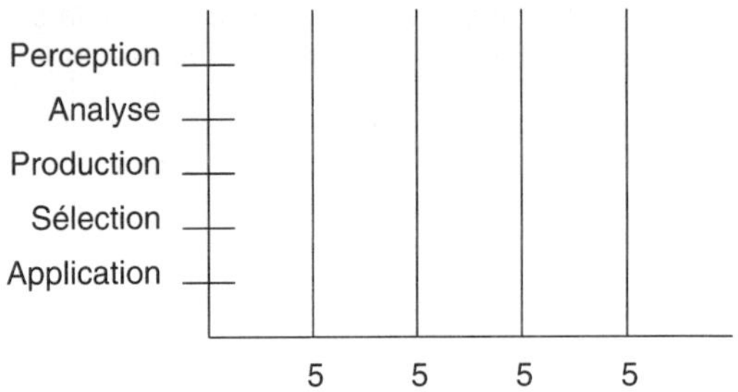

GRILLE DU PROFIL CRÉATIF

À partir de ce diagnostic de votre profil dynamique, vous pouvez prendre des décisions actives de deux types.

1. Dans l'immédiat, connaissant mon profil, comment et par qui puis-je me faire aider pour compenser ces creux ?

Exemple : si je me découvre très bon en Analyse et en Sélection, et faible en Production, je pourrai faire appel à des groupes de « chasse aux idées » internes ou externes.

— Si j'ai des difficultés dans la phase de Sélection, je pourrai constituer des jurys d'idées pour qu'ils m'aident à hiérarchiser le plus objectivement possible les différentes propositions.
— Si mon point faible est l'Application, je pourrai trouver un partenaire ou un assistant qui m'aide à aller jusqu'au bout.
— Si mon point faible est la Perception, je pourrai enrichir ma représentation du problème en interviewant, d'une part, des experts de différentes disciplines, d'autre part en interrogeant des « profanes de qualité », c'est-à-dire des personnes naïves par rapport au problème, mais ayant une intelligence vive par ailleurs.
— Si mon point faible est l'Analyse créative, je pourrai m'appuyer sur un, deux, ou un groupe d'experts entraînés aux techniques de créativité et en particulier aux techniques du PAPSA.

2. Augmenter ma performance sur chacune des étapes du PAPSA, en particulier sur celles sur lesquelles j'ai constaté un déficit. Voici des exemples d'exercices utiles.

P1, Perception

— Privez-vous d'un sens pour mieux stimuler les autres. Fermez les yeux pour mieux écouter. Bouchez-vous les oreilles pour mieux voir...
— Prenez un lot de mandarines (ou de noix, ou de citrons, selon la saison). Choisissez-en une et observez-la pendant deux minutes. Décrivez-la à vous-même et observez tous ses détails. Mélangez ce fruit aux autres et retrouvez-le.
— Partez d'un dessin ou d'une photo et faites-en une description dans d'autres registres que le visuel (auditif, gustatif, olfactif, tactile).
— Passez un quart d'heure avec un bébé ne parlant pas encore, communiquez avec lui par mimiques et imaginez ce qu'il peut penser au même moment.

A1, Analyse créative

— Construisez, à partir d'un problème donné, une carte mentale divergente par libre association d'idées. Et à partir de cette carte mentale, faites-en une deuxième, convergente, c'est-à-dire en introduisant une structure logique.

Soit le problème suivant : comment développer le don des langues chez les jeunes Français ?

• Reformulez le problème du plus grand nombre de façons possible.
• Pratiquez le lipogramme (technique inventée par l'OU. LI. PO., OUvroir de LIttérature POtentielle, qui consiste à réécrire une phrase en se privant d'une lettre, en principe la plus fréquente dans cette phrase).

Exemple : réécrivez la phrase : « Comment ravir à notre concurrent le premier rang sur le marché ? » sans utiliser la lettre « r » (Reformulation possible : « Subtilisons à l'ennemi la place la plus enviée »).

• Représentez un problème par un schéma.

Exemple : une exposition = un corps humain (voir figure p. 166).

P2, Production d'idées

Toutes les techniques indiquées précédemment pour développer la fluidité, la flexibilité, l'originalité, s'appliquent particulièrement à cette phase P2.
— Exercice supplémentaire : avoir un petit carnet sur soi, et noter chaque jour au moins une idée nouvelle sur quelque sujet que ce soit, relatif ou non à notre champ d'activité professionnel.

S, Sélection

— Face à une décision relativement banale, telle que nous avons à en prendre tous les jours, prendre le temps de faire la carte mentale de l'idée sur laquelle j'ai à me prononcer.

— Pratiquez « l'avocat de l'ange » [1] face à une idée, soit qu'elle vous soit venue à vous-même, soit que quelqu'un vous l'ait présentée.
— Prenez quelques minutes pour fermer les yeux et visualiser l'idée dans un scénario de succès.
— Entraînez-vous à être dans la peau du décideur. Tentez d'imaginer toutes ses réactions, en particulier émotionnelles, face à l'idée que vous allez lui présenter.

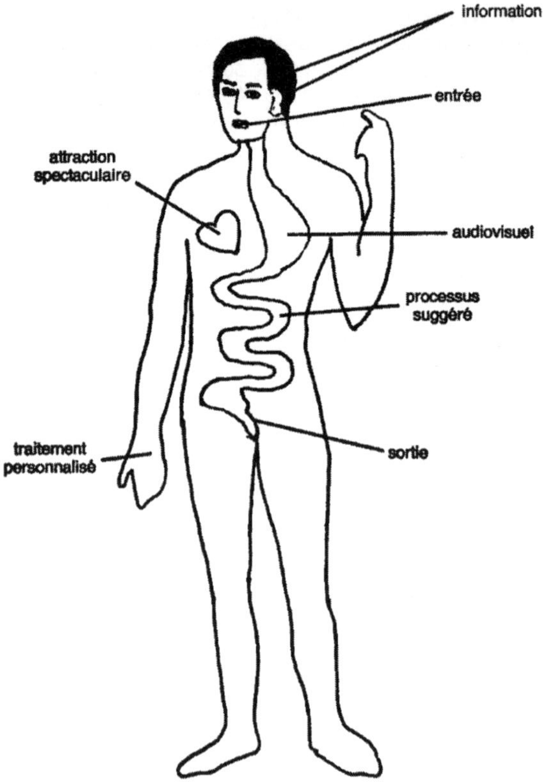

1. Avocat de l'ange : Technique mise au point par S. Shore et destinée à accueillir positivement les idées nouvelles (et dérangeantes)
1re étape : reformuler l'idée de l'autre ;
2e étape : lui indiquer ce qu'on aime dans son idée ;
3e étape : poser des questions, pour mieux comprendre et faire comprendre les forces et les faiblesses de l'idée proposée.

— Face à une hiérarchisation à faire entre plusieurs idées, déterminez une liste de trois à cinq critères d'évaluation et notez les idées que vous avez à évaluer en veillant à bien éviter les effets de contamination, c'est-à-dire en notant les critères indépendamment les uns des autres.

A2, Application

— Utilisez, pour décrire le plan de mise en œuvre d'une idée, la check-list classique QQOCPQ (quoi, qui, où, comment, pourquoi, quand, avec qui, contre qui, depuis quand, jusqu'à quand, etc.).

— Soit une innovation majeure qu'il faut introduire dans l'entreprise (par exemple, l'obligation de porter une cravate, un foulard, un insigne ou autre marque distinctive de l'entreprise). Trouvez cinq manières de la présenter pour qu'elle soit acceptée avec enthousiasme :

a) par les vendeurs ;

b) par les techniciens ;

c) par les administratifs ;

d) par les financiers ;

e) par la direction générale.

— Soit une bonne idée (par exemple, utiliser les jeunes embauchés pour leur demander un diagnostic frais et insolent sur l'entreprise). Trouvez dix manières de vous y prendre pour que cette bonne idée échoue (technique dite de la « catastrophe-stratégie »).

Applications du PAPSA

Avertissement : Cet exercice peut être accompli individuellement. Souvenez-vous que si le nombre idéal de participants est de 6 à 9, un groupe commence à 2.

Problème : comment inciter les gens à aller davantage au théâtre ?

P1 : Carte mentale du mot théâtre.

• Phase divergente : dresser la carte, en associations libres.

• Phase convergente : souligner les mots clés.

A1 : Cinq façons de reformuler le problème.

• Phase divergente : utiliser les mots clefs choisis pour exprimer différemment la formulation initiale.

• Phase convergente : sélectionner une des reformulations.

P2 : Roue libre.

• Phase divergente : en roue libre, on donne des réponses à la reformulation choisie.

• Phase convergente : développement de l'idée b.

Convergence et divergence

Les deux phases font partie de la créativité et doivent être accomplies avec l'esprit créatif. Ceci est assez évident pour la phase divergente, où il s'agit d'ouvrir les vannes, d'ôter tous les freins, de libérer les flux de l'imaginaire.

Un piège dans lequel sont tombées beaucoup de personnes, et nous-même au début, c'est de limiter l'effort créatif à la libération de la divergence, en vertu de quoi on se retrouve face à une production abondante et on peut avoir tendance, pour la focaliser, à se contenter de filtrer. Or un filtre non créatif élimine les idées les plus bizarres, étranges et donc dérangeantes. Donc la convergence demande un effort créatif d'un autre type, et peut-être plus difficile car c'est un effort de synthèse et d'élaboration. C'est là qu'il faudra être capable de récupérer le plus possible d'originalité pour assembler, condenser, reformuler de façon que la proposition ou l'idée à laquelle on aboutit présente la double caractéristique de nouveauté et d'efficacité. C'est un acte typiquement créatif, c'est là qu'on reconnaît le créateur du créatif. Le second est potentiel, et le premier, réel.

La phase convergente demande beaucoup plus d'énergie. Elle est beaucoup moins amusante, beaucoup moins ludique que la phase divergente. Elle demande une motivation plus forte et a souvent intérêt à être confiée aux personnes les plus impliquées dans le succès de la démarche.

Corrigé page 219

18. Abstraire, comparer, juger

♦ Roger Mucchielli, n° 16

Cet exercice est individuel dans la première partie qui consiste pratiquement à passer un test avec auto-correction. Il est individuel ou collectif dans la seconde partie qui demande de répondre à quatre questions finales. Dans son exploitation collective, on formera des groupes de trois stagiaires, par affinités et en auto-organisation en demandant d'écrire les réponses par groupe. La confrontation des rapports se fera en grand groupe, ainsi que la discussion et la synthèse.

Nous vous proposons ci-dessous un « test de capacité à l'analyse de contenu » qui est inspiré du principe du test d'intelligence verbale

BVC 16 de Bonnardel. Il y a 10 épreuves (ou *items*) successives. Chacune consiste en ceci : 1) Prenez connaissance attentivement de la phrase écrite en majuscules et en tête. Il s'agit d'une pensée et le nom de son auteur est indiqué. 2) Marquez d'une croix, dans le rectangle précédant les 6 phrases qui suivent cette pensée, *les deux énoncés dont le sens vous paraît équivalent à celui de la pensée écrite en majuscules en tête de l'épreuve.*

Faites ainsi pour toutes les 10 épreuves sans consulter le corrigé.

Quand vous aurez terminé, consultez le corrigé et calculez selon le mode de calcul indiqué, votre score personnel. Ne lisez pas les réponses aux questions annexes.

Le test

1. Une foi qui ne doute pas est une foi morte *(Miguel de Unamuno)*
   - A ☐ Il faut douter pour pouvoir croire.
   - B ☐ Celui qui doute n'a pas la foi.
   - C ☐ L'incertitude est un aspect essentiel de la vraie foi.
   - D ☐ Le doute est l'état d'âme normal de celui qui cherche.
   - E ☐ Les tourments moraux du doute constituent la vie même de la foi sincère.
   - F ☐ La foi du charbonnier est une foi tranquille.

2. Plus on est heureux et moins on prête attention à son bonheur *(Alberto Moravia)*
   - A ☐ Le bonheur est une ivresse qui rend inconscient.
   - B ☐ C'est l'existence des malheurs qui aiguise l'attention au bonheur.
   - C ☐ Quand tout va bien, on ne se rend pas compte de son bonheur.
   - D ☐ Le bonheur est tonique pour la conscience personnelle.
   - E ☐ Les petits malheurs stimulent l'énergie des humains.
   - F ☐ Le bonheur est comme un sommeil.

3. Plus les talents d'un homme sont grands, plus il a le pouvoir de fourvoyer les autres *(Aldous Huxley)*
   - A ☐ Obéir aveuglément à quelqu'un peut conduire aux pires bêtises.
   - B ☐ Il ne faut pas croire sur parole les gens qui nous éblouissent.
   - C ☐ On fait prévaloir facilement ses idées quand on parle avec autorité.
   - D ☐ Celui qui a du talent impose facilement ses opinions, même si elles sont fausses.
   - E ☐ Il y a un mauvais usage du génie.
   - F ☐ L'intelligence sert souvent à tromper autrui.

4. Les convictions sont des ennemis de la vérité plus dangereux que les mensonges *(Frédéric Nietzsche)*
   - A ☐ Lorsqu'on traite un sujet avec passion, on le déforme plus qu'en mentant délibérément.

B ☐ Le fanatisme est une forme du mensonge.
C ☐ Un passionné ne peut pas être objectif.
D ☐ La Croyance est l'ennemie de la Vérité.
E ☐ Ceux qui ne sont pas convaincus n'approchent jamais de la vérité.
F ☐ Lorsqu'on tient à ses opinions, on devient capable de nier les faits avec plus d'agressivité qu'un menteur.

5. Celui qui ne veut agir et parler que justement ne fait rien du tout *(Karl Jaspers)*
A ☐ Celui qui ne fait rien ne se trompe jamais.
B ☐ Si l'on doit attendre d'être juste et certain, pour agir ou même pour parler, on ne commencera jamais.
C ☐ Il faut courir le risque de se tromper si l'on veut faire ou dire quoi que ce soit.
D ☐ Celui qui ne fait rien et ne dit rien, a toujours raison.
E ☐ L'action et la parole justes sont d'une difficulté décourageante.
F ☐ Il vaut mieux ne rien faire du tout qu'agir injustement.

6. L'art ne constitue pas une puissance, il n'est qu'une consolation *(Thomas Mann)*
A ☐ L'art donne à l'artiste une consolation qui n'est pas la puissance.
B ☐ La création artistique donne à l'artiste un sentiment de puissance.
C ☐ L'artiste se console de son impuissance sociale par son art même.
D ☐ L'œuvre d'art n'exprime pas une volonté de puissance mais un besoin de compensation intime.
E ☐ Ce qui compte pour l'artiste, c'est ce que sa création lui apporte sur le plan personnel et affectif, non sur le plan social.
F ☐ L'œuvre d'art est, pour l'artiste qui la conçoit et la réalise, un apaisement de ses souffrances et une manière de se consoler.

7. Nous voulons tous louer à l'année et nous ne pouvons jamais louer que pour une semaine ou pour un jour *(Jean Anouilh)*
A ☐ La réalité met toujours, malgré nous, des obstacles sévères à notre besoin de sécurité.
B ☐ Nous aimons faire des projets à long terme, mais nous agissons toujours à la petite semaine.
C ☐ On est obligé d'agir par rapport aux circonstances plutôt que par principe.
D ☐ Quels que soient nos rêves et nos ambitions, nous devons vivre au jour le jour.
E ☐ Nos espoirs les plus chers sont ceux qui sont le plus souvent déçus.
F ☐ Nous aimons faire des projets à long terme mais les nécessités de la vie nous obligent à vivre à court terme et même au jour le jour.

8. Quand la famille se défait, la maison tombe en ruines *(Oliveira Salazar)*
A ☐ La destruction de la maison familiale entraîne la dispersion de la famille.
B ☐ La dissolution des liens familiaux conduit à la ruine de la Société.
C ☐ La dispersion de la famille laisse à l'abandon la maison familiale.

D ☐ La stabilité des structures humaines est fondée sur la Famille.
E ☐ La famille est à la base de toutes les constructions.
F ☐ L'entretien de la maison familiale est le devoir des familles.

9. Là où la lucidité règne, l'échelle des valeurs devient inutile *(Albert Camus)*
A ☐ Lorsqu'on est arrivé à être parfaitement objectif, on ne peut plus avoir de préférences.
B ☐ Comprendre dispense de juger.
C ☐ L'homme lucide et objectif a un jugement sûr.
D ☐ Quand on a compris, on ne sait plus juger.
E ☐ La connaissance de la vérité exclut le recours aux valeurs.
F ☐ On hésite à choisir tant qu'on ne sait pas la vérité.

10. Les enfants ne réfléchissent que comme les miroirs ; il leur faut le tain du respect *(Hervé Bazin)*
A ☐ Il faut respecter la réflexion personnelle des enfants.
B ☐ Les enfants doivent apprendre à respecter leurs maîtres.
C ☐ Les enfants n'apprennent vraiment quoi que ce soit que s'ils respectent ceux qui les enseignent.
D ☐ Le comportement des enfants est le miroir de leurs sentiments envers leurs éducateurs.
E ☐ Les enfants ne réfléchissent pas tout seuls. Il faut savoir les y encourager fermement.
F ☐ Les enfants n'apprennent à réfléchir qu'après avoir appris à respecter.

Questions annexes

En réfléchissant sur votre travail antérieur (l'exécution du test) et sur vos erreurs (rectifiées par le corrigé), répondez aux quatre questions suivantes :

1. Le corrigé vous a confirmé quelles sont les 2 phrases qui expriment l'idée contenue dans chaque pensée de référence, et cela pour les 10 items du test. En quoi consiste, sur ces exemples concrets, le travail de l'intelligence lorsqu'elle a à choisir ces 2 phrases et à éliminer les autres formulations ?
2. Quelles sont les conditions non intellectuelles de l'efficacité de ce travail de l'intelligence ?
3. En prenant maintenant pour objet la structure du test, dites comment il est construit, quelles sont les caractéristiques formelles de toutes les phrases cotées – 2, de celles cotées – 1, de celles cotées 0 ?
4. Que vous a appris cet exercice par rapport à l'analyse de contenu ?

Corrigé page 221

19. Jugements et propositions

♦ Laurent Godbout, n° 78

1. Dites lesquels des énoncés suivants peuvent être vérifiés par la *réflexion* seulement, lesquels ne peuvent être vérifiés que par recours à *l'expérience,* et lesquels peuvent, selon le sens qu'on leur attribue, se prêter aux deux formes de vérification. Justifiez vos réponses.

a) Tout effet a une cause.

b) La lune est faite de fromage bleu.

c) Commerçant : « Les affaires sont les affaires. »

d) La fille qui mesure 160 cm est plus grande de taille que celle qui mesure 165 cm.

e) Tout événement a une cause.

f) L'économie mondiale favorise présentement la libre entreprise.

g) Une motocyclette est un véhicule à deux roues dont le moteur est bruyant.

2. Dites lesquelles des propositions suivantes expriment un *jugement analytique* (A) et lesquelles un *jugement synthétique* (S) [1]. Certaines sont problématiques (P). Identifiez-les, expliquez pourquoi elles sont problématiques et à quelle solution vous êtes arrivé (A ou S ou l'un *et* l'autre d'après différentes interprétations).

a) Porter une *paire* de bas signifie porter deux bas que l'on ne peut distinguer l'un de l'autre au point de vue apparence.

b) La lumière se propage toujours en ligne droite.

c) Le violet rose est une contradiction au niveau des termes.

d) Il fait froid aujourd'hui.

e) L'hiver est la saison la plus froide.

f) La circonférence d'un cercle est 22/7 fois plus grande que son diamètre.

g) Ce qui est légalement bon est moralement bon.

h) Deux lignes parallèles ne se rencontrent jamais.

i) Une fois marié, toujours marié.

j) Le président d'une entreprise est la personne à qui revient la responsabilité finale de cette entreprise.

---

1. Jugement analytique : jugement dont la vérité et la fausseté sont basées sur la signification des concepts eux-mêmes et qui n'est donc pas vérifiable dans l'expérience.
Jugement synthétique : jugement portant sur des événements ou des faits d'expérience.

3. Dites si les propositions suivantes sont *contradictoires* (si elles s'opposent dans la vérité *et* dans la fausseté) ou *contraires* (si elles ne s'opposent que dans la vérité) ou ni l'une ni l'autre.

Exemple :
— Il pèse au moins 70 kilos. Il pèse 75 kilos.
Ces propositions ne sont ni contradictoires, ni contraires.

a) Professeur : tu n'as pas lu le livre que je t'ai dit de lire.
Étudiant : Oui, je l'ai lu.

b) La planète Jupiter est un tourbillon de gaz. La planète Jupiter est un corps solide.

c) Tous les avocats sont bons discoureurs. Aucun avocat n'est bon discoureur.

d) Certains marchands ne sont pas des voleurs. Il n'y a pas de marchand qui n'est pas voleur.

e) Pas tous les exercices en logique sont faciles. Tous les exercices en logique sont faciles.

f) La Constitution canadienne protège les droits de l'homme. Non, les droits de l'homme ne sont pas protégés par la Constitution canadienne.

g) Il a fait tous les exercices jusqu'au chapitre 6. Il n'a pas fait les exercices du chapitre 4.

h) A : La plupart des chauffeurs sont prudents.
B : Je dirais plutôt que la plupart ne le sont pas !

i) A : Toute annonce publicitaire dont l'objectif est seulement de convaincre le public commet une fausseté logique.
B : Non ! Pas toutes !

j) Simon est nécessairement communiste. Simon est peut-être capitaliste.

Corrigé page 222

20. Le jeu de l'espion

♦ Christie Ravenne, n° 58

Ce jeu a pour but d'entraîner à l'utilisation de quelques outils de classement.

Dans la vie, les informations arrivent toujours de façon décousue ; il faut, le plus souvent, les classer pour les comprendre. Et classer vous oblige à faire des opérations de logique déductive.

Ainsi ces petits jeux de société où il faut trouver, à partir d'informations incomplètes, « qui boit de l'eau ? » ou bien « à qui appartient le zèbre ? ». En voici un exemple du même style, mais très simple : « L'espion ».

Un espion se promène dans la ville. Le Département de la Sécurité a repéré qu'il habite rue Champollion, une des trois premières maisons à gauche (n°s 2, 4 ou 6 ?). Ce même service sait déjà, après enquête, que trois hommes de nationalité différente occupent ces trois maisons : un Chinois, un Écossais et un Français. Tous trois exercent des métiers différents. Et puis on a découvert que l'Écossais habite la maison n° 4, l'espion la maison n° 2 et que le Chinois est musicien de métier. De quelle nationalité est l'espion ?

Vous avez 5 minutes pour faire ce problème.

Corrigé page 224

21. Erreurs de définition

♦ Laurent Godbout, n° 78

Identifiez l'erreur ou les erreurs dans chacune des définitions suivantes s'il y a lieu, et corrigez la définition.

Exemple :
— « Un fleuve est une grosse rivière. »

Cette définition n'est pas équivalente et ne donne pas les caractéristiques essentielles. Correction possible : un fleuve est un cours d'eau qui aboutit à la mer.

a) Le sceptique est une personne dont l'esprit est rempli de causes perdues.

b) Le consensus est la situation où personne ne s'objecte à une idée proposée.

c) Une personne vicieuse est une mauvaise personne.

d) La philosophie est la maladie pour laquelle elle devrait être le remède.

e) « L'enfer, c'est les autres » (J.-P. Sartre).

f) Une étoile est un objet lumineux dans le ciel pendant la nuit.

g) « Zoanthaires » correspond à une ancienne sous-classe de cœlentérés, comprenant les actinies et les madrépores.

h) Un patriote est une personne qui est prête à mourir pour sa patrie.

i) La faim est la sensation, produite par des contractions de l'estomac vide, qui indique le besoin de manger.

Corrigé page 225

22. Douze histoires drôles

♦ Roger Mucchielli, n° 16

Nous avons choisi l'analyse des procédés de l'histoire drôle, en nous référant à l'article de Violette Morin, *L'histoire drôle*, paru dans la revue *Communications,* n° 8, Éditions du Seuil, 1966. Vous pourrez multiplier *ad libitum* le matériel d'analyse en collectionnant les blagues et autres histoires de commis voyageur.

Votre travail consiste à effectuer l'analyse formelle et à définir dans les 12 histoires drôles qui suivent, le ou les procédés du récit. Ces histoires ont une structure commune (qu'il faudra formuler) et mettent en jeu des procédés variés. Vous devrez formuler ces procédés en regroupant les histoires par analogie de forme.

Accessoirement, vous essayerez d'inventer d'autres histoires en utilisant les procédés découverts.

1. Un Corse en rencontre un autre, et lui demande des nouvelles de son fils. L'autre répond : « Eh ! il vient d'avoir vingt ans... ». Son interlocuteur sursaute et dit : « Mais comme... ? Il avait un mauvais avocat ? »

2. Un mari cherche sa femme le long de la rivière et rencontre un quidam qui dit l'avoir vue. Le mari : « Si vous l'avez vue, elle ne doit pas être bien loin ! » — L'autre de répondre : « D'autant que le courant n'est pas très fort ».

3. Un garçonnet rencontre un ami de la famille. L'ami lui dit : « Tu es beau comme ta maman et intelligent comme ton papa ». Le garçonnet rentre à la maison et raconte ce qu'on lui a dit : « Il m'a dit : tu es bête comme ta mère et laid comme ton père ».

4. Des prospecteurs d'uranium commencent des recherches en Corse et promènent sur le terrain leurs compteurs Geiger. Deux paysans corses les regardent. Un prospecteur s'approche et leur demande : « Savez-vous s'il y a de la radioactivité par ici ? » Les paysans se regardent sidérés, et l'un d'eux répond : « La radio on sait qu'il y en a, mais l'activité !... »

5. Un touriste à Londres rencontre un garçon dans le brouillard : « Dis, petit, voit-on souvent le soleil par ici ? » — Le garçon : « Je ne sais pas, Monsieur, je n'ai que treize ans ».

6. Deux garçons bavardent. L'un : « On fait sa prière, chez toi avant le repas ? » — L'autre : « Oh non ! Maman fait de la bonne cuisine ».

7. Le mari reçoit dans ses bras sa femme évanouie. Il appelle la bonne et lui dit : « Apportez-moi du cognac. » — La bonne : « Et pour Madame ? »

8. En Angleterre, un client du restaurant appelle le garçon et lui dit d'un ton furieux en montrant son assiette : « Que fait cette mouche dans mon potage ? » — Le garçon regarde flegmatiquement et dit : « Apparemment elle nage, Sir ».

9. Des hommes jouent au bridge dans un café. Le garçon arrive pour servir et demande : « Pour qui la bière ? » — Un joueur : « Pour le mort ».

10. Une femme reproche à son mari son indifférence. « Autrefois, lui dit-elle, tu me prenais les mains. » — Le mari : « Parce qu'autrefois tu jouais du piano ».

11. Le professeur a donné en composition en classe une rédaction sur le sujet suivant : « Que feriez-vous si vous étiez riche ? » À la sortie, un élève remet sa copie blanche. Le professeur : « Pourquoi cette copie blanche ? » — L'élève : « C'est ce que je ferais, Monsieur ».

12. Le gardien du zoo pleure sur l'éléphant mort. Le directeur : « Consolez-vous, on vous le remplacera ». — Le gardien : « On voit bien que c'est pas vous qui devez l'enterrer ».

Corrigé page 225

23. Comment « faire passer » une information : récrire en traduisant en langage clair

♦ Louis Timbal-Duclaux, n° 42

La plupart du temps, écrire ce n'est pas inventer ou composer de toutes pièces, mais récrire un ou plusieurs des documents existant en les adaptant pour un public ou un support donné. C'est en particulier le travail du journaliste qui rédige le plus souvent à partir de dépêches reçues des agences de presse. C'est aussi le travail du cadre d'entreprise qui doit re-rédiger des notes internes à l'intention du personnel ou du public. Récrire les textes des autres est un exercice indispensable et formateur pour l'étape suivante : la création.

Une circulaire « scandaleuse »

COTISATIONS ASSURANCE MALADIE DES AGENTS STATUTAIRES

Application de l'arrêté du 29 juin 1979

Le décret n° 78-1214 du 26 décembre 1978 avait fixé au 1er janvier 1979 les taux des cotisations de sécurité sociale à 8 % sur la totalité du salaire et à 5,85 % sur le salaire plafonné (note d'information jointe au bulletin de paie du mois de février).

L'arrêté du 29 juin 1979 prévoit que ces taux ne seront applicables qu'au 1er janvier 1980 et répartit, à compter du 1er janvier 1979, la charge des cotisations de sécurité sociale de la façon suivante :

— 7,35 % sur la totalité du salaire (au lieu de 4 % avant le 1er-1-1979)
dont 2,85 % pour le salarié (au lieu de 1,5 % avant le 1er-1-1979),
4,50 % pour l'employeur (au lieu de 2,5 % avant le 1er-1-1979)

— 6,50 % sur le salaire plafonné à 4470 F (au lieu de 9,85 % avant le 1er-1-1979)
dont 0,65 % pour le salarié (au lieu de 2 % avant le 1er-1-1979)
5,85 % pour l'employeur (au lieu de 7,85 % avant le 1er-1-1979).

Ces nouveaux taux qui prennent effet au 1er janvier 1979 sont appliqués, pour la première fois, aux rémunérations de juillet 1979.

Pour la période antérieure, c'est-à-dire le 1er semestre 1979, les régularisations seront effectuées par retenues échelonnées sur cinq mois (d'août à décembre inclus).

Ces régularisations ne concernent que les rémunérations brutes soumises à cotisation dont la moyenne mensuelle est supérieure au plafond de 4470 F [1].

Au 1er janvier 1980, la charge des cotisations sera répartie comme suit :

— 8 % sur la totalité du salaire dont 3, 5 % pour le salarié,
4, 5 % pour l'employeur ;

— 5,85 % sur le salaire plafonné pour l'employeur uniquement.

Voici un texte authentique d'une entreprise française il a été joint à la feuille de paie mensuelle de l'ensemble du personnel (du balayeur au P-DG).

Votre travail : lisez-le attentivement. Plusieurs fois si nécessaire.

1. Répondez aux questions suivantes :

— Que signifie cette note ? Comprenez-vous son contenu ?

— Pourquoi est-elle difficilement compréhensible pour l'employé moyen ?

— Selon vous, quelle est la (ou les) raisons(s) qui sont à l'origine de cette prose difficile ?

2. *Récrivez cette note* sous forme de lettre compréhensible pour l'ensemble du personnel.

NB — Cet exercice peut être multiplié à volonté à partir de lettres, rapports, documents, etc., demandés aux participants et fournis par eux, parmi tous les textes dont ils ont connaissance.

Corrigé page 227

1. Pour les agents non statutaires, aucune régularisation n'interviendra car le nouveau plafond et les nouveaux taux ont été pris en compte dès la paie du mois de janvier.

24. La lettre d'accompagnement en réponse à une petite annonce

♦ Bernard Gangloff, n° 104

Quelques questions à se poser

À chacune des huit questions suivantes, cochez, parmi les trois propositions indiquées, celle que vous adopteriez.

1. Votre lettre commence par :
— Actuellement à la recherche d'un emploi...
— En réponse à votre annonce du... parue dans...
— Quatre années comme vendeur m'ont permis de...

2. Votre lettre se termine par :
— contactez-moi le plus rapidement possible car j'ai déjà énormément de propositions intéressantes ;
— vous êtes ma dernière chance ;
— je suis donc prêt à vous rencontrer pour compléter ces éléments.

3. Vous accompagnez l'envoi de votre CV :
— d'une carte de visite où il est inscrit « ci-joint mon CV » ;
— d'une lettre type que vous avez photocopiée ;
— d'une lettre à chaque fois différente.

4. Supposant que votre lettre fera l'objet d'une analyse graphologique :
— vous tapez votre lettre à la machine ;
— vous faites écrire votre lettre par votre sœur, qui a une très belle écriture ;
— vous jouez le jeu en écrivant vous-même, mais en vous appliquant.

5. La petite annonce vous demande de mentionner vos prétentions :
— vous donnez une fourchette surévaluée pour avoir une marge de négociation ;
— vous indiquez votre dernière rémunération ;
— vous restez silencieux sur ce point.

6. La petite annonce mentionne que le candidat doit posséder un diplôme HEC :
— vous déclarez être prêt à vous inscrire à HEC ;
— vous mettez l'accent sur votre expérience et vos autres diplômes qui, selon vous, vous permettent d'assurer la fonction proposée aussi bien que si vous sortiez d'HEC ;
— vous bluffez en écrivant « diplôme HEC en 1992 ».

7. La petite annonce demande de joindre une photo :
— vous négligez cette demande ;
— pour vous rajeunir, vous envoyez une photo d'identité qui date de quelques années ;
— vous vous précipitez chez Photomaton.

8. La petite annonce mentionne « envoyez votre candidature au cabinet X... » :
— vous arrivez à connaître le nom de l'entreprise et lui adressez directement votre dossier ;
— vous suivez les consignes de l'annonce ;
— vous décidez de ne pas écrire.

Une lettre à critiquer

Analysez la lettre suivante et cochez chacun des points qui ne devraient pas y figurer, du moins sous leur forme actuelle.

Cher Monsieur,

Venant d'être licencié économique, j'ai l'honneur de vous adresser ma candidature au poste de chef des ventes dans votre entreprise.

Je sais en effet que votre marché est en constant développement et que la compétitivité et les performances de votre entreprise font aujourd'hui école. Quant à moi, je pense correspondre au profil requis car, comme vous pouvez le constater dans mon CV, mon expérience antérieure n'est pas sans rapport avec le poste proposé : même si je n'ai pas encore travaillé dans votre secteur d'activités, j'ai déjà été vendeur (et même, d'après mes supérieurs, bon vendeur) de produits assez diversifiés (encyclopédies, assurances...). Je suis ce qu'on appelle un vendeur né, capable de tout vendre. De plus, j'atteste d'un fort dynamisme et d'une grande disponibilité, qualités qui, dans la conjoncture actuelle, sont certainement un atout pour le poste proposé.

Je reste bien sûr à votre disposition pour vous donner d'autres informations si vous me convoquez.

Espérant que ma candidature retiendra votre attention, je vous prie de croire à l'assurance de mes sentiments d'ores et déjà dévoués.

PJ : Mon CV, ainsi qu'une enveloppe timbrée libellée à mon adresse.

Une seconde lettre

Le même travail est à réaliser sur la lettre pastiche suivante :

Messieurs,

Ayant lu votre annonce incarcérée dans Le Figaro, *que je lis tous les jours de la semaine, je me permets de vous recommander mon mari, pensant que le poste de représentant proposé est susceptible de lui convenir.*

Mon mari a en effet actuellement un travail, mais qui ne lui plaît pas (vieilles méthodes, patron paternaliste...). Certes, il ne possède aucune notion du métier de représentant, mais je m'engage à ce qu'il l'apprenne et je suis sûre qu'il pourra alors vous être d'une grande utilité et vous ouvrir de nouveaux horizons. Il est d'ailleurs très dynamique et s'adapte à toute situation en un temps record. J'ajouterai qu'il a fait son service militaire dans un bureau de répression des fraudes de la gendarmerie, ce qui lui donne déjà une grande connaissance des relations humaines, que ce soit avec un vulgaire contrebandier jusqu'au procureur de la République. Il mesure enfin 1,72 mètre. Il est, comme je l'espère pour vous, en excellente santé, et a une passion immodérée pour la pêche. À part cela, c'est un homme normal.

Je pense donc que c'est l'homme que vous recherchez désespérément, puisque tout cela, il le mettra à votre disposition. En contrepartie, je vous propose de lui affecter un logement de fonction plus grand que là où nous vivons (3 ou 4 pièces, selon vos possibilités, feraient l'affaire), ainsi qu'un salaire à la hauteur de ses ambitions et, dès réception de votre accord, je vous enverrai son CV.

Je vous prie d'agréer…

PS : J'allais oublier : nous possédons aussi deux voitures (alors que vous n'en demandez qu'une !).

Corrigé page 229

25. Êtes-vous assertif ?

♦ Dominique Chalvin, n° 41

Première partie : autodiagnostic

1) Répondez spontanément en mettant une croix correspondant à votre réponse dans la colonne :
— *plutôt vrai* : si vous pensez ou agissez de cette façon la plupart du temps ;
— *plutôt faux* : si vous ne faites ou ne pensez que rarement ce qui est décrit.

NB — Ne trichez pas avec vous-même. Cet exercice engage la suite de l'entraînement.

		Plutôt VRAI	Plutôt FAUX
1	Je dis souvent oui, alors que je voudrais dire non.		
2	Je défends mes droits, sans empiéter sur ceux des autres...		
3	Je préfère dissimuler ce que je pense ou ressens, si je ne connais pas bien la personne.		
4	Je suis plutôt autoritaire et décidé...		
5	Il est en général plus facile et habile d'agir par personne interposée que directement.		
6	Je ne crains pas de critiquer et de dire aux gens ce que je pense...		
7	Je n'ose pas refuser certaines tâches qui manifestement ne relèvent pas de mes attributions.		
8	Je ne crains pas de donner mon opinion, même en face d'interlocuteurs hostiles...		
9	Quand il y a un débat, je préfère me tenir en retrait pour voir comment cela va tourner.		
10	On me reproche parfois d'avoir l'esprit de contradiction.		
11	J'ai du mal à écouter les autres.		
12	Je m'arrange pour être dans les secrets des dieux ; cela m'a bien rendu service.		
13	On me considère en général comme assez malin et habile dans les relations.		
14	J'entretiens avec les autres des rapports fondés sur la confiance plutôt que sur la domination ou le calcul.		

		Plutôt VRAI	Plutôt FAUX
15	Je préfère ne pas demander de l'aide à un collègue ; il risquerait de penser que je ne suis pas compétent.		
16	Je suis timide et je me sens bloqué dès que je dois réaliser une action inhabituelle.		
17	On me dit « soupe au lait » ; je m'énerve et cela fait rire les autres.		
18	Je suis à l'aise dans les contacts « face à face ».		
19	Je joue assez souvent la comédie : comment faire autrement pour arriver à ses fins ?		
20	Je suis bavard et je coupe la parole aux autres sans m'en rendre compte à temps.		
21	J'ai de l'ambition et je suis prêt à faire ce qu'il faut pour arriver.		
22	Je sais en général qui il faut voir et quand il faut le voir : c'est important pour réussir.		
23	En cas de désaccord, je recherche les compromis réalistes sur la base des intérêts mutuels.		
24	Je préfère « jouer cartes sur table ».		
25	J'ai tendance à remettre à plus tard ce que je dois faire.		
26	Je laisse souvent un travail en train sans le terminer.		
27	En général, je me présente tel que je suis, sans dissimuler mes sentiments.		
28	Il en faut beaucoup pour m'intimider.		
29	Faire peur aux autres est souvent un bon moyen de prendre du pouvoir.		
30	Quand je me suis fait avoir une fois, je sais prendre ma revanche à l'occasion.		
31	Pour critiquer quelqu'un, il est efficace de lui reprocher de ne pas suivre ses propres principes. Il est forcément d'accord.		
32	Je sais tirer parti du système : je suis débrouillard.		
33	Je suis capable d'être moi-même, tout en continuant d'être accepté socialement.		
34	Quand je ne suis pas d'accord, j'ose le dire sans passion et je me fais entendre.		
35	J'ai le souci de ne pas importuner les autres.		
36	J'ai du mal à prendre parti et à choisir.		

		Plutôt VRAI	Plutôt FAUX
37	Je n'aime pas être la seule personne de mon avis dans un groupe : dans ce cas, je préfère me taire.		
38	Je n'ai pas peur de parler en public.		
39	La vie n'est que rapports de forces et lutte.		
40	Je n'ai pas peur de relever des défis dangereux et risqués.		
41	Créer des conflits peut être plus efficace que réduire les tensions.		
42	Jouer la franchise est un bon moyen pour mettre en confiance.		
43	Je sais écouter et je ne coupe pas la parole.		
44	Je mène jusqu'au bout ce que j'ai décidé de faire.		
45	Je n'ai pas peur d'exprimer mes sentiments tels que je les ressens.		
46	Je sais bien faire adhérer les gens et les amener à mes idées.		
47	Flatter tout un chacun reste encore un bon moyen d'obtenir ce que l'on veut.		
48	J'ai du mal à maîtriser mon temps de parole.		
49	Je sais manier l'ironie mordante.		
50	Je suis serviable et facile à vivre , parfois même je me fais un peu exploiter.		
51	J'aime mieux observer que participer.		
52	Je préfère être dans la coulisse qu'au premier rang.		
53	Je ne pense pas que la manipulation soit une solution efficace.		
54	Il ne faut pas annoncer trop vite ses intentions, c'est maladroit.		
55	Je choque souvent les gens par mes propos.		
56	Je préfère être loup plutôt qu'agneau.		
57	Manipuler les autres est souvent le seul moyen pratique pour obtenir ce que l'on veut.		
58	Je sais en général protester avec efficacité, sans agressivité excessive.		
59	Je trouve que les problèmes ne peuvent être vraiment résolus sans en chercher les causes profondes.		
60	Je n'aime pas me faire mal voir.		

2) Reportez-vous au corrigé et établissez votre diagramme (histogramme de vos attitudes).

Cet autodiagnostic (après établissement de votre diagramme) doit vous permettre de mieux définir ce que nous entendons par « attitude de fuite passive », « attitude agressive », « attitude de manipulation », et « attitude assertive ». En réfléchissant sur les conduites-réponses telles qu'elles sont ici classées (et en oubliant qu'elles correspondent à vos réponses personnelles), écrivez la formulation la plus complète possible que vous pouvez donner de chacune de ces quatre attitudes. Cette formulation sera générale et fera la synthèse abstraite des divers exemples donnés par chaque réponse concrète classée.

Deuxième partie : reconnaître les attitudes non assertives et les différencier des attitudes assertives

Information préalable. Vous avez défini les trois attitudes dans la première partie de cet exercice. Vous savez donc que :
— *l'attitude de fuite* est une attitude d'évitement qui peut être passive dans la soumission et l'acceptation forcée ou active dans la fuite proprement dite avec départ précipité, changement de conversation, la « victimisation » et les plaintes ;
— *l'attitude d'attaque* est une attitude d'agressivité défensive, de dévalorisation d'autrui, de violence ou d'ironie ;
— *l'attitude de manipulation* est celle qui consiste à manœuvrer dans l'insincérité pour impressionner autrui, le suggestionner, l'intimider, le soumettre par chantage, etc.

Voici 4 situations de la vie quotidienne où vous pourriez mettre à l'épreuve votre assertivité.

1. Demander la monnaie à un commerçant sans se répandre en excuses ou se croire obligé d'acheter quelque chose.
2. Commander un simple verre d'eau dans un café pas trop occupé.
3. Essayer des vêtements sans rien acheter.
4. Demander son chemin à un marchand de journaux.

Exercice :

Classer par ordre d'*assertiveness* décroissant les réponses ci-dessous, en présence d'un refus dans les situations 1, 2, 4.

1. Ne rien dire et s'en aller.
2. « Je ne vous demande pourtant pas la lune. »
3. « À votre place, j'aurais été plus aimable. »
4. « Vous n'aimez donc pas les clients ? »
5. « Vous venez de perdre un client. »
6. Regarder longuement dans les yeux le marchand et s'en aller sans mot dire.

7. « D'accord, merci. »
8. S'excuser et s'en aller.

Corrigé page 233

26. Les deux meilleurs hôtels du monde

♦ Jean-Paul Lavergne, n° 51

Vous êtes collaborateur d'une grande compagnie depuis plusieurs années. Pour ne pas vous scléroser dans la même activité vous avez demandé à changer de service et vous êtes nommé à partir du 1er octobre au service des Relations Extérieures pour tenir un poste où vous aurez beaucoup d'autonomie. En effet, vous aurez la charge des relations avec les hôtels dans lesquels la compagnie retient des chambres pour ses hôtes ; ce poste est nouvellement créé et c'est vous qui aurez à le mettre en route.

Vous avez pris vos vacances en septembre et vous rentrez le 5 octobre. Votre nouveau chef de service, Monsieur Martin, vous reçoit pour vous mettre au courant, il vous dit :

— qu'il a été prévu de ne retenir que deux hôtels que l'on occupera en permanence ;

— que votre premier travail est de choisir les deux meilleurs hôtels possibles pour :

• la meilleure satisfaction des hôtes,

• le minimum de difficultés de gestion (c'est vous qui aurez la charge de cette gestion par la suite),

• et, bien entendu, le moindre coût, mais ce critère n'est pas prépondérant ;

— qu'un certain nombre de documents vous attendent dans votre bureau ;

— qu'il est à votre disposition pour répondre aux questions que vous auriez à lui poser.

Martin dépend directement de Baron. La compagnie fabrique du matériel électronique et ses activités couvrent le monde entier. Le nouveau système doit entrer en vigueur à partir du 1er janvier prochain.

Vous trouvez sur votre bureau les documents qui suivent.

R.A. OLSON
IJP Europe

Le 2 octobre
M.........................
Service des relations extérieures

Cher Monsieur,

Ainsi que me l'a demandé votre Direction Générale Logistique, c'est à vous que j'adresse le résultat de mes démarches pour la recherche d'hôtels IJP susceptibles de passer avec votre compagnie un contrat décennal portant sur une trentaine de chambres à l'année en moyenne.

Voici les coordonnées des hôtels qui me paraissent convenir :

— GOLDEN ROLLS HOTEL
Miami Beach. Florida USA
Directeur M. Silberg.

— LAS ESTRELLAS
Mallorca-Baléares Espana
Directeur Sr Rojas.

Je vous propose de prendre directement contact avec les directions de ces hôtels pour négocier directement avec elles les termes des contrats que vous souhaitez conclure.

Dans l'espoir d'avoir pu vous être utile,

Je vous prie de recevoir, cher Monsieur, l'expression de mes sentiments dévoués.

R.A. Olson

IJP NASSAU INN
Bahamas

22 septembre

COMPAGNIE MULTINATIONALE D'ÉLECTRONIQUE
Paris

Messieurs,

Nous avons reçu vos propositions par l'intermédiaire de Monsieur Olson et nous vous faisons savoir que nous pouvons traiter avec des compagnies telles que la vôtre des contrats renouvelables annuellement, garantissant pour vous et pour nous un minimum de location de 30 chambres dans l'année avec une réduction d'un tiers sur les tarifs officiels ainsi que d'intéressantes conditions forfaitaires en ce qui concerne les consommations et les services annexes.

Nous serions heureux d'accueillir l'un de vos représentants afin de lui faire apprécier nos installations et le cas échéant déterminer avec lui les termes d'un accord.

Sincèrement vôtre,

B. Thompson,
Directeur

BRENNER GASTHAUS
Innsbrück

15 septembre

COMPAGNIE MULTINATIONALE D'ÉLECTRONIQUE
Paris

Messieurs,

Informés par la Direction Europe de IJP que vous recherchez des hôtels, nous vous signalons que nous sommes à votre disposition pour traiter une entente d'accueil de 30 à 50 personnes par jour tout au long de l'année au tarif préférentiel de 40 $ US par jour et par personne ; ce tarif correspond à tous les frais de séjour (logement, repas, petites consommations, téléphone sauf International).

Notre hôtel, qui dispose, bien entendu, de toutes les installations de confort de luxe est situé dans un cadre calme et unique au monde déjà apprécié par une vaste et fidèle clientèle privée et de grandes compagnies internationales.

Si notre offre vous intéresse, ayez l'obligeance de prendre contact avec nous au plus tôt afin de bénéficier de nos meilleures conditions possibles.

Veuillez accepter, Messieurs, l'expression de nos sentiments dévoués et respectueux.

G. Holzeier

Direction Générale Logistique

25 août

Destination : Tous services.

NOTE DE SERVICE

Depuis fort longtemps, notre compagnie est amenée à organiser des séjours à l'étranger, en hôtels de grand confort, pour des personnalités très diverses : clients, journalistes, responsables politiques, scientifiques, collaborateurs, lauréats de concours publicitaires, etc., et ce à des occasions variées : congrès, opérations de presse, journées d'étude, négociation, etc.

Le dépaysement dû au cadre exotique, les conditions particulières de confort sont des arguments implicites qui renforcent le prestige et l'image de marque internationale de notre compagnie.

Jusqu'à présent, ces séjours étaient organisés au coup par coup, à l'initiative des services concernés et le choix des hôtels laissé au jugement des responsables de ces services ou d'agences spécialisées.

Nous constatons que dans les années à venir il faudra compter que notre compagnie occupe en permanence une soixantaine de chambres en moyenne sur l'année. En conséquence et pour rationaliser la gestion de ces séjours, nous décidons deux mesures :

— conclure avec deux hôtels qu'il nous reste à déterminer au mieux, deux contrats de longue durée pour une réservation d'une trentaine de chambres et des services correspondants, à l'année ;

— confier la gestion de ces séjours, et en particulier les relations avec les hôtels, au service des relations extérieures. La responsabilité de cette gestion est confiée à M........... à compter du 1er octobre.

Le Directeur Général Logistique.

Direction Générale Logistique

20 août

Monsieur R.A. Olson
IJP Europe

Monsieur,

Suite à votre lettre du 13 août, je vous confirme notre accord pour la procédure que vous proposez.

Je vous demande d'adresser dorénavant votre correspondance à M............ du service des relations extérieures qui est chargé de la suite de l'affaire.

Je vous remercie de vos conseils et de votre aide.

Veuillez agréer, Monsieur, l'expression de mes meilleurs sentiments.

M. Baron,
Directeur Général Logistique.

R.A. OLSON
IJP Europe

13 août

Monsieur Baron,
Directeur Général Logistique

Monsieur le Directeur Général,

J'ai pris connaissance avec attention de votre lettre du 10 août dernier.

Les différents hôtels de notre chaîne sont habilités à passer des contrats individuellement avec leurs clients et c'est donc avec les deux hôtels que vous choisirez que vous aurez à traiter de façon définitive.

Je vous signale, à toutes fins utiles, l'existence d'un contrat qu'IJP a mis au point pour des cas semblables au vôtre : Il s'agit d'un engagement réciproque de dix ans sur un certain volume de clientèle qui garantit à nos clients des prix forfaitaires inférieurs de 30 % aux tarifs habituels. Bien entendu, chaque hôtel est libre de proposer des conditions différentes et cela peut se discuter.

Je vous propose, pour simplifier votre tâche, d'envoyer à tous nos établissements un appel d'offres et de vous transmettre la liste des hôtels intéressés entre lesquels vous pourrez faire votre choix.

Si cette proposition vous agrée, je vous prie de me le faire savoir. Dans l'attente de votre réponse, je vous prie de croire, Monsieur le Directeur Général, à l'assurance de ma dévouée considération.

R.A. Olson

Direction Générale Logistique

10 août,

JP Europe
Monsieur R.A. Olson

Monsieur,

Notre compagnie organise constamment des séjours en hôtel à l'étranger pour y recevoir les hôtes que nous désirons héberger dans des conditions agréables à l'occasion de congrès, rencontres, etc. Nous prévoyons que dans les années à venir nous aurons à réserver en permanence une soixantaine de chambres (chiffre moyen estimé) que nous souhaitons répartir entre deux lieux, de façon à peu près égale.

Je m'adresse donc à vous, connaissant la qualité de service des hôtels de votre chaîne, pour vous demander à quelles conditions notre compagnie pourrait passer contrat avec la vôtre pour répondre à nos besoins.

Dans l'attente de votre réponse, recevez Monsieur, mes salutations distinguées.

M. Baron,
Directeur Général Logistique.

Corrigé page 235

Corrigés de la deuxième partie

CORRIGÉ 1

Un des buts de l'exercice est de faire découvrir cette loi : « Lorsqu'un stimulus est imprécis et susceptible d'interprétations diverses, en même temps qu'il présente pour l'individu un intérêt potentiel déterminant son implication… un processus de structuration subjective est mis en jeu. Essentiellement ce processus consiste à organiser le stimulus flou de façon à ce qu'il *prenne un sens. S'appuyant sur quelques points électivement et immédiatement repérés dans la totalité du réel offert*, la conscience personnelle organise le tout en une configuration cohérente. La structuration significative est le reflet des intérêts et de l'expérience de l'individu, et des structures affectives personnelles. »

Dans le dessin, il y a deux possibilités de donner un sens global à partir de détails différents fixés à la première inspection. C'est le processus de l'organisation perceptive et de la certitude de l'opinion subséquente, qu'il s'agit de voir ici à l'œuvre.

En ce qui concerne l'extension des résultats de cette expérience à la compréhension du phénomène *opinion*, on peut dire que *le fait* sur lequel porte l'opinion, fait qui paraît à première vue une donnée du monde extérieur et par conséquent une réalité s'offrant à l'individu, *n'est pas un fait* mais une perception. Cette perception est déjà orientée par le système de références préférentiel du sujet. Autrement dit, percevoir le fait, c'est avoir une opinion sur le fait. L'angle sous lequel on perçoit est porteur *a priori* de valeurs intervenant comme facteurs d'organisation de la perception et de sélectivité de l'attention.

Après cette expérience, on ne peut plus dire que « l'on se forme une opinion après avoir pris connaissance d'un fait », on doit dire « la connaissance que nous prenons d'un fait est préformée (et déjà déformée) par le système de valeurs personnelles et les attitudes que nous avons *a priori* ».

CORRIGÉ 2

1. Lois par expérience :

a) L'attention, même alertée par la situation d'épreuve de l'attention, est sélective. Cette sélectivité est individuelle dans ses modalités de sélection, et est relative aux intérêts personnels. Ce qui ne tombe pas sous le projecteur de l'intérêt est non perçu. L'interrogatoire en situation d'être jugé augmente le doute sur ses propres perceptions (par évitement du jugement et défense sociale, mais aussi par reconnaissance intérieure des « trous »). La suggestion de l'enquêteur a un effet non nul sur la perception du témoin.

L'oubli est géométriquement proportionnel au temps et inversement proportionnel à l'intérêt (puisqu'on se rappelle quelque chose et que par la loi précédente, la fixation est proportionnelle à l'intérêt).

b) La distraction par rapport à des données « objectives » habituellement présentes empêche la fixation (inverse de la loi précédente où l'attention centrée rend imperceptible le reste du champ). La connaissance objective des détails d'un lieu n'est pas proportionnelle à la familiarité globale de ce lieu. Le nombre des témoignages concordants ne peut en aucune façon devenir une preuve de validité du contenu du témoignage[1]. Dans l'évaluation des grandeurs, il y a tendance à surévaluer les petites et à sous-évaluer les grandes.

c) La perception d'un fait s'accompagnant d'émotion (quelle que soit la tonalité de l'émotion : jubilation ou indignation, peur ou colère, partialité pour ou partialité contre) est particulièrement distordue. La confrontation entre le fait objectif et le fait-perçu-sous-émotion prouve que cette distorsion fait plus de 50 % de la perception. Des stéréotypes interviennent massivement dans cette forme de distorsion. Le délai entre la perception et le rapport d'observation accentue les distorsions et dans le même sens.

2. **Autres biais de toute perception :** simultanéité ou succession d'éléments (influence des contextes) ; « rectification » de la perception par un savoir antérieur ou par une logique implicite ou par résistance à la dissonance cognitive ; projection d'impressions personnelles, de complexes, de réactions plus ou moins névrotiques, allant de la simple interprétation subjective du sens jusqu'à l'hallucination non reconnue ; idée *a priori* sur ce que l'on « doit » voir, expectation de certains faits, attitudes pré-perceptives, influence des consignes ;... influence des modes de pensée culturels ou groupaux, des « manières de voir » typiques d'une École ou d'une « chapelle » idéologique ; etc.

CORRIGÉ 3

1) Vous avez sans doute répondu qu'il s'agissait d'un cercle, ce qui n'est pas vraiment le cas puisqu'il manque une partie de la figure. Mais vous avez complété ce cercle partiel parce que sa forme *(Gestalt)* vous est tellement familière que vous la reconnaissez même si elle est amputée.

2) La plupart du temps on ne voit pas que le mot *la* est répété deux fois. Cela parce que l'on perçoit d'abord un ensemble et qu'on ne cherche pas à déchiffrer la phrase mais à lui donner un sens.

3) Vous avez sûrement identifié le mot *éléphant* à cause de sa silhouette caractéristique. Car on reconnaît les mots « à leur gréement » comme dit Alain. C'est ce qui explique à la fois qu'on ait du mal à reconnaître un mot très mal orthographié *(aurtografiay)* mais qu'on soit par contre insensible à une faute de frappe bénigne que l'on rectifie généralement de *soi-même* comme on dit...

4) Vous avez sûrement répondu que la figure du milieu représentait B dans la première ligne et 13 dans la seconde. Or cette figure est *identique* dans les

1. C'est ainsi que des milliers de personnes, au Moyen Âge, ont pu déclarer avoir vu le Diable et avoir eu avec lui des conversations. Le monstre du Loch Ness et les soucoupes volantes sont aujourd'hui l'objet de témoignages multiples.

deux lignes. Il faut donc en conclure que nous interprétons ce que nous voyons à partir du *contexte* dans lequel se trouve l'objet. Ainsi, la même figure est perçue comme la lettre B si elle est précédée et suivie des lettres A et C, et comme le chiffre 13 si elle est précédée et suivie des chiffres 12 et 14.

5) Le titre de cet article a subi diverses altérations : parasites, perte de contraste, destruction de parties, chevauchement, superposition... Son intelligibilité et la redondance de son message ont donc fortement diminué. Mais la plus grande partie en subsiste néanmoins car une *forme* résiste à la distorsion et au *bruit*[1]. On peut donc encore arriver à lire « La réussite de l'entreprise dépend de sa capacité à innover. C'est le message fort des trois journées de Niort ».

CORRIGÉ 4

1) Voilà ce que pourrait donner le texte reconstitué.

« Demain vous *irez* aux urnes pour *élire* celui qui sera votre *représentant* ! Et à qui allez-vous *accorder* votre voix ? À un quelconque *individu* qui ne *voit* pas plus loin que le bout de son *nez* ?

Non ! Il vous faut un *homme* fort sur qui vous puissiez *compter* sans *hésiter* ! Et je suis cet *homme* ! Certains — que je ne *nommerai* pas ici — *prétendront* que je ne *cherche* que les honneurs ! Ce n'est pas *vrai* ! C'est votre *bien-être* à tous que je veux et je me *battrai* jusqu'à la *mort* s'il le faut pour que la *prospérité* règne dans nos *villages* ! Et ce que je *promets,* je le *tiendrai* ! ! *Réussir,* voilà ma devise ! C'est pourquoi, tous ensemble, la *main* dans la *main,* vous voterez pour moi ! »

Il manquait environ 20 % de ce discours, c'est-à-dire à peu près un mot sur cinq. Et pourtant vous en avez sans doute compris l'essentiel. Ce qui vous a permis de deviner les mots manquants, c'est toute une série d'indices sur lesquels vous vous êtes appuyé(e) pour faire des hypothèses continuelles sur le sens du texte. Vous avez été aidé(e) en particulier par la structure des phrases, les règles de la syntaxe française, le contexte général, votre souci de rendre ce discours cohérent, votre expérience de la réalité, vos références culturelles et même la connaissance de cette sagesse des nations que véhiculent des proverbes connus de tous comme par exemple : « Ne vous *schtroumpfez* pas aux apparences ! Qui *schtroumpfe* bien, châtie bien ! Dura *schtroumpf,* sed *schtroumpf* ! » etc. (proverbes tirés de l'album *La schtroumpfette*).

2) Les trois définitions concernent l'*escargot*, le *papillon* et la *bougie.*

Ici, plus encore que la correction syntaxique, c'est la cohérence sémantique que doit rechercher le lecteur en essayant de rendre toutes les informations compatibles entre elles. Ainsi, qu'est-ce qui peut à la fois *s'incliner* et *se noyer* ? Et en quel sens faut-il prendre le mot *assiette* ? Qu'est-ce qui est

1. **Bruit** : Toute perturbation de la transmission de l'information dans un système de communication. Un bruit peut être un parasite aussi bien qu'une information surajoutée.

commun à une *allumette,* un *voilier* et un *pétale* ? Et en quoi cela est-ce à la fois *minuscule* et *superfétatoire* ? En quoi le rapprochement d'*escarbilles* et de *go on* est-il significatif (*escar/go* !) ? Et comment peut-on à la fois *avancer* et *être collé* ? De la sorte, le lecteur met en place une démarche inférentielle qui élimine automatiquement toutes les hypothèses inconciliables entre elles et tient compte du moindre indice pour avancer une solution. Par exemple le genre des pronoms qui représentent les mots recherchés (*ils, il* et *elle*) ou encore le titre même du recueil de poèmes (où il est question de *choses*) constituent des éléments d'information non négligeables.

CORRIGÉ 5

Le texte destiné aux enfants est évidemment plus facile à lire.

La difficulté du premier texte tient à plusieurs facteurs :

— abstraction *(la bassesse de la bouche, la matité du regard ou l'aridité du front)* ;
— vocabulaire recherché *(matité, disgrâce, recru, rémanent)* ;
— allusion mythologique *(Narcisse d'un genre nouveau)* ;
— enchâssement *(C'était vainement qu'il cherchait dans la bassesse de la bouche ou l'aridité du front – ces défauts qu'il se connaissait depuis toujours – l'explication de la disgrâce)* ;
— construction syntaxique peu fréquente *(Un homme que vient de quitter quelqu'un : son visage garde quelque temps une vivacité rémanente)* ;
— définition/conceptualisation *(Notre visage est cette partie de notre chair que modèle et remodèle la présence de nos semblables)* ;
— discours intérieur *(« Un visage éteint. Un degré d'extinction sans doute jamais atteint. » Robinson avait prononcé ces mots à haute voix).*

Le second se caractérise par contre par des phrases relativement courtes, de nombreux mots de liaison *(pourtant, en somme, tout de même, là, et... et, ainsi)* et une personnalisation continuelle de l'histoire avec un personnage principal (Robinson) qui est relayé tout au long du texte par le pronom *il (il n'avait pas tellement changé, il essaya de sourire, il avait beau se forcer, il avait l'impression, et il continuait, etc.).*

CORRIGÉ 6

Pour plus de commodité, les exemples permettant d'illustrer la première application ont été insérés avec chaque critère. Concernant la seconde application, voici un exemple d'analyse visuelle de bannière.

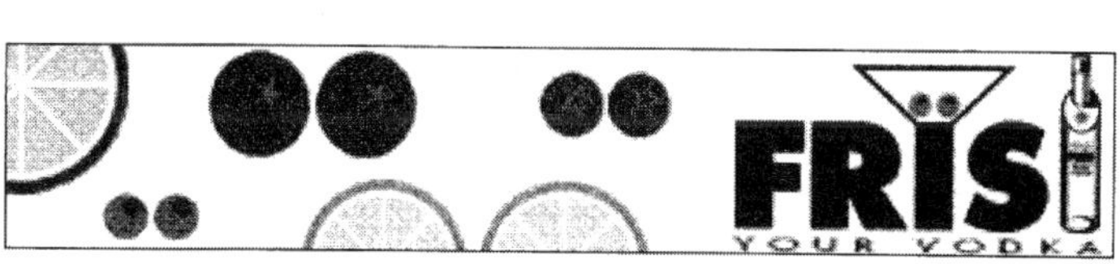

La densité de l'espace visuel est modérée (rapport blanc-masses graphiques), ce qui confère à chaque objet visuel une saillance et une netteté remarquables.

Les contrastes sont utilisés avec modération, ce qui mettra en exergue l'accroche produit « FRIS », subtilement enchevêtrée avec un verre à vodka. Les fruits élégamment stylisés apparaissent en tons chauds et saturés (ancrage sensoriel), la partie gauche de la vignette contraste ainsi avec la zone monochrome noir sur blanc de l'accroche-slogan. La répartition des couleurs s'élabore selon des règles d'intelligence chromatique (homogénéité, contraste soigneusement dosé) plutôt qu'en fonction de combinaisons aléatoires qui pourraient sacrifier l'esthétique à l'impulsion du moment.

Le circuit prévisible de circulation du sens se décline aisément de la gauche vers la droite, soutenu par l'impression de mouvement des formes sphériques, telles des bulles qui dégringolent avec légèreté et allégresse. Le design typographique de la marque est étayé par une police design au corps très généreux, et l'accroche-marque constitue un puissant foyer d'attention vers la droite (point de clôture du récit). Elle entretient par sa force visuelle une tension avec les éléments narratifs.

CORRIGÉ 7

Reportez vos notes en face de chaque item, puis faites un total par colonne.

Échelle d'évaluation

PROFIL A	*PROFIL B*	*PROFIL C*
1.	2.	3. ....
5.	4.	6. ....
9.	8.	7. ....
12.	10.	11. ....
13.	14.	15. ....
17.	16.	18. ....
21.	20.	19. ....
24.	22.	23. ....
25.	26.	27. ....
30.	29.	28. ....
33.	31.	32. ....
34.	35.	36. ....
39.	37.	38. ....
42.	41.	40. ....
44.	43.	45. ....
46.	47.	48. ....
50.	49.	51. ....
52.	53.	54. ....
57.	55.	56. ....
58.	59.	60. ....
61.	62.	63. ....
64.	65.	66. ....
67.	68.	69. ....
Total :	Total :	Total :

Profil A : Les branchés

Si vous obtenez un *maximum* de points dans la première colonne : vous êtes le genre de personne active, proche de votre entourage, en recherche de stimulation physique et intellectuelle. Vous prenez soin de votre corps et de votre esprit. Votre mémoire est dépendante de votre éveil sensoriel et de votre vécu affectif. Reste à vous interroger sur la fréquence des comportements que vous avez relevés et surtout sur le contrôle que vous en avez... En d'autres termes, ne courez-vous pas le risque parfois d'oublier pour cause d'émotions trop fortes ou de passions excessives ?

Interrogez-vous aussi sur la fiabilité à terme de ces comportements mnémoniques. Se suffisent-ils en eux-mêmes pour une bonne mémoire ?

Si vous obtenez un *minimum* de points dans la première colonne : les comportements suggérés dans ces questions sont nécessaires mais pas suffisants pour une bonne mémoire. Néanmoins, interrogez-vous sur votre disponibilité aux autres et à vous-même, sur votre degré d'éveil et d'implication en ce monde. Puis, passez aux commentaires suivants qui vous permettront de faire un diagnostic plus complet.

Profil B : Les besogneux

Si vous obtenez un *maximum* de points dans la deuxième colonne : vous ne mémorisez qu'à condition de vous être approprié par la pratique, la reformulation écrite ou orale, par ordre et méthode. C'est en vous organisant que vous rendez votre mémoire fiable. Laissez-vous suffisamment de place à votre sensibilité et à votre imagination ? Combien de temps consacrez-vous au repos de votre esprit et de votre corps ?

Si vous obtenez un *minimum* de points dans la deuxième colonne : les comportements suggérés dans ces questions sont rarement le fruit de tendances naturelles mais bien plutôt d'une éducation de la mémoire. Il n'est pas sûr que vous ayez vraiment su cultiver votre mémoire.

Cette qualité se travaille et s'organise comme toute autre. Et si vous faisiez un effort ?

Profil C : Les acharnés

Si vous obtenez un *maximum* de points dans la troisième colonne : vous avez observé que tout contenu connaît une déperdition et vous en avez tiré des enseignements. C'est ainsi que vous prenez soin de rafraîchir régulièrement votre mémoire. Toute occasion vous est bonne pour rajeunir vos souvenirs et vous livrer à une gymnastique mentale. Certes, ces comportements exigent parfois de la discipline et de l'effort. Vous sont-ils alors agréables ? Avez-vous choisi d'adopter les comportements les plus proches de vos tendances naturelles ? Comment vous situez-vous par rapport aux profils A et B ?

Si vous obtenez un *minimum* de points dans la troisième colonne : que vous reste-t-il un mois après ? Ne vous arrive-t-il pas trop souvent de vous souvenir que vous avez aimé sans pouvoir dire de quoi il s'agissait précisément ?

Bilan

En fait, la mémoire est un système. Ce système fonctionnera d'autant mieux que chacun prendra en charge ce qu'il veut mémoriser pour se l'approprier consciemment et l'entretenir. En somme, le secret d'une bonne mémoire est plutôt dans la complémentarité des profils A, B et C. Sans excès de l'un sur l'autre.

À vous de décider si votre profil mnémonique, tout compte fait, vous satisfait : dans ce cas, il ne vous reste qu'à tirer le meilleur profit de vos tendances naturelles En revanche, si vous souhaitez améliorer les performances de votre mémoire, vous pouvez l'éduquer.

CORRIGÉ 8

Petites annonces

— Annonce n° 1 : hémisphère droit (CoD).
— Annonce n° 2 : hémisphère gauche (LiD).
— Annonce n° 3 : hémisphère gauche (CoG).
— Annonce n° 4 : hémisphère droit (LiG).

Les affaires courantes

CoG
— Rassemble les faits.
— Analyse les éventualités.
— Résout les problèmes logiquement.
— Discute rationnellement.
— Mesure avec précision.
— Comprend les éléments techniques.
— Considère les aspects financiers.

CoD
— « Voit » les signes de changement.
— Voit grand.
— Reconnaît les nouvelles possibilités.
— Accepte l'ambiguïté.
— Intègre idées et concepts.
— Contourne les politiques établies.
— Synthétise des éléments disparates en un fait nouveau.
— Invente des solutions d'avant-garde.
— Résout les problèmes intuitivement.

LiG
— Trouve des défauts cachés.
— Aborde les problèmes de façon pratique.
— Tient bon sur ses positions.
— Esprit de suite.

— Montre un leadership stable et une supervision constante.
— Lit les « petites lettres » des documents.
— Organise les données de base.
— En garde trace.
— Établit plans et procédures détaillées.
— Met en œuvre des projets selon le calendrier ou des horaires précis.
— Planifie méthodiquement.
— Se soucie des dossiers financiers.

LiD
— Reconnaît les difficultés inter-personnelles.
— Devine les réactions des autres, les prévoit.
— Comprend intuitivement les sentiments des autres.
— Saisit les signes non verbaux des problèmes inter-personnels.
— Communication empathique.
— Crée l'enthousiasme.
— Persuade.
— Enseigne.
— Concilie.
— Comprend les éléments émotionnels.
— Considère, estime les valeurs.

CORRIGÉ 9

Le plan de journée de Lucien Brillant révèle cinq erreurs qui risquent de l'exposer à perdre la maîtrise de son temps.

1. Non-fixation de la durée de ses activités

Il ne s'agit pas seulement de fixer des rendez-vous mais aussi d'indiquer la durée qu'on estime devoir leur consacrer ou qu'on aura pris soin de connaître en s'informant auprès de son interlocuteur, voire en la décidant en accord avec ce dernier. Car il y a un double risque à fixer des durées de façon arbltralre :

1. On peut découvrir trop tard que l'interlocuteur n'avait pas envisagé de passer le même temps sur cette activité et tomber dans quelques difficultés relationnelles ;

2. On est plus exposé à perdre le contrôle de l'entretien lorsqu'on ne s'est pas imposé une durée limite et l'on risque ainsi d'y passer beaucoup plus de temps que nécessaire.

2. Non-prise en compte des temps de passage d'une activité à une autre

Nous sous-estimons ce genre de durées de façon chronique. À passer d'une activité à une autre à un rythme trop rapide, nous faisons l'impasse sur les bénéfices à retirer des bilans partiels en cours d'action. En fin d'entretien ou de réunion, on mesurera l'intérêt de « verrouiller » les réflexions en relisant ses notes, en les complétant, en laissant l'esprit vagabonder quelques instants supplémentaires pour stimuler toutes les associations possibles en projection sur l'avenir. Il peut en être de même pour un coup de téléphone ou la revue de presse.

3. Pas de « plages libres » suffisantes, donc mauvais équilibre occupé/disponible ou variété/continuité

Les activités dont l'horaire précis est prévu à l'avance doivent être réparties au cours de la journée, de façon à laisser libres de nombreuses périodes. Le manager évolue dans un environnement dynamique et les activités qu'il initie en cours de journée ont la plupart du temps des retombées immédiates qu'il devra suivre en grande partie dans cette même journée : recevoir des « communications instantanées » de ses collaborateurs, résoudre des situations de crise, répondre aux coups de téléphone.

Une journée remplie exclusivement d'entretiens est fatigante parce que le manager n'y trouve plus le temps de la réflexion, de la prise de recul nécessaire au maintien d'un bon rendement.

Il est également plus efficace de tenir compte de ses propres rythmes pour équilibrer le matin et l'après-midi. Si le manager est plus performant le matin, son intérêt est de programmer les activités qui exigent une forte concentration le matin pour laisser l'après-midi aux activités à caractère social par exemple.

4. Plusieurs activités majeures programmées en parallèle

(Téléphoner à Martin en priorité pendant qu'il est retenu en réunion.)

La dispersion et la course-poursuite après le temps proviennent souvent d'une obstination à vouloir faire en même temps plusieurs activités d'égale importance. L'exemple type en est l'entretien avec le collaborateur, le fournisseur ou le client pendant lequel on laissera le téléphone sonner, puis empiéter sur l'échange de face à face puisque, invariablement, on décrochera pour traiter le problème se présentant. Résultat, un entretien qui dure deux ou trois fois plus longtemps, une concentration personnelle en sous-optimum, donc un risque accru de contresens faute d'une écoute totale et des interlocuteurs frustrés en face ou à l'autre bout du fil ; car il est autant désagréable de s'entendre dire « excusez-moi : je dois répondre au téléphone » que « excusez-moi, je suis en entretien, je ne peux pas vous parler plus longtemps ». Finalement, il n'est pas si loin le temps où l'on écoutait le cours de géographie tout en révisant ses exercices de mathématiques pour l'interrogation écrite de l'heure suivante. Marché de dupes, parce qu'ensuite, pendant le cours de musique, il fallait bien se mettre à recopier le cours de géographie dont on n'avait pu prendre que quelques bribes informes.

Certes, notre cerveau est capable de contrôler au moins deux activités en même temps, mais à condition que l'une requière moins d'attention que l'autre parce qu'elle aura un caractère banal ou automatique. Exemple : classer des documents étiquetés dans les dossiers correspondants tout en ayant une conversation au téléphone qui reste, toutefois, sereine.

5. Ajouter à la dernière minute des activités dans son plan de journée

Ce réflexe n'est pas en soi dangereux. Il ne le devient que lorsqu'il s'accompagne d'un manque de plages disponibles. Car si le plan de journée établi est déjà tellement compact, les activités qui viennent s'ajouter s'imposent en surcharge ou en concurrence des autres. Cet effet concurrentiel condamne le manager à la peur chronique de ne pouvoir arriver à accomplir tout ce qu'il a prévu de faire dans sa journée. Cela ne manquant pas d'arriver bien évidemment, les jours passent et les reports au lendemain s'accumulent, complexifiant la vie sociale, augmentant la dose d'anxiété personnelle, installant un état de stress chronique à l'origine des baisses de performance.

Les ajouts de dernière minute ne peuvent donc trouver place dans le plan de journée qu'après avoir vérifié que la marge de manœuvre qu'on aura pris soin de laisser auparavant pourra les absorber sans risque : vérifier leur degré d'importance, d'urgence, leur durée estimée. Et, si nécessaire, savoir négocier pour obtenir un délai.

Plus délicate est la situation de l'ajout de dernière minute résultant d'un oubli quand un engagement est pris. L'engagement a ceci de puissant psychologiquement que, lorsqu'il est pris, il nous condamne à le respecter sous peine de nous renier, ce que nous supportons difficilement. Nous préférons donc les complications de dernière minute plutôt que de revenir sur notre parole. Il y a au moins deux raisons pour lesquelles un engagement pris sera oublié. D'abord, les engagements auxquels on succombe sous la pression émotionnelle de son interlocuteur : le conjoint, les enfants, le collaborateur « à la dérive »... Engagement à haut risque d'oubli, car extorqué sans consentement authentique. Ensuite, les engagements à la « va vite » auxquels on se laisse prendre « entre deux portes ». Ceux là font courir le risque du « vase trop plein ». Il est déjà trop tard lorsqu'on s'aperçoit qu'on a dit oui, alors qu'il aurait été plus judicieux de dire non, vu la charge de travail déjà trop importante qui se profile à l'horizon. Il est préférable de se méfier des contextes informels : ne jamais rien accepter dans un couloir, ne pas fonder sa stratégie sur l'euphorie ambiante.

CORRIGÉ 10

Si vous avez plus de 6 réponses positives, votre projection dans l'avenir est déjà correcte. En dessous de 5, prenez le temps de revenir sur ces points pour prévenir plutôt que guérir.

CORRIGÉ 11

Malgré un plan de journée erroné, Lucien Brillant pourrait réagir judicieusement en cours de journée, ce qui lui éviterait le dérapage répétitif. À ce stade d'enchaînement rapide des événements, propre à la dynamique du passage à l'acte, on parlera des réflexes rapides d'adaptation qu'il est utile d'avoir.

1. Prendre un maximum de précautions pratiques

« Le monde appartient aux gens qui se lèvent tôt. » Lucien Brillant aurait pu mieux faire sur ce point, compte tenu des risques courus : une voiture capricieuse et un garage qui n'a pas qu'une seule voiture à réceptionner.

Nous reculons souvent devant le degré de pénibilité que contiennent les précautions pratiques : partir plus tôt au cas où ça ne marcherait pas, acheter une réserve de tickets pour le cas où l'on en aurait besoin, avoir des timbres sur soi au cas où... faire le plein d'essence alors qu'il en reste au cas où, quand il n'en restera plus, il n'y aurait pas de station sur son chemin ou qu'on risquerait de prendre du retard à s'arrêter... Alors, il n'y a qu'un seul moyen pour surmonter son manque d'enthousiasme, c'est de penser au caractère encore bien plus pénible des complications qui s'ensuivront si on capitule devant ce genre de précautions.

2. Savoir instantanément ce qu'on est prêt à « sacrifier » si la machine s'emballe

Lorsqu'on est déjà très en retard, il arrive un moment où persévérer dans sa course-poursuite après le temps perd entièrement de son sens. Certes, Lucien Brillant sera finalement présent à la réunion mais à quel prix ? Sans ses documents pourra-t-il participer au mieux à cette réunion ? Sans les documents, cela avait-il un sens qu'il soit présent ? L'esprit préoccupé par son coup de téléphone qu'il ne pourra pas donner avant la fin de la réunion, aura-t-il été attentif aux échanges ? Finalement, aurait-il vraiment pris plus de risques à ne pas assister du tout à la réunion ?

Connaître ses objectifs, ses priorités, déterminer l'importance à accorder aux événements qui nous assaillent. Savoir annuler, baisser les bras et en assumer les retombées est parfois plus efficace au total que de s'obstiner et de s'épuiser à vouloir infléchir le cours de certains événements. Pour cela, il est utile d'avoir présentes à l'esprit deux questions clés : qu'est-ce que je risque si je ne le fais pas ? ; qu'est-ce que je suis prêt à sacrifier ?

3. Annuler et reporter les rendez-vous qui risquent d'être écourtés avant leur terme

Au cours d'une journée, l'enchaînement des événements peut conduire à certains débordements de durée. Si la marge de manœuvre prévue à cet effet est suffisante, les débordements sont absorbés. Mais il peut arriver qu'on prenne du retard qui s'accumulera, sans absorption possible, en raison de la nature même des rendez-vous qui sont pris à heure fixe et qui engagent l'emploi du temps de deux personnes au moins. Or le croisement des emplois du temps chargés de chacun rend impossible le glissement systématique sans se heurter à un moment ou à un autre au butoir des rendez-vous ultérieurs respectifs. Il faut savoir résister à la tentation de se voir « cinq minutes quand même » qui ne seront pas rentables et n'apporteront pas la solution à l'anxiété passagère. Car, comme l'a énoncé le sociologue Zeigarnik, ayant tendance à nous rappeler beaucoup mieux les tâches interrompues ou non accomplies que celles menées à bien, le souvenir des projets qu'on ne trouve plus le temps de terminer nous poursuit beaucoup plus que celui des projets réalisés et nous culpabilise.

4. Faire des bilans partiels d'avancement de la journée en cours de route

Plus un plan de journée sera constitué d'une multitude d'activités différentes qui se succéderont à un rythme rapide, plus il sera utile de garder son plan de journée à portée de vue. On pourra ainsi vérifier, aisément et rapidement, à tout instant, où en est la cohérence du déroulement. Le but est de disposer d'un critère d'appréciation spontanée de la distribution du jeu : téléphoner par exemple au garage pour vérifier si la voiture sera prête afin d'être en mesure d'annuler un rendez-vous ou d'accepter de poursuivre en bonne connaissance de cause.

CORRIGÉ 12

Les réflexes qui ont prévalu à l'organisation de la journée sont transposables ici. Pour cette raison, seuls quelques commentaires seront faits concernant les aspects importants. La nuance à prendre en compte est la notion d'urgence : si c'est *Urgent* pour la journée, c'est à faire aujourd'hui même, alors que pour la quinzaine, c'est à réaliser dans les premiers jours. Le *non-Urgent* pour la journée est à faire demain ou après-demain alors que pour la quinzaine, ce sera à réaliser dans les derniers jours ou même en troisième semaine, sauf date butoir inscrite dans la colonne. Ce qui laisse comprendre que le tableau de quinzaine peut recevoir sans dommage toutes les tâches à effectuer jusqu'à échéance d'un mois.

Encore une fois rappelons que c'est le mécanisme mental qui compte plus que l'adhésion aux supports. Si vous optez pour des organiseurs électroniques ou des logiciels de travail en commun, considérant que c'est l'avenir, avec mise en réseau des emplois du temps, ces réflexes de gestion vous seront précieux pour profiter du meilleur sans endurer le pire.

Les remarques spontanées de la part des participants en sous-groupes de travail au démarrage de l'exercice sont :

« Nous n'avons jamais une liste de tâches aussi longue même en période de débordement! »

Réponse : Exact, et ceci pour deux raisons :

1) Les tâches arrivent au fur et à mesure au cours de la journée. L'exercice vous permet, justement, de vous rapprocher de cette réalité, en statuant sur chaque tâche, ligne après ligne, et en l'inscrivant sur un support, comme si elle surgissait dans votre flux d'activités.

Mais avant cela, vous devez anticiper (réponse à la quatrième faille) en vous projetant très loin dans le futur pour bloquer d'ores et déjà sur votre planning toutes les dates et temps nécessaires aux projets fondamentaux. C'est en fonction du solde de budget-temps que vous gérerez le reste. Le superflu disparaîtra presque naturellement. De façon délibérée, de nombreuses petites tâches sans grand enjeu font partie de la liste et doivent être gérées avec promptitude pour ne pas brouiller les grandes priorités.

2) Le nombre de supports à informer n'est-il pas trop important ?

En acceptant les impasses habituelles d'un des trois facteurs CT/MT/LT qui concrétisent notre réalité, nous nous simplifions le travail d'écriture mais compliquons notre temps. Dans un agenda-classeur ce ne sont que trois feuillets intercalés à côté du planning annuel qu'il faut remplir. Sur un système informatique ou un support électronique il faudrait renseigner pareillement des plannings journaliers, (autant que de jours) des listes de tâches à faire et un planning général.

Les erreurs les plus fréquentes dans la planification à CT/MT/LT sont les suivantes :

– *Se laisser piéger par les broutilles*

(les rendez-vous à court terme par exemple) et ne pas bloquer sur le planning général toutes les journées sur le LT.

– *Essayer de tout lire en détail pour constituer un puzzle irréaliste*

Au point de se perdre et de se décourager par l'ampleur de la charge alors qu'il suffit de repérer rapidement les « risques majeurs » (gros projets, dates bloquées sur le LT) comme préconisé dans la fiche conseils fournie avec la simulation.

– *Inscrire le MR 22 (gros projet occupant dix jours) sur la fiche mémoire au lieu de planifier des journées entières pour s'y consacrer pleinement*

Cette erreur courante et flagrante est le moyen le plus sûr pour se retrouver « surpris » et ne pouvoir sortir du cercle vicieux par une anticipation avertie.

– *Se précipiter à écrire les tâches, ligne après ligne, sur l'un des supports (première faille) sans se projeter dans l'avenir (quatrième faille).* Or c'est l'inverse qu'il faut faire : visualiser le temps qui reste sur le planning et traiter les autres tâches en conséquence.

Quelques commentaires

a) Planning

Bloquez les dates de congés, formation, conférence et séjour de langue anglaise puis reportez à la page correspondante de l'agenda les informations précises. Planifiez ensuite le MR22 (10 jours) et le Gros Dossier (4 jours). Réservez des journées entières sur le planning. Une programmation par demi-journée serait inefficace : la plupart des personnes préfèrent des séquences de deux jours pour le MR22, d'une journée pour le G.D. Vérifier que l'échéance est bien impérative. Tout s'agite autour de vous et la bonne nouvelle peut arriver : la date butoir du MR22 est décalée de quinze jours ! Fixez les rendez-vous. Votre planning général déjà bien chargé vous persuade que la crise sera là si vous ne prenez pas quelques décisions immédiates car il vous faut penser aux imprévus et aux crises du temps (fatigue, baisse de dynamisme…) : déclinez l'offre de l'article de journal, laissez tomber certaines tâches, déléguez à un collègue l'intervention d'un jour et demi, évitez les réunions qui ne s'imposent pas. On ne sait pas dire non tant qu'on n'agence pas les plages d'occupation !

2	Janvier (01)	Février (02)	Mars (03)		Avril (04)	Mai (05)	Juin (06)
0 0 0	Dominante®	Dominante	Dominante		Dominante	Dominante	Dominante
1	S Nouvel an	M MR 22	M	1	S	L Fête du travail	J Ascension
2	D Épiphanie	M R. SUP.	J	2	D	M *18*	V
3	L *1*	J	V	3	L *14*	M	S
4	M	V	S	4	M	J	D
5	M	S	D Fête des Grands-Mères	5	M	V	L *23*
6	J	D	L *11*	6	J	S	M
7	V	L *6*	M Mardi-Gras	7	V	D	M Informatique
8	S	M MR 22	M Cendres	8	S	L Victoire 1945	J Informatique
9	D	M MR 22	J	9	D	M *19*	V
10	L *2*	J	V	10	L *15*	M	S
11	M	V	S	11	M	J	D Pentecôte
12	M	S	D	12	M	V	L de Pentecôte
13	J	D	L *12*	13	J	S	M *24*
14	V RECAMO	L *7*	M	14	V	D	M
15	S	M GD	M *Congés*	15	S	L Négocier *20*	J
16	D	M	J	16	D Rameaux	M Négocier	V
17	L *3*	J MR 22	V	175	L *16*	M Négocier	S
18	M GD	V MR 22	S	18	M	J	D
19	M	S	D	19	M T14	V	L *25*
20	J	D	L *12*	20	J T14	S	M
21	V SGL	L *8*	M	21	V Vendredi Saint	D	M
22	S	M	M Confé-	22	S	L *21*	J
23	D	M MR 22	J rence	23	D Pâques	M	V
24	L GD *4*	J MR 22	V	24	L de Pâques *17*	M	S
25	M	V	S	25	M	J	D
26	M FT	S	D	26	M	V	L *26*
27	J GD	D	L *13*	27	J Londres	S	M
28	V MR 22 Pot	L *9*	M	28	V	D Fêtes des Mères	M Asie
29	S	M	M MR 22	29	S	L *22*	J
30	D		J MR 22	30	D	M	V
31	L *5*		V	31		M	

b) Plan de journée

Le temps disponible est de 4 h 30 sur l'échelle de temps après calculs rapides réalisés d'un coup de crayon. Les tâches inscrites en UI sont déjà évaluées à 5 heures sans compter les imprévus. Certaines durées mal évaluées, en plus ou en moins, vont se compenser. Le rendez-vous RECAMO est très « chronophage » à cause du déplacement. La délégation DANONI pourrait passer en uI… Vous observerez qu'une tâche Ui peut très bien entrer dans vos priorités par choix ou plaisir.

		PLAN DE JOURNÉE ....*Vendredi 12 janvier*		
Priorités		**FAIRE**	Durée	Téléphoner
UI	☐	*Confirm form 6-7 juin + Congrès*	*10'*	*Tél amie*
	☐	*Note service indisp MR22*	*25'*	*Tél*
	☐	*Déléguer DANONI*	*2 h*	*SERRAN*
	2	*E-mails*	*1 h*	
	1	*Sauvegarde*	*15'*	
	☐	*Frais*	*1 h*	
	3	*Mémo prise de courant*	*5'*	
	☐	*Tél pour écharpe*	*10'*	*5 h*
uI	☐	*Confirm séjour Angleterre*	*5'*	
	☐	*Décliner Article Journal*	*20'*	
	5	*Plaquette*	*1 h*	*2 h 30*
	☐	*Envoi double, dossier*	*25'*	
	☐	*Photocopies 50 pages*	*10'*	
	☐			
Ui	☐	*Remercier collègue*	*10'*	*30'*
	4	*Choix photos*	*20'*	
	☐			
	☐			
	☐			
ui	☐			
	☐			
	☐			
	☐			
		Total durée		*8 h*

RENDEZ-VOUS	NOTES
7:30	***SGL (N° fax)***
8:00	***FT (N° fax)***
8:30	***Rhône Sup (N° fax)***
9:00	***N° tél restaur écharpe***
9:30 ***Envoi fax***	
10:00	***3 H 30***
10:30	
11:00	
11:30	
12:00	
12:30	
13:00	
13:30	
14:00	***1 H***
14:30	
15:00	
15:30	
16:00	
16:30 *RECAMO*	
17:00	
17:30	***1 H***
18:00	
18:30	
19:00	
19:30	***Total 4 H 30***
20:00	

c) Tableau de quinzaine

Le quotidien noie le travail à forte valeur ajoutée dans une multitude de petites tâches. Après avoir reporté vos indisponibilités dans les cases « temps de travail » il vous reste une trentaine d'heures pour la quinzaine. Mais dès lundi d'autres tâches vont affluer qui amoindriront encore votre budget réel. Pensez au carré des priorités !

Période du : *15 janvier*					au : *26 janvier*				Service : *SC*
Dates	Lundi *15*	Mardi *16*	Mercredi *17*	Jeudi *18*	Vendredi *19*	Lundi *22*	Mardi *23*	Mercredi *24*	Jeudi *25*	Vendredi *26*
Temps de travail	*8*	×	*8*	*8*	×	×	*8*	×/*5*	×	*8*

	Date butoir	☎	Tps	Date butoir	✍	Tps	Date butoir	***	Tps
UI		*Confirmer RV*	*2h*		*Cartes de visite*	*10'*		*Écharpe*	*1 h*
				(17)	*La correction 8 pages*	*2 h*		*Retraite cadeau*	*10'*
					Lettre avis achat	*50'*		*Planning*	*2 h*
		Total	*/2*		Total	*/3*		Total	*/3*
ul	*(23)*	*Confirm réunion*	*20'*		*Fichier 50 noms*	*3h*		*Architecture ordi*	*2h*
		Tél. abonnement	*20'*		*Trieur*	*30'*		*Fournitures*	*20'*
		Confirm form	*15*		*Lettre info reser*	*2h*		*Contrôle technique*	*perso*
					Adresses post-it	*10'*			
		Total	*/1*		Total	*/6*		Total	*2h 30*

		Temps total de travail	*45*		Récapitulatif
		× Coef. de temps maîtrisé	*70*		
UI	*8*	Ui	*2*	= Temps disponible	*31*
ul	*10*	ui	*2*	Temps nécessaire	*18*

	Date butoir	☎	Tps	Date butoir	✍	Tps	Date butoir	***	Tps
Ui								*Récup article*	*10'*
								Promo traduct élect	*1 h*
		Total			Total			Total	*2h*
ui				*(24)*	*15 transparents*	*2h*			
		Total			Total	*2h*		Total	

Notes

Tel Restau 01.43.65.18…

d) Fiche mémoire de LT

Guère différente de votre liste informelle sur une page blanche, elle reçoit les travaux à ne pas perdre de vue. Dès que les durées dépassent deux ou trois jours de travail, préférez le planning.

Thème : *Professionnel* — *Gestion du temps*

Service : *SC* — Page 1

I	i	?	Libellé des tâches	Problème ABCD	Tps	Date butoir
	×		*Modifier présentation listings*	*A*	*3 h*	*Juin*
	×		*Tri pressi éco*	*A*	*5 h*	*Avril*
×			*Tel Assurance tarif*	*D*	*30'*	*Mars*
×			*Lire Internet*	*A*	*8 h*	*Juin*
×			*Ouvrage technique*	*A*	*4 h*	*Avril*
×			*Contrôle passeport vaccination*	*A*	*3 h*	*Mars*

CORRIGÉ 13

Pour pouvoir appliquer le principe « Je touche, je décide », Lucien Brillant doit s'entourer de ses outils pratiques avant d'ouvrir le courrier.

Il y aura là :

— son agenda ;

— son plan de journée ;

— ses corbeilles : départ, à transmettre, secrétariat, à lire, à jeter, projet X en cours, à classer, à faire aujourd'hui.

1. Le devis de la SARL Micromode

— *Première hypothèse :* c'est le premier devis qu'il reçoit alors qu'il en attend deux autres.

— *Réaction :* il ouvre instantanément un dossier de classement et le met dans la corbeille « projet X en cours »

— *Seconde hypothèse :* c'est le dernier devis qu'il reçoit

— *Réaction :*

1. Il le joint aux deux autres dans le dossier qui attend dans la corbeille « Projet X en cours » ;
2. Il se programme un moment dans la journée (le matin ou l'après-midi à décider précisément) pour comparer les trois devis ;
3. Il s'attend à devoir prendre rendez-vous avec l'un des trois fournisseurs pour un entretien de négociation.

2. La proposition de réabonnement au périodique spécialisé *Modélisme*

— *Première hypothèse :* l'abonnement de l'année précédente ne lui a pas donné satisfaction ; il jette la proposition.

— *Seconde hypothèse :* l'abonnement de l'année précédente l'a satisfait ; il remplit immédiatement la demande de réabonnement et la met dans la corbeille « départ ».

3. Le dernier numéro de *l'Expansion*

— *Première hypothèse :* c'est un abonnement individuel.

— *Réaction :*

1. Il feuillette le sommaire, décide quels articles l'intéressent ;
2. Il met des marques aux pages correspondantes ;
3. Il met le magazine dans la corbeille « à lire » ;
4. Il sait que c'est une lecture qu'il doit faire obligatoirement dans la semaine.

— *Seconde hypothèse :* il doit transmettre le magazine à ses collègues après l'avoir consulté.

— *Réaction :*

1. Il feuillette le sommaire, décide quels articles l'intéressent ;
2. Il met des marques aux pages correspondantes ;
3. Il met le magazine dans la corbeille « Secrétariat » avec la mention « à photocopier ce jour et à remettre ensuite en circulation » ;

4. Lorsque sa secrétaire lui remettra les photocopies, il les mettra dans la corbeille « à lire » ;

5. Il sait qu'il devra lire les articles obligatoirement dans la semaine.

4. Les chiffres de vente de la semaine

— *Première hypothèse :* les chiffres sont satisfaisants.

— *Réaction :*

1. Il décide de transmettre ses compliments aux intéressés par note ;

2. Il ajoute à son plan de journée dans la colonne « écrire » la rédaction de cette note qu'il réalisera en même temps que toutes les autres rédactions qu'il a déjà prévues pour cette journée ;

3. Lorsqu'il aura terminé de rédiger son courrier, il le regroupera dans la corbeille « Secrétariat » avec indication sur chaque lettre ou note de la date à laquelle il souhaite que ce courrier parte.

— *Seconde hypothèse :* les chiffres sont inquiétants

— *Réaction :*

1. Il décide de contacter le chef des ventes dans la journée pour en parler ;

2. Il ajoute à son plan de journée dans la colonne « téléphoner » un appel prioritaire pour le chef des ventes ;

3. Il s'en occupera dès qu'il aura fini d'ouvrir son courrier

5. La proposition de formation aux techniques des cercles de qualité

— *Première hypothèse :* le projet est important et urgent

— *Réaction :*

1. Il ajoute à son plan de journée dans la colonne « à faire » l'étude de la proposition avant la fin de la journée ;

2. Il s'en occupera à tête reposée en rentrant de déjeuner.

— *Deuxième hypothèse :* le projet est important mais non urgent.

— *Réaction :*

1. Il met la proposition dans la corbeille « Projet Y en cours » ;

2. Il prévoit de s'en occuper avant la fin de la semaine.

6. Une proposition pour un stand au Salon de la maquette et du modèle réduit

— *Première hypothèse :* il ira lui-même au Salon et sera présent sur le stand.

— *Réaction :*

1. Il bloque la période sur son agenda ;

2. Il met la proposition dans la corbeille « Projet Z en cours » ;

3. Il prévoit de consulter le dossier pour choisir le stand avant la fin de la semaine ;

4. Il prévoit de rédiger une note à ses collaborateurs pour préparer l'organisation du salon.

— *Seconde hypothèse :* Il ne sera pas présent au Salon et confie cette tâche à un collaborateur

— *Réaction :*

1. Il dépose la proposition dans la corbeille « à transmettre » à son collaborateur avec la mention « merci d'étudier cette proposition pour la fin de la semaine et m'informer du choix qui vous semble intéressant à retenir » ;

2. Il bloque sur son agenda le jour où, à priori, il passera au Salon faire un tour au stand et observer lui-même de plus près la concurrence.

7. La maquette de publicité

Le sujet est important et urgent

— *Réaction :*

1. Il ajoute à son plan de journée dans la colonne « à faire » la relecture de la maquette ;

2. Il prévoit également de la faire relire à deux de ses collaborateurs pour plus de sécurité.

8. Une lettre du distributeur belge inquiet des retards de livraison

Le sujet est important et urgent

— *Réaction :* il s'en occupera dès qu'il aura fini d'ouvrir son courrier

9. Une lettre d'un journaliste pour une émission de radio

Le sujet est important et non urgent

— *Première hypothèse :* Il est disponible

— *Réaction :*

1. Il bloque sur son agenda le jour de l'émission ;

2. Il ajoute à son plan de journée dans la colonne « téléphoner » un appel pour le journaliste afin de vérifier le contexte de cette émission.

— *Seconde hypothèse :* il n'est pas disponible

— *Réaction :*

1. Il est exclu qu'il délègue une telle démarche auprès des médias ;

2. Il ajoute à son plan de journée dans la colonne « téléphone » un appel pour reporter le rendez-vous qu'il avait déjà pris avec un autre interlocuteur s'il est convaincu, par son appel précédent, de l'intérêt de participer à l'émission.

10. Une proposition pour l'achat de *L'année du modèle réduit*

— *Première hypothèse :* il est intéressé ;
— *Réaction :* il remplit le bon d'achat et le dépose dans la corbeille « départ ».

— *Seconde hypothèse :* il n'est pas intéressé ;
— *Réaction :* il jette ce courrier.

11. Une proposition d'abonnement à l'hebdomadaire *Le Nouvel Observateur*

Il décide de ne pas s'abonner à des hebdomadaires d'actualité générale. Il jette donc ce courrier.

12. Une invitation à un séminaire d'anglais

— *Première hypothèse :* c'est important et urgent
— *Réaction :*
1. Il se rend disponible et bloque les deux jours sur son agenda ;
2. Il remplit la carte d'inscription et la dépose dans la corbeille « départ ».

— *Seconde hypothèse :* non urgent mais peut alimenter ses projets.
— *Réaction :* il glisse ce courrier dans son dossier « projets et idées en attente ».

CORRIGÉ 14

Pour un individu

Il existe pour chaque solution trouvée, une ou plusieurs dimensions qui en résument le contenu en regard des objectifs visés.

Il s'agit ici pour Claude Dupont, d'adopter un comportement adapté en fonction de sa propre perception de la situation et des effets probables ou possibles de son action.

Cet exercice ne peut être représentatif de la réalité complexe et difficile à décoder qui entoure un nouveau venu dans une entreprise. Il met l'accent cependant sur la recherche de solutions appropriées et sur l'étude des dimensions, clé de voûte du Bilan Comportemental.

Pour un groupe

Lors de la discussion, il apparaîtra que plusieurs solutions sont considérées comme acceptables par les participants. L'animateur sensibilisera ceux-ci à la richesse constituée par la variété de comportements possibles. Il pourra ainsi mieux faire ressortir la diversité des comportements et des dimensions apparues.

Réponses possibles et dimensions qu'elles contiennent

Cas n° 1

RÉPONSES	DIMENSIONS
a) « Je donne mon accord. » « Je refuse. »	Décision
b) « Je n'ai pas assez d'éléments pour prendre ma décision maintenant. Veuillez me faire parvenir le planning des autres collaborateurs. »	Recherche d'information
c) « Ce problème concerne aussi le Chef du Personnel. Je l'informe et il vous communiquera la décision. »	Délégation
d) « Merci pour ces premières informations ! Je compte sur vous pour continuer à me fournir des éléments utiles à l'accomplissement de ma tâche. »	Motivation et encouragement

Cas n° 2

RÉPONSES	DIMENSIONS
a) « Je félicite chaleureusement par écrit les individus évalués excellents ou bons. »	Motivation et encouragement
b) « Je m'informe auprès des responsables. »	Recherche d'information
c) « Je prévois une réunion générale la semaine prochaine pour faire le point avec les intéressés. »	Organisation
d) « Je vais refaire moi-même l'appréciation dans deux mois car ce genre d'évaluation m'incombe désormais. »	Décision

Cas n° 3

RÉPONSES	DIMENSIONS
a) « Je mets une note de rappel dans la corbeille des intéressés et je les contacterai personnellement dans deux jours pour en parler. »	Suivi-contrôle
b) « Je réunis séance tenante tous les cadres pour éclaircir ce problème. »	Décision
c) « Je propose que ces comptes rendus ne soient plus communiqués mensuellement par écrit mais soient présentés oralement dans une réunion. »	Créativité
d) « Je demande à Mademoiselle Arnaud de régler ce problème. »	Délégation

CORRIGÉ 15

Les erreurs les plus fréquentes sont :

— *Vouloir tout noter.* Paradoxalement ce sont les personnes qui dans leur quotidien notent peu qui tombent dans cet écueil.

— *Noter les tâches en oubliant d'inscrire immédiatement une durée.* Si le réflexe n'est pas pris pour chaque tâche et donc ligne après ligne, l'expérience montre que cette « mesure du temps » est oubliée.

— *Ne pas jouer sur la dynamique des tâches* assumant ses choix pour en tirer des conséquences pour la suite. Au fond c'est une manière de se laisser porter par les événements sans chercher en maîtriser le flux.

— *Faire trop de zèle* en cherchant à appliquer trop scrupuleusement les bons réflexes de gestion du temps au point de se « piéger » soi-même. Par exemple, indépendamment de l'exercice, si vous questionnez vos interlocuteurs trop systématiquement sur l'urgence et les dates butoirs, vous risquez de vous exposer au bon vouloir de l'autre.

Commentaires

1. *Rappeler à 15 heures précises Sébastien.* Dans le sens où vous ne savez pas pour quelle raison il faut l'appeler, vous êtes « désarmé »! Vous notez donc sur l'échelle de temps à 15 heures : Tel Sébastien. Et vous êtes au RV téléphonique car vous respectez le temps partagé. Toutefois, pendant la conversation, vous jaugez l'importance et l'urgence de sa demande. De deux choses l'une : ou il abuse de la disponibilité des autres, vous imposant un créneau précis, et vous lui faites remarquer gentiment qu'après tout vous auriez pu être occupé, ou la raison est justifiée, vous ne dites rien, et il est normal que vous rappeliez. De toute façon, tout abus est voué à l'échec car, s'il est coutumier du fait, il s'expose à ce qu'on ne le rappelle jamais!

2. *Demande d'information « à remettre dès que possible » :* le « dès que possible » ne signifie pas grand chose. Il est possible de l'interpréter comme étant de faible urgence ou de faible importance ou à l'inverse : à faire en priorité. La prochaine fois vous n'oublierez pas de faire préciser « c'est au plus tard pour quand? » Ce qui est plus habile que de poser la question « c'est urgent? »

3. *Vous souhaitez classer un document...* Vous le faites de suite! Prenez la peine de faire vivre votre système de classement au fur et à mesure afin ne pas entasser des papiers qui risquent de ne jamais trouver leur place. Votre pile de documents non classée ne devrait jamais excéder quelques centimètres. Mais si vous êtes fâché avec le classement, tant pis, il vous le rend bien en vous donnant beaucoup de soucis!

4. *Faire votre plan de journée.* Vous ne le notez pas, bien sûr, vous le faites! Ceci pour vouloir dire qu'il est inutile de noter les tâches répétitives. Elles entrent dans un « budget-temps » à apprécier en bloc.

5. *Laurent entre dans votre bureau vous parler de la réunion.* Si pour des raisons de décompression, de curiosité ou de sympathie relationnelle vous souhaitez discuter avec lui, à vous de voir! Cependant méfiez-vous de ce type d'interruption trop fréquent et terriblement chronophage. N'oubliez pas vos prio-

rités, peut-être pouvez-vous permettre de lui dire « Merci de me faire passer le compte rendu ». Ne posez pas la question : « Ça c'est bien passé? » afin de ne pas engager une conversation que vous regretteriez peut-être.

6. *Date d'un salon professionnel.* Vous prenez votre planning annuel et vous bloquez les dates. Vous confirmez votre inscription de suite par messagerie, sinon vous notez dans la catégorie UI ou Ui de votre plan de journée la nécessaire confirmation.

7. *Un ami vous propose de déjeuner avec lui.* Vous vous mettez d'accord, si favorable, sur l'heure et vous la notez sur l'échelle de temps avec deux coups de crayon pour visualiser le temps imparti.

8. *Vous tombez sur une information technique...* Vous vous levez et partez faire la photocopie. Il ne s'agit pas de tout programmer mais de réaliser les tâches dans une souplesse d'action en optimisant leur durée. Le fait de la noter en UI vous obligera à y revenir, or, le temps pris pour photocopier quinze pages est court. Si, pour une raison ou une autre, vous ne pouvez photocopier de suite, revenez vers votre plan de journée pour le noter et ne pas l'oublier.

9. *Vous vous sentez fatigué.* Vous biffez d'un coup de crayon l'heure sur l'échelle de temps. Donnez-vous une marge. Vous souhaitez quitter à 17h30. Faites un trait à 16h45 et raturez en dessous. Inconsciemment voyant approcher l'heure de fin vous vous arrangerez pour finaliser l'encours. Vous aurez un décalage, certes, mais à 17h30, vous serez parti.

10. *Vous souhaitez frapper un rapport...* Que vous l'établissiez à la main pour le donner à la frappe ou le saisir vous-même, ce qui est de plus en plus fréquent, vous le notez en UI avec la durée définie selon votre rapidité technique. Un budget temps de 1h30 pour l'ensemble n'aurait rien d'étonnant. Le « absolument » interdit tout report. Il est peut-être alors sage de bloquer sur l'échelle de temps cette plage pour s'y consacrer sérieusement.

11. *Téléphoner à deux interlocuteurs.* Notez les deux noms en face de UI et dans la case téléphoner. Vous saisirez le bon moment selon votre disponibilité d'esprit pour appeler. Ne cherchez pas à vous forcer outrancièrement; l'important est que vous le fassiez dans la journée. Soyez à l'écoute de vos rythmes personnels, ce qui vous évitera les « coups de pompe ».

12. *Vous rencontrez Colette!* Vous n'allez pas être désagréable avec Colette que vous n'avez pas vue depuis longtemps? Cela vous rappelle que les bonnes relations s'entretiennent avec joie mais aussi avec du temps. C'est finalement un imprévu et vous le prenez comme tel. Puis, vous tirez des conclusions sur toutes ces incertitudes de temps pour développer en créativité ce que vous n'avez pas eu envie de sacrifier en relationnel.

13. *Étui du magnétophone de poche oublié.* Allez chercher vos clés et accrochez un post-it. En entrant à votre domicile, vous irez immédiatement chercher l'étui pour le glisser dans votre porte document ou sac. Puis, notez dans la foulée sur votre plan de journée dans la case ul : « remettre magnétophone » pour y penser le lendemain. Vous pouvez également laisser un message sur votre propre répondeur téléphonique.

14. *Réflexion sur proposition technique.* C'est encore probablement du UI qui supporterait peut-être un report au lendemain. Le mieux est de l'inscrire au plus urgent pour s'y lancer ce jour. Il est encore possible de bloquer un

créneau sur l'échelle de temps. Mais il ne faut pas s'illusionner : à tout vouloir bloquer dans des créneaux on crée un carcan qui n'est pas toujours réaliste. Gardez à l'esprit que c'est prioritaire pour vous préparer mentalement.

15. *Réunion impromptue.* Vous êtes content ! Vous souhaitiez partir plus tôt ! Mais il faut rester centré sur l'essentiel et à « réunion exceptionnelle », « attitude professionnelle ». Tant pis pour votre départ anticipé, vous serez là ! A contrario si l'anarchie ambiante de gestion du temps vous oblige à des sacrifices trop fréquents qui ne tiennent pas compte de votre forte contribution par ailleurs, vous pouvez avoir un empêchement de dernière minute... Tout animateur de réunion sait bien qu'il a intérêt à informer à l'avance s'il souhaite bénéficier de la présence de tous les convoqués pour prendre des décisions.

16. *Tiens lisez ça...* Vous ne savez finalement pas si c'est un conseil appuyé ou une parole de circonstance. Ne dites pas : « Est-ce important ? », il serait vexé, tentez plutôt : « Si je le lisais avant la réunion, ça conviendrait ? » La répartie sera instructive pour savoir quoi en faire.

17. *Aurélie vous questionne sur votre séjour.* Cela commence à bien faire ! Toutes les interruptions vous ont empêché d'avancer sur certains travaux et vous le percevez comme une alerte. Vous répondez avec sympathie : « Volontiers, à l'occasion on mange ensemble... » Peut-être n'y repensera-t-elle plus !

18. *Vincent voudrait que vous l'aidiez.* Laissez tout tomber pour lui donner ce coup de main qui est UI pour lui. Jouez la solidarité, l'esprit d'équipe, l'entente cordiale. Il ne vous vole pas du temps pour rien. Mettez les valeurs humaines au-dessus de toutes les autres. Une équipe qui s'entend bien déploie un rendement exceptionnel. Alors qu'il est si difficile de travailler dans des circonstances exactement inverses. De toute manière votre problème de temps n'est pas dû à l'aide que vous apportez aux autres. Il est dans vos oublis, vos aller-retour pour rien, votre manque de concentration sur l'essentiel. Et l'entraide fait partie de l'essentiel.

19. *Vous souhaitez copier des fichiers...* Vous travaillez en temps masqué en lançant la copie durant le temps de votre repas. Probablement qu'au retour la copie informatique se sera bien passée. Sinon vous le ferez dans le courant de l'après-midi.

20. *Grève générale.* Vous prenez votre téléphone et vous reportez ou annulez les rendez-vous.

Ensuite faites quelques calculs rapides sur le temps nécessaire par catégorie de tâche. Jetez un coup d'œil sur le temps disponible. Votre plan de journée a évolué selon les circonstances. En principe vous n'avez pas été surpris car vous saviez qu'en fonction de votre coefficient de temps maîtrisé 70 %.

Cependant il ne suffit pas d'en tenir compte pour rester efficace.

Quels enseignements tirer ?

Souplesse et Rigueur : Fluidité dans la gestion des tâches pour gérer les péripéties mais rigueur et ancrage mental sur les principes de gestion du temps pour ne pas perdre de vue l'essentiel.

Rééquilibrage et reconfiguration de l'organisation de la journée pour optimiser les creux et les bosses.

Blocage dans des créneaux si nécessaire pour ne pas disloquer le futur par une dérive insupportable.

Respect des autres dans le sens courtoisie, entraide, conciliation.

Respect de soi dans le sens faire reconnaître respecter son « temps à soi » pour avancer sur ses objectifs, et dans le sens écoute de ses rythmes pour accorder concentration et récupération.

On le voit bien, tout se relativise sauf l'important car il conditionne la réussite des situations à venir. On a géré une journée dans le sens réactivité, intégration, équilibrage, et la gestion des tâches sur le MT et LT obéit à la même logique.

CORRIGÉ 16

1) Les opérations mentales en séquence situation

1. Meurtre ou suicide

Metz, 28 décembre.

1) Vers 18 heures, la neige est tombée et a recouvert la chaussée.

Le mari est revenu en voiture du bureau et a téléphoné au commissariat à 18h30 « aussitôt après être arrivé et avoir constaté le décès » (dit-il).

Conséquence : il devrait y avoir de la neige sous la voiture.

Or, il n'y en a pas.

Il est donc bien arrivé avant 18 h. Il a donc menti.

2) L'Opération mentale (OM) qu'a réalisée Porel, c'est la liaison entre le lieu, l'espace à 3 dimensions et la quatrième dimension, le temps : sous la voiture, volume de neige en tapis qui aurait dû s'y trouver si le mari était venu après 18 h.

Situer dans l'espace et dans le temps est une Opération Mentale fondamentale pour partir de bases solides. On l'appelle l'OM Espace-Temps (en abrégé ET).

3) Emplois de ET en formation d'adultes — Liste non exhaustive :
— L'accueil : d'où viennent-ils ? Où sont-ils logés ? Depuis quand ?
— Au tour de table : où travaillent-ils ? Quelle ancienneté ?
— À l'annonce du programme : horaire des séances, lieux de détente, téléphone, toilettes, restaurant.
— À partir de la deuxième journée : Qu'avons-nous vu la fois précédente ? Qu'avez-vous vécu dans l'intervalle ?

Dans ces deux derniers cas (programme et début de deuxième journée) l'OM / Espace-Temps est un fil directeur pour aider à transmettre du contenu ou faire vivre le groupe pour reprendre contact.
— En techniques d'expression ; date et lieu, en tête de lettre ou de rapport.

2. Le chauffeur d'autobus

Vous êtes un être humain : c'est un *aspect* objectif.

Vous êtes chauffeur d'autobus : c'est *un point de vue* subjectif. On vous demande de jouer ce rôle et de prendre ce statut, en même temps que... le volant de l'autobus.

Donc il s'agit bien, comme vous l'aviez deviné, de votre âge, et l'Opération Mentale, en séquence situation, correspond au tandem :

Aspects et Point de vue (en abrégé : AP).

Nota. — Dans le reste du problème, Aspect-Point de vue va être le fil directeur :
— il s'agit de personnes (objectif) ;
— elles montent ou descendent (subjectif par rapport au chauffeur) ;
— grâce à cette direction, on peut faire le calcul des personnes :

• montées • descendues • restantes dans l'autobus	}	cela correspond à l'Opération Mentale Mesurer

3. Le décapité

1) Comment ai-je pu connaître le rêve, puisque l'homme est mort sur le coup ?

Si l'on ne trouve pas tout de suite, c'est qu'on se met trop, cette fois-ci, dans la peau de l'autre, au lieu d'être dans celle de la femme ou de celle du conteur.

Là, il fallait garder un point de vue différent de celui du rêveur.

2) Emplois de AP en formation d'adultes (liste non exhaustive).
— À l'accueil : quels sont les absents ? Quels sont les présents non prévus ? Les absents ne sont pas montés dans l'autobus du séminaire dont vous êtes le conducteur... Les présents non prévus sont « en surcharge ».
— Au tour de table : quelle fonction, quel statut dans l'entreprise ? Ouvrier, directeur ? Seront-ils moniteurs, instructeurs, formateurs ?
— À l'annonce du programme : aux anciens : si vous connaissez déjà le contenu regardez le séminaire sous l'aspect technique de transmission de message (point de vue du pédagogue) ou phénomènes de groupe (point de vue de l'animateur ou du psychologue).
— À l'annonce d'un exercice : consignes données aux participants : les uns en position d'observation, les autres en position de verbalisation (*rôles* de spectateurs et d'acteurs).
— À partir de la deuxième journée : noter les présents qui étaient absents la fois passée, pour ne pas les interroger pendant la révision. Noter les absents de la séance pour les excuser auprès des autres, si on sait pourquoi, et s'en souvenir à la prochaine séance s'ils sont présents (retour au cas précédent).

2) Les opérations mentales en séquence action

Dans 95 % des cas, les participants ne lisent pas tout avant de commencer.

Différentes réactions sont alors enregistrées :
— la consigne 1 nous a poussés à faire vite ! 2 minutes, c'est trop court pour tout lire et tout faire ;
— c'est un test mal fait : il polarise l'attention sur le temps et la phrase principale est mise à la fin (l'avant-dernière instruction) ;
— l'animateur nous a piégés en ne répondant pas à nos questions, en jouant lui-même celui qui ne respecte pas les consignes, et en s'exclamant « C'est moi qui respecte le mieux les instructions ! »

Devant ces manifestations très compréhensibles, le calme s'impose ! Pas de sourire narquois attribuant leur mauvaise humeur à du dépit. Mais des commentaires rassurants... et techniques ! Du genre : « Ce résultat est courant. Dans 95 % des cas, les participants ne lisent pas tout avant de commencer... Il n'est pas important de s'être trompé. Ce qui est important c'est de comprendre *pourquoi* on s'est trompé... »

D'où débouché sur :
— le phénomène de « *halo* » : persistance de l'influence de l'animateur même quand il affiche un statut de participant. Comparaison avec l'entreprise : Présence d'un chef dans une réunion de travail non présidée par lui ;
— la difficulté du respect des consignes, des instructions qui *intellectuellement* sont valables, mais *humainement* difficilement réalisables ;
— la sensibilisation aux règles de sécurité (l'homme ne *sait* pas (S), ne *veut* pas (V), ne *peut* pas (P) être prudent, sigle SVP). Un principe d'action ne peut être efficacement suivi que s'il y a eu compréhension, adhésion et mémorisation, donc entraînement avec « droit à l'erreur » !

Principes, règles, consignes, instructions, directives d'action, tous ces termes traduisent un outil mental nouveau : une OM de la séquence Action.

Principes et règles

— La difficulté d'appliquer ces principes et règles provient souvent du fait que l'intention du responsable n'est pas connue de l'exécutant. Pour appliquer volontiers des principes et des règles, il faut faire partager son but, son objectif à la personne concernée. Sinon elle n'adhère pas et risque de se fixer un autre but, un autre objectif et de se donner d'autres règles. Ici, l'animateur a (volontairement) fait une faute : il n'a pas précisé son intention !

Conséquence : le participant s'est fixé comme objectif : « répondre le plus vite possible dans le délai de 2 minutes au plus grand nombre possible de questions ».

D'où non-respect de la consigne « Lisez tout avant de commencer ».

Si l'intervenant avait dit :

« Ce test a pour but d'illustrer l'Opération Mentale " consignes-instructions-règles-directives " et la difficulté, en entreprise, de faire respecter les consignes ».

« J'arrêterai l'exercice au bout de 2 mn, mais ne vous inquiétez pas si vous n'avez pas le temps de finir. Dans tous ces types de tests, c'est impossible de tout faire. Prêts ? Partez ! »

Le résultat bien sûr n'aurait pas été le même ! mais le commentaire aurait été moins riche.

Retenons, qu'en général, préciser le but, l'objectif, l'intention d'un responsable est un auxiliaire précieux pour faire adhérer aux principes et aux règles.

C'est un nouvel outil mental : l'OM but-objectif.

Ne comptez pas trop sur le dictionnaire pour faire la distinction entre ces deux mots. Selon le Robert :
But = point visé, *objectif.*
Objectif = *but* à atteindre !...

Pour L.J. Peter, « un objectif est une description de ce que seront les choses lorsque le but aura été atteint... Un objectif diffère d'une direction. C'est en fait une destination. Gagner plus d'argent n'est pas un objectif, mais une direction ».

Pour J. Laverrière, le but est le point que l'on veut atteindre : acheter un manteau, améliorer son expression orale, aller à Paris... Mais si l'on pense aller à Paris ce soir avant 6 heures, c'est un objectif !

CORRIGÉ 17

Problème : Comment inciter les gens à aller davantage au théâtre

P1 : Carte mentale du mot théâtre (voir p. 220).

Phase divergente : Dresser la carte, en associations libres. Phase convergente : Souligner les mots clés.

A1 : Cinq façons de reformuler le problème.

Phase divergente : utiliser les mots clés choisis pour exprimer différemment la formulation initiale.
— Comment utiliser les comédies de Molière pour attirer les gens dès l'âge scolaire ?
— Comment utiliser la *commedia dell'arte* et les spectacles de rue ?
— Comment informer les Français sur le métier de comédien et l'intérêt qu'ils auraient à le connaître ?
— Comment utiliser l'image positive de la Grèce pour susciter un intérêt pour les grands tragiques ?
— Comment jouer du mystère du rideau et de la symbolique des trois coups pour montrer au public que leur vie est une pièce de théâtre dont ils sont à la fois les acteurs et les metteurs on scène.
— etc.

COMMENT FAIRE VENIR LES GENS AU THÉÂTRE
(Carte mentale)

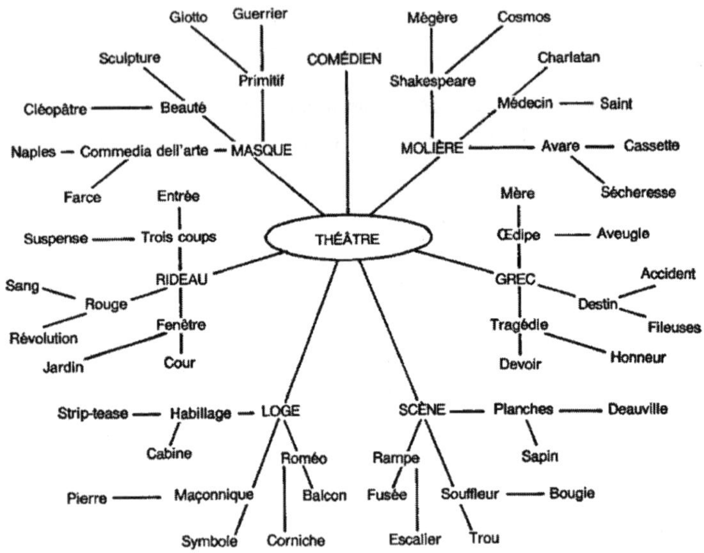

Phase convergente : sélectionner une des reformulations :

Comment attirer les gens au théâtre en leur révélant la place que tient déjà celui-ci dans leur vie ?

P2 : Roue libre

Phase divergente : en roue libre, on donne des réponses à la reformulation choisie.

a) Dans la page 1 de *France-Soir*, raconter *Bérénice* de Racine en la présentant comme un fait divers.

b) Lancer un jeu de société qui s'appellerait « les trois coups » et que les gens joueraient chez eux.

c) Transformer des pièces célèbres en « sitcom » (comédies de situation pour la télé).

d) Faire jouer des pièces classiques par des vedettes du show biz (Dorothée, Jacques Martin, Christophe Dechavanne, Smaïn...).

e) Organiser dans les entreprises des cercles de théâtre avec des pièces de théâtre d'entreprise, à la façon de Michel Fustier [1].

Phase convergente : développement de l'idée b.

Le jeu se présente sous forme d'un tapis avec des cartes de quatre couleurs et une minuterie aléatoire. La sonnerie se déclenche au bout d'un temps compris entre 2 et 6 minutes.

Les acteurs, de 2 à 6, tirent chacun une première carte (bleue) qui leur indique les caractéristiques physiques et socioprofessionnelles de leur personnage. Puis ils tirent une carte rose qui leur indique les caractéristiques morales et psychologiques.

Le meneur de jeu (qui peut être l'un des joueurs) tire une carte jaune qui indique la scène à jouer, puis une carte verte qui indique le lieu et le temps (ex. : Dans un manoir anglais à l'époque victorienne.)

Les acteurs commencent à jouer. Au moment où la minuterie sonne, le meneur de jeu tire la carte « coup de théâtre » (rouge), la scène doit rebondir à partir de cet événement imprévu.

Le meneur de jeu remonte la minuterie, qui sonne en fonction du temps que les joueurs ont décidé d'accorder à la partie ; elle indiquera soit un nouveau coup de théâtre, soit qu'il reste une minute à jouer pour conclure la pièce.

CORRIGÉ 18

NB — Voici quelques précisions sur les phrases citées : 1) Unamuno *L'agonie du christianisme* ; 2) Moravia, *Le mépris*, chap. 1 ; 3) Huxley, *Le meilleur des mondes*, chap. 10 ; 4) Nietzsche, *Humain, trop humain*, Aphorisme 483 ; 5) Jaspers, *Philosophie*, tome 2, p. 69 ; 6) Mann, *L'artiste et la Société* ; 7) Anouilh, *Le rendez-vous de Senlis*, Acte 1 ; 8) Salazar, *Principes d'action*, 4e partie, chap. 1 ; 9) Camus, *Le mythe de Sisyphe*, p. 87 ; 10) Bazin, *Vipère au poing*, chap. 7.

Voici maintenant les éléments de dépouillement du test :

Réponses à coter + 2 : 1 C et 1 E, 2 B et 2 C, 3 D et 3 F, 4 A et 4 F, 5 B et 5 C, 6 D et 6 E, 7 A et 7 F, 8 B et 8 D, 9 A et 9 E, 10 C et 10 F. Chacune de ces réponses vaut 2 points.

Réponses à coter zéro : 1 D, 2 A, 3 B, 4 C et 4 D, 5 E, 6 A et 6 F, 7 B et 7 D, 8 C, 9 D, 10 E.

Réponses à coter – 1 (pénalisation) : 1 A, 2 E et 2 F, 3 E, 4 B, 5 A, 6 C, 7 C, 8 E et 8 F, 9 B et 9 F, 10 B et 10 D.

Réponses à coter – 2 (pénalisation plus lourde) : 1 B et 1 F, 2 D, 3 A et 3 C, 4 E, 5 D et 5 F, 6 B, 7 E, 8 A, 9 C, 10 A.

1. *L'entreprise mise en pièces de théâtre : cinq comédies sur la qualité*, Paris, Éditions d'Organisation, 1989.

Pour connaître *votre* score, totalisez les + 2 et retranchez la somme des totaux des – 1 et des – 2 de ce premier total. Le maximum est de 40 points. La moyenne se situe entre 16 et 26.

Réponses aux questions :

Question 1. — Le travail intellectuel s'exerce d'abord sur la phrase de référence pour en trouver le sens. Pour cela, l'intelligence dispose du sens des mots, de leur contexte et de la structure formelle de la phrase. Mais la « lecture » simple ne suffit pas. Il faut *abstraire l'idée.* C'est là l'essentiel. Cette opération est une suite d'essais et de vérifications par retour au texte même. Puis en faisant les mêmes opérations sur chacune des 6 phrases, on *compare* les idées abstraites (celle du texte et celle de la réponse) pour *décider* leur similitude ou leur incompatibilité. Donc *abstraire* 7 fois,... *comparer* au moins 6 fois, au plus 36 fois,... et *décider* ou choisir en fonction des consignes et des résultats précédents. Ceci par *item.*

Question 2. — Connaissance parfaite de la langue, de sa grammaire et de son vocabulaire, aisance dans le domaine du langage, liberté de l'attention, absence de « complexe » inhibiteur.

Question 3. — 2 phrases sur 6 sont des formulations autres de l'idée même contenue dans le texte de référence. Les autres ont des sens plus ou moins loin de ce sens de base et même parfois sont contraires. Le nombre des formulations inadéquates est de 4 mais le nombre des déviations typiques est variable (de 1 à 2 phrases par type de mauvaise réponse). Les formules cotées – 2 (pénalisation) sont des vérités banales mais hors de propos et même parfois de sens inverse par rapport au texte de référence. Les formules cotées – 1 sont du genre « pas loin mais à côté ». Les formules cotées zéro sont des phrases banalisant l'idée et omettant un élément de sens.

Question 4. — Pour répondre au test comme aux questions, il faut faire une analyse de contenu. On s'aperçoit de l'importance de la connaissance de la langue, de la capacité d'abstraire, du rôle des synonymes et des « équivalences » sémantiques. On découvre beaucoup de problèmes typiques que les méthodes d'analyse de contenu devront résoudre.

CORRIGÉ 19

1. On peut vérifier les énoncés « a » et « d » seulement en y pensant : « a », parce que les termes ont un sens corrélatif ; « d », parce que la *connaissance* de la suite dans les chiffres nous oblige à conclure à sa fausseté.

« b » et « f » sont vérifiables par recours à l'expérience, car ils exigent que nous allions *voir* si ce qu'ils décrivent est ainsi en réalité. « b », toutefois, s'il est pris au sens *figuré,* ne se prêterait pas à une vérification empirique.

« c » *semble* être vérifiable mentalement. Il exprime, en effet, une tautologie, donc est nécessairement vrai. Pourtant, les « affaires » d'un commerçant peuvent varier selon les circonstances et, interprété de cette façon, cet énoncé n'est vérifiable que dans l'expérience.

« e » est problématique parce que, d'une part, il *ressemble* à « a » mais, d'autre part, le terme « événement » désigne un fait d'expérience. Il *semble* alors vérifiable dans l'expérience mais, si nous tentons de le vérifier ainsi, il devient immédiatement apparent que sa vérité ou sa fausseté ne dépendent pas des *faits* mais plutôt de notre façon de *concevoir* la réalité : comme étant forcément causale ou non.

« g » est, à première vue, vérifiable mentalement, car la première partie de cet énoncé est une définition et la deuxième partie, « dont le moteur est bruyant », semble être communément acceptée comme vraie. Le bruit, cependant, est un *fait d'expérience* et, par conséquent, malgré la vérité (vérifiée mentalement) de la première partie, l'énoncé au complet exige une vérification dans l'expérience.

2. Ci-après, A = jugement analytique ; S = jugement synthétique ; P = problématique.

a) P. Il semble être A, parce qu'il a l'apparence d'une *définition,* mais la partie, « que l'on ne peut... apparence », est falsifiable dans *l'expérience* (voir la mode « Punk »). Il est donc S.

b) P. En tant que principe de physique, ce jugement est *a priori* et donc A, mais une vérification *empirique* basée sur les théories d'Einstein a démontré sa fausseté. Dans ce sens, il est S.

c) A. La partie « au niveau des termes » exclut la possibilité de vérification dans *l'expérience.*

d) S. Il s'agit *d'aller* voir. Le froid est vérifiable par *expérience.*

e) A. C'est une définition (convention linguistique).

f) S. Ce rapport a été établi par expérience. Il pourrait, toutefois, être considéré A présentement, pour autant qu'il soit accepté *a priori* comme *principe d'un système* géométrique ou autre.

g) P. Il semble que l'on devrait pouvoir le vérifier dans l'expérience, mais il est sûrement A parce que sa vérité ou sa fausseté reposent sur le sens *attribué* aux termes.

h) P. Le fait que deux lignes soient parallèles est vérifiable dans l'expérience, mais cette vérification est basée sur ce que l'on entend par « parallèle ». La géométrie euclidienne n'en donne pas la même définition qu'une géométrie non euclidienne. En plus, « *rencontrent jamais* » rend *impossible* sa falsification dans l'expérience. Ce jugement est donc A.

i) P. C'est un S ayant l'apparence d'un A.

j) A. C'est une définition (convention linguistique).

3. Les propositions dans a, d, e, f, i et j sont contradictoires ; celles dans b, c et g sont contraires ; les propositions dans h sont sémantiquement contraires, mais logiquement (formellement) sous-contraires, donc ni contradictoires, ni contraires.

CORRIGÉ 20

Pour trouver, vous êtes obligé de classer les informations par groupes, autant les placer directement dans les trois maisons.

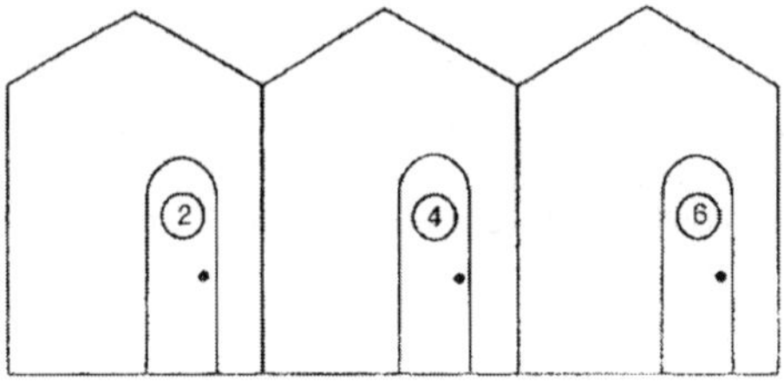

Vous savez déjà que l'Écossais habite la maison 4, et l'espion la maison 2. Placez ces détails dans leur groupe (la maison).

Ensuite vous vous livrez à quelques déductions : le Chinois n'habite pas en maison 2 puisque, de métier, il est musicien (et non espion). Placez-le en maison 6 — vide. C'est donc le *Français* qui est en maison 2, et *espion* de métier.

CORRIGÉ 21

Les définitions suggérées comme « corrections » ne sont pas forcément les seules acceptables. À vous de voir si votre correction obéit, dans la mesure du possible, aux règles de la définition.

a) Manque d'équivalence et de clarté, et omet les caractéristiques essentielles.

— Le sceptique est une personne qui doute de la possibilité de certitude dans la connaissance.

b) N'est pas *positive.*

— Le consensus est l'accord entre deux ou plusieurs personnes au sujet d'une idée ou d'une action proposée.

c) Circulaire et omet les caractéristiques essentielles.

— Une personne vicieuse est quelqu'un qui agit, de façon habituelle, à l'encontre des préceptes (des lois).

d) Manque d'équivalence, des caractéristiques essentielles, de clarté et de neutralité.

— La philosophie est la discipline de connaissance qui procède par analyse rationnelle dans sa recherche des causes ultimes de toute chose.

e) Manque d'équivalence, des caractéristiques essentielles, de clarté et de neutralité.

Par cette expression, Sartre n'avait aucune intention de *définir* l'« enfer » mais plutôt voulait indiquer que les « autres » nous mettent dans une situation semblable à celle que l'on pourrait retrouver en « enfer ». Ce serait injuste de dire que sa « définition » n'est pas valable, ou de souligner ses défauts, parce que ce n'est tout simplement *pas une définition.*

f) Manque d'équivalence et de caractéristiques essentielles.

— L'étoile est un objet céleste ayant une masse suffisante pour produire naturellement une radiation visible.

g) Cette définition est correcte.

h) Manque les caractéristiques essentielles et contient le *definiendum.*

— Un patriote est une personne qui soutient (défend) en paroles et en actes le territoire de ses ancêtres.

i) Acceptable.

CORRIGÉ 22

1. *Schéma commun.* On remarque qu'il y a toujours 3 séquences articulées : 1) une séquence de position du décor, des personnages et de la situation suffisamment esquissée ; 2) une séquence interrogative qui a une fonction d'enclenchement ; 3) une séquence finale qui produit l'effet comique. Cet effet vient toujours d'une surprise et ce phénomène est dû à un changement brusque et inattendu qui transforme la signification préparée par les séquences 1 et 2. Nous appellerons ce phénomène une *disjonction.* La disjonction ne se fait pas de la même façon dans les 12 histoires, et l'analyse formelle révèle ici 5 procédés.

2. *Procédés différentiels de la disjonction comique :*

Histoire 1. On note un double sens du mot-clé : *vingt ans* (*âge* dans la séquence 2, *durée de condamnation* pénale révélé par la séquence 3). Le son « vintan » a entraîné 2 signifiés différents et c'est le décalage brusque par passage de l'un à l'autre qui produit l'effet comique, les partenaires étant alors sur des voies parallèles où ils parlent de choses différentes sans le savoir. La disjonction est donc *sémantique.*

V. Morin nomme ce procédé *disjonction sémantique avec articulation régressive* (on dirait mieux *parallèle*) par *homonymie de signifiant* (et *dualité des signifiés*).

Utilisent ce procédé les histoires 4 et 9.

Histoire 2. La disjonction n'est pas sémantique ici, comme précédemment, mais référentielle : en effet la séquence comique transforme la situation (le référent) telle qu'elle était supposée comprise dans la séquence 1. Cette transformation vient de ce que la réponse finale, tout en étant très logique en soi, provoque une aggravation de la situation préliminaire dans le même sens. La réponse du quidam ici révèle qu'il avait « vu la femme » (comme il l'avait dit) mais aussi « son corps dans la rivière » (ce qu'il n'avait pas dit et qui se révèle rétroactivement comme la possibilité la plus grave alors qu'il continue pour sa part à suivre logiquement son idée). V. Morin nomme ce procédé : *disjonction référentielle avec articulation bloquée par polysémie* (ou changement de sens) *antonymique* (par argument à la fois logique et contradictoire).

Utilisent ce procédé les histoires 5 et 11.

Histoire 3. La disjonction redevient ici sémantique mais le procédé est différent de la première. La situation est la même et la formule finale comique prétend être synonyme de la formule d'enclenchement. Mais la « traduction » provoque une surprise car elle est une inversion inattendue des signes. Le renversement symétrique tout en étant mathématiquement irréprochable est sémantiquement disjonctif. Du même genre serait l'histoire suivante : À la mer je penserai à toi. — Je préférerais qu'avec moi tu penses à la mer.

Cette histoire est la seule de son groupe. V. Morin nomme le procédé : *disjonction sémantique avec articulation bloquée par inversion des signes.*

Histoire 6. La disjonction redevient référentielle puisque c'est la situation de référence qui est transformée. La disjonction vient de ce que la motivation sous-entendue dans la séquence 1 (ici *la religion*) est brusquement remplacée par une autre plus prosaïque (ici la prévision d'empoisonnement ou la résignation à ce qu'on va manger, ce qui change la signification de la prière collective avant le repas). Les arguments ne sont pas contradictoires mais simplement différents. Le procédé peut jouer sur les causes, les buts, les lieux, les conséquences, etc.)

V. Morin nomme ce procédé *disjonction référentielle avec articulation régressive* (décalée-parallèle) *par polysémie* (changement de sens) simple. Est de ce type l'histoire 12.

Histoire 7. La disjonction reste au niveau de la situation globale (référent) mais la modalité d'articulation change. Les deux premières séquences laissent attendre une action résolutive précise en rapport avec le décor et les fonctions des personnages. Or, celle dont on attend cette action (ici *la bonne*) n'est pas conforme à la fonction attendue, et remplace le conformisme par le cynisme qui dédramatise la situation, supprime l'urgence et comporte une réponse agressive aussi inattendue que souriante.

Nous avons là un des procédés de l'humour qui va jusqu'à l'humour noir ou à l'humour féroce sous couvert de naïveté. Dans la réponse finale, le personnage cynique nie les sentiments du personnage en détresse tout en le provoquant. V. Morin appelle ce procédé *disjonction référentielle avec articulation progressive* (rebondissement) *par polysémie antonymique* (changement de sens et d'orientation des conduites).

Sont de ce type les histoires 8 et 10.

CORRIGÉ 23

L'auteur offre une médaille à quiconque (n'appartenant pas à un service du personnel) puisse lui indiquer clairement la signification de cette note à la première lecture !

1. Pourquoi est-elle difficile ?

— On ne sait pas clairement qui s'adresse à qui : pas d'en-tête, pas de destinataire nommé. (On suppose toutefois que cette note émane du Service du personnel et s'adresse à chaque salarié.)
— On fait référence à une note précédente, émise en février, mais 99 % des gens — six mois après — l'ont probablement oubliée.
— On suppose parfaitement connu le mode de calcul ancien des cotisations d'Assurance maladie. En réalité, il n'en est probablement rien, surtout pour le salarié « de base ».
— On distingue mal :
1) le régime ancien ;
2) le régime nouveau ;
3) le régime transitoire de régularisation.
— *On comprend surtout que :*
1) on va nous retirer un peu plus d'argent de notre feuille de paie (bien que le mot d'augmentation des cotisations ne soit jamais prononcé) ;
2) l'émetteur a une trouille bleue de vous l'annoncer. Il commence par dire que ce n'est pas de son fait mais celui du décret x et de l'arrêté y. Puis il se garde bien de vous dire quelle est l'augmentation de la retenue (à vous de prendre crayon et papier pour essayer de la calculer).

En résumé : C'est une information sans (volonté de) communication. Il s'agit d'un cas typique d'« *écriture sous contrainte* ». D'un côté, le Service du personnel craint de recevoir des réclamations des salariés, qui verraient augmenter sans explication, leur cotisation d'Assurance maladie. De l'autre, il est extrêmement gêné de le dire, bien qu'il ne fasse qu'appliquer la loi.

Deux conclusions personnelles possibles :
1) Si on se met à la place du salarié : scandale !

2) Que voulez-vous, c'est la vie… On ne fait pas toujours ce qu'on veut… Prudence, prudence… Mettez-vous à la place du Service du personnel…

Conclusion rhétorique : Plus on s'exprime sous contraintes, moins on communique.

2. Voici maintenant la même note, récrite sous forme de lettre plus compréhensible

Nom de l'Entreprise

Service du Personnel

Adresse — Téléphone

Date ....

INFORMATION AUX AGENTS STATUTAIRES

AUGMENTATION DES COTISATIONS D'ASSURANCE MALADIE
en application du décret du 26 décembre 1978 et de l'arrêté du 29 juin 1979.

Madame, Monsieur,

Vous constaterez ce mois-ci une modification des cotisations d'assurance maladie. Elle est portée sur la ligne 24 de votre bulletin de paie.

Cette mesure résulte de l'application du décret du 26 décembre 1978 portant augmentation des cotisations de sécurité sociale. Nous vous avions déjà annoncé son principe dans une première lettre qui était jointe au bulletin de paie de février. Toutefois, la parution, le 29 juin dernier, de l'arrêté d'application de ce décret apporte des changements qui appellent de nouvelles explications. Elles concernent la période transitoire du 2e semestre de cette année, entre l'ancien régime et le nouveau qui entrera en application en janvier prochain.

Ce qui va changer sur votre feuille de paie :

– En juillet 1979

La retenue sur la totalité du salaire augmente de 1,5 % à 2,85 %, mais la retenue supplémentaire sur le salaire plafonné diminue de 2 % à 0,65 %.

– D'août à décembre 1979 inclus

Aux effets de ce nouveau barème s'ajoutera une retenue supplémentaire provisoire destinée à compenser les cotisations non perçues pendant le 1er semestre 1979 (uniquement pour les agents statutaires).

– À partir de l'année prochaine

À partir de janvier 1980, le nouveau taux entrera en application, soit uniquement 3,5 % sur la totalité du salaire.

Nous vous remercions pour votre compréhension et restons à votre disposition pour tout renseignement particulier.

Le directeur du service du personnel,
Jules Dupont.

PJ : Annexe. Mode de calcul des cotisations.

ANNEXE

MODE DE CALCUL DES COTISATIONS

	L'année dernière Avant le 1er-1-1979 (rappel)	Cette année Période transitoire allant de juillet à décembre 1979 *	L'année prochaine À partir du 1er-1-80
Sur la totalité du salaire..............	4 %	7,35 %	8 %
dont :			
— **pour le salarié**......................	**1,5 %**	**2,85 %**	**3,5 %**
— pour l'employeur....................	2,5 %	4,50 %	4,5 %
Sur le salaire plafonné à 4470 F	9,85 %	6,50 %	5,85 %
dont :			
— **pour le salarié**......................	**2 %**	**0,65 %**	**néant**
— pour l'employeur....................	7,85 %	5,85 %	5,85 %

* À cette cotisation s'ajoutera pour les agents statutaires, d'août à décembre 1979 inclus, un supplément de retenue pour la régularisation de la partie des cotisations non perçues pendant le premier semestre 1979. Cette régularisation ne concerne que les rémunérations brutes soumises à cotisation dont la moyenne mensuelle est supérieure au plafond de 4470 F.

NB — Pour les agents non statutaires, aucune régularisation n'interviendra car le nouveau plafond et les nouveaux taux ont été appliqués dès la paie de janvier 1979.

CORRIGÉ 24

1. Réponses aux questions posées

1. Évitez tout ce qui est inutile. À la recherche d'un emploi ? C'est probable, puisque vous répondez à l'annonce. Quant au numéro de l'annonce, à son jour de parution..., c'est plutôt à mettre en référence que dans le texte de votre lettre. Aussi vaut-il mieux entrer sans attendre dans le vif du sujet en apportant, dès le début, de véritables informations. C'est ainsi que vous éveillerez l'intérêt, que dès la première ligne votre lettre sera lue avec attention.

2. Pas de bluff. Si vous avez vraiment autant de propositions que vous le dites, qu'attendez-vous pour y donner suite ? Et croyez-vous être à ce point excellent que votre lecteur va se précipiter vers vous de peur de vous perdre ? Quant à la dernière chance, rappelez-vous que l'objectif du recruteur n'est pas de donner des chances : ce n'est pas un philanthrope et il base ses décisions sur d'autres critères que les besoins des candidats. Choisissez donc un meilleur argument.

3. L'objectif du « mot » d'accompagnement est d'établir un parallèle entre un *curriculum vitae* standard et une petite annonce spécifique. Or, seule la lettre spécifique le permet. Votre lettre doit donc être à chaque fois particulière, à chaque fois mettre l'accent sur ce qui, dans votre *curriculum vitae*, voire dans votre expérience non indiquée dans ce *curriculum vitae*, est le plus en rapport avec le poste proposé.

4. Tapée à la machine, votre lettre donne d'abord l'impression d'un document standard photocopié à x exemplaires, alors que le recruteur souhaite avoir le sentiment que vous vous adressez à lui de façon particulière et que, notamment, vous avez pris la peine de passer quelques minutes à rédiger manuellement votre lettre. Ensuite, n'est-ce pas tout simplement reculer une échéance ? Si le recruteur souhaite vraiment effectuer une analyse graphologique, il vous demandera certainement, en entretien, d'écrire quelques lignes. Faire écrire par votre sœur ? La supercherie risque de se retourner contre vous si, là encore, en entretien, on vous demande un nouvel échantillon de votre prose. Et puis n'oubliez pas que l'analyse graphologique ne se contente pas de juger de l'élégance des courbes et des déliés : elle vise à mettre en évidence certains traits de caractère et à les comparer à ceux exigés par le poste (votre sœur, qui écrit si bien, possède-t-elle ces traits ? Par ailleurs, si vous êtes un homme, ne pensez-vous pas que le graphologue vous jugera peut-être un peu trop « efféminé » pour le poste ?).

5. Quand des prétentions sont demandées, elles ne doivent pas, bien entendu, être indiquées sur le *curriculum vitae*, qui est standard. Par contre, faire totalement la sourde oreille est une politique risquée. Le recruteur souhaite savoir si vous n'êtes pas *a priori* trop cher : ne rien dire peut lui laisser penser que, vu votre expérience..., vous êtes hors de prix. Alors pourquoi ne pas au moins répondre que vous avez pris conscience de ses contraintes budgétaires en lui donnant quelques éléments d'information « à négocier en fonction du poste » ? Une fourchette peut tout à fait convenir si vous êtes bien informé sur le poste et sur l'entreprise ou si, véritablement, vous ne voulez pas travailler en dessous d'un certain seuil, mais évitez de surévaluer (vous risquez d'être jugé trop cher). Le plus simple n'est-il pas alors d'indiquer votre dernière rémunération ?

6. L'entreprise a besoin d'un salarié rapidement opérationnel, non d'un étudiant ! Quant au bluff, les moyens de vérification existant, ils seront un jour ou l'autre utilisés. Si votre expérience et votre formation vous donnent l'impression que vous pouvez malgré tout concourir, essayez plutôt de faire partager cette opinion au recruteur.

7. De quoi avez-vous peur en refusant une photographie ? Ce n'est pas un critère de sélection mais seulement un moyen de mieux vous visualiser parmi les cinquante *curriculum vitae* que l'on vient de lire. Facilitez donc le travail de votre interlocuteur, surtout quand il s'agit, comme ici, de mieux se souvenir de vous. Bien qu'on ne sélectionne pas à partir d'une photographie, essayez tout de même de fournir la meilleure image possible. Aussi évitez les Photomaton (ou les photocopies) qui effacent les traits et donnent une

allure parfois sinistre... tout en restant cependant tel que vous êtes (tout le monde vieillit et ce n'est pas nécessairement un handicap pour le poste).

8. Si l'entreprise a décidé de confier cette mission à un cabinet, elle a ses raisons, notamment celle d'être déchargée de cette tâche. Aussi, envoyer directement votre dossier à l'entreprise risque, dans le meilleur des cas, de se traduire par un renvoi de ce dossier au cabinet et, dans le pire, d'aller directement à la poubelle. Par ailleurs, si votre profil vous semble convenir, ne craignez pas la concurrence : écrivez donc en respectant les consignes (au surplus, si être débrouillard est une qualité, faire preuve d'esprit frondeur peut être mal considéré).

2. Une lettre à critiquer

Cher Monsieur, [1]

Venant d'être licencié économique, [2] *j'ai l'honneur* [3] *de vous adresser ma candidature au poste de chef des ventes dans votre entreprise.*

Je sais en effet que votre marché est en constant développement et que la compétitivité et les performances de votre entreprise font aujourd'hui école. [4] *Quant à moi,* *je pense correspondre* [5] *au profil requis car, comme vous pouvez le constater* [6] *dans mon CV, mon expérience antérieure* [7] *n'est pas sans rapport avec le poste proposé : même si je n'ai pas encore travaillé dans votre secteur d'activités,* [8] *j'ai déjà été vendeur (et même, d'après mes supérieurs, bon vendeur) de produits assez diversifiés (encyclopédies, assurances...). Je suis ce qu'on appelle un vendeur né, capable de tout vendre.* [9] *De plus, j'atteste d'un fort dynamisme et d'une grande disponibilité,* [10] *qualité qui, dans la conjoncture actuelle,* [11] *sont certainement un atout pour le poste proposé.*

Je reste bien sûr à votre disposition pour vous donner d'autres informations [12] *si vous me convoquez.*

Espérant que ma candidature retiendra votre attention, [13] *je vous prie de croire à l'assurance de mes sentiments d'ores et déjà dévoués.* [14]

PJ : Mon CV, ainsi qu'une enveloppe timbrée libellée à mon adresse. [15]

1. Quelle familiarité ! De plus, êtes-vous certain que votre lecteur ne sera pas une lectrice ? Préférez « Madame, Monsieur », ou « Messieurs » (quoi que ce peut encore être risqué : une chômeuse de la région de Lille, claviste de formation, a répondu à une petite annonce pour un emploi de claviste mais, ayant débuté sa lettre par « Messieurs », elle s'est vu refuser l'emploi par la gérante de l'entreprise...).

2. Que vous soyez à la recherche d'un emploi, c'est évident, sinon pourquoi répondre à l'annonce ? Il est donc inutile de le préciser, tout comme il est inutile d'indiquer aussi bien que vous avez été licencié que le motif de ce licenciement.

3. Après la familiarité du début, on sombre dans l'excès inverse. Outre cette nouvelle erreur, ne pensez-vous pas que, réunis, ces deux excès dénotent une certaine incohérence ?

4. Il est tout à fait louable que vous vous soyez informé sur l'entreprise et tout à fait pertinent de le laisser entendre. Un peu de flatterie est également possible, mais trop c'est trop. De plus, l'entreprise est consciente de son niveau : ce qu'elle souhaite connaître, c'est le vôtre.

5. Si vous n'en n'êtes pas certain vous-même, qu'elle sera, selon vous, l'attitude de votre interlocuteur? Ce n'est pas à lui d'éclaicir ce que vous-même ignorez. Ou peut être voulez-vous seulement faire preuve de modestie... mais est-ce alors la première qualité attendue d'un chef des ventes? De toutes façons, cette indication est peu informative : ce n'est pas ce que vous pensez qui compte, mais ce que pensera le recruteur; et il se basera pour cela non sur votre avis (heureusement d'ailleurs pour vous, vu votre manque de certitude) mais sur des faits.

6. Si votre interlocuteur souhaite constater quelque chose sur votre *curriculum vitae* ? Il n'ignore pas qu'il le peut : il est donc inutile de le lui préciser.

7. N'est-il pas évident que votre expérience est antérieure ? L'espace dont vous disposez pour informer votre lecteur est limité : utilisez-le à bon escient.

8. Soyez positif. Ne parlez que des points qui sont en rapport avec le poste. Mettez l'accent sur eux afin qu'ils compensent vos points faibles que le recruteur décèlera bien de lui-même.

9. Le dire ne suffit pas. On attend des preuves, des résultats chiffrés : ce sont vos meilleures références. Quant au vendeur né, capable de tout vendre, ce sont des formules toutes faites qui risquent d'agacer plus qu'autre chose. Par ailleurs, il est possible que le lecteur ne partage pas votre philosophie et pense que la vente est un métier qui s'apprend.

10. Là encore, c'est une formule toute faite. Le recruteur n'a-t-il pas lu la même dans le dossier des candidats 12, 21, 22, 36... ?

11.La disponibilité, le dynamisme... ne sont pas recherchés qu'en période de crise. Connaissez-vous véritablement le monde de l'entreprise et sa culture ?

12. Si ces informations sont du même type que les indications fournies dans cette lettre, le recruteur va certainement penser qu'un entretien sera peu instructif. Or, n'oubliez pas le but de votre dossier : persuader l'entreprise qu'elle a tout intérêt à vous rencontrer. Pour le moment, l'intérêt semble bien faible.

13. Ne pensez-vous pas que vous pourriez montrer davantage d'assurance surtout, encore une fois, pour un vendeur ? Vendez-vous vos produits comme vous vous vendez pour un emploi ?

14. Êtes-vous certain d'obtenir le poste ? Vous semblez maintenant faire preuve d'une certitude qui contraste étonnamment avec le ton de votre lettre.

15.Si l'entreprise n'a pas assez d'argent pour un timbre, pensez-vous qu'elle pourra vous payer ? Et s'il s'agit d'une tactique pour « forcer » une réponse, vous risquez de vexer et, plus globalement, d'indisposer votre interlocuteur.

CORRIGÉ 25

Dépouillement de l'autodiagnostic

Chaque phrase correspond à un exemple d'attitude de fuite passive, d'attaque agressive, de manipulation ou de comportement « assertif ». Les phrases, indiquées par un numéro, ont été classées en quatre colonnes, correspondant aux quatre attitudes. Vous mettez un point si vous avez répondu *oui, plutôt vrai.* Le total des points indique le degré de votre tendance à utiliser l'attitude indiquée.

Attitude de fuite passive		Attitude d'attaque agressive		Attitude de manipulation		Attitude assertive	
1		4		3		2	
7		6		5		8	
15		10		9		14	
16		11		12		18	
17		20		13		23	
25		21		19		24	
26		28		22		27	
35		29		31		33	
36		30		32		34	
37		39		41		38	
50		40		42		43	
51		48		46		44	
52		49		47		45	
59		55		54		53	
60		56		57		58	
Total	15	Total	15	Total	15	Total	15

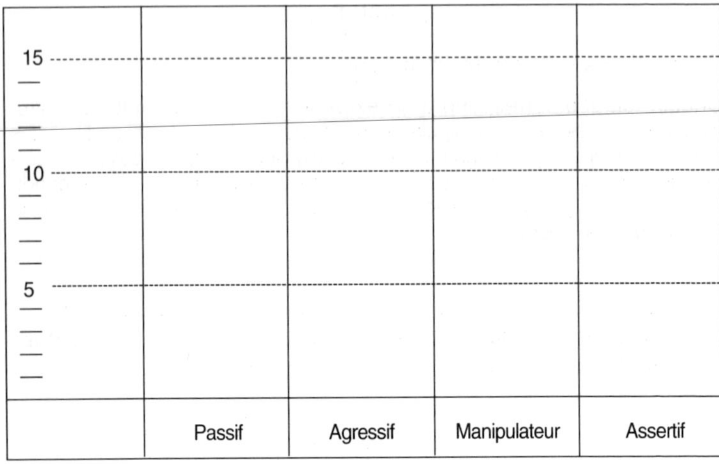

Histogramme des attitudes

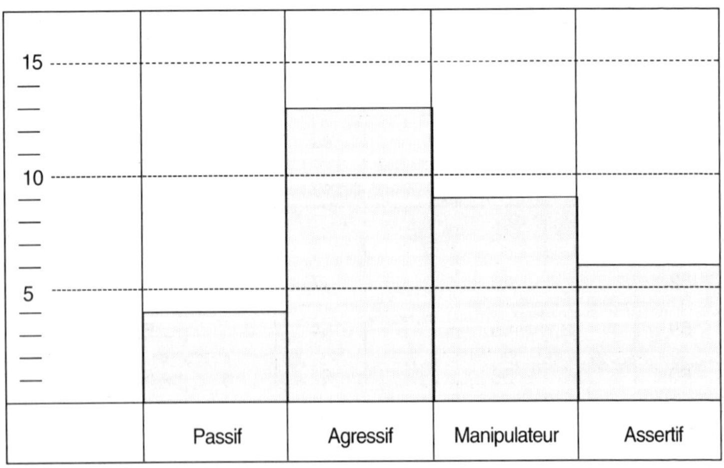

Exemple de résultats

L'assertiveness dans la vie quotidienne

1. Réponse 7. — C'est le droit le plus strict du marchand de ne pas vouloir rendre ce service comme c'est le vôtre de poser la question.
2. Réponse 1. — Réponse un peu moins assertive dans la mesure où il y a coupure brusque du dialogue.
3. Réponse 4. — Si l'intonation du marchand est hostile, vous ne faites qu'exprimer un étonnement sincère.

Les autres réponses peuvent être classées « non assertives » :
— *réponses agressives* : 6, 4 (si la réponse du marchand n'était pas hostile), 3, 2, 5.
— *réponses passives* : 8, 1 (si vous partez rouge de confusion).

Les réponses agressives ou passives révèlent que vous attachez à l'événement une portée inconsidérée.

CORRIGÉ 26

Méfions-nous d'un problème qui nous concerne directement puisqu'il s'agit de notre action et de nos décisions, et qui semble trop nettement défini par les autres.

Définition

Avant toute chose, il s'agit d'apprécier la situation, le type de décisions que nous sommes appelés à prendre, sur quels objets, dans quel contexte et de donner une forme à nos objectifs.

À première vue, il semble qu'on nous demande de trouver et de retenir des chambres en continu dans les deux meilleurs hôtels du monde selon certains critères, d'ailleurs assez flous. Ceci pourrait constituer un objectif et la détermination des deux meilleurs hôtels nous est proposée comme telle, mais il s'agit là des objectifs des autres qui ne sont à ce stade qu'un des éléments de notre représentation du réel.

Nous devons donc poser clairement ce que nous voulons, nous, dans cette situation et cela nous oblige une fois encore à préciser notre éthique. Selon les poids relatifs dans nos aspirations profondes des valeurs :
— efficacité dans le travail ;
— dévouement à la compagnie ;
— désir de pouvoir :
— désir d'être apprécié ;
— désir de tranquillité ;
— désir de sécurité ;
— envie de faire carrière
et sans doute quelques autres, plus ou moins conscients, nos objectifs peuvent se présenter sous différentes formes. Nous pouvons chercher à :
— exécuter la tâche qu'on nous a confiée sans sortir du cadre qui semble avoir été défini, afin de ne déranger personne ;

— trouver parmi l'ensemble des hôtels du monde ceux qui satisferont le mieux aux besoins de la compagnie ;
— agir de façon à montrer notre compétence et notre valeur ;
— prendre les dispositions nécessaires à une gestion de l'hébergement des hôtes qui nous soit la plus aisée possible, et ainsi de suite. Nous sommes confrontés au stade, à présent familier, de la mise en place du réseau d'objectifs pour y fixer un niveau correspondant à nos possibilités d'action.

Quels sont nos objets ?
— les hôtels IJP ;
— les autres hôtels ;
— les services de la compagnie ;
— les hôtes de la compagnie ;
— Baron ;
— Martin ;
— Olson.

D'après les informations dont je dispose, il semble que je n'agirai pas directement sur les hôtes mais sur les hôtels et les services organisateurs de séjours (au moins pour la partie hébergement). Ces points sont à vérifier et à préciser auprès de Martin.

L'action sur les procédures elles-mêmes ne semble pas poser de grands problèmes. Par contre, l'action sur les services, plus probablement sur les chefs de service ainsi que sur Martin et Baron qui sont mes supérieurs hiérarchiques demande plus d'attention et conditionnera sans doute l'action sur les procédures. Quant à l'action sur les hôtels, c'est bien celle qu'on me propose dans l'immédiat, reste à mieux la définir ainsi que celle sur Olson.

Si j'établis rapidement un réseau d'objectifs, j'obtiens (relativement à une certaine éthique).

Je constate que l'établissement des procédures ne vient que dans un deuxième temps après la réponse à la question qui m'est posée (trouver les deux meilleurs hôtels) qui suppose d'avoir d'une part déterminé les besoins réels des services, d'autre part d'avoir recensé l'ensemble complet des solutions possibles en respectant les contraintes qu'on m'impose si je veux éviter de contrecarrer Baron.

Dans un premier temps, je peux donc me fixer un niveau d'objectif au plus bas de ce réseau :

— établir les contraintes réelles ;

— recenser les hôtels possibles ;

— déterminer les besoins réels des services.

Ceci suppose que je prenne comme objets, d'une part Baron, Martin et les chefs de service, d'autre part, Olson et l'ensemble des hôtels du monde.

Information et analyse

Disposant des objectifs et d'objets bien définis, je peux aborder la phase d'information et celle d'analyse Elles sont étroitement liées dans la mesure où l'analyse structure la recherche d'information.

Je sais déjà que je dois interroger Martin sur les points précis concernant la définition de ma fonction (aurai-je parfois à agir directement sur les hôtes, quelles sont les limites de mon action sur les services de la compagnie qui organisent des voyages et sur les procédures d'organisation des séjours ?).

Je sais également (je l'ai posé comme objectif) que je dois m'enquérir des contraintes réelles auxquelles je suis soumis de la part de Baron dans la recherche des hôtels (tient-il à choisir des hôtels IJP ?).

Une analyse structurale par application d'un modèle de circulation de l'information me permet de voir plus clairement les circuits d'échanges entre les éléments de mes objets, ce que je sais à coup sûr de ces échanges et ce que j'en ignore.

Ce petit schéma (p. 238) montre que je n'ai pas d'information solide sur les échanges entre Olson et les hôtels IJP. Il montre également que ce qui s'est produit n'est pas conforme à la procédure proposée par Olson (lettre du 13-8) puisque deux hôtels ont répondu directement.

J'en conclus à la nécessité de contacter Olson pour m'informer sur la façon dont il a transmis l'appel d'offres aux hôtels et dont il a retransmis les réponses.

Ces premières investigations me permettent de savoir que :

— je n'aurai aucun contact direct avec les hôtes ;

— je devrai faire un planning annuel d'occupation des hôtels en concertation avec les services organisateurs de séjours ;

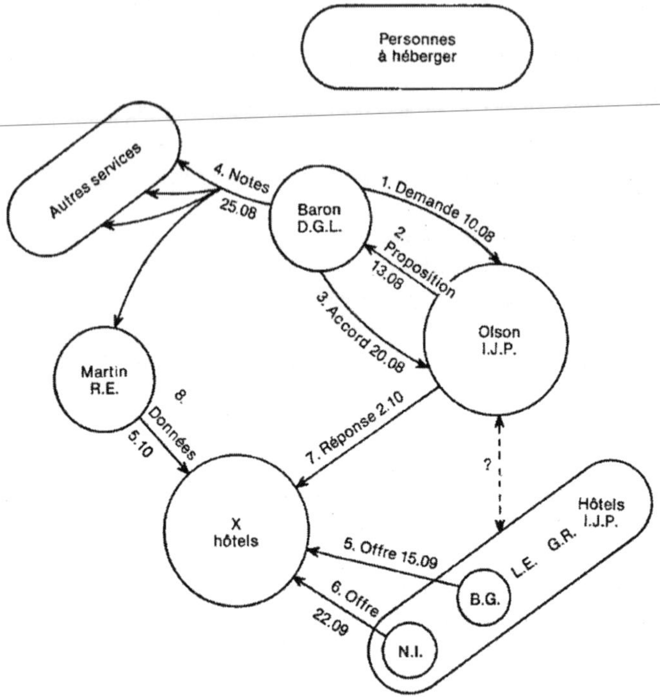

— j'ai la responsabilité de définir les procédures de réservation de dates et de chambres pour les services, à charge pour moi de les faire accepter et appliquer par les services ;

— Baron a contacté Olson qui est un de ses amis mais admettra très bien que je choisisse des hôtels hors d'IJP si ceux-ci offrent une qualité supérieure. Il me fait confiance pour choisir les deux hôtels qui répondent le mieux aux besoins des services dans le monde ;

— Olson a transmis l'appel d'offres par une petite annonce dans la revue IJP mensuelle. Celle-ci n'a pas dû être remarquée car il n'a reçu que six réponses des 2000 hôtels IJP sur lesquelles il n'en a retenu que deux. Les deux hôtels qui ont écrit directement sont à écarter (Brenner Gasthaus est sur le déclin et Nassau Inn en instance de règlement judiciaire). Ils ont écrit directement sachant qu'Olson les éliminerait à coup sûr. IJP n'est pas une chaîne mais une association prestataire de services auprès des hôtels affiliés. Olson, conscient de n'avoir pas correctement satisfait à la demande de Baron, vous propose de relancer l'appel d'offres dans le prochain numéro en vous y réservant une page pleine et en vous laissant la liberté du texte.

Résolution

De tout cela, je peux imaginer différentes solutions possibles :

1. retenir Las Estrellas et Golden Rolls ;
2. accepter l'offre d'Olson et faire un choix parmi la liste des réponses au deuxième appel ;
3. rechercher la liste des hôtels de catégorie luxe dans le monde ;
4. sous-traiter ce choix à des organismes spécialisés ;
5. rencontrer les chefs de service pour leur demander leurs besoins exacts ;
6. rencontrer les chefs de service pour leur demander la liste des hôtels qu'ils ont fréquentés et leurs appréciations sur ces hôtels ;

et bien d'autres sans doute. Je tire évidemment ces hypothèses de la représentation que je me fais de la situation.

Détermination

Confrontées à mes objectifs (déterminer les besoins réels et recenser les hôtels possibles), les différentes hypothèses de décision ont des conséquences prévisibles faciles à évaluer. La première est très négative, la seconde est intéressante en partie, à condition de la compléter par la troisième pour ne pas se limiter à l'hypothèse IJP. La quatrième présente peu d'intérêt et des risques, elle peut également poser un problème de budget. Les hypothèses 5 et 6 paraissent parfaitement aptes à déterminer les besoins réels, elles auraient de plus des effets secondaires positifs : prise de contact avec les chefs de service pour mieux les comprendre et favoriser l'établissement de procédures adaptées, établissement d'un climat de confiance en leur montrant que j'ai le souci de les satisfaire au mieux.

On aboutit à la décision : contacter les chefs de service pour étudier leurs besoins et les réponses qu'ils y apportent eux-mêmes actuellement puis accepter l'offre d'Olson et rechercher la liste des hôtels de luxe dans le monde.

Mise en œuvre

Enfin, reste à appliquer pratiquement ces décisions. Il faut établir le plan des rendez-vous, préparer un questionnaire, ou tout au moins une structure d'accueil pour les réponses des chefs de service. Prévoir l'établissement d'un cahier des charges (qui servira de normes à l'objectif suivant : trouver les deux meilleurs hôtels du monde), contacter Olson et rédiger le texte de l'appel d'offres en y intégrant un questionnaire déduit du cahier des charges (paramètres) à faire remplir par les hôtels candidats, contacter les grandes chaînes d'hôtels et les organismes professionnels en leur communiquant le cahier des charges.

Ce qui se passera au cours de cette mise en œuvre permettra de préciser les points essentiels de la phase de définition du cycle suivant (objectifs, objet, contexte) relatif à la sélection définitive des hôtels et à l'établissement des procédures.

Troisième partie
Communication

Table de la troisième partie

Introduction 243

1. Dites-moi où ça se trouve sur la carte ? Ou comment se faire mal comprendre 244
2. Le témoignage 248
3. Barrages des surdités psychiques 250
4. Réussir une démarche d'affaire 254
5. Dix fragments d'entretien : découverte des attitudes spontanées (test) 258
6. Analyse des causes d'erreurs dans la formulation des questions 266
7. La dynamique de l'entretien 268
8. L'écoute active dans l'entretien éducatif 271
9. Expliquer en face à face 273
10. Être persuasif au téléphone 275
11. Recherche des erreurs de conduite de réunion 276
12. La réunion d'information ascendante 277
13. Observation et codification des interventions et des attitudes des participants à une réunion 280
14. Convention thématique 283
15. La pendule pointeuse 284

Corrigés 1 à 15 285

Introduction

« Communiquer » : un mot souvent galvaudé dont on oublie facilement le préfixe « cum » qui en latin signifie *avec*. Or la vie professionnelle abonde en situations d'entretiens et de réunions où l'objectif affiché souvent ambitieux — expliquer, clarifier, faire un bilan, mobiliser, échafauder un projet — ne saurait être mené à bien sans la contribution de l'autre.

D'ailleurs, chacun au fond est bien conscient que rien de solide ne peut se construire sans échanges ni participation mutuelle, sauf à accumuler frustration ou malentendus — avec à la clé le risque de contentieux ultérieurs ! Pourtant, refus d'écouter, projection, interprétation, faux-semblant sont monnaie courante. De même, comprendre est loin d'être l'attitude spontanée que nous adoptons lorsqu'on s'adresse à nous. Il est tellement plus simple de se substituer aux autres, par manque de temps, trop grande sollicitude ou perfectionnisme obsessionnel.

Quelles sont donc les formes habituelles que prennent les « surdités psychiques » qui font barrage à notre parole ? Quelles sont les erreurs à éviter dans la dynamique d'un entretien, la manière de poser les questions ou encore celle d'apprécier les réponses ? En quoi l'écoute active peut elle lever les blocages suscités par une interrogation trop directive ? Les exercices qui suivent sont là pour apporter des réponses et des lignes de conduite afin de mener une consultation efficace.

La réunion présente aussi d'autres difficultés : des exigences de préparation en amont ; d'animation, de respect de l'ordre du jour et de régulation des échanges pendant son déroulement. Sans parler des interventions des participants qui ne présentent pas toujours la pertinence souhaitée. Savoir en déceler les différentes modalités et découvrir les réactions qu'elles suscitent permet de mieux comprendre les mécanismes en jeu dans un travail de groupe.

Enfin, communiquer c'est savoir aussi se faire comprendre en ayant le souci pédagogique de développer des explications claires, d'illustrer ses propos ou de les nourrir d'arguments convaincants. Un exercice plus global en fin de chapitre, traite de la mise sur pied d'une opération de communication de grande envergure destinée à sensibiliser les agents d'une division commerciale.

Finalement, le souci de bien communiquer n'est pas simple artifice. C'est une question à la fois d'état d'esprit et de volonté. On peut éviter démotivation, tensions ou rancœurs, à condition de jouer la carte de la conviction, de la clarté, de l'écoute et de la coopération !

1. Dites-moi où ça se trouve sur la carte ? Ou comment se faire mal comprendre

♦ Lionel Bellenger, n° 149

Chacun de nous a été confronté au fait d'expliquer de vive voix à quelqu'un, dans la rue, son chemin, ou bien d'indiquer à un ami au téléphone où il habitait, ou encore s'est vu en position de décrire ce qu'il voyait sur le plan d'une ville.

L'exercice consiste à reproduire cette situation d'explication à distance.

On installe dans une salle cinq participants qui seront à tour de rôle, émetteurs. Ils sont munis d'un plan sur lequel figurent dix bâtiments (mairie, école, université, préfecture...). Chaque émetteur doit (après un choix concerté entre eux cinq) donner des explications suffisantes pour que « l'auditoire » situe deux de ces bâtiments. Une caméra filme l'« émetteur » (circuit fermé de télévision).

Dans une autre salle, un groupe « auditoire » l'entend et le voit « en direct » expliquer où se trouvent les deux bâtiments en question. Chacun des membres du groupe auditoire possède une feuille sur laquelle est dessiné un plan vierge, le même évidemment que celui dont se sert l'émetteur... à une rue près. Cette anomalie doit servir à vérifier la vigilance d'écoute du groupe et sa manière de réagir face à une erreur. Ce groupe n'a pas le droit d'intervenir. L'émetteur est prévenu que son explication seule doit suffire pour aider à positionner les bâtiments.

Cet exercice, simple dans son principe, permet en début de stage de faire apparaître comment on peut faire usage des ressources de l'expression orale :

— le message est-il intelligible ?

— l'écoute a-t-elle été confortable ?

— le groupe « auditoire » est-il sûr de ses choix ?

— l'énonciation a-t-elle été agréable, connivente ?

En général, malgré l'insignifiance apparente de la difficulté, de nombreuses erreurs apparaissent sur les feuilles des membres du groupe « auditoire ».

Pendant la re-lecture au magnétoscope, en présence de l'émetteur, on vérifiera s'il s'agit d'une faute d'énonciation ou d'une carence à l'écoute de la part des auditeurs. On sera attentif en particulier à « l'incident » créé par la rue qui manque et aux réactions du groupe auditoire au moment de placer la Préfecture, localisée justement dans cette rue.

L'animateur doit veiller à laisser sur la table des cinq émetteurs qui se succéderont pour expliquer la position des deux bâtiments pré-indiqués, la bonne feuille présentant le plan E (émetteur) avec la rue en plus.

Il distribuera à chaque auditeur le plan A (auditoire) vierge avec la rue en moins.

On précise avant le jeu qu'il est interdit aux émetteurs de donner des noms aux rues et d'utiliser des systèmes de coordonnées. Pour le reste, c'est leur affaire. L'animateur les stimule de manière à les encourager à bien se faire comprendre.

. . . .

Répertoire des bâtiments à positionner. On l'inscrit au tableau face au groupe auditoire.

M Mairie	U Université	F École
H Hôpital	B Bibliothèque	L Lycée
S Stade	G Gare	
CC Centre commercial	P Préfecture	

PLAN E (des émetteurs)

Ce plan ne doit pas être vu du groupe « auditoire ». On le fait circuler seulement en fin de jeu pour la correction. Il contient « la rue en plus » et les dix bâtiments repérés par une lettre majuscule (M : Mairie).

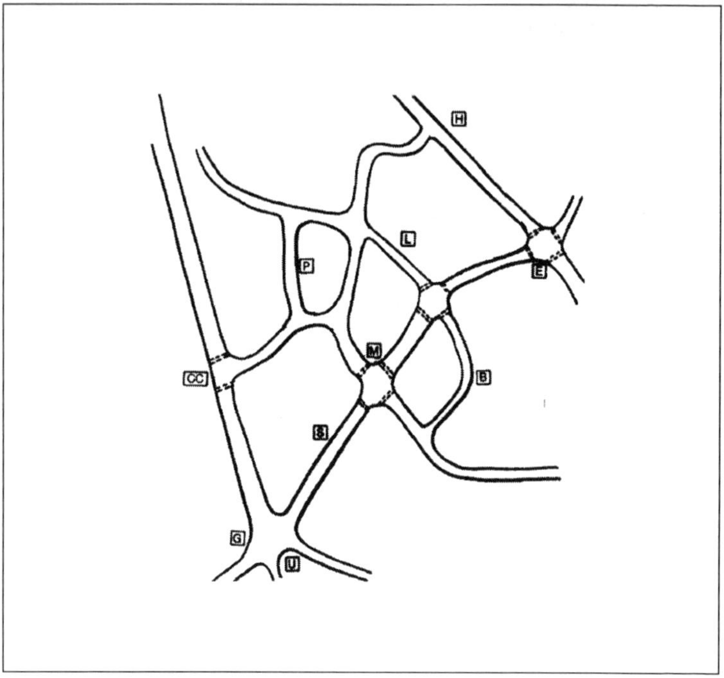

PLAN A (de l'auditoire)

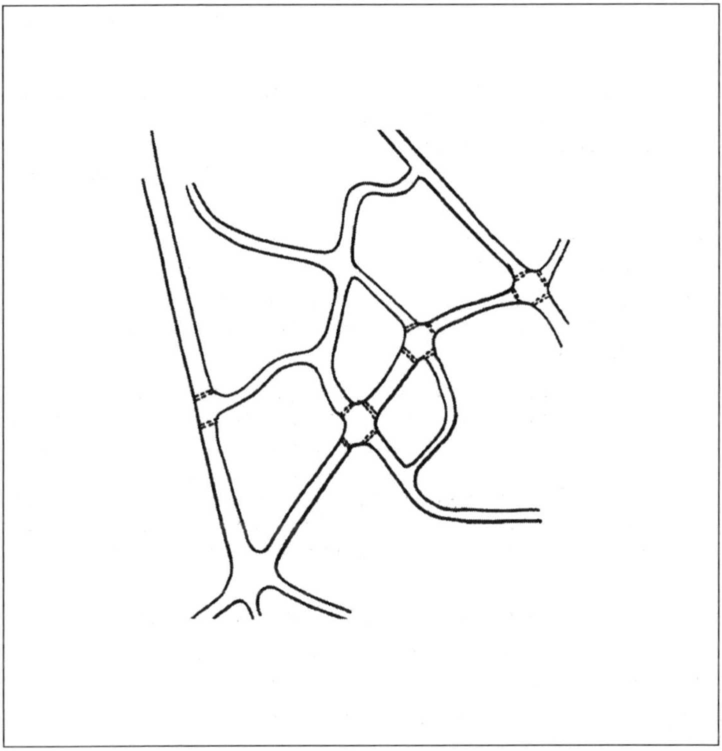

Corrigé page 285

2. Le témoignage

♦ Lionel Bellenger, n° 149

Cet exercice met les participants dans la position de raconter un événement et de dire ce qu'ils croient comprendre. Il permet de vérifier la bonne aptitude à décrire (pour informer un interlocuteur ou un auditoire totalement ignorant des faits) et la façon de présenter une opinion sur des faits.

On confiera à trois personnes les cinq saynètes d'une histoire de Sempé (extraits de *Rien n'est simple*, Denoël 1962, Le Livre de Poche, 1971).

Chaque personne reçoit un jeu complet et prépare isolément l'exercice. Le but est révélé : dire ce que l'on voit et ce que l'on comprend à un auditoire qui n'est au courant de rien.

On enregistre chaque intervention au magnétoscope. Les acteurs ne s'entendent pas mutuellement (ils défilent donc l'un après l'autre sur l'écran). On laisse les deux premiers acteurs en possession des saynètes pendant l'émission, alors que l'on propose au troisième de raconter l'histoire de mémoire (le groupe auditoire n'est pas prévenu de cette règle du jeu). L'objectif est de mesurer l'écart (éventuel) entre une description en prise directe sur l'événement et une description « de mémoire ».

On incite le groupe-auditoire à prendre des notes pendant l'écoute.

Quand le jeu est terminé on interroge le groupe-auditoire selon une méthode que l'on trouvera dans le corrigé (page 286).

Ensuite on visionne les acteurs et on fait le point sur la qualité des émissions.

LE TÉMOIGNAGE :
ce que je vois et ce que je comprends

Rien n'est simple, Sempé, Copyright Denoël 1962, Le Livre de Poche, 1971.

Corrigé page 286

3. Barrages des surdités psychiques

♦ Philippe Kaeppelin, n° 70

Dans les exemples que nous vous proposons d'examiner maintenant, vous pourrez reconnaître vos propres situations professionnelles, en les transposant quelque peu. Ils vous alerteront sur les formes habituelles que prennent les *surdités psychiques* qui font barrage à votre parole ou à celle de vos collègues.

Dans ce but, nous vous invitons à analyser des expériences de non-écoute qui relèvent des *surdités psychiques* en distinguant *barrage partiel* et *barrage total.*

Cet examen peut avoir lieu : seul, à titre personnel; ou en petits groupes en utilisant les procédures de l'étude de cas.

Situation I

M. Lalou, chef d'entreprise, convoque trois chefs de service délégués pour leur faire approuver définitivement l'organigramme de leur succursale. Le premier d'entre eux, M. Keller, arrive à l'heure prévue dans le bureau de M. Lalou. Ce dernier avoue sa surprise de voir M. Keller au rendez-vous : « Je ne me souvenais pas que vous deviez participer à notre réunion ». Il manifeste une gêne évidente en présence de M. Keller dont il présume l'opinion opposée à la sienne, compte tenu des rumeurs qui lui sont parvenues. Tout en marchant de long en large et en regardant à la fenêtre, il avance : « Il serait l'heure de commencer mais nous allons attendre vos collègues. De toute façon, je ne pourrai consacrer qu'une demi-heure à notre réunion, j'ai d'autres rendez-vous après... » Quelques propos tout à fait extérieurs à l'enjeu de la réunion sont échangés entre M. Lalou et M. Keller.

Alors, arrivent MM. Robert et Papon... Dès que la réunion commence, ces deux derniers avouent d'emblée leur accord avec M. Lalou. Ils expriment même leur satisfaction devant le projet de centralisation hiérarchique de l'organisme en question.

M. Keller ne partage pas l'avis de ses collègues ni de M. Lalou : « Cet organigramme n'est pas assez détaillé, il ne précise nullement qui fait quoi, ni les attributions des divers responsables cités, ni celles du directeur adjoint. Les instances de concertation et de décision n'y sont pas mentionnées... »

D'emblée, M. Lalou perd patience en s'entendant ainsi critiqué, son visage s'empourpre, sa voix monte d'un coup. Il évoque la « pagaïe » qui régnait dans la succursale avant son arrivée à la direction des affaires. Il s'en prend aux idées d'autogestion qui ont été véhiculées par ses prédécesseurs. Il rappelle les dysfonctionnements qui l'ont entraîné dans des procès coûteux pour l'entreprise, à cause des revendications de plusieurs employés...

M. Keller maintient son avis : « Je refuse d'approuver cet organigramme; autant me demander de signer un chèque en blanc, c'est une question de compétence pour moi. »

MM. Robert et Papon confortent M. Lalou dans son intervention : « Une réorganisation est tout à fait nécessaire, le projet en question nous offre une chance inespérée... »

M. Keller ne refuse pas les changements, mais il ne veut pas subir un dispositif mal ajusté aux réalités du travail.

Durant une demi-heure, la discussion piétine entre les quatre participants sur le thème d'un changement nécessaire, sans apporter d'autres éléments que ceux de l'organigramme proposé.

Au moment où M. Lalou s'apprête à lever la séance, M. Keller lui demande « Que pouvons-nous retenir de cette réunion? » M. Lalou répond de façon évasive : « Il faudra sans doute veiller à faciliter plus souvent la concertation... »

Situation II

En fin de matinée, Mme Simon, employée à mi-temps, rencontre son chef de service, M. Clément, dans un couloir entre deux bureaux. Elle lui demande de modifier son planning dès la rentrée prochaine. Elle souhaiterait assurer son emploi auprès de la clientèle le jeudi au lieu du mardi. Ses impératifs de travail, extérieurs à l'établissement, d'après elle, l'y contraignent.

M. Clément prend acte de la demande, mais il fait néanmoins apparaître les difficultés qu'entraînerait ce changement dans les horaires de travail qui sont établis : « Le mardi apparaît déjà comme un jour de surcharge pour tout le personnel du service, d'autres personnes travaillant à temps partiel et se trouvant absentes ce jour-là. »

Mme Simon fait valoir que sa présence le jeudi au lieu du mardi lui offrirait l'avantage de participer à certaines réunions de service qui précisément ont lieu ce jour-là.

M. Clément hoche la tête en signe d'approbation, mais il diffère sa réponse définitive : « Je suis prêt à envisager la question de plus près, cela mérite réflexion; nous en reparlerons si vous le voulez bien. Vous me prenez au dépourvu, je manque de temps pour vous répondre maintenant. »

L'après midi, au téléphone, à l'occasion d'un appel de M. Clément pour un renseignement propre au service, Mme Simon renouvelle sa demande. Cette fois, sa voix se colore d'inquiétude, ses paroles se précipitent. Elle ne comprend pas que les jeudis ne puissent lui être attribués en remplacement des mardis. Elle apporte même une précision : « J'ai eu le temps de réfléchir… Si, au moins, je pouvais remplacer le mardi par le jeudi une dizaine de fois au cours de l'année, ce serait déjà très important pour mon travail à l'extérieur du service. »

M. Clément répond d'emblée : « Ce serait peut-être une formule. Cela permettrait de concilier les points de vue, sans risquer de priver régulièrement le service de votre présence particulièrement utile le mardi. »

Mme Simon ne s'étonne pas moins que ce changement provoque des difficultés particulières : « Je me demande ce que vous protégez par ce refus. Il y a vraiment des habitudes qui nous emprisonnent. Pourquoi faire difficulté maintenant pour des dispositions horaires qui étaient adoptées il y a encore un an ? Je ne comprends pas. Vraiment, je préférerais travailler tous les jeudis au lieu des mardis. Ainsi mes activités seraient plus aisément planifiées, j'aurais un cadre de manière plus habituelle… »

M. Clément rappelle les propos qu'il a tenus le matin : « Les mardis sont déjà très menacés par la surcharge de travail du personnel présent ce jour-là. Je préfère une solution de souplesse, j'essaie de concilier les points de vue. N'avez-vous pas obtenu ce que vous m'avez explicitement demandé tout à l'heure ? Pourquoi demander à nouveau tout, comme si vous n'aviez rien obtenu ? »

De manière très volubile, Mme Simon rappelle ses difficultés, et après quelques instants de silence, elle déclare : « Vous ne m'entendez pas, non, vous ne m'entendez pas… Je ne sais pas si nous pouvons continuer notre conversation… »

M. Clément garde quelques secondes le silence et finit par dire : « Il me semble que nous sommes parvenus à un certain accord, tout de même… Ne pensez-vous pas ? »

Mme Simon, la voix plus sourde, apparemment émue, déclare : « Je ne crois pas utile que nous poursuivions maintenant. »

M. Clément achève l'entretien : « Bon, eh bien, en attendant mieux, nous en restons à ce dont nous sommes convenus maintenant : vous pouvez compter sur un changement d'horaire pour dix jeudis dans l'année. À bientôt. »

Situation III

M. Legrain, chef de service dans une grande société, voudrait convaincre M. Dubois, son cadre supérieur. Bien que ce dernier ne cache pas ses réticences pour l'utilisation de méthodes modernes dans les divers services, M. Legrain souhaiterait faire adopter l'informatique pour les diverses tâches concernant les tableaux de recensements nécessaires aux travaux.

M. Dubois reçoit M. Legrain avec le sourire, et d'un geste large de la main invite son interlocuteur à s'asseoir devant son bureau. D'entrée de jeu, il se déclare « ouvert au dialogue », se fait rappeler le nombre exact des employés dans les services concernés par la requête de M. Legrain, les équipes constituées...

M. Legrain avance, sans la moindre emphase, ses arguments en faveur d'une future installation de l'informatique : meilleurs délais de réalisation des travaux, décharges des services, libération de certaines tâches qui se sont accrues de plus en plus au cours des derniers mois...

Réticence immédiate de M. Dubois qui conteste les constats de M. Legrain : « Moi, je ne pense pas que les tâches se sont accrues. Il se peut seulement que vous ayez accusé une diminution de votre rendement avec l'absence de Mme Dupont en congé de maternité. » Mais par ailleurs, il s'ingénie à reformuler la demande de M. Legrain en usant à tout bout de champ de l'expression « Si je comprends bien », ou « Je vais reformuler... » Ainsi : « Je reformule votre demande : à vous entendre, votre équipe en a “assez”, vous souhaiteriez changer de service... »

M. Legrain reprend de suite, sans perdre de vue son objectif : « Mais non, nous n'en avons pas “assez”, mais nous voudrions des moyens de travail plus perfectionnés pour assurer la promotion de notre produit et obtenir plus de clients en les satisfaisant plus vite. »

Sans attendre, M. Dubois conteste encore l'argument en question : « Si je reformule ce que vous venez de me dire, je dois conclure que ce dont vous me parlez là ne relève pas de vos services mais du service de diffusion... Je crains qu'avec l'informatique vous ne vouliez bientôt gérer tous les services, généraliser de nouvelles méthodes et même pallier les congés de maternité ! » Un peu interloqué, M. Legrain reprend : « M. X... m'a dit que j'arriverai difficilement à vous convaincre... »

M. Dubois rétorque sans ambages : « Mais, mon cher, je vous écoute. Mais si je comprends bien, vous voulez changer de service ? »

Réponse de M. Legrain : « Nous voulons rester où nous sommes avec des moyens modernes, et nous souhaiterions doubler notre rentabilité en deux fois moins de temps ! »

M. Dubois, sur un ton plus incisif : « Vous avez appris votre leçon par cœur... »

M. Legrain donnant quelques signes de lassitude désabusée : « On a peur de venir vous voir, vous savez, on a peur de ne pas être entendu...

Mais je suis tout de même venu pour améliorer la rentabilité et les conditions de travail avec l'informatique. »

M. Dubois réagit sur-le-champ : « Vous me parlez des conditions de travail maintenant! Par ailleurs, je pourrais aussi vous faire remarquer que vous posez un problème financier important, je n'ai aucun crédit spécial actuellement pour le matériel en question. Alors, écoutez-moi, laissez-moi parler, on va conclure : je suis prêt à faire un effort pour examiner de plus près votre demande; je n'exclus pas éventuellement de reconsidérer les problèmes de budget; enfin, nous pourrons nous revoir le 26 mai, même heure; à ce moment-là, je vous tiendrai au courant du résultat de mes réflexions. »

Corrigé page 287

4. Réussir une démarche d'affaire

♦ Dominique Chalvin, n° 61

Utiliser tous les modes de fonctionnement du cerveau pour réussir une démarche

— Indiquer vos façons de faire.
— Voici un exemple indiqué par la revue *Expansion.*
— Repérer les modes cérébraux privilégiés.
— Indiquer les modes qu'il est utile d'ajouter pour utiliser tous les modes.

Voici, tirées de l'expérience d'un certain nombre de praticiens, huit règles pour pénétrer, sans commettre trop d'impairs, dans le monde des affaires américain, si tentant et si impressionnant

1. Pensez « les Américains », pas « l'Amérique »

Là-bas, on parle partout la même langue, mais attention, prévient Patrick Turbot, general manager du cabinet new-yorkais Valgos International, « l'homogénéité apparente cache une grande diversité de coutumes, de modes de vie ou de consommation, de comportements et d'habitudes. Un Texan peut être aussi différent d'un New-yorkais qu'un Italien d'un Allemand. Les risques d'incompréhension sont donc bien plus grands qu'il n'y paraît. Ils rendent presque toujours obligatoires une approche régionale de cet immense marché et l'assistance permanente de conseillers locaux ».

Modes :

. . . .

2. Des relations, pas de sentiments

L'Américain a un extraordinaire sens de l'accueil. Il adore qu'on s'intéresse à lui et vous fermera rarement sa porte. Avions, salles de sport, country club, déjeuners et dîners seront autant d'occasions d'établir de nombreux contacts. Mais le sentiment n'a pas sa place dans le business : à l'inverse, c'est la vie professionnelle qui envahit la vie privée. « Par manque de temps ou d'intérêt, et en raison de la très grande mobilité géographique de chacun, l'amitié aux États-Unis se cristallise souvent exclusivement sur les relations d'affaires, collègues partenaires, fournisseurs, clients ou prospects. Il est indispensable, pour réussir ici, d'établir avec ses interlocuteurs professionnels des relations personnelles d'intimité, de complicité et de confiance » estime Marcel Avargues, directeur commercial de l'Association pour le marketing direct à Washington (DMA).

Modes :

....

3. Rien ne vaut le contact direct

Impatient et pragmatique, l'Américain apprécie peu les longues analyses conceptuelles et leur préfère des exemples concrets, factuels et vivants. « Sa propension à la communication visuelle et orale, renforcée sans doute par une surconsommation d'images télévisées, explique sa préférence pour le téléphone et le contact physique plutôt que pour l'écrit. Les mémos, télex et lettres formelles qu'affectionne le Français ne revêtent à ses yeux aucun caractère d'urgence : il n'est pas rare ici de voir les plus importantes décisions se prendre au téléphone et être ensuite confirmées par écrit » explique Fortunat Mueller-Maerki, directeur associé du cabinet de recrutement Egon Zehnder International.

N'hésitez pas à faire un peu de spectacle. « Business » rime avec « (show) business ». Vos présentations devront être parfaitement orchestrées et appuyées par une logistique irréprochable : graphiques, transparents, vidéos et diapositives sont les instruments nécessaires, sinon suffisants du succès.

Modes :

....

4. L'indispensable avocat

Aux États-Unis comme chez nous, l'écrit reste synonyme d'engagement mutuel. Raison de plus pour ne pas en abuser, car l'Américain est très pointilleux au plan juridique et n'hésite jamais à faire appel à son « lawyer » dès que le moindre doute surgit. « Vous avez peut-être réussi à vous développer en France sans l'aide d'un avocat. Inutile d'essayer en Amérique ! Vous échouerez sans l'aide de ce personnage mythique, omniprésent, craint et détesté, chargé de régler vos problèmes avant même qu'ils ne se posent ; appels en responsabilité, attaques des organisations consuméristes, imbroglio juridique des différents États, problèmes de normes, etc., ne pourront être résolus que par lui », prétend Georges Graighead, responsable du cabinet de chasseurs de têtes Graighead and Associates.

Modes :

. . . .

5. Fignolez les détails

Les Français, sûrs d'eux-mêmes et de leur goût, ont bien souvent le tort de penser que c'est au marché américain de s'adapter à leurs produits et à leurs habitudes, et non l'inverse. « Résultat : des cartes de visite et du papier à lettres inclassables parce que trop grands, des documentations inutilisables parce que libellées en français, des unités de mesure incompréhensibles parce que non traduites en onces, livres, pouces, pieds et degrés Fahrenheit, des dates trompeuses (l'Américain inscrit le mois d'abord, le quantième ensuite, l'année enfin : 10-12-85 veut dire le 12 octobre et non pas le 10 décembre), et surtout de bons produits mais dont les caractéristiques ne correspondent en rien aux habitudes ou aux goûts américains », ironise Anne Triclot, attachée commerciale auprès du poste d'expansion économique de New York. Elle ajoute : « La démarche du conquérant n'est pas de mise ici ; quoi que l'on vende, qui que l'on soit, il existe mieux ou plus compétent sur place. Il est donc indispensable d'être à l'écoute permanente des besoins du marché, prêt à adapter ou à modifier immédiatement sa stratégie ».

Modes :

. . . .

6. Mœurs et méthodes de travail

Le Français peut mettre des années avant d'appeler l'un de ses collègues par son prénom ou de le tutoyer. Sachez qu'il est courant de voir une standardiste américaine saluer son P-DG d'un sonore « Good morning, Jack ! ». Sachez aussi que votre interlocuteur utilisera votre prénom dès le premier entretien téléphonique. N'en concluez pas pour autant que l'affaire est dans le sac, mais abandonnez votre formalisme légendaire. Habituez-vous enfin aux horaires de bureau : l'Américain travaille généralement de 9 à 17 heures, et consacre trente minutes à un déjeuner qu'il souhaite léger mais suffisant.

Modes :

. . . .

7. Franchise et précision

Il n'y a pas aux États-Unis de respect excessif pour les supérieurs hiérarchiques. Ceux-ci, de leur côté, attendent avant tout de leurs adjoints une spontanéité critique et constructive plutôt qu'un mutisme souvent peu apprécié. Un tel état d'esprit réduit énormément la tension émotionnelle au sein de l'entreprise.

« L'exportateur français doit, lui aussi, apprendre à défendre ses vues avec fermeté et enthousiasme, et posséder pour ce faire une argumentation sans faille », estime Dominique Clavel, vice-président à la Chase Manhattan Bank. Cela requiert un travail préalable considérable, que chaque Américain connaît sous le nom de *homework* (travail à la maison). Selon Daniel Cassat, attaché commercial à New York, « il est suicidaire d'improviser, d'élaborer des réponses farfelues ou de faire des promesses que l'on ne sera pas capable de tenir. L'Américain n'hésite jamais à demander le temps de la réflexion s'il ne possède pas la réponse exacte à une question ; il n'en voudra pas à quiconque procède de la même façon ; en revanche, il ne pardonne pas d'avoir été bluffé. Il s'attend que vous ayez évalué chaque risque, pensé chaque difficulté, mis au point chaque solution, prévu chaque question avant de le rencontrer ». Il faut enfin pouvoir à tout moment répondre à la question. « OK, how much ? » (D'accord, combien ?), qui clôt inévitablement un rendez-vous d'affaires réussi.

Modes :

. . . .

8. Pas de cocorico

Il semble malheureusement que l'homme d'affaires français ne bénéficie pas toujours aux États-Unis d'une réputation irréprochable de fiabilité. Il est donc indispensable qu'il assure d'abord sa crédibilité. Inutile de compter sur l'attrait de l'exotisme, qui agit généralement plutôt comme une arme à double tranchant, ainsi que l'explique Gérard Joulin, P-DG des Pains Jacquet : « En décorant nos croissanteries de tours Eiffel et de drapeaux tricolores, nous avons souffert, au début, de l'image haut de gamme attachée à la marque France, éloignant du même coup de nos magasins notre cible réelle, le grand public ».

Paradoxalement, il faut commencer par oublier ses habitudes et ses complexes, estime Patrick Turbot. « Peu importe, dans ce pays d'immigrants, d'être étranger. L'important n'est pas d'où l'on vient, mais la capacité démontrée que l'on peut générer des affaires en se pliant aux règles du jeu locales ». Et, il ajoute avec enthousiasme : « Pour réussir dans ce pays passionnant, je crois qu'il faut parvenir à l'aimer avant même de le comprendre ». Love it or leave it !

Modes :

. . . .

Corrigé page 288

5. Dix fragments d'entretien : découverte des attitudes spontanées (test)

♦ Roger Mucchielli, n° 1

Vous trouverez ci-dessous 10 fragments d'entretien. Chaque fragment correspond, dans les pages qui suivent, à six réponses différentes. Lisez attentivement ce que dit le sujet du premier fragment, en imaginant le personnage et la situation qu'il décrit comme étant la sienne.

Puis supposons que cette personne soit connue de vous, à un degré suffisant pour qu'elle puisse dire ce qu'elle dit comme elle le dit... et que vous ayez à lui répondre. Lisez alors les six réponses proposées pour le fragment considéré. En vous laissant aller à votre spontanéité (c'est-à-dire sans chercher s'il y a une « bonne » réponse ou non), marquez d'une croix dans la colonne 1, celle qui se rapproche le plus (ou s'éloigne le moins) de ce que *vous* auriez eu envie de répondre à cette personne dans ces circonstances.

Faites cela pour les 10 fragments successivement.

Fragments d'entretien

Cas n° 1. — Femme de 37 ans (voix lasse).

Je ne sais vraiment pas quoi faire. Ah! je ne sais vraiment pas si je dois reprendre mon poste de standardiste... cela me porte tellement sur les nerfs, je peux à peine le supporter... mais j'ai une stabilité et un bon salaire; ou alors lâcher tout et faire ce qui m'intéresse réellement, en tout cas un travail plus varié mais cela aboutirait à débuter en bas de l'échelle avec un salaire très faible... Je ne sais pas si je pourrais le faire ou non... ?

Après lecture de ce fragment, reportez-vous donc page 260 pour marquer votre réponse choisie parmi les 6 proposées. Faites ainsi pour tous les autres cas.

Cas n° 2. — Homme de 30 ans (voix bizarre, naïve, fruste).

J'ai un sentiment des plus bizarres : quand quelque chose d'heureux m'arrive, eh bien, je ne peux pas y croire, j'agis comme si ce n'était jamais arrivé, ça me tracasse! Je voulais un rendez-vous avec Laure, j'ai tourné autour d'elle pendant des semaines avant d'avoir assez de courage pour lui demander un rendez-vous... et elle a dit « oui ». Je ne pouvais pas y croire. Je ne pouvais tellement pas y croire que je ne suis pas allé au rendez-vous.

Cas n° 3. — Homme de 35 ans (voix forte, scandée, agressive).

Je suis décidé à faire quelque chose, je n'ai pas peur de travailler dur, je n'ai pas peur de recevoir quelques coups durs pourvu que je sache où je vais ! Et il ne me répugne pas de passer sur le ventre des autres lorsqu'ils sont sur mon chemin parce que je veux tout pour moi ! Je ne peux pas me contenter d'un emploi médiocre ! Je veux être quelqu'un !

Cas n° 4. — Femme de 30 ans (voix découragée).

Il y a maintenant dix ans que j'habite cette ville et sept ans que je suis dans le même appartement, mais je ne connais personne. Au bureau, il me semble que je ne peux pas me faire des amis, c'est comme si j'étais paralysée. J'essaie d'être gentille avec les autres employés mais au fond je me sens contractée et mal à l'aise, et alors je me dis que je m'en moque. On ne peut pas compter sur les gens. Chacun pour soi. Je ne veux pas d'amis, et quelquefois je finis par en être vraiment convaincue.

Cas n° 5. — Homme démobilisé de 30 ans (fureur et amertume à la fois).

À quoi bon ! Personne ne joue franc jeu avec moi. Les gars qui sont restés chez eux ont pris tous les avantages, ils ont tous profité de nous pendant que nous nous battions sur le front, je les maudis tous autant qu'ils sont. Ils jouent le double jeu. Quant à ma femme... (silence) « ouais » !... »

Cas n° 6. — Homme de 35 ans (voix claire et décidée).

Je sais que je pourrai réussir dans cette affaire ; tout ce qu'il faut, c'est : avoir quelques vues d'ensemble, un certain bon sens et le courage d'essayer. J'ai tout cela. Aussi, si je pouvais seulement avoir un coup de main pour l'argent, je n'hésiterais pas à me lancer.

Cas n° 7. — Homme de 46 ans (voix amère et tendue).

Voilà ! C'est un nouveau à la Compagnie, mais c'est un malin, il a réponse à tout et il croit qu'il a inventé la poudre. Mais, Bon Dieu !... il ne sait pas à qui il a affaire. Je ferais mieux que lui si je le voulais !

Cas n° 8. — Jeune fille de 28 ans (voix tendue, rageuse, contenue).

Quand je la regarde !... Elle n'est pas aussi attrayante que moi, elle n'est pas aussi intelligente, elle n'a pas de chic et je me demande comment peut-elle faire illusion à tant de personnes, comment ne voit-on pas clair à travers toutes ses manières ? Elle arrive toujours à faire quelque chose, et tout le monde admire la manière dont elle le fait. Je ne peux pas le souffrir ! Ça me rend malade ! Elle a tout ce qu'elle veut ! Elle a eu ma place, elle a eu Gérard, elle l'a littéralement détourné de moi, et ensuite elle a nié; quand je l'ai mise devant le fait, que je lui ai dit ce que je pensais, elle a dit : « Mais je regrette »! Mais... Eh bien!... je vais lui faire voir.

Cas n° 9. — (Dialogue entre le Médecin du travail et Martin, nouvel employé).

— Alors, Martin, comment ça marche avec les collègues du bureau?

Martin : Ah! qu'ils aillent au diable, pourtant j'ai essayé de faire de mon mieux, mais quand le patron et son adjoint se sont mis en colère contre moi parce que je m'étais trompé dans une facture difficile, ça m'a... je fais de mon mieux... je fais vraiment de mon mieux, mais quand ils vont jusqu'à me dire que ce n'est pas assez... ça me montre de plus en plus clairement que je suis « bon à rien ».

Cas n° 10. — (Fragment de dialogue entre un étudiant et le Directeur des Études).

— Entrez!... Que puis-je faire pour vous?

L'étudiant : *Monsieur, je voudrais que vous m'aidiez au sujet de mon emploi du temps pour le prochain trimestre d'hiver. J'ai parlé à plusieurs personnes au sujet de ce que je dois choisir, mais elles me disent toutes des choses différentes et c'est si difficile pour moi de savoir quoi faire. Vous pensez!... je suis seulement en première année et je ne sais vraiment pas ce qui vaut mieux...*

Réponses aux confidences

	Votre réponse	
Cas n° 1.		
1. Pouvez-vous m'en dire davantage au sujet de ce qui vous intéresse maintenant? C'est très important que nous y réfléchissions bien.		
2. Attention, avant que vous vous lanciez dans quelque chose de nouveau, il faudrait que vous soyez sûre que cela serait vraiment plus avantageux pour vous et que vous n'allez pas quitter la proie pour l'ombre.		
3. Eh bien! voyons, ce n'est pas désespéré, il s'agit de savoir dans quel service vous pourriez être mutée; je peux vous ménager un entretien avec le chef du personnel.		
4. Votre embarras s'explique doublement; d'un côté vous hésitez à lâcher votre poste actuel, mais surtout		

	Votre réponse	
vous ne savez pas quel autre emploi est susceptible de vous convenir. 5. C'est vraiment une décision difficile, n'est-ce pas ? Ou bien courir les risques de débuter dans une nouvelle branche, ou bien s'en tenir à la sécurité d'un travail qui vous déplaît. 6. Vous vous faites beaucoup trop de souci. Ce n'est pas en usant ainsi vos nerfs que vous résoudrez vos difficultés. Il ne faut pas vous mettre dans cet état, tout finira par s'arranger.		
Cas n° 2. 1. Il faut être de votre âge, mon garçon, et avoir une idée un peu plus réaliste concernant les femmes. Ce sont aussi des êtres humains, vous savez, et elles désirent des rendez-vous autant que vous. 2. Cela vous paraît toujours irréel quand il arrive quelque chose d'heureux. 3. Vous vous êtes sans doute dit avec tant de force que rien de bon ne pouvait arriver, que, lorsque cela se produit, il vous semble que ce n'est pas vrai. 4. Je me demande si ce sentiment d'irréalité ne serait pas associé à un moment particulier de votre vie. Voudriez-vous m'en dire davantage à propos de ce que vous vouliez dire par… « Quand quelque chose d'heureux m'arrive » ? 5. Y a-t-il vraiment lieu de vous tracasser à ce sujet ? Nous avons tous eu à triompher de sentiments ou de désirs bizarres. Je crois que vous en viendrez à bout. 6. Je pense que cette expérience vous servira de leçon. La prochaine fois, vous devrez faire un effort pour accepter la bonne fortune.		
Cas n° 3. 1. En somme, vous vous conduisez comme un ambitieux parce qu'il faut vous prouver à vous-même votre valeur. 2. Vous estimez qu'il faut que vous soyez en avant, quels que soient les efforts et les moyens pour y parvenir.		

	Votre réponse	
3. Qu'est-ce qui, à votre avis, vous pousse à cette grande résolution d'arriver à quelque chose ? 4. Est-ce que cela vous intéresserait de passer quelques tests pour déterminer dans quelle branche vous pouvez réussir le mieux ? Cela pourrait être d'un grand appoint pour vous, bien qu'il soit possible qu'avec votre allant, vous réussissiez dans beaucoup de situations. 5. Une grande ambition peut être un véritable atout pour quelqu'un. Êtes-vous certain cependant que vous le pensez vraiment quand vous dites qu'il ne vous répugne pas de passer sur le ventre de ceux qui se trouvent sur votre chemin ? Est-ce que cela ne pourrait pas vous faire plus de tort que de bien ? 6. Vos sentiments sont très forts. Vous devez être sous le coup d'une déception récente. Il faut vous calmer, réfléchir, et vous verrez que vous retrouverez votre sang-froid sans perdre votre enthousiasme.		
Cas n° 4. 1. Vous êtes trop pessimiste. Cela ne va pas durer éternellement. Vous verrez que l'on viendra vers vous par la force des choses. 2. Je connais d'autres personnes dans votre cas ; elles ont pourtant réussi à se faire des relations agréables en adhérant à une Association de « Loisirs de Vacances ». L'important est de ne pas se figurer qu'on doit rester seul. 3. Peut-être, en m'en disant davantage au sujet de la façon dont vous vous y prenez pour vous faire des amis, pourrions-nous avoir une idée plus nette de ce qui cloche ? 4. Ça dure depuis si longtemps que vous avez fini par en être presque convaincue ; est-ce là ce que vous voulez dire ? 5. Peut-être ne voulez-vous pas d'amis, uniquement pour vous protéger de quelque chose d'autre ? 6. C'est une situation assez regrettable de n'avoir pas d'amis, et il faut vraiment s'en occuper. Il y a un certain nombre de choses que vous pourriez faire pour		

	Votre réponse	
apprendre à vous faire des amis, et plus tôt vous commencerez, mieux cela sera.		
Cas n° 5. 1. Vous aviez commencé à dire quelque chose au sujet de votre femme… 2. Vous estimez avoir été exploité et cela vous met en colère ? 3. On a pris le pas sur vous et cela vous révolte parce que plus qu'un autre vous pensez mériter des égards. 4. Je comprends vos sentiments actuels, mais cela va vous empêcher d'aller de l'avant si vous n'essayez pas de vous en débarrasser. 5. Vous n'êtes pas tout seul à être furieux. Il y a bien souvent de quoi. Mais avec le temps, vous oublierez, vous vous remettrez dans le mouvement. 6. Vous allez être entraîné à vouloir vous venger, ce qui complique toujours les choses, ne croyez-vous pas ?		
Cas n° 6. 1. Vous souhaitez peut-être l'adresse d'un conseiller financier, dans ce cas-là on a besoin de renseignements avant d'emprunter des fonds. 2. C'est très bien. On doit être sûr de soi si on veut arriver à quelque chose. Commencer avec hésitation peut vraiment tout gâcher ; vous êtes sur la bonne voie et je vous souhaite de réussir. 3. Si vous pouviez avoir les fonds pour commencer, vous vous sentiriez sûr d'en tirer parti. 4. Vous vous sentez sûr de pouvoir réussir parce que vous vous rendez compte effectivement de ce qu'il faut pour que l'affaire marche. Quand on voit les choses clairement, l'assurance vient toute seule. 5. Avez-vous déjà étudié quels sont les risques à courir ? 6. Vous vous posez beaucoup de problèmes concernant l'argent, la manière de s'en procurer et l'art de s'en servir.		

	Votre réponse	
Cas n° 7. 1. Vous estimez que vous devriez être le premier. C'est vraiment important pour vous de rester toujours le meilleur. 2. En prenant dès le début une telle attitude à l'égard de cet homme nouveau dans la Compagnie, vous ne vous y prenez pas de la bonne manière. 3. Et cela vous demandera sans doute d'agir avec beaucoup de méthode et de réflexion. Il vous faudra faire très attention. 4. Ce nouveau venu, qui vous paraît si prétentieux, vous donne envie de le dépasser ! 5. Voyons ! Ce n'est pas être beau joueur ! Pourquoi attachez-vous tant d'importance à dépasser cet homme ? 6. Vous êtes-vous renseigné exactement sur les antécédents et sur les fonctions actuelles de cet homme dans la Compagnie ? Que savez-vous à son sujet ?		
Cas n° 8. 1. Ressemble-t-elle à quelque autre jeune fille avec laquelle vous vous êtes déjà trouvée en relation ? 2. Vous estimez qu'elle obtient ce que vous-même, en réalité, devriez avoir. 3. On dirait que vous prenez une attitude un peu violente à son égard. Nous avons tous des préjugés contre les gens, mais il est bien rare que nous en tirions quelque chose de bon. 4. C'est un cas typique de jalousie, bien connu, provoqué par la présence d'une personne qui est peut-être un peu plus capable ou plus adroite que vous. 5. Pourquoi n'essayez-vous pas d'observer ce qu'elle fait et de la battre sur son propre terrain ? Si c'est une bluffeuse, vous devriez avoir le dernier mot. 6. À votre âge, on est naturellement très sensible à toutes les déceptions, mais on a l'avantage d'être plus raisonnable et d'avoir plus d'expérience de la vie.		
Cas n° 9. 1. Voyons, Martin, tâchez de faire le point ! Cette histoire est-elle si grave ? Il suffit de ne pas dramatiser !		

	Votre réponse	
2. Autrement dit, dès qu'on vous critique, vous avez tendance à vous montrer coupable? 3. Vous aviez fait de votre mieux mais on a trouvé une erreur, et du coup, vous vous mettez à penser que vous ne valez pas grand-chose. 4. Voyons, mon vieux, si vous vous laissez démonter par quelque chose comme ça, c'est là que vous serez sûrement un bon à rien. 5. Dites-moi, Martin, est-ce seulement à cause de cet ennui personnel que vous en êtes venu à douter de vous-même? 6. Vous devez prendre en considération désormais tout ce que vous avez réussi et ne plus vous obnubiler sur vos imperfections. Faites le bilan de vos succès.		
Cas n° 10 1. Si je vous ai bien compris, vous estimez qu'il s'agit de quelque chose qui a besoin d'une aide extérieure, quelque chose que vous ne pouvez pas décider par vous-même. 2. Voulez-vous parler de la section dans laquelle vous voulez entrer et de ce que vous allez prendre comme matière à option? 3. Voyons, si vous vous en rapportiez un peu plus à vous-même, quant à ce que vous pouvez faire et ce que vous voulez faire, au lieu de vous en rapporter à ce que disent les autres... peut-être vous en trouveriez-vous un peu mieux. 4. Là, je me demande si la solution à vos difficultés ne consisterait pas plutôt à développer votre confiance en vous-même qu'à opérer un choix entre les cours. 5. Certainement, nous allons y réfléchir. Il est parfois un peu dur de trouver sa place dans la structure du collège. 6. Avez-vous déjà fait le bilan des matières à apprendre et celui des heures de travail dont vous disposerez?		

Corrigé page 289

6. Analyse des causes d'erreurs dans la formulation des questions

♦ Roger Mucchielli, n° 2

Première Partie

Analyse des biais dans la formulation des questions

Règles

« Une petite différence dans les mots crée une grande différence dans le sens. »

Des questions semblables par leur contenu intellectuel sont dissemblables par leur signification psycho-sociale ou leur retentissement affectif. »

« Les biais dans la formulation sont inducteurs de réponses. »

« Les questions trop directes qui risquent de mettre en jeu la sécurité du répondant ou la "bonne image sociale" qu'il veut donner de lui »... provoquent des réponses « de défense ».

Exercices

I. Laquelle de ces formulations de question (dans une enquête sur les principes éducatifs) vous paraît la moins inductrice d'une réponse ?

1. *Approuvez-vous les fessées aux enfants ?*
2. *Vous approuvez les fessées aux enfants, n'est-ce pas ?*
3. *Est-ce que vous êtes contre les fessées aux enfants ?*
4. *Vous êtes contre les fessées... non ?*

II. Notez les mots qui provoquent, dans l'une et l'autre forme de cette même question, des impacts émotionnels différents et expliquez les sentiments ou quelles attitudes elles soulèvent respectivement. *Pour un Américain moyen en 1975 :*

Forme A. — Un groupe de communautés communistes de l'État de Montana, les Huttistes, ont refusé de participer aux affaires politiques de l'État jusqu'à présent. Aujourd'hui, ils ont des revers agricoles et revendiquent une subvention fédérale.

Êtes-vous pour ou contre l'attribution de cette subvention ?

Forme B. — Un groupe de communautés religieuses indépendantes, de l'État de Montana, les Huttistes, à l'existence ascétique, ont organisé leurs affaires de manière heureuse pour survivre, partageant les terres, le travail, les moissons. Aujourd'hui, ayant subi des revers agricoles, ils ont besoin d'aide et sollicitent un secours fédéral.

Êtes-vous pour ou contre l'attribution de l'aide ?

III. Le journal américain *New-York Herald Tribune* mena, en 1958, une enquête sur Israël, dans 10 pays dont 7 en Europe.

La question principale était :

« L'État d'Israël fut créé en 1947. Si la décision était à prendre aujourd'hui, seriez-vous favorable ou opposé à la création de l'État d'Israël ? »

Les réponses « Sans opinion » furent de 40 à 60 % du total, suivant les pays. Il est probable que ce pourcentage serait le même de nos jours.

Pourquoi tant de « sans opinion » ?

Quelles conclusions en ont tiré les promoteurs de l'enquête, à votre avis ?

IV. Lors de la récente augmentation du prix de l'essence, la télévision française nous offrait le spectacle de questions en direct posées par un journaliste aux gens se rendant à leur travail seuls à bord de leur auto. La question posée était la suivante : *« C'est un plaisir, pour vous, de conduire ? »* Aucune des personnes interrogées n'a répondu par l'affirmative. La réponse la plus fréquente était du genre : *« Certainement pas ! Pensez donc, avec la vignette à payer, l'assurance, l'amortissement de la voiture, et maintenant l'augmentation de l'essence... ! »*

Quel sens donnez-vous à ce genre de réponse ?

Deuxième Partie

Comment expliquez-vous les différences de répartition des réponses dans les exemples suivants (tirés de Duverger, *Méthodes des sciences sociales*).

On a constaté d'une manière statistique (c'est-à-dire que cela est vrai d'une manière globale et peut ne pas se vérifier sur des cas isolés) que :

1. Lorsqu'on demande aux gens les études qu'ils ont faites, ils ont tendance à exagérer leur niveau scolaire ;

2. Lorsqu'on demande aux gens combien ils ont donné d'argent dans l'année à des souscriptions ou à des œuvres de bienfaisance, ils augmentent le montant de leurs dons réels ;

3. Lorsqu'on demande un vote secret sur des questions d'opinion, par comparaison avec des réponses ouvertes faites à des enquêteurs, les pourcentages varient de 5 à 14 % dans le sens d'une plus grande sincérité.

Comment expliquez-vous ces « mensonges » faits aux enquêteurs ?

Corrigé page 292

7. La dynamique de l'entretien

♦ Roger Mucchielli, n° 2

Parmi les **fautes à éviter** par un enquêteur chargé de poser des questions aux individus sélectionnés par l'échantillonnage pour une enquête, il y a principalement :

a) En ce qui concerne la phase préliminaire :

1. Ne pas s'assurer que l'on est bien en face de la personne à interroger.
2. Ne pas se présenter personnellement.
3. Ne pas « introduire » l'enquête.
4. Interroger la personne en présence d'autres personnes.

b) En ce qui concerne les questions elles-mêmes :

1. Engager une discussion avec le sujet.
2. Ne pas s'en tenir strictement à l'énoncé de la question, le modifier ou faire des commentaires inutiles.
3. Suggérer des réponses.
4. Ne pas insister pour être sûr de l'opinion du sujet, ou même pour être sûr qu'il s'agit d'une réponse à classer dans le « sans-opinion ».

Étant donné ces règles, faites la critique des fragments ci-dessous, tirés de dialogues entre un enquêteur (E) et un sujet interrogé (S).

Fragment 1

E (à qui on vient d'ouvrir) : « *Bonjour Monsieur, est-ce bien ici qu'habite Monsieur I... ?* »

S : « *C'est moi, que désirez-vous ?* »

E : « *Je suis un enquêteur de l'Institut National de la Statistique et cet organisme effectue un sondage sur le territoire, pour déterminer la consommation de viande. Votre adresse a été tirée au hasard comme celle des 4 000 personnes que nous visitons actuellement afin de leur poser quelques questions à ce sujet. Ainsi l'on pourra collationner des informations qui serviront aux Services du Ravitaillement pour connaître les besoins et les habitudes de la population.* »

S : « *En somme, vous voulez savoir quel genre de viande nous mangeons ?* »

E : « *Oui, j'ai un certain nombre de questions à poser à ce sujet à la personne qui s'occupe des achats.* »

S : « *Dans ce cas, il faut demander cela à ma femme. Entrez donc...* (À la cantonade.) *Julie !... C'est un monsieur qui vient te demander quelle viande tu achètes...* »

Mme. S (arrivant et s'adressant à E) : « *Qu'est-ce que c'est ?* »

E : « *Votre mari va vous expliquer...* »

Commentaire :

. . . .

Fragment 2

L'enquêteur a, sur son questionnaire, comme question (au cours d'une enquête sur l'évolution des prix) :
« Croyez-vous que dans l'ensemble, les prix des vêtements vont diminuer, augmenter ou rester stationnaires dans les mois qui viennent ? »

Il la pose à plusieurs sujets successivement.

Entretien avec S1 :
E : *« Croyez-vous que dans l'ensemble, les prix vont diminuer ou augmenter dans les mois qui viennent ? »*
S1 : *«… Euh ! je ne sais pas… »*

Entretien avec S2 :
« Croyez-vous que les prix des vêtements vont diminuer, augmenter ou rester stationnaires dans les mois à venir ? »
S2 : *«… Je ne saurais pas le dire… »*

Entretien avec S3 :
« Croyez-vous que les prix des vêtements vont rester stationnaires dans les mois qui viennent ? »
S3 : *« Ça m'étonnerait… »*

… L'enquêteur a noté les 3 réponses dans la catégorie « sans opinion »…

Commentaire :

. . . .

Fragment 3

(enquête sur l'opinion des fumeurs concernant les tabacs étrangers) :
E : *« Est-ce que vous avez l'habitude d'acheter des cigarettes de marques étrangères ? »* (Question qui fait textuellement partie du questionnaire.)
S : *« Je suppose que cela doit arriver à beaucoup de gens… »*
E : *« Mais personnellement, est-ce que vous avez l'habitude d'acheter des cigarettes de marques étrangères ? »*
S : *« J'en ai fumé bien souvent… »*
E : *« Mais est-ce que vous avez l'habitude de les acheter vous-même, ces cigarettes de marques étrangères ? »*
S : *« L'habitude ?… Non. »*

Commentaire :

. . . .

Fragment 4

(enquête sur la « vignette » automobile)

Après s'être introduit très facilement sans avoir eu besoin de montrer sa carte professionnelle ni de préciser l'organisme chargé de l'étude, l'enquêteur commence son questionnaire :

E : « *Certaines personnes estiment que la taxe sur les automobiles est injuste.* »
Êtes-vous :

☐ tout à fait de leur avis ?
☐ en partie de leur avis ?
☐ pas de leur avis ?

Pour quelles raisons ?

S : « *Au fond, vous voulez savoir si j'ai payé la vignette automobile cette année ?* »

E : « *Pas du tout, Monsieur, nos enquêtes sont anonymes, collectives, à but exclusivement statistique.* »

S : « *Il n'empêche que ce questionnaire n'est pas anonyme puisque vous avez mon nom et mon adresse !* »

E : « *Mais Monsieur, je n'écris ni votre nom ni votre adresse sur mon questionnaire ! Je vous demanderai cependant tout à l'heure votre profession.* »

S : « *Qu'est-ce que ça peut vous faire, ma profession ? Vous voyez bien que ce n'est pas anonyme !* »

E : « *Il se pourrait que la catégorie socio-professionnelle à laquelle vous appartenez ait une importance dans le dépouillement des réponses à notre enquête.* »

S : « *Ainsi vous visez une certaine catégorie professionnelle. Je suppose que vous êtes de mèche avec le fisc !* »

E (essayant de revenir au questionnaire) : « *Si vous voulez bien répondre à mes questions, vous constaterez qu'elles n'ont aucun rapport avec le fisc, quoiqu'elles intéressent les Services Économiques.* »

S : « *Services Économiques ou fisc, c'est tout pareil ! Je tiens à vous dire que je suis en règle. Je n'ai jamais eu affaire à la Justice.* »

E : « *Je vous en félicite. Mais à propos de la taxe sur les automobiles, n'estimez-vous pas qu'elle est injuste ?...* »

S : « *Pas du tout. Elle est juste.* »

... L'enquêteur note la réponse « Pas de leur avis » sur son questionnaire...

Commentaire :

....

Corrigé page 293

8. L'écoute active dans l'entretien éducatif

♦ Philippe Kaeppelin, n° 70

L'exercice suivant comporte un double but :

1) Compléter notre information sur la méthode de Th. Gordon, en recourant à une application pratique.

2) Vérifier l'intérêt de cette méthode avec les procédures de l'écoute active.

1) Dans les interventions de l'éducateur (parent ou enseignant), Gordon distingue les *Messages-TU* des *Messages-JE*.

Les premiers, dans certains cas, risquent de provoquer un blocage chez l'enfant. En voici l'explication avec la figure commentée ci-dessous :

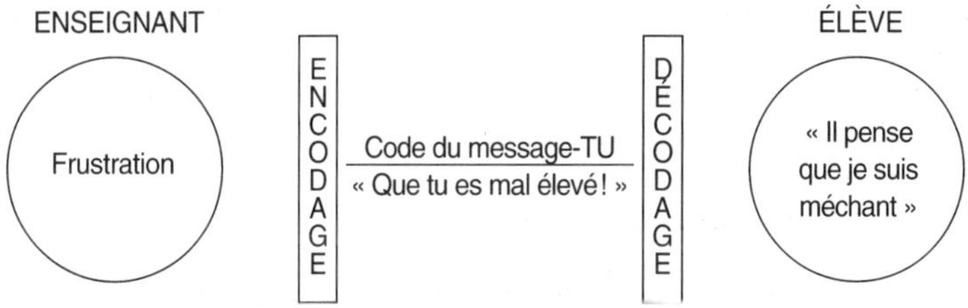

Dans ce premier exemple, l'élève capte un message d'*évaluation le concernant*. De tels « messages-TU » sont presque toujours interprétés par l'élève comme une évaluation négative, qui le juge mauvais (critiques et insultes). En émettant un « message-TU », vous blâmez l'élève.

À l'inverse du précédent, ce second message, communique avec un souci d'objectivité *le vécu personnel* de l'enseignant. En émettant un « message-JE », l'enseignant assume la responsabilité de son vécu affectif (il est à l'écoute de lui-même) et aussi la responsabilité de le communiquer franchement à ses élèves ; les « messages-JE » permettent aussi aux élèves de continuer à assumer la responsabilité de leur propre comportement. Ce faisant, les « messages-JE » évitent l'impact négatif des « messages-TU ».

2) Dans la séquence qui suit nous constaterons l'intérêt du Message-JE, mais aussi ses limites.

La nécessité de recourir au « Message-TU » assorti aux procédures habituelles de la *méthode active* (en particulier avec la reformulation-reflet) ne cesse de s'imposer.

La séquence du texte qui suit sera lue en groupe (de cinq à douze participants). Deux lecteurs prennent respectivement le rôle de l'enseignant et celui de l'élève.

Un des animateurs propose au groupe les consignes suivantes :

Vous allez vous retrouver par deux (s'il y a un nombre impair de participants, l'un d'entre eux sera observateur de l'un des duos formés, se mettant à distance suffisante pour ne pas troubler l'entretien).

Après lecture, sera remis à chaque duo, deux doubles du texte de Gordon.

Les participants se dispersent par deux dans des lieux adéquats pour ne pas se troubler dans leur travail. Ce dernier consiste :

- à relire le texte en question;
- à reconstituer le dialogue élève/enseignant :

— en utilisant le « *message-TU* » et le « *message-JE* », ainsi que les procédures de *l'écoute active* (avec la reformulation-reflet);

— en modifiant l'entretien à partir de la troisième intervention : « Enseignant : C'est bien, je comprends la situation; mais… »

Bref, à partir de là, il s'agit d'imaginer une nouvelle séquence d'entretien qui déjouera les risques de blocages de la part de l'élève.

Voici la séquence proposée :

Enseignant : Alain, lorsque tu arrives en retard en classe tu me crées un problème : je dois m'arrêter dans mon travail. Tu me causes donc des distractions et je suis contrarié *(Premier message-JE).*

Élève : C'est vrai, oui. Mais voyez vous, j'ai eu tellement de choses à faire ces derniers temps que je ne peux pas arriver à l'heure.

(Modifier l'entretien à partir de cette troisième intervention)

Enseignant : C'est bien, je comprends la situation; mais je ne peux cependant pas continuer à faire comme si de rien n'était. Comment veux-tu que j'accepte d'être interrompu de la sorte? *(Second message-JE).*

Élève : Je ne comprends pas du tout pourquoi vous montez tout cela en épingle. J'arrive en classe avec quelques minutes de retard, mais qu'est-ce que ça peut faire?

Enseignant : Quand tu dis des choses pareilles, je me sens vraiment méprisé *(Troisième message-JE).*

Élève : Ne vous en faites donc pas tant. Oubliez simplement que j'existe quand j'arrive en retard et cela ne vous posera pas de problème.

Enseignant : Ne me dis pas ce que je dois faire ! Toi, dorénavant, arrange-toi pour arriver à l'heure ! *(Message-TU).*

Élève *(en se pavanant)* : Quel grincheux que ce prof ! [1]

— La lecture ci-dessus étant achevée, les participants peuvent réagir spontanément en groupe (cinq minutes environ — pour mieux s'approprier les enjeux de l'exercice).

— Ensuite, ils se retrouvent par deux, durant quarante-cinq minutes environ. Au cours de ce temps, ils consignent par écrit le remaniement de l'entretien élève/enseignant, résultant de leur réflexion.

— Dans un dernier temps, à nouveau réunis en groupe, les participants :
• relatent les uns aux autres le résultat de leur élaboration ;
• ouvrent une discussion en comparant leurs divers textes au corrigé qu'en propose Gordon (ce dernier texte étant lu par l'un des animateurs).

Corrigé page 294

9. Expliquer en face à face

♦ Bruno Barjou, n° 109

Cette série d'exercices va vous permettre de développer votre capacité à faire passer des explications compréhensibles en face à face.

Savoir se faire comprendre

Cet exercice vous propose de préparer des explications verbales dans des situations et avec des publics divers. À l'issue de 20 minutes de préparation, seul ou en binôme, vous donnez votre explication. Celle-ci est enregistrée afin de permettre une analyse ultérieure.

Nous vous proposons les thèmes suivants :
— expliquer à un enfant de 5 ans comment se servir du téléphone ;
— expliquer à un collègue un jeu : jeu de foot, de belote, d'échecs ou de bridge. Rédiger ensuite une fiche aide-mémoire ;
— expliquer à un nouvel embauché les règles de sécurité de votre entreprise ;
— expliquer à un nouvel embauché le fonctionnement de votre service.

1. Th. Gordon, *Enseignants efficaces*, Éd. du Jour, 1979, p. 194-196.

Savoir utiliser la métaphore

Une métaphore est une histoire réelle, une anecdote ou une histoire imagée dont la narration veut atteindre un objectif, soit pédagogique, soit de vente, soit de persuasion. Son but est d'éclairer différemment une situation, ou encore de proposer indirectement une solution à un problème.

Exemples :
— « Un manager ne se trouve pas à l'endroit où est le ballon mais là où le ballon va aller. »
— « Traiter efficacement les objections, c'est un peu comme cette histoire de la mule qui ne voulait pas entrer dans l'écurie malgré les efforts du fermier qui tirait de toutes ses forces vers la porte de l'écurie. Le petit garçon du fermier y parvint en demandant à son père de le laisser faire. Il passa derrière la mule, attrapa la queue et tira en sens inverse. La mule entra au galop dans l'écurie. »
— « Monter un stage de formation c'est préparer un itinéraire, un voyage avec une destination finale et des étapes intermédiaires. »
— « Un avion, c'est une voiture qui vole. »

Nous vous proposons le déroulement suivant pour l'exercice :
— Trouvez des métaphores pour expliquer votre travail. En sous-groupe, A raconte son travail en utilisant une métaphore construite dans le cadre de référence de B. B raconte à son tour son travail dans une métaphore dans le cadre de référence de A.

Votre questionnement

Le formé dit : « J'ai besoin d'un délai pour terminer le travail. »

Quelles questions pouvez-vous lui poser pour avoir davantage d'information ? Listez toutes les formes de questions que vous pourriez lui adresser, en notant pourquoi vous utiliseriez telle ou telle forme de questionnement.

Corrigé page 296

10. Être persuasif au téléphone

♦ Lionel Bellenger, n° 149

Qu'est-ce qui peut rendre une communication persuasive?

Ce jeu doit permettre d'illustrer la classification des effets à but persuasif.

On isole trois participants dans une salle; on les avertit qu'ils vont être appelés au téléphone mais on ne leur dit rien sur la raison de cet appel.

On sollicite le groupe qui doit produire trois volontaires. Ces volontaires seront chargés d'appeler leurs interlocuteurs au téléphone pour « les intéresser à la multipropriété ».

Pourquoi la multipropriété? C'est une forme récente d'acquisition d'appartements qui permet d'être propriétaire pendant un temps déterminé (une « période » de huit jours, quinze jours, etc.) à des dates fixes, d'un studio ou d'un 2/3 pièces (le plus souvent dans un lieu de vacances, genre mer ou montagne). On a vérifié que ce genre de propriété choquait beaucoup les valeurs traditionnelles des Français (insécurité, partage du lieu, manque de liberté...). Cependant la multipropriété a réussi à se développer (surtout à la montagne).

Sujet controversé, donc, bousculant les idées reçues en général, la multipropriété fournit un bon cadre pour une communication à but persuasif.

On évitera de faire jouer aux acteurs un rôle de vendeur d'appartements en multipropriété de façon à éviter l'écueil des « techniques de vente » peut-être ignorées par les volontaires du jeu. On leur conseillera de rester eux-mêmes et d'admettre qu'ils auront à appeler une personne qu'ils ont connue au cours d'un stage de formation à l'expression orale (ce qui est donc leur cas). Ils auront à engager le dialogue en direction de la multipropriété. Leur meilleur prétexte pourra être d'en avoir été un partisan convaincu, ce qui les a conduits à acheter une période de huit jours à Val d'Isère du 20 au 27 février (4 573 € la période, plus 99 € de charges annuelles pour un grand studio de 35 mètres carrés).

L'objectif du jeu est de mettre en évidence l'évolution éventuelle de l'intérêt de l'interlocuteur pour la multipropriété. Comment arrive-t-on à être persuasif? Le conseilleur y arrive-t-il?

Le jeu, enregistré au téléphone, permet de mieux comprendre les exigences de ce mode de communication sur le plan expression orale proprement dit (voix, langage, débit, diction...). Il permet aux gens de s'entendre téléphoner et de comprendre comment leur voix est reçue « au bout du fil ».

On donne une limite de temps de dix minutes à l'appel. On envoie l'interlocuteur dans un bureau isolé (on l'entendra donc, mais on ne le verra pas) ; on filme celui qui appelle (on aura installé un petit micro cravate dans l'écouteur pour entendre la voix de l'interlocuteur). Le groupe-auditoire, réuni autour du téléviseur assiste à l'entretien téléphonique.

On doit l'inviter à être vigilant sur deux points :

— l'aspect « confort » de l'appel (quelles sont les exigences « physiologiques » de la communication téléphonique) ;

— la valeur persuasive de l'entretien (quels effets sont utilisés ? Y a-t-il une stratégie apparente ?)

(Si les acteurs qui appellent demandent quelques informations sur la multipropriété, l'animateur les leur fournira en leur donnant divers éléments pris par exemple dans les dépliants publicitaires de quelques grands promoteurs pratiquant cette formule).

Corrigé page 297

11. Recherche des erreurs de conduite de réunion

♦ Roger Mucchielli, n° 3

Série 1

On peut dire qu'une réunion échoue lorsque l'une ou l'autre des conséquences suivantes se produit :

— La tâche du groupe n'est pas faite. Les objectifs n'ont pas été atteints. On n'a pas traité les points prévus...

— Les membres quittent la réunion avec une insatisfaction intérieure.

— L'ambiance a été pénible, les débats sont restés stériles.

— Le temps imparti a été mal utilisé.

— La réunion n'a pas été suivie (trop peu de monde ou pas assez de participation).

Dans la mesure où des échecs partiels ou totaux de ce genre peuvent être imputés au président — conducteur ou animateur — de la réunion, cherchez les différentes fautes ou carences de *conduite de la réunion* qui peuvent aboutir à ce résultat.

Série 2

Établissez de même la liste des causes d'échec qui seraient « extérieures » ou étrangères à la conduite proprement dite de la réunion. Puis, comparez les deux listes (la précédente et celle-ci), et faites des remarques sur le *degré de responsabilité du président* à chacun des points de cette deuxième série de causes.

NB — Nous convenons d'appeler ici président celui qui dirige la réunion, soit comme animateur, soit comme leader effectif, en excluant le rôle de président honorifique.

Corrigé page 300

12. La réunion d'information ascendante

♦ Roger Mucchielli, n° 3

Situation générale

Dans le service comptable d'une entreprise industrielle, un malaise règne. Une tension existe entre les personnes, et les incidents sont nombreux. Ils « transpirent » de manière informelle dans toute l'usine, quoique personne n'en parle ouvertement.

Le Directeur de l'usine perçoit le malaise, mais les rapports du Chef du service comptable ne le satisfont pas, et il n'ose pas brusquer les choses de crainte de la démission pure et simple de ce responsable (que par ailleurs il apprécie).

Il demande au Chef du Personnel de faire une enquête et d'interviewer les personnes (il y en a 13 dont 9 employés et 4 cadres) « pour avoir des clartés sur ce malaise qui dure, et pour prendre des mesures appropriées ».

Votre exercice consiste à repérer « les erreurs psychologiques » du Chef du Personnel dans cette réunion, étant donné son but.

Le Chef du Personnel, pensant qu'il « faut s'expliquer une bonne fois », décide de réunir l'ensemble des 13 personnes du Service Comptable en une « réunion d'information ». Il prévoit cela un vendredi à 17 h pour ne pas gêner le service et prévient les employés la veille de ce jour.

Il ouvre la réunion à laquelle tout le monde est présent, disposé en auditoire par arcs concentriques, par cette introduction parlée :
« *Je vous remercie d'être présents à cette réunion intime et j'espère que vous serez libres à 18 heures pour un week-end bien mérité. Aussi, irai-je droit au but. Alors que, individuellement, chacun de vous est à la fois dévoué et compétent, le travail en commun ne donne pas le rendement*

escompté et je m'en inquiète, car vous êtes collectivement responsables, naturellement, de la marche du service. »

« Le malaise qui semble régner est assez flou et indéfinissable, et puisqu'il s'agit d'un problème de service, localisé au service, je crois préférable d'essayer de laver notre linge sale en famille. Je souhaite vous interviewer pour y voir clair et pour que la Direction puisse prendre les mesures appropriées. »

Voici un fragment de la suite :

(Silence pendant trois minutes.)

Le chef du personnel. — *Nous allons demander à l'un d'entre vous de faire une description de la situation.*

(Nouveau silence. Tout le monde regarde le Chef de Service. Celui-ci reste muet.)

Un cadre, qui a demandé la parole en levant la main. — *De quoi se plaint la Direction, au juste ? Y a-t-il des sujets de mécontentement de la Direction sur le travail fait dans notre service ?*

Le chef du personnel. — *Pour l'instant, non.*

Un employé. — *Vous semblez craindre que tôt ou tard des perturbations n'apparaissent au niveau du travail, de sa qualité ou de son rendement.*

Le chef du personnel. — *Je pense effectivement que toute tension entre les personnes étant source de frictions, de malentendus, de méfiance, finit nécessairement par retentir sur le travail qui est une œuvre collective.*

Le chef de service. — *Pourquoi supposez-vous, Monsieur, que les communications professionnelles et administratives doivent nécessairement pour être bonnes, se fonder sur une bonne communication du genre... disons affectif ?*

Le chef du personnel. — *Je ne suppose pas, je sais par expérience que les bonnes relations entre les personnes font l'efficacité du travail !*

Une employée timidement. — *Vous ne pouvez travailler, dans ce cas, qu'avec des gens que vous aimez.*

Le chef du personnel. — *N'exagérons pas. Il ne s'agit pas d'amour* (rires, détente) *ni même d'affection, mais d'amitié et d'estime réciproque, de confiance, quoi, et de loyauté !*

Le cadre, qui a déjà parlé. — *Dans ce cas-là, comment recrutez-vous ? Est-ce sur titres et qualifications ou à la sympathie personnelle ?*

Le chef du personnel. — *Votre question n'est pas embarrassante. Vous savez bien qu'un contact personnel est indispensable pour choisir à titres équivalents, entre plusieurs candidats ? C'est justement cela que je veux dire, cette nécessité d'une confiance,... savoir qu'on pourra communiquer...*

Un autre cadre. — *C'est bien une question d'intuition personnelle et ces employés ont tous en commun de vous être sympathiques.*

Une femme. — *Peut-être avez-vous besoin de trouver autour de vous des gens qui vous sont sympathiques ?*

Le chef du personnel. — *Ne trouvez-vous pas justement que cela simplifie considérablement le travail et élimine ces tensions pénibles qui naissent de l'antipathie, ces résistances à la transmission ou à l'exécution des ordres ?*

Le chef de service. — *Dans ce cas je me demande si vous les appréciez parce qu'ils sont non seulement sympathiques mais aussi obéissants ?*

Le chef du personnel. — *Il est certain que c'est une double qualité que j'apprécie énormément.*

Un autre cadre. — *Serait-il exagéré de penser que c'est le dévouement et l'obéissance comme qualités qui, intuitivement perçus par vous chez les candidats à l'embauche, vous les rendent sympathiques ?*

Le premier cadre. — *Si c'était cela, il s'agirait d'un préjugé favorable qui serait sujet à révision au cours du travail, et la sympathie première risquerait de fondre comme neige au soleil à la première résistance à l'obéissance.*

Le chef du personnel. — *Il est évident que la rencontre de la déloyauté met à rude épreuve une première sympathie.*

Le chef de service. — *Vous employez indifféremment déloyauté et résistance à l'obéissance ? Vous en arriveriez à dire qu'il n'y a de type franc que s'il obéit sans discuter.*

Le chef du personnel. — *Ouais... Vous voulez me faire dire que je ne trouve sympathique que les esclaves !* (Il n'a pas l'air content.)

(Silence général, gêne.)

Le chef du personnel, s'efforçant de renouer le dialogue. — *Je ne vous demande certainement pas, à vous, d'être des esclaves. Vous ne pouvez pas vous plaindre de mes ingérences dans votre service, Monsieur* (Il s'adresse au Chef de Service), *ni vous Messieurs Dames.* (Il s'adresse aux autres.) *Vous jouissez d'une véritable autonomie dans l'usine, une sorte de petit État dans l'État.*

Un autre cadre. — *Le problème serait de savoir si ce fait perturbe les communications entre le Service et le reste de l'Usine.*

Le chef du personnel. — *En un sens, oui ! C'est-à-dire que les communications sont strictement régies par le règlement.*

Un employé. — *Mais le règlement, je croyais que c'était très important.*

(Mouvement de détente, sourires.)

Le chef du personnel. — *Justement, le règlement, si important qu'il soit, n'engendre que des relations froides et il est, vous le savez bien, source d'obligations autant que source de contestations, selon la manière dont on le prend.*

Le chef de service. — *Il y en a qui préfèrent l'autorité de la règle à l'autorité des personnes. Vous nous dites en tout cas clairement que vous préférez l'autorité des personnes.*

Corrigé page 301

13. Observation et codification des interventions et des attitudes des participants à une réunion

♦ Roger Mucchielli, n° 4

Il s'agit d'observer (d'écouter), d'analyser et de caractériser, les interventions (et les attitudes) *de chaque participant* au cours d'une réunion.

Ce travail nécessite une grande rapidité dans l'analyse et la connaissance complète quasi habituelle de la grille de critères de caractérisation. Le but est d'analyser au fur et à mesure les éléments significatifs de l'intervention et de les distribuer à leur place sur la feuille de tabulation (où sont inscrits les critères). Cela s'appelle « tabuler ».

Il doit y avoir *une feuille de tabulation pour caractériser chaque participant.* Donc pratiquement, il faut « tenir » autant de feuilles de tabulation qu'il y a de participants.

Le modèle de feuille de tabulation est donné ci-dessous (p. 282).

Exploitation en groupe

Les interventions qui doivent être analysées et codifiées peuvent être recueillies de plusieurs façons :

1) Les moniteurs peuvent prévoir un groupe au travail et un groupe d'observateurs. Dans ce cas, chaque observateur établit la tabulation pour *un* participant (qui lui a été désigné et qu'il doit voir « de face »).

Si cette gymnastique n'est pas trop difficile, on peut donner deux feuilles de tabulation à chaque observateur, et donc deux personnes à observer simultanément. Lorsque le groupe des observateurs est aussi nombreux que le groupe de travail, ce système permet d'avoir *deux* feuilles de tabulation sur *chaque* participant (remplies l'une et l'autre par deux observateurs différents) et donc de discuter *ensuite* sur l'objectivité des résultats ou sur les difficultés de travail (en comparant les deux tabulations faites par deux observateurs à partir des mêmes interventions).

2) Les moniteurs peuvent faire travailler tout le groupe comme observateurs-tabulateurs à partir d'une écoute d'enregistrement d'une réunion quelconque (dans ce cas, il faut pouvoir identifier les voix).

3) Les moniteurs peuvent faire le même genre d'organisation du travail, mais à partir d'un texte écrit (compte rendu sténo des interventions au cours d'une réunion. Texte intégral évidemment avec, autant que possible, mention des intonations et des comportements).

Exploitation individuelle

1) Préparez 9 feuilles de tabulation selon le modèle ci-dessous et inscrivez sur chacune en haut à gauche l'initiale correspondant au nom du participant. Puis remplissez la rangée supérieure (celle qui se termine par « À tous »), en inscrivant successivement les noms ou initiales des partenaires.

2) Puis, *en reprenant le texte des échanges de la réunion*, vous devez *par participant* caractériser chaque élément d'intervention en utilisant le modèle de tabulation ci-contre.

On appelle élément d'intervention, le membre de phrase ou la partie d'intervention qui a une orientation caractéristique. Une même phrase peut être soit unitaire (ou unipolaire), c'est-à-dire ayant une seule intention ou une seule orientation, soit bipolaire ou multipolaire, c'est-à-dire ayant successivement ou même simultanément, des intentions ou orientations différentes qui, *chacune,* doivent alors être caractérisées.

Exemple 1. Si le participant N dit : « *Je ne suis pas d'accord du tout avec ce que le groupe est en train de décider* ».

Cette intervention est à coder (selon la table des critères) en critère 10 et une croix sera mise dans la rangée 10, dans la case correspondant à « s'adresse au groupe tout entier » (colonne marquée « à tous »). Cette croix est à mettre sur la feuille portant le nom de N.

Exemple 2. Si le participant M. dit : « *Je ne suis pas d'accord avec vous, M. X... ; je voudrais qu'avant d'aborder ce point, nous traitions de l'organisation du groupe lui-même* ».

Cette intervention est nettement bipolaire. Le premier membre de phrase est à coder en 10, dans la colonne correspondant à M. X... puisque c'est à lui personnellement que s'adresse M. M... La seconde partie de la phrase est à situer au contraire dans la rangée du critère 4 dans la colonne « À tous ». (Mettre donc une première croix dans la case d'intersection rangée 10, colonne X, et une croix dans la case d'intersection rangée 4, colonne « À tous »). Tout ceci sur la feuille d'observation de M.

Exemple 3. Si le même participant avait *continué* par dire : « *Quelqu'un peut-il nous donner des idées sur cette question ?* », vous auriez à ajouter une croix dans la case d'intersection de la rangée 9 et de la colonne « À tous ».

Exemple 4. La participante A dit : « *On va faire quelque chose, oui ?* ». Ceci est caractérisé par plusieurs intentions simultanées. C'est en même temps une attaque du groupe (critère 12 et à tous) et une demande de directives (critère 9, à tous). Donc il faut faire 2 croix, dans les cases correspondantes (une croix en 12 « À tous », une croix en 9 « À tous »).

Ainsi une même intervention peut se traduire sur votre feuille de tabulation par une, deux, trois croix ou plus, dans des cases différentes, mais toujours sur la feuille réservée à l'analyse des interventions du même sujet émetteur.

3) Après ce travail d'analyse des interventions, vous devez faire la *synthèse* de vos observations *en caractérisant les attitudes* du sujet dont la feuille de tabulation porte le nom.

Modèle de la feuille de tabulation des interventions (feuille reprise de F. Bales)

Nom du participant .... Réunion du				à	à	à	à	à	à	à	à	à Tous
Interventions positives	Aire socio-affective	1	*Soutient autrui,* aide, encourage, montre de l'estime									
		2	*Détend et se détend,* plaisante, se montre content									
		3	*Accepte,* se dit en accord, opine, comprend autrui									
	Interventions orientées vers la tâche de groupe	4	*Fait des suggestions,* donne des idées, des directions possibles									
		5	*Donne son avis,* ses opinions, évalue, affirme									
		6	*Donne des commentaires et des informations,* confirme, clarifie, répète									
Interventions négatives		7	*Demande des informations et des explications*									
		8	*Demande un avis,* des impressions, des opinions									
		9	*Demande des idées, des suggestions*									
	Aire socio-affective	10	*Rejette,* se dit pas d'accord, met en doute, refuse									
		11	*Manifeste de la tension* et accroît la tension									
		12	*Attaque,* se défend, montre de l'antagonisme, s'oppose									

Commentaire et légende de la feuille de tabulation :

A. *Critères 1 à 6* : interventions positives.
   Critères 7 à 12 : interventions négatives.

B. *Critères 1-2-3 et 10-11-12* : interventions concernant les relations socio-affectives dans le groupe ou à l'égard des personnes (c'est-à-dire « centrées sur les personnes »).
   Critères 4-5-6 et 7-8-9 : interventions concernant le travail du groupe (c'est-à-dire « centrées sur la tâche »).

C. *Critères 6 et 7* : problèmes d'orientation du travail.
   Critères 5 et 8 : problèmes d'évaluation du travail.
   Critères 4 et 9 : problèmes de contrôle et d'organisation du travail.
   Critères 3 et 10 : problèmes des décisions communes.
   Critères 2 et 11 : problèmes de tension intérieure et des réactions à cette tension.
   Critères 1 et 12 : problèmes d'intégration des personnes dans le groupe.

Caractérisez-le par ses attitudes soit à l'égard des autres participants individuellement, soit par rapport au groupe, soit par rapport au travail. Dans cette partie de l'exercice, les commentaires et la légende de la feuille de tabulation doivent vous aider.

4) Quelles conclusions pouvez-vous tirer de la méthode elle-même?

Corrigé page 302

14. Convention thématique

♦ Hubort Jaoui, François-Marie Pons, n° 94

Une direction opérationnelle de France Télécom couvre une zone comprenant deux départements. Quatre agences commerciales sont sous sa responsabilité, une dans chacune des quatre villes principales.

Au total, 220 agents commerciaux et 21 cadres commerciaux, répartis en « accueil physique » et « accueil téléphonique ».

L'enjeu

Satisfaire les clients (un sondage trimestriel, le SATCLI, mesure l'indice de satisfaction des clients, les agences sont classées les unes par rapport aux autres sur la France).

Le projet

Organiser un congrès d'une journée et demie pour sensibiliser les agents à l'importance du « comportement » commercial : l'accueil, l'analyse des besoins, la vente, la fidélisation (SAV, suivi).

L'axe de sensibilisation

Se mettre à la place des clients.

Les thèmes majeurs

L'accueil, le service, l'information, la démonstration des produits, la relation personnalisée.

Objectifs d'animation

— Faire participer les agents pour qu'ils élaborent eux-mêmes des idées d'amélioration dans leur domaine de compétence.
— Intégrer l'encadrement et lui faire jouer son rôle.

Note : L'encadrement ne pourra pas participer aux mêmes groupes de travail que les agents.

Les moyens

Vidéo, audio, journaux, spectacles divers, activités sportives et ludiques, etc.

Corrigé page 304

15. La pendule pointeuse

♦ Guy Roudière, n° 120

Comment trouver des arguments à partir de formes vides, sur le thème de l'introduction de la pendule pointeuse :

Les formes vides :
— Analogie.
— Métaphores.
— Lien causal.
— Acte-personne.
— Valeur.
— Incompatibilité.
— Paradoxe.
— Alternative.

Corrigé page 307

Corrigés de la troisième partie

CORRIGÉ 1

Pendant l'exploitation du jeu au magnétoscope on cherchera à faire apparaître :
– les caractéristiques du langage oral (flou, syntaxe différente de celle de l'écrit, mots parasites…) ;
– la manière d'organiser l'explication : le message est-il construit ou décousu (sans fil directeur) ?

Dans ce jeu, le phénomène « d'indiscipline mentale » n'est pas rare. Les précisions nécessaires sont données dans le désordre, les digressions sont nombreuses. Le dosage des indications doit faire l'objet d'un commentaire (on alourdit les explications sur les données les plus simples, on reste vague sur les parties les plus délicates).

Le jeu est difficile côté « auditoire » (nécessité d'une écoute concentrée) ; il est bon de faire observer la part de connivence de l'émetteur : se met-il à la portée de ceux qui écoutent, leur est-il agréable, crée-t-il un climat de confiance, mobilise-t-il l'attention ?

Le jeu se termine, pour son volet exploitation, par une vérification des scores visant à déterminer la qualité de l'énonciation et de l'écoute.

On admet que s'il y a 10 % d'erreurs de localisation cela correspond à une faute d'écoute, s'il y a plus de 80 % de fautes de localisation il y a eu faute d'énonciation. Pour les scores intermédiaires, 50 % d'erreurs ou de localisations, il est intéressant de vérifier ce qui s'est passé (cela permet d'évaluer la valeur interprétative de l'écoute et le caractère souvent trop implicite de la parole.

GRILLE D'UN GROUPE DE 10 PERSONNES

		Nombre de fautes relevées	Nature de la faute
Mairie	M	IIIIIII	faute d'énonciation
Université	U	I	faute d'écoute
Bibliothèque	B	0	
Préfecture	P	IIIIIIIII	le groupe n'a pas démasqué l'erreur
École	E	IIIII	légère faute d'énonciation compensée par une bonne interprétation de la moitié du groupe
Stade	S	0	
Lycée	L	0	
Centre commercial	CC	III	faute d'écoute
Hôpital	H	I	faute d'écoute
Gare	G	IIIIIII	faute d'énonciation

CORRIGÉ 2

L'animateur conduit la correction à partir de questions clefs :

1. Que s'est-il passé ?
2. De quel accident s'agit-il ?
3. Que fait le personnage central de l'histoire ?
4. Qu'a voulu dire Sempé ?
5. Êtes-vous sûr de vos réponses ?

S'agissait-il d'une « parole improvisée » ou bien l'orateur a-t-il voulu organiser son témoignage et montrer quelque chose ?

CORRIGÉ 3

Situation I

Qu'avez-vous pu repérer dans ce bref compte rendu ?

1. D'entrée de jeu, un barrage total de M. Lalou à l'égard de M. Keller, un barrage partiel par rapport au temps consacré à la réunion.

2. Ensuite, un refus d'écoute de M. Lalou, renforcé par l'approbation inconditionnelle de MM. Robert et Papon.

3. Plusieurs digressions de M. Lalou se référant à ses difficultés passées, donnent lieu à des projections sur les remarques de M. Keller. Ces digressions font dériver la réunion de son objet, et ce dernier devient inaudible.

4. En fin de réunion, une concession de pure forme de M. Lalou à M. Keller. Ce semblant d'écoute masque le refus de préciser l'organigramme en question.

5. Dans l'« après coup » de la réunion, M. Keller pourrait entendre que l'attitude de M. Lalou a été gouvernée par la peur de représentations autogestionnaires et par les traces d'anciens conflits institutionnels.

Situation II

Que retenez-vous de ce double temps d'échanges ?

1. Dans un premier temps, M. Clément, surpris par l'intervention de Mme Simon, n'est pas en mesure d'accorder son écoute au moment et dans le lieu où la question lui est posée.

2. Il soulève même, d'emblée, les obstacles qui l'empêchent d'accéder à la demande de Mme Simon. Néanmoins, il entrouvre sa porte pour une négociation ultérieure.

3. Dans un second temps, Mme Simon force l'écoute de M. Clément dans l'espace exigu d'une communication téléphonique devant traiter d'un problème différent de celui qui la met en peine.

4. M. Clément répond par une concession à la nouvelle requête de Mme Simon, cette requête ayant été nécessairement modulée entre-temps par les réserves qu'il avait exprimées le matin même.

5. Mme Simon ne semble pas entendre son chef de service, pas plus qu'elle ne se sent entendue, comme si elle n'avait pas entendu la concession de M. Clément.

6. La communication téléphonique semble restreindre le champ d'écoute de part et d'autre.

7. Bien que les deux interlocuteurs se soient très partiellement entendus, un malentendu subsiste entre eux.

Situation III

Qu'avez-vous pu remarquer dans ce résumé ?

1. La requête de M. Legrain comportait un objet : l'intérêt d'un dispositif d'informatique dans son service.

Mais les réponses et interventions diverses de M. Dubois font diversion en portant sur d'autres questions : contestation des tâches, absence exceptionnelle, éventuelles mutations de personnel, budget... Pas une minute, au cours de l'entretien, la demande proprement dite de M. Legrain n'est prise en considération.

2. M. Dubois manifeste son écoute par des signes d'accueil, par un souci de reformulation, une promesse de suspendre son avis définitif. Mais il n'en justifie pas moins la crainte explicite de son interlocuteur : celle de ne pas être entendu.

3. Il importe de souligner que lesdites reformulations de M. Dubois relèvent de l'interprétation ou d'un « faire-semblant » de l'écoute, plus que d'une procédure pour prêter attention à la requête de M. Legrain.

4. M. Dubois évoque le problème du crédit : décisif en apparence, l'argument en question ne manque pas d'être commode pour masquer ce qui motive effectivement l'hostilité de M. Dubois à l'endroit de l'informatique.

5. Les derniers mots de M. Dubois manifestent une écoute de pure forme et conduisent ouvertement à une conclusion du problème, excluant toute discussion.

6. Pour l'essentiel, dans l'ensemble de cet entretien : M. Legrain estime nécessaire l'utilisation de l'informatique alors que M. Dubois y demeure hostile. Cette différence de point de vue n'étant pas avouée par M. Dubois, le malentendu subsiste entre les deux interlocuteurs.

CORRIGÉ 4

Travailler avec les Américains : voici des exemples de réponses

1 — CoD et LiD
2 — LiD
  — Cortex au travail — Limbique dans la vie privée.
  — Surtout pas de LiG.
3 — CoD
4 — LiG et CoG
5 — LiD
7 — LiD puis CoG
8 — LiG
  « Il faut l'aimer avant de le comprendre »
  LiD avant CoG.

CORRIGÉ 5

Exploitation individuelle de l'exercice

Commencez par reporter le numéro de votre réponse à chaque fragment, sur le tableau ci-dessous, par exemple en colorant en rouge (ou en hachurant) la case qui, *par cas*, contient le numéro de votre réponse spontanée, sans vous occuper des lettres qui sont dans la première colonne à gauche.

Vous devez pouvoir constater plusieurs choses :
— d'abord une certaine rangée *dominante*, celle qui, horizontalement, porte le plus de cases colorées ou hachurées (5 et plus) ;
— ensuite, une *sous-dominante*, c'est-à-dire la rangée qui, après la dominante, contient le plus grand nombre de cases colorées ou hachurées (il peut y avoir plusieurs sous-dominantes) (3 ou 4) ;
— enfin, des cas « isolés », c'est-à-dire des réponses qui sont seules dans leur rangée, en très petit nombre (1 ou 2).

	Cas 1	Cas 2	Cas 3	Cas 4	Cas 5	Cas 6	Cas 7	Cas 8	Cas 9	Cas 10
A	2	1	5	6	6	2	5	3	4	3
B	4	2	1	5	2	6	1	4	2	2
C	6	5	6	1	5	4	3	6	1	5
D	1	4	3	3	1	5	6	1	5	6
E	3	6	4	2	4	1	2	5	6	4
F	5	3	2	4	3	3	4	2	3	1

Vous pouvez vous-même évaluer l'importance de votre tendance dominante et de la sous-dominante en remarquant le nombre de cases colorées ou hachurées sur 10, puisque vous avez été sollicité(e) dix fois par ces dix fragments. Une dominante à 9 fois sur 10 par exemple dénote une attitude rigide ou systématique, alors que 4 fois sur 10 ne révèle qu'une tendance...

NB — Il peut arriver qu'il n'y ait pas de dominante ni de sous-dominante (aucune rangée ne contient plus de 3 cases colorées ou hachurées). La signification de ce phénomène est donnée ci-dessous dans le 3.

1) *Signification des dominantes.* La lettre qui, dans le tableau, première colonne à gauche, correspond à votre rangée dominante, indique la tendance habituelle ou chronique de votre personnalité à l'égard d'autrui dans la situation d'entretien ou de confidences reçues. Autrement dit, l'exercice dénote (ou vous permet de repérer) votre *attitude chronique*, telle qu'elle transparaît à travers vos réponses spontanées.

Cette attitude est l'une des six suivantes :

Lettre Repère	*Signification — Type d'attitude habituelle en face à face*
A	Vos réponses sont *évaluatives,* c'est-à-dire qu'elles impliquent un point de vue moral personnel et comportent un jugement (critique ou approbateur) à l'égard d'autrui. Vous vous posez en censeur moral.
B	Vos réponses sont des *interprétations* de ce qui vous est dit. Vous ne comprenez que ce que vous voulez comprendre, vous cherchez ce qui vous paraît à *vous* l'essentiel et votre esprit cherche une explication. En fait, vous opérez une distorsion par rapport à ce que l'autre voulait dire, vous déformez sa pensée.
C	Vos réponses sont des réponses de *soutien,* visant à apporter un encouragement, une consolation ou une compensation. Vous compatissez beaucoup et vous pensez qu'il faut éviter qu'autrui ne dramatise.
D	Vos réponses sont *investigatrices.* Vous vous empressez d'en savoir davantage et vous orientez l'entretien vers ce qui *vous* paraît important, comme si vous accusiez l'autre de ne pas vouloir dire l'essentiel ou de perdre du temps. Vous êtes sans doute pressé(e) et vous pressez le client en lui demandant ce qui *vous* semble essentiel.
E	Vos réponses tendent à apporter une *solution immédiate au problème.* Vous réagissez par l'action et en poussant à l'action. Vous voyez tout de suite l'issue que *vous,* vous choisiriez ; vous n'attendez pas d'en savoir davantage. Il est vrai aussi que ce système vous débarrasse du client et de ses plaintes.
F	Vos réponses sont *compréhensives* et reflètent un effort pour vous introduire sincèrement dans le problème tel qu'il est vécu par l'autre. Vous voulez d'abord vérifier que vous avez bien compris ce qui a été dit. Cette attitude relance l'interlocuteur et l'entraîne à s'exprimer davantage, puisqu'il a la preuve que vous écoutez sans préjugé.

Nous vous engageons à réfléchir sur votre attitude chronique et à rechercher de bonne foi toutes les manières dont vous l'exprimez autour de vous, avec vos proches, avec vos amies et amis, avec vos collaborateurs.

Notez ici les types de réaction fréquents que vous avez ainsi déclenchés sans le savoir et que vous pouvez maintenant rapporter à votre propre attitude comme *inductrice* de ces réactions.

2) *Signification des sous-dominantes.* L'attitude sous-dominante (celle qui correspond à la rangée la plus chargée *après* la rangée dominante) est à interpréter à l'aide du même tableau. Elle vous révèle une autre tendance chronique dont vous disposez dans le face à face.

Pour progresser dans la compréhension de votre personnalité, recherchez les motivations du changement d'attitude (passage de l'attitude dominante à l'attitude dite ici sous-dominante) en comparant *les cas* (c'est-à-dire ici les fragments d'entretien) qui ont provoqué l'une et l'autre.

Autrement dit, les fragments qui ont déterminé vos réponses rangées dans la catégorie sous-dominante ont-ils quelque *trait commun* qui explique votre autre attitude ? Âge de l'interlocuteur ? Sexe de l'interlocuteur, type de situation qu'ils décrivent ? Statut social supposé ?

3) *Signification des réponses « isolées ».* Dans le cas déjà évoqué où vous n'avez aucune dominante et aucune sous-dominante (c'est-à-dire où par rangée il y a moins de 3 cases colorées ou hachurées), l'explication est celle-ci :

Votre attitude de réponse est déterminée (induite) par le genre de situation vécue ou de personnage qui vous est présenté. Vous vous laissez aller facilement à vos réactions émotionnelles et vous êtes facilement impressionnable. Votre dominante est la *suggestibilité.*

Dans le cas où il s'agit de réponses isolées (les dominantes étant déjà connues), vous progresserez dans l'auto-connaissance en effectuant le travail suivant :

Prenez un des fragments auxquels vous avez répondu d'une manière non conforme à votre dominante ou à votre sous-dominante.

Notez ci-dessous la *structure de la situation* vécue évoquée par ce fragment. Autrement dit, de quel *genre* de situation s'agit-il ? De quel genre de personne s'agit-il ? Qu'est-ce qui caractérise pour vous cette histoire ?

Votre réponse témoigne du fait que vous êtes *sensibilisé*(e) à ce type de situation, et vous pouvez constater (en vous reportant au tableau des significations de vos réponses) qu'elle déclenche chez vous une réaction particulière. *Cherchez dans votre histoire personnelle* les causes de cette sensibilisation.

Faites cette opération pour tous les fragments d'entretien qui ont provoqué des réponses isolées.

CORRIGÉ 6

Première Partie

I. Aucune. Toutes sont inductrices d'une manière ou d'une autre. La forme 3 est la moins inductrice des quatre. Les formes 2 et 4 sont de véritables pressions à la réponse voulue par le questionneur. Une formulation neutre pourrait être : « *Que pensez-vous personnellement de la fessée comme moyen d'éducation des enfants ?* » (question ouverte).

II. Comparaison des « thèmes » affectivement chargés de sens différents et provocateurs de réactions opposées, traduits par la comparaison des mots :

Forme A	Forme B
communistes	religieuses
ont refusé de participer	indépendantes
refusé de participer aux affaires de l'État dans le passé	se sont organisées pour survivre en partageant terres, travail, moisson
revendiquent	ont besoin, sollicitent
subvention	secours

III. Le nombre de réponses « sans opinion » révèle que la question a été perçue comme dangereuse, soit parce qu'elle risquait de dévoiler des opinions politiques sur un sujet brûlant, soit parce qu'elle est associée à une peur d'implication dans des représailles éventuelles, soit parce que la réponse est chargée de sens pro-sémitisme/anti-sémitisme et donc de préjugés raciaux.

En réalité, les promoteurs de l'enquête n'ont rien compris à cette *défense par mise à l'abri* dans le « sans opinion », et ont tout bonnement conclu que 40 à 60 % des gens étaient indifférents à ce problème.

IV. En réponse à la question trop directe qui suppose que le conducteur « prend un plaisir personnel à conduire et se fout complètement de ce que cela peut lui coûter et de ce que cela coûte à l'État comme dépense de l'énergie-pétrole »... les répondants font une réponse de défense de leur « image sociale », et utilisent ici la dénégation-victimisation (ils se posent en victimes).

Deuxième Partie

C'est l'effet de la tendance générale à prendre une attitude avantageuse aux yeux d'autrui. On l'appelle tendance à chercher le prestige. Le mensonge, ou plus exactement la réaction défensive de mise à l'abri derrière une « façade » sociale, dans tous ces cas, permet d'espérer une plus grande « considération » de la part des autres, et cette attitude distord les réponses (tendances à éviter automatiquement le rejet social et le mépris).

CORRIGÉ 7

Fragment 1

Fautes commises :

1) L'enquêteur n'a pas donné son nom en introduction.

2) Il a laissé Monsieur S… interpréter l'objet de l'enquête.

3) Par peur immotivée de se répéter, il laisse le soin (dangereux) à M. S… d'introduire l'enquête auprès de Mme S…

Fragment 2

Fautes commises :

1) Amputation illégitime et intempestive du texte de la question dans les interviews 1 et 3.

2) Modification de l'expression « dans les mois qui viennent » en « dans les mois à venir »… ce qui n'a pas le même sens malgré les apparences (la seconde formulation renvoie à un avenir plus lointain).

3) Hâte incompréhensible à noter dans les « sans opinion » des réponses induites par ses questions défectueuses, et qu'il n'essaye pas d'éclaircir.

Fragment 3

Aucune faute. Excellente conduite à l'égard d'un client lent dans l'expression de son opinion.

Sans changer la question à la lettre, l'enquêteur insiste successivement sur les mots-clés au fur et à mesure que les hésitations du répondant lui montrent qu'il ne les a pas « entendus » : *personnellement, acheter, d'habitude…* ce qui était l'objet précis de la question.

Fragment 4

Il est intéressant d'analyser la *dynamique de l'entretien,* c'est-à-dire le jeu d'actions et réactions psychologiques qui constituent et mènent le déroulement du dialogue.

Voici, brièvement analysée, cette dynamique, avec au passage, mention des fautes commises du point de vue de l'interview normale.

1) L'enquêteur a cru profiter d'une introduction facile parce qu'il n'a pas eu à se présenter, à présenter l'organisme dont il fait partie, ni à introduire de manière suffisante et précise l'objet de l'enquête. Là est sa première erreur.

2) Malgré l'excellente formulation de la question, celle-ci, présentée en question 1, est trop directe (ici faute du promoteur-rédacteur) pour ne pas éveiller la méfiance du client. Celui-ci l'exprime en clair en interprétant ce qu'il pense être les « intentions secrètes » de l'enquêteur. L'enquêteur *se défend* et affirme alors quelque chose qu'il aurait dû dire au début, de lui-même (seconde erreur, liée à la première).

3) La défense paraît au répondant un *mensonge défensif* auquel il oppose agressivement le fait que lui, personnellement, est connu de l'enquêteur qui a vu son nom sur sa porte. L'enquêteur est contre-attaqué.
Celui-ci s'engage alors dans une discussion offensive-défensive avec le client (troisième erreur).

4) Par malheur, au cours de sa défense, croyant ouvrir loyalement son jeu, l'enquêteur prévient qu'il notera « tout à l'heure » la profession. Annonce inutile (quatrième erreur) qui ravive la méfiance du client.

5) Engagé dans une discussion par laquelle il croit *expliquer* quelque chose au client, l'enquêteur utilise une phrase avec des mots techniques *(catégorie socio-professionnelle, appartenance, dépouillement, enquête)* qui, croit-il, vont lui assurer la supériorité qu'il recherche instinctivement (cinquième erreur) alors que le client, comprenant de travers, entend qu'on en veut à son corps de métier et se pose en champion des intérêts de son groupe professionnel contre l'État.

6) Sa méfiance est multipliée par le mot de *enquête,* employé malencontreusement par l'enquêteur, et qui prend pour le client le sens d'*enquête policière* (sixième erreur de l'enquêteur).

7) Enlisé dans la discussion qui s'est établie sur cette méfiance grandissante, l'enquêteur cherche à en sortir brusquement, ce qui laisse le client sur son inquiétude (septième erreur) et pour essayer de replacer le nom de l'organisme qui l'envoie (toujours parce que l'introduction a été mal faite) fait maladroitement allusion aux « Services Économiques » (huitième erreur).

8) Persuadé qu'il s'agit d'une enquête policière ou économique à laquelle le Fisc et la Justice sont plus ou moins intéressés, le client n'ose pas rompre l'interview, mais se défend énergiquement en clamant qu'il est en règle.

9) L'enquêteur pense clore cette discussion en félicitant le client mais, soucieux de montrer combien il participe aux problèmes posés par la taxe sur les automobiles ou laissant paraître une opinion personnelle ou encore ayant perdu de vue sa question par énervement... ou tout cela à la fois (de toute façon c'est la neuvième erreur), il pose la question d'une manière nettement suggestive, tellement ostensiblement suggestive (dixième erreur) que le client y voit un piège subtil et donne une réponse défensive qui le met à l'abri de tout risque.

10) Sans doute excédé de cette discussion et pressé d'en finir (onzième erreur), l'enquêteur note cette réponse comme opinion franche de l'interrogé (douzième erreur).

CORRIGÉ 8

Nous retranscrivons tout d'abord, ici même, le corrigé que propose Gordon [1] :

« Voici la tournure que cette même scène aurait pu prendre si l'enseignant avait prêté attention à la réaction de l'élève face au « message-JE » et avait réorienté ou réajusté son tir :

1. Thomas Gordon, *Enseignants efficaces*, Éd. du Jour, 1979.

Enseignant : Alain, lorsque tu arrives en retard en classe, tu me crées un problème : je dois m'arrêter dans mon travail. Tu me causes donc des distractions et je suis contrarié *(Premier message-JE).*

Élève : C'est vrai, oui, mais voyez-vous, j'ai eu tellement de choses à faire ces derniers temps que je ne peux pas arriver à l'heure. »

Modification de l'entretien à partir de cette intervention

« Enseignant : Je vois. Tu as dû récemment faire face à de nouveaux problèmes *(Écoute active).*

Élève : C'est bien ça. Monsieur Perrault m'a demandé de l'aider au laboratoire de chimie après le troisième cours, vous comprenez; il faut préparer le matériel pour le quatrième cours. C'est un travail fort intéressant.

Enseignant : Tu es donc bien content qu'il t'ait demandé ce service *(Écoute active).*

Élève : Oui, vraiment! Il se peut que je devienne ainsi assistant de laboratoire l'an prochain et ce travail me rapporterait quelque chose.

Enseignant : Cela devrait, en effet, te rapporter pas mal, et ce serait très important pour toi *(Écoute active).*

Élève : Oui. Je sais que vous n'aimez pas du tout que j'arrive en retard à votre cours. Je ne savais pas que cela vous créerait un tel problème. Voyez-vous, j'ai toujours essayé d'entrer en classe sans qu'on me remarque, très discrètement.

Enseignant : Tu es un peu surpris de voir que même si tu t'arranges pour entrer discrètement, ton retard me pose un problème *(Écoute active).*

Élève : Tout compte fait, pas vraiment. Je comprends votre point de vue. Vous êtes obligé, en effet, de vous arrêter et de marquer mon nom sur votre fiche de présence, etc. Habituellement, je discute trop longtemps avec Monsieur Perrault; c'est pour cela que j'arrive en retard. Je lui dirai que mes retards vous ennuient et je le quitterai un peu plus tôt. D'accord?

Enseignant : Ça arrangerait bien les choses. Merci.

Élève : De rien. »

• Suite à la lecture du corrigé ci-dessus, la discussion du groupe, avec les élucidations des animateurs, portera sur l'usage et l'intérêt du *Message-JE* et du *Message-TU,* dans le but de pratiquer *l'Écoute active.*
Il importe de souligner que, dans l'exemple cité, Gordon dénonce l'emploi systématique du *Message-JE.*

• Néanmoins, le corrigé ci-dessus ne saurait faire « modèle » à l'exclusion d'autres formes possibles d'écoute (celles-là même qui seront présentées par les participants et qui méritent examen). Il peut même faire l'objet de critiques de la part du groupe.

• En particulier, dans le cas qui nous occupe, *l'écoute active* doit-elle effacer nécessairement la référence à la règle (l'horaire) et le respect du groupe-classe (enseignant compris)?

• L'attitude d'acceptation développée par *l'écoute active* amène-t-elle toujours l'enfant à devenir réceptif aux propos de ses parents ou professeurs?

• Quels écueils révèle l'emploi systématique de *l'écoute active*? Quels sont pour l'éducateur les enjeux de l'entretien ci-dessus? Écoute-t-il aussi pour être entendu?

• Intérêt et limites de ladite *Écoute active*?

• D'autres exemples de Gordon pourraient être également soumis à discussion. En se référant non seulement à son ouvrage, *Enseignants efficaces,* mais aussi, *Parents efficaces.*

CORRIGÉ 9

Savoir se faire comprendre

Conseils de méthode pour cet exercice :

— L'explication fournie était-elle précise et clairement formulée?

— L'explication était-elle organisée et donc facile à suivre?

— L'explication était-elle efficace, a-t-elle été comprise?

— Avez-vous pensé à contrôler la compréhension de votre interlocuteur?

Utiliser la métaphore

Avec la métaphore, on cherche dans un autre champ que celui de la réalité à présenter la nouvelle histoire avec la même structure. L'issue de la métaphore doit correspondre à ce que l'on souhaite.

L'exploitation de cet exercice peut se faire de la manière suivante :

— la personne émettrice rapporte son vécu en termes de difficultés rencontrées pour bâtir la métaphore;

— la personne réceptrice analyse l'impact de ce type de communication.

Votre questionnement

Nous vous proposons 9 questions possibles pour 9 objectifs différents.

Éventail de réponses possibles : *questions ouvertes*
(on ne peut répondre en un mot)
Pourquoi avez-vous besoin d'un délai?

Recherche d'une information précise : *questions fermées*
(on y répond avec un mot)
De combien de temps avez-vous besoin?

Proposer ou contraindre à un choix : *questions alternatives*
Vous avez besoin d'une ou deux semaines pour le terminer?

Suggérer une réponse : *questions suggestives*
En une demi-journée vous l'aurez terminé, n'est-ce pas?

Faire préciser un point particulier : *questions miroir*
« Ce travail? »

Tension, conflit : *questions piégées*

Voulez-vous que je vous dise en combien de temps je l'aurais fait, moi, ce travail ?

Changer de sujet, revenir en arrière : *questions de recentrage*
Vous me disiez tout à l'heure que vous aviez du temps en ce moment ?

Prise de conscience, décision : *questions indirectes*
Si quelqu'un vous posait la même question, que lui répondriez-vous ?

Droit au but : *questions directes*
Qu'est-ce qui vous empêche de le terminer rapidement ?

CORRIGÉ 10

Pour faciliter la correction de cet exercice, voici le texte d'un véritable entretien entre un vendeur et un prospect. Il servira de points de repère pour l'analyse des 16 effets persuasifs du clavier. Les effets ont été indiqués dans des cases à l'intérieur même du texte.

[1] L'effet démonstratif	[9] L'effet de doute
[2] L'effet de compétence	[10] L'effet d'intimidation
[3] L'effet solutionneur	[11] L'effet d'implication
[4] L'effet méthodique	[12] L'effet d'exemplarité
[5] L'effet de l'évidence	[13] L'effet de complicité
[6] L'effet de bonne foi	[14] L'effet d'insistance
[7] L'effet de principe	[15] L'effet de volonté
[8] L'effet porte-parole	[16] L'effet émotionnel

Il s'agit d'un entretien mené par un vendeur proposant des appartements en multipropriété dans les stations de montagne. Ce sont des particuliers qui sont visés par une publicité cherchant à provoquer le renvoi de coupons découpés « pour information » dans les grands hebdomadaires.

L'entretien a lieu dans l'appartement d'un cadre retraité de la SNCF à Paris qui a renvoyé un coupon. Le vendeur a obtenu sans difficulté, par téléphone, un rendez-vous.

M. Schuss (le vendeur). – Bonjour, Monsieur Rail, je vous remercie d'avoir bien voulu accepter de me recevoir. J'ai bien reçu votre coupon réponse concernant notre promotion immobilière à Val d'Isère. J'appartiens à la Société Neige 2000, mon nom est Schuss, Jean Schuss. Voici ma carte.

M. Rail (le retraité). – Eh bien euh… Attendez… Entrons… Asseyez-vous mais vous savez j'ai renvoyé cette publicité à tout hasard… Je n'ai pas vraiment l'intention de…

M. Schuss. – M. Rail, accordez-moi quelques minutes pour vous expliquer et sûrement vous faire découvrir deux choses [3] : d'une part qu'est-ce que la multipropriété, d'autre part comment vous pouvez mieux tirer parti de votre temps de libre en gagnant de l'argent [4].

M. Rail. – Euh!…. Oh! du temps de libre…

M. Schuss. – Du temps de libre, vous en avez M. Rail [11] mais vous êtes comme moi [12], nous sommes tous pareils, nous ne savons pas bien l'utiliser ni le rentabiliser [13]. Laissez-moi vous expliquer d'abord, ce qu'est la multipropriété [4]. Cela sert toujours d'apprendre quelque chose [5] on n'est jamais assez informé [5]. Au fait, en avez-vous déjà entendu parler, savez-vous ce que c'est? [11].

M. Rail. – À vrai dire pas bien, c'est louer des appartements je crois pour une semaine ou un mois, en vue d'acheter… Attendez, non c'est acheter… Je me souviens de votre publicité…

M. Schuss. – Eh bien vous voyez, M. Rail, cela vaut la peine d'être bien informé car je vais vous expliquer ce qu'est la multipropriété [3].

C'est une formule qui vous permet d'être propriétaire à vie d'un appartement pour une période précise dont vous choisissez la durée et dont vous déterminez la date. Je vais vous donner un exemple :

Vous pouvez acquérir un grand studio de 35 m^2 dans notre résidence Adret pour une période de 8 jours du 15 au 22 février. Vous êtes donc propriétaire d'une période de 8 jours du 15 au 22 février à vie [11].

M Rail. – Je ne peux y aller alors qu'une semaine.

M. Schuss. – Vous avez bien saisi, alors allons plus loin. Si vous êtes plus disponible, si vous souhaitez aller plusieurs fois en vacances, vous pouvez acheter deux, trois ou quatre périodes de 8 jours réparties à votre guise dans l'année [1], c'est ce que les gens recherchent en général [5].

M. Rail. – Je vais donc acheter plusieurs semaines dans l'année et le reste du temps ça ne m'appartient pas… Je ne peux pas y aller… Mais ça n'est pas vraiment être propriétaire, ça Monsieur!

M. Schuss. – C'est au contraire être propriétaire 365 jours pour une occupation de 16 ou 24 jours qui n'est pas une bonne solution [1].

M. Rail. – Oui, mais c'est un peu comme l'hôtel?

M. Schuss. – Croyez-vous M. Rail qu'avec la formule de l'hôtel vous pourriez revendre dans trois ou dix ans le droit de séjour que vous avez consommé? [9].

M. Rail. – Euh… Non, bien sûr mais…

M. Schuss. – Voilà toute la différence; si vous allez deux fois à l'hôtel pendant huit jours cela vous coûte au moins 540 € chaque année. Pendant dix ans, sans tenir compte de l'inflation, vous voyez l'argent que vous avez perdu [10]. Si vous achetez deux périodes, en dix ans, c'est vous qui gagnerez de l'argent [14]. Nous pouvons faire le compte [11].

M. Rail – Combien coûte une semaine?

M. Schuss. – 3353 € en moyenne, M. Rail.

M. Rail. – C'est beaucoup!

M. Schuss. – Écoutez M. Rail, voyons ensemble [13] mais comment expliquerions-nous le succès de la multipropriété si les gens raisonnables et informés n'y avaient pas trouvé leur compte [9]? Il est évident que les bonnes affaires, eh bien ça se sait, les clients l'ont compris [5].

M. Rail. – C'est un peu trop beau tout ça...

M. Schuss. – Non, M. Rail. Simplement la multipropriété c'est le fruit d'une réflexion commerciale et financière intelligente menée par des spécialistes et tenant compte des habitudes de loisirs des gens et de leur mode de vie comme de leurs moyens [2].

Tout a été étudié, l'aspect fiscal notamment, comme les droits de transmission aux héritiers. C'est une formule réaliste, sûre et intelligente [3].

M. Rail. – Bon, mais euh... Vous parlez de loisir, c'est que j'ai déjà une maison de campagne et...

M. Schuss. – Et...

M. Rail – Et je n'ai plus les moyens d'acheter à la montagne une résidence. Je suis à la retraite et...

M. Schuss – Il vous est donc possible de consacrer par exemple 915 € par an à une dépense loisir-vacances [3].

M. Rail. – ... Euh...

M. Schuss. – Eh bien avec Neige 2000, je vous garantis Monsieur que cette dépense devient un investissement [31]; vous serez au bout de cinq ans propriétaire d'une semaine à Val d'Isère que vous pourrez conserver, ou revendre...

M. Rail. – C'est quand même ennuyeux d'être toujours obligé de partir à la même date.

M. Schuss. – D'abord vous êtes relativement libre puisque vous êtes retraité je crois. Ensuite vous pouvez au contraire, en achetant par exemple quatre périodes, mais en en utilisant une seule, pendant que vous louerez les autres, être très libre et en même temps gagner de l'argent [1]. Croyez-vous qu'il existe beaucoup de bonnes affaires comme celle-ci? [5] M. Rail, si vous décidiez d'acheter un chalet à la montagne vous amputeriez vos revenus très sérieusement [10].

M. Rail. – Je n'en ai pas vraiment l'intention et puis j'ai cette maison de campagne...

M. Schuss. – Alors nous sommes bien d'accord [13] : vous avez votre maison de campagne et de toute évidence notre formule vous permet de profiter d'un investissement vacances à la montagne. Pour 915 € par an pendant cinq ans, vous bénéficierez de la campagne et de la montagne.

M. Rail, nous devrions aborder l'aspect financement essentiellement maintenant [4], ne croyez-vous pas?

M. Rail. – Eh bien, voyons... Mais les studios... Ce sont les plans que j'ai vus sur la publicité.

M. Schuss. – Oui, alors procédons simplement si vous voulez, M. Rail. Je vous explique d'abord le plan et les prestations, ensuite les modalités de réservation et le financement [4].

C'est plus simple et logique ainsi [7]. Nous allons ensemble définir un exemplaire-type de contrat, vous savez que cela ne vous engage pas avant huit jours en fonction de la loi nouvelle. C'est tout à fait normal et tous nos clients l'ont apprécié [8]. La multipropriété était votre solution, une solution intelligente et souple [14].

M. Rail. – Oui ça me semble finalement intéressant. Écoutez pouvez-vous repasser ce soir, mon épouse sera là et nous pourrons voir ça définitivement.

M. Schuss – Merci M. Rail, je serai là à 19h15 [3]. Au revoir M. Rail, à ce soir!

Effets persuasifs

[3]	[4]	[11]	[12)	[13]	[4]	[5)]	[5)	[11]
[3]	[11]	[1]	[5]	[1]	[9]	[10]	[14]	(11]
[13]	[9]	[5]	[2]	[3]	[3]	[3]	[1]	[5]
[10]	[13]	[4]	[4]	[7]	[8]	[14]	[3]	

Le style de persuasion de ce vendeur présente des qualités réelles. Il ne cherche pas à convaincre en faisant céder, il ne contre pas systématiquement.

Les effets démonstratifs sont rares mais « à propos ».

En revanche la volonté d'expliquer, l'esprit de méthode, la rigueur et le bon réflexe de répéter quelques points clefs donnent de la consistance à ce premier entretien, bonne entrée en matière pour une vente. Les effets solutionneurs sont nombreux. Le vendeur « apporte » quelque chose, il cherche à impliquer, ne bavarde pas, n'interroge pas de façon inquisitrice.

CORRIGÉ 11

Série 1

Seraient à rapporter évidemment à l'animateur :

1. Anxiété et inhibition intimes; trac devant son public.
2. Décontenancement par ce qui se passe. Ne comprend pas.
3. Désintérêt personnel pour le groupe. Mépris du travail de groupe en général.
4. Hostilité ou agressivité envers certains membres du groupe.
5. Incapacité à faire les synthèses.

6. Incapacité à ramener le groupe sur l'objet de la discussion ou à régler le débat de manière ordonnée.
7. Interventionnisme autoritaire bloquant la participation des autres.
8. Passivité naturelle ou intentionnelle (idéologique). Style « laisser faire ».
9. Préoccupations extérieures, distraction, ne « suit » pas.
10. Rigidité dans le rôle statutaire. Inadaptation du rôle à la situation ou au « genre » de la réunion.

Série 2

Seraient à première vue d'origine extérieure et non pas « de la faute du président », les causes d'échecs suivantes :

1. Apartés, sous-groupes, petites conversations à voix basse entre 2 ou 3 membres.
2. Disposition spatiale (des tables) incommode, ne permettant pas les échanges ou les rendant difficiles.
3. Existence de tension, malaises, gênes, difficiles à élucider et à éliminer.
4. Groupe trop nombreux.
5. Hostilité du groupe, ouverte ou latente, à l'égard de l'animateur président.
6. Participants ayant tendance à accaparer la parole (activité de leaders informels).
7. Le groupe est passif.
8. Les personnes présentes ne connaissent pas l'animateur et cela crée une gêne.
9. Les personnes présentes ne se connaissent pas et cela jette un froid.
10. Perturbations extérieures, dérangements, téléphone, allées et venues...
11. Présence d'un membre gênant, d'une manière ou d'une autre, les responsables de la réunion.
12. Pression du temps.

Comparaison des deux séries.

Pratiquement, l'animateur ou le président est encore responsable de la plupart de ces phénomènes :
— soit en tant qu'organisateur;
— soit en tant que conducteur et régulateur de la réunion.

CORRIGÉ 12

Première série d'erreurs tors de la préparation de la réunion :
— heure et jour (les interviewés n'ont aucune envie que cela dure);
— nombre (trop grand groupe pour une interview);
— qualité des personnes (mélange de statuts et de grades qui va inhiber les employés subalternes);
— qualité de l'interviewer (n'est pas forcément « accepté » comme interviewer);

— mauvaise disposition spatiale.

Deuxième série d'erreurs lors de la présentation du thème :
— insiste sur le peu de temps disponible en croyant que cela va être une stimulation ;
— accuse ses interlocuteurs (« vous êtes collectivement responsables », ce qui fait naître une insécurité) ;
— menace de décisions « appropriées » à prendre par la direction sur son rapport (ce qui bloque définitivement le groupe) ;

Il est probable que cette ouverture a eu pour effet psychologique de paralyser les confidences et de solidariser le groupe contre lui.

Troisième série d'erreurs au cours de la réunion :
— ne supporte pas les silences ;
— interroge directement en croyant qu'il va forcer les confidences ;
— discute ;
— se laisse interviewer par des membres du groupe au lieu de les interviewer ;
— ne se rend pas compte apparemment de ce renversement de situation qui est une excellente fuite du groupe et qui le met personnellement dans un très mauvais pas.

NB — Notez que la plupart des interventions des personnes du groupe consiste *à reformuler* ce que dit le Chef du Personnel. Les rôles sont tout à fait inversés. Le groupe tend à devenir un tribunal. Il met discrètement en accusation celui qui arrivait en accusateur.

CORRIGÉ 13

Voici un exemple de synthèse de résultats portés sur une feuille de tabulation après une réunion à 9 participants.

Participant A. — Personne inquiète, très sensible au malaise (4 croix en critère 11), demande des éclaircissements, donne assez facilement ses impressions. Dans l'ensemble, intervient peu et se montre plutôt négative (10 croix de 7 à 12 ; contre 3 de 1 à 6).

Participant B. — Personne positive qui cherche à animer et à orienter le groupe sur sa tâche (8 croix en critère 4). Elle n'hésite pas à contrer, sans agressivité cependant, les personnes qu'elle juge négatives (6 croix en critère 10 contre des personnes) ; elle soutient les personnes positives et cherche à susciter des idées. Leader démocratique : 19 croix dans la zone de 1 à 6, 10 dans la zone négative ; 20 interventions à tout le groupe contre 9 seulement à l'intention des personnes individuellement.

Participant C. — Muet, timoré, paralysé par le groupe. N'est pas capable de s'exprimer en groupe. Aucune intervention.

Participant D. — Cherche à faire avancer le travail en donnant son avis (5 croix en 5), en soutenant celui qui lui parait être dans la bonne voie pour organiser le groupe (4 soutiens personnels à B), en émettant timidement des suggestions positives (3 croix en 4). Dans l'ensemble, pas agressif du tout (2 fois défend B contre H qui l'attaque) et nettement positif (15 interventions positives contre 4 négatives contre des personnes).

Participant E. — Tendu, nerveux, attaque le groupe et les personnes avec agressivité (10 croix en critère 12), se montre nettement négatif (22 croix dans la zone 7 à 12, 1 dans la zone 1 à 6 et c'est pour soutenir l'attaque faite par une autre). Semble refuser l'intégration.

Participant F. — Parle peu (7 croix), se rallie à un leader constructif, ne prend pas d'initiative.

Participant G. — Détendu, lutte contre la tension, essaie de mettre de l'entrain (6 croix en 2, ce qui est le record du groupe). Semble très personnel, soutient ou attaque selon que l'initiateur est ou non conforme à une règle acceptée (17 interventions positives contre 6 négatives), mais ne prend pas de lui-même les initiatives (aucune croix en 4).

Participant H. — Peu bavard, très sensible au malaise et à la tension, ne prend aucune initiative et ne fait que pâtir de la situation (4 interventions positives contre 7 négatives).

Participant I — Très anxieux, souffre du malaise et de la tension (6 croix en critère 11, ce qui est le record). Ne s'adresse pas aux personnes et se plaint de la situation, qu'il cherche à fuir, en essayant d'entraîner le groupe dans cette voie. Dans l'ensemble participe peu (5 interventions positives et 8 négatives).

NB — C'est là un exemple de la détermination des aptitudes au leadership par la tabulation des types d'intervention dans une réunion de groupe. Le « *leader* » (doué d'aptitudes aux fonctions d'animateur directif ou de chef) est caractérisé par :

1. un nombre d'interventions de type positif (critères 1 à 6), nettement supérieur au nombre d'interventions négatives (critères 7 à 12) ;

2. un nombre total d'interventions supérieures à la moyenne du groupe et à celui de chacun des autres participants ;

3. un nombre d'interventions « à tous » supérieur au total de ses interventions adressées à des individus.

Conclusions sur la méthode

1° Sans doute avez-vous trouvé difficile la gymnastique d'analyse de chaque réponse. Figurez-vous alors le travail de l'attention chez un animateur de réunion-discussion, qui doit pouvoir, en cas de besoin, formuler les attitudes des participants, c'est-à-dire leur renvoyer leur image telle qu'elle apparaît à travers leurs interventions.

2° Vous constatez que par ses interventions, un participant quelconque manifeste des réactions caractéristiques de sa personnalité (ailleurs et toujours) et qu'il suffit de saisir l'attitude significative à travers le contenu ici et maintenant.

3° Vous remarquerez la différence de *point de vue* entre l'exercice d'analyse *de la dynamique du groupe* et l'exercice de tabulation des attitudes. Ce dernier est une observation *des personnes*, l'autre exercice exige la compréhension *des phénomènes collectifs.*

4° Le rôle de l'animateur consiste non seulement à percevoir sur ces deux plans, mais en outre à favoriser la progression du groupe vers ses objectifs de travail et vers sa cohésion affective.

CORRIGÉ 14

Exemple d'action : proposition en huit points

1. Un chef d'orchestre

Un groupe projet est constitué. Il est composé de la responsable commerciale de la DO et d'un responsable des services d'accueil par agence. Par la suite, un agent de chaque agence viendra s'ajouter à ce premier groupe.

Ce groupe projet stimule l'action, l'enrichit, l'oriente, la recadre en fonction des remontées directes du terrain.

C'est à la fois le chef d'orchestre de l'opération et le relais vivant de l'ensemble du système.

2. Toute action est communication

La communication est une énergie qui doit circuler en permanence. Chaque action reliée aux autres démultiplie l'impact. Les moyens de communication se complètent pour transmettre un message et recueillir le feed-back : c'est le principe de la noria mis au point par GIMCA Communication.

Par exemple :

La préparation de la convention comprend :

— la réalisation d'un film ;

— la mise au point d'un numéro de clown ;

— la préparation d'un bêtisier ;

— une réflexion de fond sur le thème commercial ;

— la communication régulière, par le journal, de tout ce qui se passe dans le groupe projet et dans les agences.

Toutes ces actions sont visibles, portées à la connaissance de tous et font l'objet, au fur et à mesure, d'un recueil de réactions, notamment par l'intermédiaire du groupe projet.

Cette synergie maîtrisée constitue le fil conducteur : le personnel d'accueil saisit les enjeux du projet et se les approprie progressivement.

Pour ce thème de l'accueil

Avant la convention, les futurs participants peuvent répondre à un questionnaire auto-administré visant, d'une part, à les sensibiliser aux thèmes porteurs des Journées et, d'autre part à connaître la perception exacte des salariés quant au service et à la relation client. Le type de questions posées serait : Pour vous, avoir une bonne relation avec le client c'est avant tout : avoir le sourire; personnaliser la relation; l'amener à exprimer ses besoins et l'écouter; bien connaître les produits et services; prendre le temps de le conseiller. Autre exemple : un reportage vidéo est mené dans chaque agence : il illustre le vécu des salariés et les réactions des clients à partir d'interviews (de salariés et de clients) sur les réalisations spécifiques mises en place dans chaque agence. Ce reportage est diffusé lors de la convention. Toutes ces actions, annoncées, présentées clairement et suivies d'un retour (résultats de l'enquête, par exemple) s'organisent et font l'objet d'une relation régulière : le lien entre les différentes actions est totalement apparent.

3. Un outil d'innovation à la portée de tous

Il est important que chaque agent participe, au-delà, bien sûr, du simple sondage d'opinion pris sur le vif de la convention. Il est important qu'il participe avant, pendant, après.

Pour ce faire, des animateurs France Télécom sont formés pour animer des ateliers avec l'aide des techniques créatives.

4. Transparence et appropriation

Toutes les actions prévues par le groupe projet sont annoncées dans un petit journal envoyé à chaque agent. De même, le journal annonce quand, où et comment les films, les reportages, les diverses actions de préparation seront réalisées. Ainsi, chacun ayant préparé l'événement, sera familiarisé avec le thème et l'accueillera avec un esprit plus ouvert et plus curieux.

5. Une fête pour se mettre en appétit

Une bonne détente prépare à un travail productif et agréable.

La veille du jour J, les participants dînent ensemble pour mieux se connaître, ils sont répartis en équipes de travail inter-agences qui se retrouveront le lendemain dans les ateliers. Après le dîner, un clown analyste, initié aux situations les plus cocasses vécues dans les agences, renvoie un miroir caricatural pendant une heure décapante et pleine d'énergie. Un feu d'artifice conclut cette séquence et ouvre une soirée dansante.

6. Huit heures en direct

Le jour J de la convention, les participants sont regroupés par 10 dans les ateliers de travail, animés par un agent formé aux techniques créatives. Il est préférable de prévoir deux sessions consécutives de 100 personnes plutôt qu'une fois 200.

Chaque atelier est équipé d'un téléphone. Un plateau central télévisé diffuse en direct, dans chaque atelier, des thèmes de recherche à traiter en une demi-heure par séquences de recherche sur le thème fédérateur : comment améliorer l'accueil physique et téléphonique.

Un rapporteur par atelier donne ensuite les résultats de son groupe en direct sur le plateau central. La vidéo animation est dynamisée par les reportages et les films tournés préalablement en agence, par certaines séquences tournées en direct le jour même. Il s'agit d'une véritable émission de TV. Les questions-réponses avec la direction, préparées en atelier avant d'être posées, se font par téléphone interposé.

La journée se termine par une conclusion de la DO, hors TV, dans une grande salle où tous les agents se retrouvent.

7. L'encadrement dans son rôle : écoute active et dynamisation

Pendant que les agents travaillent sur « comment faire pour améliorer l'accueil physique et téléphonique », l'encadrement travaille, lui, sur « comment faire pour mobiliser les agents, écouter leurs propositions et faciliter la mise en œuvre de leurs meilleures suggestions ».

Ils sont répartis dans deux ateliers d'une dizaine de personnes et sont animés de préférence par des animateurs externes et professionnels. À défaut, par l'un d'eux, formé aux techniques d'animation.

Ainsi, tout au long de la vidéo animation :
— ils écoutent les résultats pour mieux connaître les motivations et les idées des agents;
— ils trouvent des moyens pour impulser et faciliter la mise en œuvre des propositions;
— ils expriment les points positifs pour renvoyer des signes de reconnaissance aux agents « ce que j'aime dans cette idée », selon la technique de l'« avocat de l'ange » (voir Hubert Jaoui, *La créativité, mode d'emploi*, ESF éditeur, 1990).

8. L'après-convention : une fusée prête à décoller

Ce jour J de la convention est une fusée prête à décoller. Le suivi est capital pour la mise en orbite et la réalisation du changement visé. Ainsi, le groupe projet continue de se réunir, le journal de sortir, l'encadrement de se retrouver. Les agences de multiplier au sein de leurs équipes des séances de travail.

Objectif : reprendre point par point toutes les idées émises lors de la convention, les sélectionner, les enrichir et les mettre en œuvre au jour le jour, en suivant bien l'évolution, en renvoyant des signes de reconnaissance régulièrement, *en mesurant concrètement les changements.*

La noria continue. Le journal raconte tous les événements qui ont lieu concrètement dans chaque agence. Au fur et à mesure de sa parution, il est réalisé de plus en plus par les agents eux-mêmes.

La prochaine convention, deux ans plus tard, devra marquer la différence, le palier franchi dans cette perspective afin de mieux servir le client et les objectifs à venir.

Le suivi, c'est aussi la mesure

Il existe plusieurs bases pour réaliser une mesure efficace :

1. Les conditions de succès de la convention fixées lors du premier groupe projet sont-elles remplies ?

2. L'évaluation à chaud faite par les participants est-elle satisfaisante (voir fiche d'évaluation) ?

3. Les indicateurs satisfaction clientèle s'en retrouvent-ils améliorés ?

4. L'attitude et le comportement des agents vis-à-vis des clients montrent-ils des évolutions (personnalisation, analyse des besoins, placements des produits et des services, etc.) ?

CORRIGÉ 15

Analogie

On va se placer selon le double point de vue :

1. Du directeur des ressources humaines (DRH) :

— La pendule est à la gestion ce que le périscope est au sous-marin ; ce que la canne est à l'aveugle.

— La pendule est à l'ouvrier ce que la balance est à la justice.

2. Des organisations syndicales (OS) :

— Sur le mode de la dérision : la pendule est au fonctionnement de l'usine ce que le cautère est à la jambe de bois.

— Sur le mode de la disqualification : la pendule est à l'usine ce que le mirador est au camp de travail.

Ce qui revient à des formules *métaphoriques* :

Pour le DRH : — Refuseriez-vous une canne à l'aveugle ? En introduisant la pendule, c'est l'équité que nous réinstallons.

Pour les OS : — Vous persistez à appliquer un cautère. En fait, vous installez un mirador…

Lien causal

Chez le DRH, on va lier le défaut de contrôle rigoureux (cause) aux retards et à l'absentéisme (effets), dans une formule qui pourrait être : On ne peut réduire les retards et absences abusifs que par un véritable système de contrôle (fin-moyen).

Chez les OS, on va substituer une cause à une autre :

Causes	Effets
— organisation du travail	
— mode de management	— retards, absentéisme
— répartition des tâches	
— système de relations	

Rapport actes-personnes

Pour les OS : un système de pointage révélateur de la direction, des tendances profondes à la répression.

Pour le DRH : incohérence? Le corps syndical revendique sa vocation à participer à la gestion (donc à son amélioration), mais il refuse d'instaurer un système qui vise justement à cette amélioration.

Les valeurs

Pour le DRH : l'installation de la pendule offre aux salariés une liberté qu'ils ne connaissaient pas jusqu'ici, puisqu'ils pourront ainsi composer leur horaire hebdomadaire.

Pour les OS : tout système de contrôle mécanisé supprime les relations humaines et les rapports de confiance nécessaires à un bon climat de travail.

L'incompatibilité

Pour les OS : prétendre améliorer la gestion avec un système qui contrôle la présence et non le travail effectif.

Le paradoxe

Pour le DRH : quel crédit accorder à des représentants de la base qui, au nom de la base, refusent un système que la base accepte dans sa majorité?

L'alternative

Pour le DRH : offrir enfin à l'encadrement la perspective d'activités plus productives que celles actuelles de discipline et de surveillance; ou la refuser au risque de porter la responsabilité d'une dégradation du climat social et de la productivité de l'entreprise.

Côté OS	Côté DRH
— La pendule n'est pas plus nécessaire que ne l'est le cautère à la jambe de bois.	— La pendule est nécessaire : • à un retour à l'équité; • à un retour à l'efficacité.
— La pendule transforme l'usine en camp de travail.	— La pendule permet une meilleure appréciation de la gestion du personnel.
— Retards et absentéisme sont le signe d'un malaise profond.	— Réduit retards et absentéisme.
— La pendule manifeste une tendance à confondre autorité et répression.	— Les OS font acte de gestion en l'acceptant.
— Contrôler la présence ou le travail effectif?	— Les OS ont perdu le contact avec la base.
— La pendule c'est le conflit. etc.	— L'encadrement pourra se consacrer à une véritable activité d'encadrement. etc.

Pour les OS : ou maintenir le statu quo malgré ses imperfections; ou courir le risque d'un conflit avec le personnel.

Cette rapide recherche a produit :

En passant par les formes, la recherche des arguments n'exclut : ni la constitution d'un bon dossier (les formes argumentaires n'en sont que l'habillage); ni le choix stratégique, qui marquera la volonté d'échange ou l'intention polémique.

Quatrième partie
Négociation, persuasion et influence

Table de la quatrième partie

Introduction 313

1. Le passeur 314
2. Le gang de la rue Norton 315
3. La méthode du docteur Pratt, un récit historique 317
4. Une étude de cas : l'invasion des Martiens 318
5. Une étude de cas : la prophétie de la fin du monde 320
6. Les ménagères 321
7. Le cas de la NASA 325
8. La valise 328
9. Une négociation qui s'éternise ou comment sortir d'un « racket » sans rompre la relation 329
10. Les façades de Bellerive 330
11. Négociation commerciale et marketing mix produit 332
12. Le cas Aluvox 335
13. Les jeux d'alliance : la bière Odyssée 2001 340
14. Les cas d'échec d'une négociation 345
15. L'effet placebo 349
16. L'expérience de Milgram 350
17. La boîte automatique 353
18. Le Canard 353

Corrigés 1 à 18 358

Introduction

Comment s'établissent nos opinions ? Le parcours des cas propose comme première étape le fameux exercice du « passeur », présenté ici dans sa version d'origine (souvent déformée et interprétée).

Ensuite, le lecteur affrontera le « gang de la rue Norton » et découvrira le poids de l'organisation et l'importance des canaux d'influence interpersonnelle dans un groupe.

Avec la « méthode du docteur Pratt », ce sont les mécanismes de la suggestion et de l'émulation qui sont étudiés. Comment on résiste à l'influence ou comment on « craque » valent bien une étude de cas aussi spectaculaire que celle de l'« invasion des Martiens » ou de la « prophétie de la fin du monde ».

Le changement d'opinion sera traité à travers le « jeu des ménagères » et les travaux importants de Kurt Lewin concernant les changements d'opinion. Qui influence qui ? Le « jeu de la Nasa », très connu, et présenté ici dans son intégralité, offre matière à approfondir les pistes de réponses à cette question capitale pour qui a l'habitude de négocier et de décider en groupe. Idem avec le drôle de jeu de la valise, amusant prolongement dans la vie conjugale du cas de la Nasa.

On avance ainsi vers une compétence au cœur de la problématique des habiletés sociales : l'art de négocier. Les cas réunis offrent des terrains d'entraînement de difficulté variable : sortir d'une négociation qui dure, surmonter des rapports de force difficiles, faire face à l'obstination.

Se former à la négociation ne va pas sans un entraînement conseillé à l'argumentation ni une réflexion sérieuse suscitée par la célèbre expérience de Stanley Milgram concernant le fonctionnement de l'obéissance face à l'épreuve de l'autorité (qu'est-ce qui nous incite à nous soumettre ou à nous rebeller ?). Vaste programme !

1. Le passeur

♦ Roger Mucchielli, n° 5

Dans un numéro de mars 1965, le Magazine français *Elle* publiait une petite histoire qui provoqua des prises de positions passionnées. Voici l'histoire.

Une jeune femme mariée, délaissée par un mari trop pris par son métier, se laisse séduire et va passer la nuit chez son séducteur, dans une maison située de l'autre côté de la rivière. Pour rentrer chez elle, le lendemain au petit matin avant le retour de son mari, qui va rentrer de voyage, elle doit retraverser le pont. Mais un fou menaçant lui interdit le passage. Elle court alors trouver un passeur qui lui demande le prix du passage. Elle n'a pas d'argent. Elle explique et supplie. Il refuse de travailler sans être payé d'avance. Elle va alors trouver son amant et lui demande l'argent. Il refuse sans explications. Elle va trouver un ami célibataire qui habite du même côté et qui lui voue depuis toujours un amour idéal, mais à qui elle n'a jamais cédé. Elle lui raconte tout et lui demande l'argent. Il refuse : elle l'a déçu en se conduisant si mal. Elle décide alors, après une nouvelle tentative vaine auprès du passeur, de passer le pont. Le fou la tue.

Lequel de ces six personnages qui sont (par ordre d'entrée dans l'histoire), la femme, le mari, l'amant, le fou, le passeur, l'ami, peut-il être tenu pour responsable de cette mort ?

Classez-les par ordre de responsabilité décroissante.

L'expérience prouve que dans les réponses faites par les personnalités les plus diverses interviewées par le journal, de même que dans les discussions entre amis, les classements les plus inattendus sont proposés et âprement défendus par leurs auteurs, et que l'accord est quasi-impossible.

NB — Sur le plan juridique, aucune solution ne peut être attendue car il y a impossibilité d'inculpation.

Votre exercice consiste en ceci :

1. Répondez vous-même à la question posée à la fin de l'histoire.
2. Refaites l'expérience de la discussion de ce cas avec des amis afin d'observer les manifestations de leur opinion, la manière dont ils les soutiennent et les justifient, vos propres réactions en face de partenaires qui n'ont pas le même avis que vous.
3. Après cette expérience (que vous pouvez renouveler plusieurs fois) :

a) Comment définissez-vous l'opinion personnelle en tant que phénomène psychologique ?

b) Comment caractérisez-vous le genre de communication que les partenaires ont entre eux dans un débat sur le cas ?

4. Par une analyse introspective des raisons de *votre propre classement*, définissez les attitudes personnelles permanentes qui s'expriment à travers *votre* opinion.

Pour cela :

a) Cherchez à formuler (par écrit) *ce que symbolise pour vous* chacun des personnages de l'histoire étant donné ses réactions telles qu'elles apparaissent dans le récit, en ne considérant que 4 personnages : le Mari, la Femme, l'Amant, l'Ami.

b) Cherchez à formuler les *valeurs* auxquelles vous attachez par conséquent de l'importance. Vous les trouverez en prenant d'abord l'inverse de ce que vous dénoncez comme des « fautes » chez les personnages que vous considérez comme *les deux plus coupables* sur les 4 personnages indiqués... puis en prenant ce que vous affirmez comme des « droits » ou comme des circonstances atténuantes, chez les deux personnages (toujours sur les 4) que vous considérez comme *innocents* (ou moins coupables).

5. Quel est à votre avis, le mécanisme psychologique de la prise de position individuelle dans la discussion sur ce cas ?

Corrigé page 358

2. Le gang de la rue Norton

♦ Roger Mucchielli, n° 4

Vous lirez ci-dessous une description (faite d'après Whyte dans son ouvrage *Street Corner Society*, Chicago, 1943) de l'existence d'une bande, « le Gang de la rue Norton ».

L'exercice consiste :

1) À déduire de ces observations, la carte des relations d'influence à l'intérieur du groupe, c'est-à-dire : Qui est le leader ? Quels sont ses « lieutenants » ? Comment s'organisent hiérarchiquement les autres membres les uns par rapport aux autres, et par rapport au sous-groupe de commandement ?

2) À définir les caractéristiques du leadership dans cette forme particulière d'autorité qui est celle d'un chef de bande.

« Le gang de la rue Norton, ainsi nommé parce que ses membres se retrouvaient au coin de la rue Norton, était composé de 13 jeunes hommes : Alec, Angelo, Carl, Danny, Doc, Frank, Fred, Joe, Long John,

Lou, Mike, Nutsy, Tommy. Enfants, ils avaient vécu dans le voisinage et fréquenté la même école. Beaucoup d'entre eux avaient appartenu à une bande d'adolescents. Les plus âgés : Doc, Nutsy et Mike avaient 29 ans ; Tommy, le plus jeune, en avait 20. Deux seulement dans la bande, avaient des emplois réguliers : Carl et Tommy (ouvriers dans une manufacture) ; les autres étaient chômeurs habituels ou occasionnels. Danny et Mike tenaient une salle de jeux, près du coin de la rue.

Doc, en chômage, revint le premier rue Norton. Nutsy, Frank, Joe, Alec, Carl et Tommy, vieux copains, le rejoignirent. Angelo, Fred et Lou vinrent ensuite. Danny et Mike arrivèrent à cause de leur commune amitié pour Doc, et à cause de l'emplacement de leur local. Long John suivit Danny et Mike et, par eux, se lia à Doc. Au moment de sa pleine constitution, le groupe avait créé sa propre organisation. D'abord il avait ses habitudes, les réunions avaient lieu rue Norton. Dans la cafétéria, toujours la même, ils avaient leur table et leurs places. Le samedi soir, ils jouaient tous à la boule. Quand Doc pressentait des besoins d'agir parmi les autres membres du groupe, il en parlait d'abord avec Mike et Danny, et parfois avec Long John.

Si la décision venait de Long John, elle n'était pas suivie ; il n'influençait pas le groupe. Si elle venait de Mike et de Danny, elle passait à Nutsy et, par ce dernier, entraînait Frank, Joe, Alec, ainsi que Carl et Tommy qui formaient une paire. Si la décision venait de Danny, elle pouvait passer à Angelo, et entraîner alors Fred et Lou. Mais Doc avait aussi directement influence sur Nutsy et sur Angelo. Par ailleurs, si Tommy avait une idée pour une action à entreprendre, cette idée pouvait parvenir à Doc par l'intermédiaire de Carl et Nutsy. C'est que Tommy, comme Alec et Lou, avait dans le groupe le plus bas statut. Doc possédait le statut le plus élevé, Mike et Danny avaient beaucoup de prestige et d'influence ; ils avaient un statut juste en dessous de celui de Doc. Mike et Danny tenaient une salle de jeu. Quoique cela les empêchât d'assister aux réunions aussi souvent que Doc, cela leur conférait du prestige : ils étaient « des hommes d'affaires », les autres étaient des écornifleurs.

Doc, Mike, Danny étaient mieux considérés que les autres membres de la bande par les bandes périphériques. Tous trois étaient célèbres pour leur habileté à débattre. Doc en particulier se tirait bien de toute discussion.

Long John avait une position spéciale : il avait peu d'influence sur le reste du groupe et n'était pas suivi, mais il était au mieux avec les leaders. Il les soutenait toujours.

Si le leader n'était pas présent, le gang tombait dans une division interne opposant les amis de Nutsy aux amis d'Angelo. Quand le leader était là, la situation était radicalement différente et le groupe large se réunifiait, la conversation devenait générale et l'action suivait. Si un membre du groupe commençait à parler, il s'arrêtait lorsque le chef n'écoutait pas et reprenait dès qu'il avait son attention. Les communications étaient centrées sur le chef aussi bien en grand groupe qu'en tête-à-tête. Les comparses allaient à lui avec leurs problèmes et leurs confidences. Il était mieux informé que quiconque de ce qui se passait dans la bande. Lorsqu'une querelle survenait parmi les hommes il en connaissait les causes et était en meilleure position possible pour la calmer, car chaque adversaire venait à lui avec sa version solliciter son jugement et son arbitrage. Cependant il doit être ferme et juste même avec ses amis les plus chers, car tous les comparses ne sont pas étroitement liés à sa personne. Il est, plus généralement, celui qui prend les décisions d'action du groupe et on attend qu'il les prenne. Les autres suggèrent, mais ils doivent recevoir son approbation pour que l'action se fasse. Ses décisions cependant suivent des cheminements définis, le chef projette l'action de groupe et en parle d'abord avec ses lieutenants. Finalement, la position du leader dépend de la valeur reconnue de ses décisions. C'est « bien » quand ces décisions sont telles que le groupe les attend et les accepte. Les comparses « du bas de l'échelle » peuvent relativement dévier des normes avec moins de risques. Le chef ne peut pas se le permettre. »

Votre commentaire

. . . .

Corrigé page 360

3. La méthode du docteur Pratt, un récit historique

♦ Roger Mucchielli, n° 4

Voici un récit qui a le mérite d'être historique, et qui raconte une « méthode » utilisée par un docteur américain, le Docteur J.H. Pratt, dans un sanatorium, pour accélérer la guérison des malades tuberculeux.

L'exercice consiste à comprendre « ce qui se passe » du point de vue de la psychologie, dans le groupe ainsi traité. Cette analyse des phénomènes du point de vue de la psychologie du groupe, entre dans le cadre de la dynamique des groupes. Autrement dit, c'est s'entraîner à « faire de la dynamique des groupes » que d'essayer de comprendre les processus psychologiques de cette expérience, processus dont les malades (et partiellement le Docteur Pratt lui-même) n'ont pas conscience, et qui expliquent pourtant les comportements et les changements.

Texte (tiré d'un ouvrage de Slavson, 1950) :

Le Docteur Pratt avait inventé en 1905 la méthode des « classes » dans le traitement des tuberculeux. Il avait été impressionné, comme beaucoup d'autres avant lui, par l'importance des « attitudes mentales » sur la rapidité et la qualité de la guérison dans les maladies organiques. Il avait décidé de recourir à une méthode de groupe pour stimuler le rétablissement de la santé physique.

Ces groupes, ou « classes », étaient assez nombreux, certains comportant jusqu'à une centaine de malades. Ceux-ci étaient rassemblés dans la salle de théâtre ou salle des fêtes, et, sur l'estrade, prenait place le Docteur Pratt, entouré de quelques médecins du sana. Lorsque tous les malades étaient en place, Pratt tenait un discours éloquent pour les arracher à leur inertie. Il expliquait la nature de la maladie dont ils souffraient tous, les mettait au courant de la signification et de la portée des mesures thérapeutiques. Puis, il faisait appel à eux pour que certains vinssent décrire leurs propres efforts vers la guérison. Cela prenait la forme de témoignages à un meeting évangéliste.

Les malades qui avaient fait quelques progrès étaient transférés aux premiers rangs, et finalement, au cours des séances suivantes (car « les classes » étaient régulières), ils étaient admis sur l'estrade avec les médecins. C'étaient des « malades de choc ». Avant et après ces séances, les malades étaient invités « à se rencontrer librement, à parler, à se communiquer leurs réactions, le résultat de leur expérience, à échanger leurs vues, à s'encourager et à s'aider mutuellement. »

Votre commentaire :

....

Corrigé page 362

4. Une étude de cas : l'invasion des Martiens

♦ Roger Mucchielli, n° 9

Informations préliminaires

Le 5 août 1977, la radio suisse a transmis les excuses de sa direction à la suite des dizaines de coups de téléphone reçus de personnes affolées par une émission du 3 août qui comportait des bulletins d'information imaginaires faisant état d'une guerre soudaine est-ouest avec explosion de deux bombes à neutrons. « Nous pensions » a dit le speaker, « qu'il serait clair pour tout le monde que ces bulletins d'informations étaient de la fiction ». « Nous nous rendons compte », a reconnu le responsable,

« que les gens qui ont pris l'émission en marche ont été terrifiés... Je ne pense pas que nous recommencerons ».

Le 1er mars 1974, sur la première chaîne de télévision française, on nous proposait un document de la télévision allemande : « *Smog* », film de Wimenge et W. Petersen qui a suscité une panique en Allemagne. *Smog* représente l'asphyxie d'une ville (Dortmund, dans la Ruhr) par la pollution atmosphérique. Les scènes dans les familles et dans les usines alternaient avec des « reportages » où les acteurs étaient habilement mêlés avec les habitants réels de la ville. De très nombreux téléspectateurs crurent la nouvelle. Les coups de téléphone, les départs précipités, les appels angoissés se multiplièrent rapidement à travers toute l'Allemagne de l'Ouest.

Ces émissions ont un grand « modèle » : *l'invasion des Martiens*, par une radio américaine en 1938.

NB — Cet exercice est collectif ou individuel. En session, il sera traité par la méthode des cas.

Le 30 octobre 1938, le poste d'émissions radiophoniques de la *Columbia Broadcasting System,* aux USA, interrompit brutalement son programme pour diffuser une émission qui était présentée aux auditeurs comme un reportage impromptu imposé par un événement extraordinaire : l'invasion de la Terre par les habitants de la planète Mars. Ce pseudo-reportage, dont on admira par la suite le « réalisme », était tiré du roman fantastique de H.G. Wells, *La guerre des mondes*, et joué par la compagnie théâtrale d'Orson Welles.

« Avant que l'émission ne soit terminée, raconte Hadley Cantril, on put voir sur toute l'étendue des États-Unis, des gens qui se mirent à fuir éperdument pour échapper aux formes de mise à mort par les Martiens telles que les décrivait l'émission,... ou bien à prier Dieu ou à vociférer... Les uns se précipitaient pour arracher leurs proches au danger supposé, d'autres transmettaient par téléphone leurs adieux ou des avertissements aux personnes aimées, se dépêchaient d'en informer les voisins,... d'autres encore cherchaient à avoir des informations plus précises de la part des rédactions des journaux ou des stations d'émission radio, ou bien appelaient des ambulances et des cars de police...

On évalua le nombre des auditeurs de cette émission entre six et douze millions. Sur ce nombre, deux millions considérèrent l'émission comme un reportage réel et donc authentiques les faits rapportés. Sur ces deux millions, 70 %, donc 1 400 000 personnes, furent saisies par les émotions racontées ci-dessus. L'enquête ultérieure montra que parmi celles-ci, 28 % avaient reçu une éducation supérieure, 36 % une éducation secondaire, et 46 % une éducation seulement primaire. »

À noter que Hadley Cantril conclut son compte rendu par l'idée suivante : le meilleur moyen de prévention des croyances irraisonnées et de la panique réside dans l'éducation.

Votre exercice

1) Que s'est-il passé du point de vue psychologique dans cette histoire ?
2) Analysez dans cet épisode la formation et les effets de la croyance.
3) Que pensez-vous des conclusions de H. Cantril ?

Corrigé page 363

5. Une étude de cas : la prophétie de la fin du monde [1]

♦ Roger Mucchielli, n° 9

Voici d'abord le récit des faits :

Une secte de croyants, sur la foi de son chef prophétique, avait acquis la certitude qu'un cataclysme allait réaliser la destruction apocalyptique de la Terre à une date que le prophète du groupe avait calculée en déchiffrant, à sa manière, les textes sacrés. L'annonce de la date irrémédiable avait été faite, et le groupe se trouvait sous l'emprise totale de cette croyance. Selon la même prophétie, les initiés de la secte élue devaient échapper au cataclysme grâce à une soucoupe volante, montée par un « homme de l'espace », qui viendrait les sauver à minuit.

Pendant les mois qui précédèrent la date fatidique, les adeptes de cette secte accentuèrent la « fermeture » de leur groupe et ne firent plus du tout de propagande de recrutement. Ils disaient que ceux qui avaient été choisis pour être sauvés se joindraient d'eux-mêmes à leur groupe et qu'il ne convenait pas de diffuser davantage « la nouvelle ». On traita avec désinvolture les visiteurs qui vinrent s'enquérir sur ce mouvement. Toutes les tentatives des journalistes pour interviewer les croyants furent repoussées.

Le soir fixé, la plupart des adeptes se réunirent chez l'un des membres pour attendre dans l'extase ou la prière leur Sauveur venant de l'Espace. Plusieurs autres membres du groupe restèrent seuls dans leur propre maison, occupés à prier.

Quand minuit sonna puis fut passé, il fallut bien se rendre à l'évidence : rien ne s'était produit. Le groupe éprouva une cruelle déception. Ils ne

1. Tiré d'un texte de Léon Festinger, H. Riecken et S. Schachter, *When prophecy fails*, 1956.

purent tout d'abord croire que la prophétie ne s'était pas accomplie. Finalement force fut de constater que le cataclysme apocalyptique ne se déclenchait pas, et qu'il n'y avait aucune chance pour que soucoupe volante et homme de l'espace apparaissent.

Pendant plusieurs heures qui suivirent, les adeptes s'assurèrent les uns les autres de l'impossibilité de l'échec et du bien-fondé de la prophétie. Ils tombèrent d'accord pour assurer qu'une explication serait bientôt donnée.

L'explication apparut enfin : si le Sauveur qui devait venir de l'Espace n'était pas venu, c'est que la Terre ne devait pas être détruite,... et elle n'avait pas été détruite précisément grâce à leur foi et à leurs prières.

Quoique leur croyance ait été momentanément ébranlée, ils maintinrent donc leur participation à la secte. Bien plus, la conviction des membres de ce groupe qui avaient attendu ensemble ne montra aucune défaillance pendant les mois qui suivirent. Pendant les jours immédiatement postérieurs à la « déception », plus exactement pendant 4 jours successifs, les membres du groupe (ceux qui avaient attendu ensemble) suscitèrent des conférences de presse, accordèrent de longues interviews, se laissèrent photographier, firent de la propagande et en particulier convièrent le public et la presse à assister à un rassemblement où furent chantés en chœur des cantiques pour l'homme de l'espace « qui pourrait venir ».

... Tout autre fut le comportement des membres de la secte qui avaient attendu seuls chez eux le cataclysme et le Sauveur. La non-confirmation de la prophétie leur fit perdre la foi dans ce mouvement, dans lequel ils s'étaient antérieurement engagés à fond.

Votre travail :

1) Que s'est-il passé dans cette histoire, du point de vue psychologique ?

2) Analysez plus spécialement comment le constat du fait contradictoire par rapport à une opinion, croyance ou certitude antérieure (rencontre de la preuve de l'erreur) est traité par le système des opinions.

Corrigé page 365

6. Les ménagères

♦ Roger Mucchielli, n° 9

Exercice de groupe en session. Il est nécessaire que le nombre total soit assez élevé (de 40 à 60).

NB — L'expérience qui suit est facile à faire en session. Elle réussit toujours très bien si vous savez maintenir strictement le secret des objectifs avant et pendant l'expérience, et si vous jouez bien votre rôle. Par contre, elle constitue un exercice de corde raide, et il y a un « mauvais moment à passer » pour les animateurs lorsque les explications finales sont données sur les buts et les moyens de l'exercice.

En exercice individuel, le travail consistera à réfléchir sur l'expérience, citée et à en tirer des lois du changement d'opinion.

Évaluation de la différence d'action de changement par conférencier et au cours d'une réunion-discussion

Information préalable

Cette expérience reprend une expérience historique de Kurt Lewin. Pendant la Seconde Guerre mondiale, le Président Roosevelt, devant les nécessités des réserves à constituer pour l'Armée, avait demandé qu'on étudie les moyens de changer les habitudes alimentaires des Américains non mobilisés et qu'on les persuade de manger, au lieu de viande de premier choix, des morceaux considérés comme « bas morceaux » et abusivement délaissés. Toute une propagande par presse, radio, conférences, affiches... fut faite, accompagnée de recettes savoureuses et économiques pour accommoder ces bas morceaux, dont on mettait par ailleurs en valeur la qualité nutritive égale aux autres morceaux et leur avantage économique, sans oublier l'allusion aux militaires...

Des zones pilotes furent vite choisies. L'enquête ultérieure auprès des bouchers montra une augmentation faible et peu durable de la vente des « bas morceaux » après 6 mois. Les initiateurs pensèrent, à juste titre, que c'était peu par rapport au coût de la propagande.

Kurt Lewin, intéressé par ce phénomène, aborda le problème d'une autre façon. Étudiant le circuit alimentaire et constatant que les gens mangent généralement ce qu'on leur met dans l'assiette, il trouva naturellement que les « clés » de cette affaire étaient les opinions des maîtresses de maison et des économes des collectivités.

Il fit alors deux expériences :

1. Une première série, destinée à mesurer les effets exacts du système de propagande déjà employé et à évaluer ses causes d'échec, fut menée avec trois groupes d'une quinzaine de ménagères qui reçurent systématiquement des informations de propagande sur le modèle déjà essayé, les conférences étant faites par des gens très qualifiés...
2. Trois autres groupes d'une quinzaine de ménagères furent réunis en discussion libre (avec un animateur attentif à faire « progresser » le groupe sans intervenir sur le fond) sur le thème suivant : « étant donné le problème économique national de la consommation de la viande et du mépris injustifié des bas morceaux, quel serait le meilleur moyen de

convaincre les maîtresses de maison d'essayer un changement des habitudes alimentaires ? »

Alors qu'il cherchait d'abord des pistes pour la compréhension du phénomène ou des idées pour changer les habitudes des ménagères, Kurt Lewin constata que 3 % des membres des 3 premiers groupes essayaient des changements alimentaires, alors que 33 % de celles qui participaient aux discussions l'essayaient de leur côté.

Un grand pas était fait dans la psychologie de la *prise de décision* et dans *les processus de groupe* dans leurs rapports avec des changements d'attitude personnelle.

Exercice

Pour l'exercice pratique en session, il faut *l'avant-veille ou la veille du jour choisi pour l'expérience,* faire remplir, sous prétexte de l'apprentissage d'un type d'échelle d'attitude du genre Likert, un questionnaire d'opinion, *anonyme,* portant sur des préférences alimentaires, vestimentaires, politiques même si vous voulez.

Puis le jour de l'expérience, une moitié du groupe, tirée au sort, recevra une série de conférences et d'informations audio-visuelles par des personnes compétentes qui seront présentées, avec leurs titres, aux auditeurs-spectateurs assis comme au spectacle, le démonstrateur étant sur l'estrade face à eux,...

Une autre moitié du groupe, dans une salle différente et sans communication avec les autres, se mettra en grand cercle, et une « discussion libre » sera ouverte par l'animateur qui restera non directif sur le fond.

Les deux séances ne durent évidemment pas le même temps (3 heures environ pour la discussion, 1 h 1/2 ou 2 h pour les conférences). Elles ont le même thème : réhabilitation d'objets d'opinion dévalorisés dans le groupe, comment faire évoluer les opinions sur ces questions ?

À la fin des séances, le même questionnaire (ou un « doublon » pour que les gens ne retrouvent pas de mémoire leurs réponses) est posé aux participants.

On évalue, en grand groupe, après exposé des buts réels et des moyens (et après l'orage), les différences des résultats.

Exemple

Résultats d'une expérience réelle faite lors d'une session d'assistantes sociales rurales (nous visions une opération de changement d'opinion sur le « cœur de veau » dont des sessions antérieures avec des femmes nous avaient appris que ce morceau de boucherie était peu apprécié) :

Questionnaire présenté : Auriez-vous plaisir à mettre au menu de vos repas et à consommer les aliments suivants ?

Par convention, vous utiliserez les cotations suivantes :

oui, énormément, 5.
oui, beaucoup, 4.
oui, de temps en temps, 3.
à la rigueur, de loin en loin, 2.
certainement pas, 1.

Rosbif	Rognons de bœuf ....
Escalope	Tête de veau ....
Côte d'agneau	Côte de veau ....
Chair à saucisse	Cœur de veau ....
Jambon fumé	Beefsteack ....
Pied de porc	Foie de génisse ....
Épaule d'agneau	Côte de porc ....

Les résultats de l'enquête de l'avant-veille avaient donné (pour 54 participants, dont nous avions simplement totalisé les notations) :

Rosbif	220 points (arrivait donc en n° 1)
Beefsteack	216
Escalope	200
Côte d'agneau	199
Côte de veau	199
Côte de porc	161
Chair à saucisse	157
Rognons de bœuf	129
Pied de porc	128
Épaule d'agneau	119
Tête de veau	119
Jambon fumé	108
Foie de génisse	98
Cœur de veau	92 (qui arrivait donc dernier)

Résultats de l'expérience de persuasion

1. Les conférences étaient faites par des personnalités qui ignoraient tout de notre objectif réel et à qui nous avions demandé de venir « défendre » les morceaux de boucherie mal connus et peu aimés, comme les abats et... le cœur de veau. »

Vinrent le président du syndicat des bouchers de la ville, un diététicien, et un chef-cuisinier.

Le groupe était installé comme prévu en « auditeur-spectateur » et comptait 27 membres.

2. La réunion-discussion (sur le thème : les dégoûts alimentaires personnels, comment les comprendre ?) était vraiment libre (sans manipulation). Nous eûmes de la chance du fait qu'une partie de la discussion s'orienta vers les motivations irrationnelles du dégoût envers le cœur de veau (et donc vers les fantasmes liés au « cœur saignant ») chez les personnes n'en ayant jamais mangé.

Après l'expérience, le score du « cœur de veau » (noyé dans un questionnaire analogue au premier, mais où les autres abats évoqués étaient plus largement cités) s'établissait ainsi :

Premier groupe (conférences)............................ 42
Deuxième groupe (discussion)........................... 56

Donc dans le premier groupe, paradoxalement, la note moyenne avait baissé (on s'attendait à la moitié de 92, soit 46), et dans le deuxième groupe, la note moyenne dépassait de 20 points, le score initial (46 × 2 = 112 au lieu de 92).

Votre exercice :

Pour quelles raisons le changement est-il plus faible après la conférence qu'après la réunion-discussion ?

Corrigé page 367

7. Le cas de la NASA

♦ Roger Bazin, n° 29

Vous faites partie de l'équipage d'un vaisseau spatial programmé à l'origine pour rejoindre une fusée-mère sur la face éclairée de la Lune. Des ennuis mécaniques vous ont obligé à alunir en un point distant de 320 kilomètres du rendez-vous fixé. Au cours de l'alunissage, la plupart des équipements du bord ont été endommagés. Il est vital que l'équipe rejoigne la fusée-mère et vous devez choisir l'équipement indispensable pour ce voyage de 320 kilomètres. Vous trouverez ci-dessous 15 articles de votre équipement encore en bon état après l'alunissage. Votre tâche consiste à les ranger en fonction de leur utilité pour rejoindre la fusée-mère. Placez le chiffre (1) en face de l'article qui vous semble le plus important, le chiffre (2) en face du suivant et ainsi de suite jusqu'au chiffre (15) en face de l'article qui vous paraît le moins important.

Feuille de décision

Groupe (I, II ou III) Nombre de stagiaires (n) Stagiaire ....
(Prénom et Nom)

Lettre repère de A à O	Rang de l'article	Nature de l'article
A	......	une boîte d'allumettes
B	......	aliments concentrés
C	......	un parachute en soie
D	......	un chauffage portatif
E	......	deux pistolets calibre 45
F	......	une caisse de lait en poudre
G	......	deux bonbonnes d'oxygène liquide (100 kg)
H	......	une carte du ciel (constellation de la Lune)
I	......	un canot de sauvetage
J	......	un compas magnétique
K	......	20 litres d'eau
L	......	des signaux lumineux
M	......	boîte de premier secours
N	......	une radio spécialement équipée pour fonction--ner sur la Lune
O	......	15 mètres de corde nylon

Fiche d'instruction

(pour un travail en groupe)

Prise de décision en groupe : votre groupe doit utiliser la méthode *d'accord unanime de groupe* (consensus) pour arrêter sa décision. Ceci veut dire que tous les membres du groupe *doivent* être d'accord sur la prédiction de chacun des quinze (15) rangs avant qu'elle ne soit intégrée à la décision du groupe.

Il est difficile d'arriver à un accord unanime (consensus). Par conséquent, chaque rang ne recevra pas *l'approbation* entière de chacun. En tant que groupe, essayez de faire en sorte que chaque rang choisi en soit un sur lequel *tous* les membres du groupe s'accordent au moins partiellement. Voici quelques guides utiles pour arriver à un accord unanime :

1. Évitez *d'argumenter* sur vos propres jugements personnels. Abordez la tâche de façon logique.
2. Évitez de changer d'idée *seulement* dans le but d'arriver à un accord ou pour éviter un conflit. Endossez seulement les solutions sur lesquelles vous pouvez être au moins quelque peu d'accord.
3. Évitez les techniques de « réduction de conflit », telles que vote majoritaire, établissement de moyenne ou négociation pour arriver à des prises de décision.

4. Envisagez les différences d'opinion comme une aide plutôt qu'une entrave dans la prise de décision.

— Organisation : Pensez aux points habituels :

Meneur de jeu, rapporteur, disposition des tables, Monsieur Chrono, emploi éventuel du tableau- papier, etc.
— Temps alloué : 30 minutes.
— Observateurs : volontaires du grand groupe (1 par groupe).

Consignes données par l'intervenant :

Noter les faits qui vous paraissent significatifs par stagiaire : moment de prise de parole, durée, façon d'argumenter, d'objecter, d'adhérer ou de convaincre.

Accident sur la lune

Nom :
Groupe (I, II ou III) :
Nombre de Participants (n) :

Récapitulation

	Groupe I a	Groupe I b = $\lvert c-a \rvert$	Groupe II a	Groupe II b	Groupe III a	Groupe III b	NASA c	Moi d	Différence e = $\lvert c-d \rvert$
A							15		
B							4		
C							8		
D							13		
E							11		
F							12		
G							1		
H							3		
I							9		
J							14		
K							2		
L							10		
M							7		
N							5		
O							6		
Ecart Eg par groupe =		—		—		—		Ei = $\sum$ écarts =	
Em = Moyenne des E indivi. =		—		—		—		$\sum$ Ei de mon gr. =	
Gain = G = Em — Eg =		—		—		—		moyenne Em = $\sum$ Ei/n =	

Corrigé page 367

8. La valise

♦ Lionel Bellenger, n° 37

Vous avez préparé votre valise pour passer un séjour de huit jours en Angleterre à Pâques. Votre femme s'est amusée à dresser la liste de tout ce que vous voulez emporter et qui dépasse largement le volume de votre valise.

Elle discute avec vous dans la ferme intention d'éliminer *un quart de ce que vous voulez emporter.* Elle se fait elle-même une idée précise de la capacité de votre valise (« et on s'en tiendra de toute façon à une valise chacun »).

Voici la règle du jeu :

1) L'épouse doit sélectionner les objets vis-à-vis desquels elle estime pouvoir trouver le plus de raisons conduisant à leur retrait de la valise.

2) Il est interdit de détailler les objets.

3) Le mari cherche à tout conserver. Il le peut tant qu'il change d'argument pour chaque séquence. L'épouse ne doit pas utiliser plus d'une fois non plus le même argument. C'est celui qui arrive le premier à court d'argument qui cède.

4) Le mari doit éviter de conflictualiser la scène donc de faire blocage.

5) Le jeu dure cinq minutes ; on fait alors le point pour voir si la valise a été vidée.

Le but de l'exercice est de vérifier la capacité de produire des arguments spontanément et d'observer s'il y a une logique argumentative chez chacun des époux.

Le jeu peut être enregistré au magnétophone ou au magnétoscope. Dans ce dernier cas il sera étudié en direct par un groupe témoin qui analysera les séquences argumentatives et la stratégie des partenaires.

Contenu de la valise

— Une trousse de toilette.
— Des flacons (de parfum, de mousse à raser, d'after-shave) dans un sac.
— Des sous-vêtements (trois paires).
— Un costume gris.
— 10 mouchoirs.
— 3 chemises.
— 5 cravates.
— 2 pulls en laine.
— Une veste légère.
— 1 jean.

— 2 paires de chaussures.
— 1 maillot de bain.
— 1 sac avec des affaires de sport (short, chaussures, survêtement).
— 2 appareils photo (un équipé noir et blanc ; l'autre couleur).
— 3 livres (2 romans et *Le mal français* de Peyrefitte).
— 1 dossier professionnel (20 pages, des factures et bons de commande).
— 1 pochette de dépliants sur Londres (cartes, etc.).
— 1 jeu d'échecs de voyage.
— 1 petit magnétophone portatif et des cassettes.
— 1 litre d'eau minérale.
— 1 trousse de crayons, stylos, etc.
— 1 bloc de papier à lettre.
— des jumelles.
— 3 paquets de cigarettes.
— 1 pochette portefeuille (carnets de chèques, agendas).
— 1 trousseau de clés.
— 1 peignoir (sortie de bain).
— 1 imperméable.
— 1 bouteille de cognac pour un ami à Londres.

Corrigé page 368

9. Une négociation qui s'éternise ou comment sortir d'un « racket » sans rompre la relation[1]

♦ Dominique Chalvin, n° 40

Étude de cas[2]

M. Laplume est ingénieur commercial de l'imprimerie Jolitext. Son client s'appelle M. Bonenfant, acheteur auprès d'un grand ministère. M. Bonenfant est un client régulier et important de l'imprimerie Jolitext. M. Laplume doit le rencontrer deux ou trois fois par mois pour assurer le suivi commercial et les nouvelles commandes. Leurs relations humaines sont excellentes, mais M. Laplume estime que les entretiens s'allongent

1. Ce cas est réel. Pour préserver l'anonymat, les noms ont été changés.

2. Ce cas peut faire l'objet d'un jeu de rôle de formation en session de groupe.

ostensiblement. Les contrats sont toujours honorés mais le temps de M. Laplume est compté ; il irait bien prospecter d'autres clients. M. Bonenfant dispose certainement de tout son temps, c'est un homme charmant. Avant de traiter les affaires proprement dites, il parle du dernier film qu'il a vu, il se plaint de sa vie au ministère, il invite M. Laplume à déjeuner. Ce dernier est bien ennuyé ; une négociation qui pourrait durer trois quarts d'heure s'éternise quatre, voire cinq heures.

L'objectif principal de M. Laplume est bien entendu de conserver ce client. En outre, il aime bien M. Bonenfant qu'il trouve très « humain ». Mais en même temps, il a l'impression de se faire piéger par les histoires personnelles que raconte M. Bonenfant et de ne pas pouvoir écourter la relation au risque de perdre les contrats. De surcroît, l'industrie de l'imprimerie connaît une crise et la fonction des commerciaux est vitale pour la survie de l'entreprise Jolitext. Il faut d'une part consolider la clientèle actuelle et d'autre part ouvrir d'urgence d'autres marchés... Laplume a déjà essayé d'écourter ses entretiens mais l'autre lui en a tenu rancune et l'a culpabilisé, tout en prenant davantage de temps à l'entretien suivant.

Que faire ? Quels conseils donner à M. Laplume ?

Quels sont les « rackets » ? Comment en sortir ?

Corrigé page 369

10. Les façades de Bellerive

♦ Lionel Bellenger, n° 83

Cette étude de cas met en jeu un cadre responsable d'opérations chez un promoteur immobilier et un architecte appartenant à un cabinet.

Il s'agit pour le responsable d'opérations d'obtenir la modification des façades sur le plan de l'architecte.

L'architecte (M. Octave)

Il appartient à un gros cabinet (85 personnes).

Il a déjà personnellement beaucoup d'immeubles à son actif et donc une certaine notoriété.

Il travaille avec des grands promoteurs.

C'est le premier contrat dont il est responsable pour le compte du promoteur SARVI.

Situation. La SARVI a un programme concernant un immeuble en prêts conventionnés sur une dalle près du centre commercial proche de Marne-la-Vallée. L'entretien entre l'architecte et le responsable d'opérations intervient quand la SARVI a le terrain sous promesse de vente. L'architecte a déjà rencontré plusieurs fois les gens de la SARVI. Après des discussions difficiles et quelques compromis (ils ont provoqué pour l'architecte un surcroît de travail) il y a eu accord sur les plans d'étages (l'architecte voulait faire de grands appartements de plus de 100 m^2 pour les 4 pièces, ce qu'a refusé la SARVI).

Un rendez-vous est prévu pour discuter les plans de façade.

La position de l'architecte

L'architecte vient défendre son projet. En l'occurrence, s'agissant de la ville nouvelle de Marne-la-Vallée, M. Octave tient à son image de marque dans cette ville nouvelle. Il a pris le parti de dessiner des *bow-windows* qu'il estime être à la mode (balcons fermés par des vitres).

Cet « ancien style » revient en ville, il correspond au goût pour le jardin d'hiver (luminosité, nature, plantes vertes...).

M. Octave n'a pas prévu de terrasses pour des raisons économiques. Il estime que ce programme n'est ni à la mer, ni à la campagne, que les bruits du centre commercial sont une contre-indication. Techniquement, il craint les difficultés liées aux problèmes d'étanchéité.

Concernant les fenêtres, il tient aux « pleins » pour appuyer les ouvertures ; il tient également aux « verticales » pour « asseoir » l'immeuble. Ainsi, M. Octave est décidé à défendre l'originalité de son projet (« une façade qui n'est pas idiote comme beaucoup d'autres ») tout en estimant que son projet reste classique.

Pratiquement, M. Octave, qui a confiance parce qu'il estime que sa façade est un *bon compromis* entre originalité et classicisme, n'est pas prêt à supporter des projets de modification (d'une part, à cause du travail que cela exige, d'autre part, à cause de son goût pour sa réalisation).

Cependant, il a déjà vérifié pour les plans d'étages que les responsables SARVI étaient très stricts et exigeants sur certains critères (« ce sont des commerciaux et ils croient toujours parler au nom de la clientèle »).

M. Octave, tout en étant confiant, sait qu'il devra faire preuve de tact pour « faire passer » son projet, car il a toujours eu affaire à des responsables qui semblaient avoir une grande autonomie de décision, un esprit assez dogmatique, qui critiquaient beaucoup « tout en n'étant pas du métier » mais qui n'ont pas grand-chose à proposer comme solution de rechange. Bref, qui « usent » un peu l'architecte.

Le responsable d'opération de la SARVI

Situation
(idem que pour l'architecte)

Un rendez-vous est prévu pour discuter les plans de façade. Le responsable d'opérations a pour objectif de demander la modification des bow-windows. Il attend une nouvelle offre de M. Octave.

Nota. L'entretien a lieu quand la SARVI a le terrain sous promesse de vente mais avant le dépôt de la demande de permis de construire.

Corrigé page 371

11. Négociation commerciale et marketing mix produit

♦ Alain Jolibert et Maud Tixier, n° 76

Environnement Propreté

Information publique

Le marché de l'environnement/propreté est en pleine expansion : en effet, chaque mairie se fait aujourd'hui un devoir de rendre sa ville « propre » et l'enlèvement des affiches et des graffitis fait donc partie de ses préoccupations.

Ainsi, en Bourgogne, la société Est Propreté est devenue adjudicataire pour les villes de Dijon, Auxerre, Mâcon, Chalon-sur-Saône et Nevers à la suite d'un appel d'offres lancé par le Conseil Régional.

Pour traiter ce marché, Est Propreté a lancé à son tour un appel d'offres auprès des fabricants de matériel d'environnement/propreté avec lesquels elle avait déjà eu l'occasion de travailler.

Il s'agit d'une première commande de dix machines (des « kits cleaners »).

Monsieur Bouillaque, acheteur professionnel d'Est Propreté, va rencontrer aujourd'hui Monsieur Verneau, vendeur sur la région Bourgogne/Franche-Comté, de la société Paquelier SA.

Paquelier SA est une société lyonnaise importante et réputée. Ses machines pour le nettoyage urbain sont reconnues comme étant parmi les plus performantes. Monsieur Verneau s'est renseigné auprès du personnel technique et opérationnel d'Est Propreté pour pouvoir soumissionner correctement à l'appel d'offres sur les dix machines. Il existe un nouveau modèle à haute pression qui conviendrait parfaitement.

Voici les prix communiqués à l'acheteur :

— prix fixé par machine : 30 490 € HT.

— valeur du stock recommandé de pièces détachées : 12 196 €, dont 6 860 € pour les clapets de sûreté.

Monsieur Verneau, Vendeur, Paquelier SA

Paquelier SA, votre employeur, commercialise un nouveau kit pour l'enlèvement d'affiches et graffitis.

— Vous voulez vendre les dix machines demandées au prix fixé et sous certaines conditions. Cependant, vous seriez prêt à accorder une remise de 2,5 % sur le montant de ce devis. C'est là le maximum que vous êtes autorisé à accorder pour une commande de cette importance. Vos prix sont déjà très étudiés et vous avez toutes les raisons de penser que votre hiérarchie, elle-même, n'accordera rien de plus.

— Il est prévu que les machines soient livrées à l'acheteur. Vous avez donc fait les arrangements nécessaires pour assurer leur acheminement à Dijon depuis votre usine de Lyon. Cependant, bien que les frais de transport aient été en partie inclus dans le prix fixé pour chaque machine, ils diminuent la marge de profit réalisée par votre firme sur cette vente. Vous souhaiteriez en fait que l'acheteur prenne cette charge à son compte.

— Paquelier demande à l'acheteur d'acquérir tout le stock recommandé de tuyaux et pistolets de rechange, standards sur tous les matériels, ainsi que des clapets de sûreté pour le système haute pression ; ceux-ci, par contre, ne sont utilisables que sur ces nouveaux kits.

— Les nouveaux kits requièrent une formation pour les utilisateurs. Vous avez prévu une formation gratuite de deux jours pour dix personnes (une personne par machine) dans un centre de formation dont vous louez les locaux (fort cher d'ailleurs) à la Chambre de Commerce. Les frais de formation s'élèvent à 183 € par personne supplémentaire pour la durée du stage. Habituellement, cette formation a lieu en semaine. Votre société cherche à amortir le plus rapidement possible les frais de location du centre.

— Paquelier SA ne fait en général pas de garantie supérieure à six mois. En effet, ses machines sont construites de façon assez artisanale et en petite quantité. De ce fait, il est assez difficile d'évaluer leur fiabilité réelle, vous savez que, dans le passé, il est arrivé à Paquelier S.A. d'offrir une garantie de deux ans, garantie qui a coûté fort cher à votre entreprise. Ceci a fortement marqué les esprits des dirigeants de la société et vous savez qu'il vous est difficile d'offrir une garantie supérieure à six mois. Vous espérez que ce point précis ne sera pas abordé.

— Tous les kits fabriqués par Paquelier SA sont de couleur verte. Cette couleur est celle de Propreté de Paris, votre plus gros client. Vous avez prévu de grosses quantités de peinture qui vous ont permis d'en obtenir un bon prix. Changer de couleur impliquerait d'interrompre l'atelier pendant une journée (pour le nettoyage des cuves et des pistolets) et d'acheter une peinture dont les coûts pour de faibles quantités seraient beaucoup plus élevés. Vous évaluez le changement de couleur à 152 € HT par machine.

Annexe : Les coûts de transport

Le coût de livraison pour dix machines à un seul endroit (Dijon) est de 1 830 € HT.

Les coûts de livraison dans des lieux autres que ceux prévus sont :

— pour une distance inférieure à 250 km de l'usine de Lyon : 290 € HT par machine ;

— pour une distance supérieure à 250 km de l'usine de Lyon : 1,17 € par kilomètre supplémentaire et par machine.

Monsieur Bouilaque, acheteur, Est Propreté

Information privée

Vous cherchez à obtenir l'affaire la plus avantageuse possible pour que votre société puisse respecter ses prévisions financières et commerciales.

Vous recherchez du matériel de très bonne qualité et vous savez que les kits vendus par Paquelier SA sont excellents.

Les points litigieux suivants seront abordés dans la discussion.

— Vous souhaitez obtenir une remise de 4,5 % sur le prix de chaque kit. Il s'agit en effet d'une première commande. D'autres suivront probablement et il vous faut obtenir ces machines à leur meilleur prix.

— Le fabricant vous oblige à prendre un stock de pièces de rechange comprenant des tuyaux, des pistolets et des clapets de sûreté pour le système haute pression. Les clapets coûtent très cher. Le stock prévu est très élevé en raison de l'incertitude sur leur durée de vie pour leur utilisation dans ces nouveaux matériels. Afin de réduire l'importance considérable de cet investissement dans votre budget, vous souhaitez obtenir un engagement écrit du fabricant concernant la reprise gratuite après un an d'expérience des clapets surstockés.

— L'appel du Conseil Régional de Bourgogne fait obligation à Est Propreté de faire travailler des matériels aux couleurs de la région, c'est-à-dire bordeaux, bleu et jaune. Vous voulez que le fabricant peigne les kits à ces couleurs sans supplément de coût.

— L'appel d'offres dont vous êtes adjudicataire vous fait aussi obligation de laisser les machines en permanence dans les centres de Dijon, Auxerre, Chalon-sur-Saône, Nevers, Mâcon. Vous souhaitez que les kits soient livrés directement dans ces cinq villes comme suit : trois à Dijon, trois à Auxerre, deux à Nevers, un à Chalon-sur-Saône, un à Mâcon.

— Vous souhaitez, bien sûr, éviter les frais de transport entre Dijon ou Lyon et les autres centres.

— Vous désirez que toutes les personnes qui utiliseront ou entretiendront ces kits soient formées en même temps afin que toutes connaissent bien les matériels. Vous pensez faire former deux à trois conducteurs par centre (soit de douze à quinze conducteurs en tout) et huit à dix personnes pour l'entretien.

— Vous espérez, bien sûr, que cette formation sera gratuite et vous souhaitez organiser la formation dans un centre où vous serez seuls, en une seule session afin d'éviter tout contact entre votre personnel et des concurrents. En effet, vous comptez décrocher un nouvel appel d'offres pour la région lyonnaise et vous ne tenez absolument pas à ce que vos concurrents sachent avec quel matériel vous avez répondu victorieusement en Bourgogne.

— Vous savez que ce type de matériel est, malgré tout, fragile. Vous n'êtes pas vraiment satisfait par une garantie de six mois mais c'est le chiffre habituellement inscrit dans tous les contrats pour ce type de matériel. Il semble que cette politique ne soit pas révisable.

Corrigé page 372

12. Le cas Aluvox

♦ Lionel Bellenger, n° 130

Aluvox est une entreprise spécialisée dans le tournage de petites pièces d'alliage pour l'aéronautique. Aluvox emploie 1 500 personnes.

Le cas rencontré ci-après, à travers les rôles du directeur des achats, d'un membre du Comité d'hygiène et sécurité (CHSCT) et d'un attaché commercial puis du directeur régional de la Société Paudou, fournisseur de chaussures de sécurité, met en évidence les comportements stratégiques et les tempéraments des acteurs (offensif, diplomate, constructif, persuasif).

Il se déroule en deux temps :

— négociation à trois, entre le directeur des achats d'Aluvox, le responsable CHSCT et l'attaché commercial ;

— négociation en face à face, entre le directeur des achats et le directeur régional de Paudou.

Les deux cas sont filmés. Des informations nouvelles (deuxièmes consignes) sont injectées entre les deux jeux (on imagine que les entretiens ont lieu à 15 jours d'intervalle).

La société Paudou aura entre-temps envoyé une offre écrite que rédigera l'équipe Paudou sur la base des informations obtenues par l'attaché commercial.

L'objet du jeu porte sur la façon dont les équipes Aluvox et Paudou mènent stratégiquement leur jeu. Le rôle du CHSCT est très « défensif ».

Voici les instructions des acteurs pour chacune des confrontations.

1. Le rôle du directeur des achats (confrontation n°1)

Vous êtes le responsable des achats d'Aluvox.

Aluvox, c'est 1 200 personnes dans les ateliers et 300 administratifs.

Vous êtes convoqué par votre DG qui vous tient le discours suivant :

— Il y a un risque de turbulences sociales. Des revendications salariales existent dans les ateliers.

— Il y a par ailleurs des revendications affichées sur la qualité des chaussures de sécurité. Il y a eu plusieurs cas de blessure du pied par frottement avec la chaussure.

— Le CHSCT, dont les représentants sont des syndicalistes bien implantés dans l'entreprise, s'est fait le porte-drapeau de ces revendications sur la qualité des chaussures de sécurité.

— Afin de limiter les risques de conflits (et de revendications salariales...) le DG a décidé de faire procéder à une nouvelle consultation concernant la fourniture des chaussures de sécurité. En clair, il faut changer de type de chaussures pour faire baisser la pression dans les ateliers !

— Le DG vous impose la présence d'un représentant du CHSCT pour représenter les intérêts des travailleurs lors de la première consultation.

Votre fournisseur actuel est Barachoc, chez qui vous achetez des « modèles 22 monteur ». Vous vous fournissez depuis 7 ans chez eux et vous n'avez, jusqu'à maintenant, pas eu de problème. Vous avez l'habitude avec Barachoc de renouveler 50 % du parc par an, soit 600 paires. Le tarif catalogue Barachoc est de 58 € la paire.

Vous aviez négocié à 49 € la paire, livrée franco de port, paiement à 60 jours. Par ailleurs, vous aimez bien le vendeur Barachoc. Toutefois, vous savez que leur gamme est très étroite et qu'il y a peu de chance qu'il puisse vous proposer un autre modèle correspondant à vos besoins.

Un des fournisseurs potentiels est l'entreprise Paudou. Vous les connaissez de réputation (très bonne) mais ne disposez ni de leurs tarifs ni de documentation. Votre assistante a pris un rendez-vous sans donner de précisions (nous souhaitons vous consulter...) afin qu'un commercial de cette entreprise vienne vous voir.

Vous allez recevoir le vendeur Paudou afin de le consulter. C'est un premier entretien et vous savez que vous devez également consulter aussi l'entreprise Jalroc. Vous devez préparer votre entretien sachant tout ce que vous savez sur l'entreprise. Votre DG a souligné l'urgence de la situation. Il a précisé : « *Je compte sur vous pour éviter toute vague sur le plan social... De plus, j'ai toute confiance en vous et je sais que vous saurez résoudre cette situation en préservant les intérêts économiques d'Aluvox.* »

Vous disposez de vingt minutes pour préparer l'entretien.

Vous disposez de trente minutes maxi pour la consultation de Paudou.

N.B : Le « responsable CHSCT » prépare à part et n'est pas présent lors de votre préparation.

Il arrive 5 minutes avant le jeu. Vous pouvez alors lui dire ce que vous voulez.

2. Le rôle de l'attaché commercial Paudou (confrontation n°1)

L'assistante du responsable des achats d'Aluvox vous a demandé de passer voir son patron pour consultation. Vous êtes très content, car Aluvox n'a jamais travaillé avec vous jusqu'à maintenant.

Vous avez pu obtenir les renseignements suivants :
— Aluvox, implanté à Marseille, 1 500 salariés.
— Activité : aéronautique.
— Vous ne savez pas avec qui travaille Aluvox pour les chaussures de sécurité.

Vous vendez un produit phare : « Trepan Œillet ». C'est un produit très haut de gamme, qui a obtenu l'oscar européen de la sécurité en 1996, grâce à sa capsule de protection en tungstène qui lui permet de résister à une pression de 600 kg au cm2. Habituellement, vous argumentez beaucoup sur la capsule de sécurité. Vous êtes très sûr de votre produit et êtes volontiers critique avec la concurrence.

Votre tarif catalogue est de 69 € la paire.

Vous pratiquez des remises par tranche de 500 paires :

Les remises maximum autorisées pour les vendeurs sont :
— 61 € pour 500 paires
— 53 € pour 1000 paires
— Si plus de 1 000 paires, à voir au coup par coup.

En dessous de 500 paires, Paudou passe systématiquement par des distributeurs locaux. Vous savez que le prix catalogue de détail des revendeurs est de 69 €. Vous savez que les revendeurs font des remises, mais vous ne savez pas combien.

Par ailleurs, un gros avantage de Paudou est d'envoyer un technicien gratuitement, sur une journée entière, afin de faire faire des démonstrations et des essais dans l'entreprise cliente. Ces essais permettent de démontrer la supériorité de votre produit et il n'est pas dans la politique Paudou de laisser des produits à l'essai (vous êtes réellement sûr de votre produit... et sa qualité peut s'observer, tant à travers l'oscar européen qu'il a obtenu qu'auprès de vos autres clients dont vous communiquez facilement les noms pour les plus connus). Vos grands clients sont : Shell, Esso, Elf, Dassault, Renault, Aérospatiale, Citroën, Snecma, Rhône-Poulenc... Vous seriez heureux d'y ajouter Aluvox.

3. Le rôle du responsable CHSCT (confrontation n°1)

« Ras le bol » d'Aluvox ! La direction se moque du personnel !

Le personnel des ateliers travaille sur des pièces légères, dix kilos maximum, mais les gars marchent beaucoup. Dans le courant de l'année passée, il y a eu plusieurs arrêts de travail (une douzaine) à cause des chaussures de sécurité « Barachoc » : trop chaudes et trop lourdes. D'ailleurs, dans les ateliers, les gars disent *« avec parachoc, bonjour les cloques... »*

Et ça ne date pas d'aujourd'hui... Depuis des années il y a toujours eu 5 ou 6 cas par an. Mais, jusqu'à maintenant, personne ne disait rien. Aujourd'hui la tension est telle dans les ateliers que le problème des chaussures de sécurité est devenu un symbole du mépris de la direction de l'entreprise pour les ouvriers !

À vos yeux, la direction fait des économies sur les chaussures de sécurité. Pour vous, Barachoc est une sous-marque... et vous n'en voulez plus ! Le CHSCT est content d'avoir été convié pour l'achat des nouvelles chaussures de sécurité : vous, au moins, vous ne vous laisserez pas refiler n'importe quoi.

Le responsable des achats vous invite à la rencontre avec un fournisseur potentiel, Paudou. Vous avez bien l'intention de dire que ça ne va pas, qu'il y a eu des blessés et que le personnel en a « ras-le-bol » des chaussures actuelles. Votre objectif lors de la rencontre est d'obtenir pour un mois un essai sur une vingtaine de paires afin de faire procéder sur le terrain à des tests en aveugle. D'ailleurs, vous vous êtes engagé par rapport aux camarades à ce que les nouvelles chaussures soient essayées par les utilisateurs avant toute commande de la part d'Aluvox.

Ni le DG ni le service « Achat » ne sont au courant de cette exigence mais vous estimez que c'est indispensable, et vous êtes prêt à pousser les camarades à la grève si de nouvelles chaussures devaient être choisies par des technocrates planqués au fond de leur bureau !

4. Le rôle du directeur des achats (confrontation n°2)

La seconde rencontre a lieu 3 semaines plus tard. Le CHSCT n'est pas présent à cet entretien.

Le même acheteur, qui a procédé à la consultation, procède à la négociation :

— Vous avez téléphoné à Barachoc : ils n'ont pas d'autres modèles correspondant à vos besoins à proposer. Le vendeur Barachoc est furieux : c'est la première fois qu'il entend parler de mal aux pieds à cause de ses chaussures. Il est toutefois prêt à faire une offre à 46 € la paire pour garder le marché et à venir discuter avec les membres du CHSCT pour étudier les lésions observées et trouver une solution technique qui empêche le problème de se reproduire.

— Vous avez consulté Jalroc. Ils sont plus chers et le contact est moyen : c'est plutôt avec Paudou qu'il faudrait finaliser si vous devez changer de fournisseur.

— À vous de préparer votre négociation en fonction des données déterminées lors de la première phase de consultation.

Vous avez 20 minutes pour préparer votre négociation.

L'entretien durera 30 minutes au maximum.

5. Le rôle du directeur régional Paudou (confrontation n°2)

Vous rédigez votre offre écrite pour Aluvox.

La seconde rencontre a lieu 3 semaines plus tard.

Ce n'est pas le même vendeur qui revient pour la seconde rencontre. C'est le chef des ventes, responsable de la région, qui vient à la place du représentant de la première fois. Vous préparez votre entretien. Vous devez tenir compte des propositions faites lors de la première rencontre.

Exceptionnellement, pour avoir le marché, vous êtes prêt à faire une remise égale à 53 € par paire pour 500 paires (au lieu de 1 000 paires).

Vous avez 20 minutes pour rédiger votre offre et préparer votre négociation.

Corrigé page 375

13. Les jeux d'alliance : la bière Odyssée 2001

♦ Lionel Bellenger, n° 130

Le domaine de la négociation de groupe donne lieu à un bel exercice de stratégie notamment pour ce qui est des choix de stratégie et des jeux d'alliance.

Dans l'entreprise, les grandes divisions (commerciale, financière, marketing, export, fabrication) sont amenées de plus en plus à travailler transversalement sur des projets communs. C'est le cas par exemple pour des lancements de produit.

Le cas présent met en scène une négociation entre cinq acteurs, tous impliqués dans des décisions concernant un produit en perte de vitesse après un lancement réussi. La direction marketing, représentée par son directeur et son assistant(e), a organisé une réunion pour fixer le cadre d'une relance du produit : la marque de bière de luxe 2001 dans la firme Odyssée. Les acteurs ont des intérêts a priori divergents à concilier. Ils doivent, d'une part, définir leur stratégie, d'autre part, déterminer et activer leurs alliances.

Le cas (durée 30 minutes) doit être filmé en vidéo.

1. Contexte et évolution de la marque 2001, bière de luxe (tronc commun du cas)

La marque 2001 de chez Odyssée est présente sur le marché depuis 1997 sous une forme bien connue. Or, en janvier 1999, un an après le lancement, force est de constater qu'elle ne connaît pas le succès escompté.

1) **Le directeur du marketing** a un projet d'évolution du packaging de la marque 2001 qui se classe dans les bières de luxe.

Il a fait part de son projet à ses trois collègues et les a invités à une réunion pour prendre ensemble les décisions qui s'imposent.

2) **Le directeur commercial** est d'autant plus intéressé par la question que les ventes ont baissé depuis 6 mois de façon notable, y compris à l'exportation.

3) **Le directeur de fabrication** est concerné directement. Il est responsable des lignes de production, de la fabrication et de la qualité. Or tout changement dans le packaging imposerait des modifications industrielles.

4) **Le directeur de l'exportation.** Le produit rencontre une très grosse difficulté sur les marchés de l'Angleterre, d'Allemagne et de Belgique où

la concurrence des bières de luxe déjà bien implantées comme Heineken, Carlsberg est très forte.

5) **Le responsable de l'agence de publicité.** Il a en charge la campagne publicitaire de la marque 2001 depuis son origine en 1998. L'agence de publicité est à l'origine du premier packaging et de la forme de la bouteille. Cette agence est une entreprise extérieure et a eu jusqu'alors comme seul interlocuteur le directeur du marketing.

Règles du jeu

Le budget temps de la réunion est de 30 minutes. C'est le directeur du marketing qui a provoqué la réunion. Il est accompagné de l'assistant(e) marketing.

Au cours de la préparation, chaque protagoniste a le droit d'envoyer un seul message écrit à chacun des autres protagonistes (dans une optique d'alliance par exemple).

On convient qu'il n'y a pas de réponse à envoyer au message reçu. Toutefois ce droit de transmission de message n'est pas une obligation pour les acteurs.

À l'issue de la réunion, les protagonistes se seront mis d'accord sur les mesures à prendre pour relancer la marque 2001.

2. Les rôles respectifs des acteurs

• Direction fabrication

Vous estimez que pour ce produit, son problème n'est pas dans la forme ou l'habillage de la bouteille.

Il a été mal étudié et le problème vient de la bière elle-même. Vous avez un assistant qualité qui a fait une étude comparative approfondie ne laissant aucun doute sur les problèmes de saveur de la 2001.

Vous faites un procès en terme de qualité de produit.

Le produit, d'après vous, a été conçu trop vite.

Odyssée a surtout un positionnement grand public.

Vous pensez qu'il faut un an pour réétudier la qualité du produit.

Apporter pour l'heure des modifications d'emballage entraînerait surtout des gros problèmes de réorganisation des lignes de production, de formation des opérateurs, ce qui représenterait des coûts supplémentaires considérables sur un délai de 4 mois.

• Agence de publicité

Vous n'êtes pas en très bonne position, vous le savez.

Vous craignez qu'il y ait un coup fourré destiné à vous évincer.

Vous avez été mis au courant de la baisse des ventes.

Pourtant vous ne vous sentez pas entièrement responsable de ces conséquences.

Vous êtes d'accord que sur l'emballage et la forme de la bouteille il y a quelque chose à faire.

Vous êtes certes à l'origine de l'habillage choisi en 1998.

Vous faites votre *mea culpa.*

Mais vous avez été soumis à l'époque de la création à des délais très serrés. Il y a eu précipitation et restriction du budget.

Vous êtes d'accord qu'il s'agit de relancer le positionnement avec plus de garantie.

Votre campagne de printemps exploiterait sur le contexte post-Coupe du Monde de football.

Vous savez que les autres marques vont investir largement dans l'événement.

Vous voulez obtenir le budget conséquent.

Votre argument : si cette fois-ci Odyssée ne donne pas les moyens nécessaires, pour vous ce n'est pas la peine de se lancer dans une bière de luxe.

• Direction export

La situation est très difficile. Vous estimez que Odyssée a sous-estimé le contexte international et le leadership déjà fortement installé de vos concurrents sur le créneau de la bière de luxe.

Il aurait fallu mettre des moyens supérieurs et faire une étude à l'échelle européenne.

Certes en Espagne et en Italie la 2001 a fait les meilleures ventes. Mais en Angleterre, en Allemagne et en Belgique, c'est un échec. On ne remarque aucune pénétration durable.

Vous estimez que la bouteille est ringarde en comparaison de Carlsberg et Heineken, par exemple.

Depuis six mois vous vous démobilisez. Vous n'y croyez plus et vous pensez à quitter Odyssée.

Vous êtes d'accord avec le directeur commercial pour regretter la situation. Le procès est fait à la direction du marketing pour avoir créé un produit trop vite.

De plus vous savez que le goût de la bière ne plaît pas à la clientèle haut de gamme.

À votre avis le problème n'est pas le packaging, c'est la bière elle-même.

Votre hypothèse haute : modification du produit revu dans son goût à la base, étude à mener sous un an.

Une campagne européenne vous paraît indispensable.

Vous êtes persuadé que Odyssée ferait mieux de rester sur ses produits de moyenne gamme.

Vous pensez que rivaliser avec les grandes bières de luxe sur les marchés les plus durs est une erreur.

Il vaudrait mieux se tourner vers les marchés « prenables » comme l'Italie et l'Espagne.

• Direction marketing

Le contexte est difficile car le produit 2001 est à la baisse et cette baisse est beaucoup plus précoce que prévu. Elle gêne la firme Odyssée habituée à des succès.
1997 : 400 000 bouteilles/mois,

1998 : 350 000 bouteilles/mois.

Or il était prévu qu'en 1999 la courbe resterait ascendante.

Une enquête a été faite auprès des distributeurs et de la clientèle. Il est apparu que l'image ne correspond pas à une bouteille de bière de luxe. Elle est plutôt perçue comme moyenne gamme. Ce qui est visé est l'habillage de la capsule et la forme de la bouteille.

La concurrence, dans ce domaine, présente des bouteilles plus attractives : plus grandes, plus élancées, plus sophistiquées.

Vous avez donc décidé de vendre le projet pour la campagne de printemps !
– 1 modification de l'habillage (*look* de l'étiquette, de la capsule),
– 1 modification de la bouteille (nouvelle forme).

Vous êtes conscient du délai très court car nous sommes au mois de janvier. Mais une volte-face totale vous paraît indispensable pour remettre ce produit sur le créneau haut de gamme auquel il était destiné.

Votre base de repli : obtenir au minimum le rhabillage de la bouteille si vous ne pouvez pas obtenir un changement de sa forme et ceci pour le printemps.

En revanche, si vous n'obtenez pas totale satisfaction à la fois sur le look et la forme pour le printemps, vous viserez alors les deux améliorations pour l'automne.

Odyssée a fait le choix politique d'augmenter ses parts de marché. Un des moyens retenus est la création de la bouteille haut de gamme. Ce choix politique doit être maintenu.

La concurrence à l'export est très forte et 2001 ne s'est pas du tout imposé en Allemagne, en Angleterre, et en Belgique.

Le directeur de l'export ne vous porte pas dans son cœur. L'agence de publicité vous a déçu.

Vous n'êtes pas entièrement satisfait de l'agence de publicité qui avait préconisé la campagne de lancement originelle.

Ils ont tardé à vous rendre l'étude d'image que vous leur aviez demandée.

Vous savez qu'ils ont un projet dans leurs cartons et vous espérez encore, malgré tout, qu'ils pourront créer de bons supports.

Vos relations avec le directeur commercial ne sont pas au mieux car il n'apprécie pas les chutes des ventes et considère qu'il n'y a pas assez d'effort promotionnel fait sur le produit.

• Direction commerciale

La création de ce produit bière de luxe 2001 date de 1997.

Pendant un an, les ventes ont bien progressé (400 000 bouteilles par mois). L'année suivante on enregistre déjà des chutes (moins 50 000 bouteilles/mois).

Votre avis : jamais la direction marketing n'a accepté de s'engager dans des campagnes promotionnelles.

D'après vous, le produit a été mal positionné : trop cher par rapport à la concurrence pour la même ligne de gamme : 3,80 € le pack de 6 bouteilles, alors qu'en grande surface on trouve de la Carlsberg à 3,35 € le pack (*dixit* vos vendeurs).

D'après vous, ce n'est pas l'habillage du produit qui changera grand-chose.

Vous avez même entendu un bruit de couloir selon lequel le marketing compte augmenter les prix en 1999.

Pour vous, si on fait une campagne au printemps, il apparaît capital qu'elle soit une opération coup de poing avec offre promotionnelle à un prix très attractif.

Vous êtes très combatif. Vous aviez déjà tiré la sonnette d'alarme beaucoup plus tôt, dès les premiers signes de baisse dans les ventes. Le marketing a tendance à décider tout seul et vous en avez assez.

Vous n'appréciez pas particulièrement l'agence de publicité qui est trop payée pour le peu d'idées originales qu'elle vend à des tarifs que vous trouvez surévalués.

D'après vous le marketing s'est trompé de positionnement. Odyssée est positionnée grand public. Il vaut mieux rester sur ses atouts d'image.

Votre but est donc d'obtenir une campagne de printemps suffisamment attractive pour relancer les ventes.

Corrigé page 377

14. Les cas d'échec d'une négociation

♦ Roger Launay, n° 45

Les négociations engagées ne se terminent pas toutes par une réussite et un accord. L'accord nécessite souvent plusieurs séances de face à face et suppose une réelle volonté d'aboutir de chaque partenaire/adversaire.

Vous trouverez, ci-après, cinq cas d'échec de négociation.

Exercice individuel

Votre tâche consiste à dégager pour chaque cas :

a) les hypothèses pouvant expliquer l'échec de la négociation ;

b) parmi ces hypothèses, celle qui a probablement le plus de poids dans l'échec de la négociation.

Vous comparerez ensuite votre réponse au corrigé-première partie.

Cas n° 1 : Le conflit de la coquille Saint-Jacques

Le 7 novembre 1978, les pêcheurs de coquilles Saint-Jacques de la baie de Saint-Brieuc font une concession aux mareyeurs en acceptant d'abaisser le prix-plancher de 4,20 F à 4,00 F le kilo. Toutes les coquilles ne sont, malgré tout, pas vendues. Les pêcheurs estiment que les mareyeurs n'ont pas respecté leur accord oral de la garantie de l'écoulement des produits et décident d'arrêter la pêche en baie de Saint-Brieuc. De leur côté, les mareyeurs reprochent aux pêcheurs de commercialiser eux-mêmes leurs produits. « Il est inadmissible que les producteurs soient en même temps pêcheurs et commerçants. » Les mareyeurs décident une grève des achats, non seulement des coquilles, mais aussi du poisson. Le 12 novembre, mareyeurs et pêcheurs se mettent d'accord sur le prix plancher de 4,20 F, mais les acheteurs ne garantissent pas l'écoulement de toute la production. Le 9 janvier 1979, le Comité consultatif des criées de Saint-Brieuc ne réussit pas à résoudre le problème : les mareyeurs font la grève des achats, les pêcheurs décident d'arrêter la pêche deux jours et de prendre des dispositions pour commercialiser eux-mêmes leurs produits, si aucun accord n'intervient avec les acheteurs (mareyeurs et usiniers). Le 11 janvier, les pêcheurs bloquent l'axe routier qui permet aux camions des mareyeurs de sortir du port de Loguivy-de-la-Mer. Les mareyeurs mettent un terme à leur grève des achats et affirment : « Nous avons cédé sous la menace ».

a) Vos hypothèses explicatives de cet échec de la négociation.

b) *Soulignez l'hypothèse principale.*

Cas n° 2 : Les normes des portes

Dans les années 1960, les fabricants allemands de menuiserie industrielle proposent à leurs partenaires européens une discussion « pour fixer des normes communes pour la menuiserie industrielle et, en particulier, pour la fabrication des portes ». La réunion a lieu dans un pays nordique neutre. Le représentant allemand fait valoir les économies d'échelle qui pourraient être réalisées si chaque pays européen avait les mêmes normes. Le représentant français minimise ces gains d'échelle, et fait valoir les habitudes et les goûts de la clientèle, les différentes normes permettant de répondre à différentes demandes. Le représentant français est pratiquement le seul « opposant ». Ses partenaires lui font remarquer qu'ils travaillent en série, pour des clients qui sont, eux, indifférents aux normes des portes, dès l'instant qu'elles respectent les prescriptions légales. Le représentant français rétorque : « Il est essentiel que l'industrie conserve les bons côtés de l'esprit artisanal ». La majorité recherche tous les arguments possibles pour convaincre le délégué français, mais rien n'y fait, ce dernier restant accroché à son argument de l'esprit artisanal répondant aux besoins de la clientèle. La réunion s'achève sans accord.

a) *Vos hypothèses explicatives de cet échec de la négociation.*

b) *Soulignez l'hypothèse principale.*

Cas n° 3 : L'accord non respecté

À plusieurs reprises, nous avons institué, avec un autre collègue enseignant universitaire, une négociation des conditions d'examen, avec des étudiants en gestion de 20 à 24 ans (n'ayant donc pas eu d'expérience professionnelle avant leurs études).

Le groupe enseignant comprend deux négociateurs qui ont décidé préalablement de se répartir classiquement les rôles : l'un sera intransigeant, l'autre sera souple pour arriver à un accord. Le contenu de la négociation porte sur la nature et la quantité de travail personnel (un document doit concrétiser ce travail de l'étudiant), ainsi que sur le jugement et le poids relatif de la participation/présence aux travaux dirigés.

Le collègue et nous, sommes les seuls à négocier les conditions d'examen ; les autres collègues se contentent d'informer les étudiants.

Bien que les étudiants, après coup, aient considéré les résultats de la négociation « intéressants », ils n'ont pas respecté l'accord sur le travail personnel, ni sur la participation/présence.

a) *Vos hypothèses explicatives de cet échec de la négociation.*

b) *Soulignez l'hypothèse principale.*

Cas n° 4 : Négociations sur le temps de travail

Le 27 avril 1978, une lettre du Premier ministre invite les partenaires sociaux à négocier sur la durée et l'aménagement du temps de travail. En juin 1978, les partenaires sociaux se rencontrent : le CNPF veut, avant tout, obtenir plus de souplesse dans la gestion des entreprises et faire disparaître « le carcan des 40 heures », en disposant d'un quota d'heures supplémentaires calculé sur l'année. La durée légale du travail serait également annuelle (et non plus hebdomadaire). Les syndicats souhaitent prioritairement un abaissement de la durée du travail, afin de « mieux partager le travail et de vivre mieux ». Syndicats et patronat se réunissent ainsi une dizaine de fois en 1978 et 1979, et font propositions et contre-propositions. Le 8 janvier 1980 est présenté par les média comme étant « la réunion de la dernière chance ». Les syndicats CFDT et CGC prennent des positions qui se distinguent de celles des syndicats CGT et CGT-FO, ces derniers étant les plus opposés au texte présenté par le patronat.

Le journal *Ouest-France* du 9 janvier 1980 titre : « Durée du travail : l'échec » et ajoute : « Après plus de vingt mois de discussions, patronat et syndicats n'ont pu se mettre d'accord lors de la négociation sur la durée du travail. La dernière rencontre, hier, s'est soldée par un échec [...]. Ce n'est pas une surprise car, dès le départ, une certaine ambiguïté s'était manifestée dans les discussions ».

a) *Vos hypothèses explicatives de cet échec de la négociation.*

b) *Soulignez l'hypothèse principale.*

Cas n° 5 : La rupture de collaboration

Lors d'un cocktail, M. Genet rencontre un ami de la même promotion à l'université : M. Ajonc, directeur d'un petit cabinet de Conseil et de Formation. M. Ajonc, recherchant des collaborateurs payés à la vacation, propose à son ami : « Tu devrais venir travailler chez nous. Nous pourrons élaborer ensemble des stages de formation ; à nous deux, nous pourrons mettre au point des stages nouveaux ».

M. Genet accepte la proposition sur la base d'un partage moitié-moitié du prix de journée demandé aux entreprises. Plusieurs fois, pendant les six premiers mois de collaboration, M. Genet demandera à son ami de préparer avec lui les stages. M. Ajonc ne refuse pas, mais diffère tout le temps la préparation commune, car « il n'a pas le temps ». Après deux ans de collaboration, M. Genet remet en question le partage moitié-moitié du prix de journée ; il en demande 70 à 80 %, arguant « qu'il réalise 95 % du travail pour chaque stage ». M. Ajonc rétorque, qu'il a un très gros travail de comptabilité et qu'avec 30 % de marge brute le cabinet ne pouvait pas devenir rentable. Plusieurs entrevues, se terminant à deux ou trois heures du matin, ne permettent pas d'arriver à un accord. Un jour suivant ces entretiens, M. Genet accepte de faire à son compte personnel un stage demandé par un client du cabinet. M. Ajonc est mis au courant. M. Genet termine là sa collaboration avec M. Ajonc, sans qu'aucun accord n'ait été trouvé. M. Ajonc ne rappelle plus M. Genet pour animer un stage : ceci montre son accord implicite à la rupture de la collaboration.

a) *Vos hypothèses explicatives de cet échec de la négociation.*

b) *Soulignez l'hypothèse principale.*

Exercice en groupe au cours d'un stage ou de travaux dirigés

Réponse individuelle

Chaque participant répond d'abord individuellement aux questions a) et b) de chacun des cinq cas.

Échange par équipe

Les participants se forment en équipes de cinq à six personnes (chaque équipe étant la plus hétérogène possible quant à l'expérience de la négociation). Les participants de chaque équipe échangent et argumentent leurs réponses.

Lecture du corrigé-première partie et critique

Quand les équipes ont discuté les cinq cas, chacun lit le corrigé-première partie. L'animateur invite les participants à critiquer ce corrigé.

Recherche des actions passées ou futures pour assurer la réussite de la négociation

Chaque équipe va rechercher, pour chaque cas, deux à cinq actions pour parvenir à court ou à long terme, à une réussite de la négociation. Ces actions peuvent être soit tournées vers l'avenir (actions à entreprendre dans l'état des choses), soit tournées vers le passé (actions qu'il aurait fallu mettre en œuvre avant d'en arriver à cette situation d'échec).

Confrontation des solutions entre équipes

L'animateur demande à chaque équipe de faire connaître au grand groupe les actions envisagées pour chaque cas et engage une discussion-confrontation entre équipes, sans intervenir lui-même sur le fond.

Synthèse des solutions

L'animateur résume et inscrit au tableau la synthèse des solutions proposées par les équipes.

Lecture du corrigé-deuxième partie et critique

Chacun lit le corrigé-deuxième partie. L'animateur invite éventuellement les participants à critiquer cette partie du corrigé.

Suivi éventuel de l'exercice

a) L'animateur peut distribuer des cas concrets d'échec de négociation à partir de *coupures de presse*, en utilisant pour le même cas des journaux d'orientations opposées. Chaque équipe présente son cas et son analyse des causes d'échec au grand groupe.

b) Si les participants ont une expérience de la négociation, les cas « extraits de presse », sont remplacés par des *cas vécus*, soit présentés oralement (animation type groupe Balint), soit préparés par écrit en intersession ou entre deux travaux dirigés.

Corrigé page 381

15. L'effet placebo

♦ Roger Mucchielli, n° 9

NB — L'expérience qui suit (qui pourrait être, dans certaines conditions, refaite en laboratoire) doit être, par la description et le compte rendu, l'objet de travaux de petits groupes en session (avec discussion générale des réponses des groupes), ou bien objet d'un exercice individuel.

Expérience : L'effet placebo

On appelle *placebo* un produit d'apparence pharmaceutique mais chimiquement inerte (injection d'eau distillée ou de sérum physiologique, comprimé de mie de pain ou de sucre, cachets de farine, etc.) et ayant des effets thérapeutiques.

Voici un texte tiré de l'ouvrage des Docteurs Kissel et Barrucand, relatant deux des innombrables expériences dans ce domaine :

« Voelgyesi, traitant des malades souffrant d'ulcères ayant saigné, obtient parallèlement deux types de résultats avec le même placebo : mais au premier groupe de malades le médecin explique qu'il s'agit d'un nouveau traitement "sensationnel", alors que l'infirmière explique aux malades du second groupe d'ulcéreux qu'on expérimente un médicament à effets plus ou moins connus. *Après un an*, Voelgyesi constate un "excellent résultat" chez 70 % des malades du premier groupe et un "bon résultat" sur 25 % des malades du deuxième groupe…

« Wied traite 120 patientes se plaignant de dysménorrhées (irrégularités et malaises divers dans les périodes menstruelles) et de maux variés aux changements de climat ; il divise ses malades en six groupes de 20 et fait l'expérience de placebos et de médications vraies en y ajoutant des commentaires suggestifs ».

Voici le tableau :

Produit administré par le médecin	Suggestion concomitante par le médecin	Résultats thérapeutiques
Placebo	Déclaré d'efficacité douteuse	3 améliorations sur 20
Placebo	Présenté comme d'une efficacité remarquable	12 améliorations sur 20
Extrait ovarien total (médicament efficace mais faible)	En prévenant qu'il s'agit d'un médicament d'efficacité douteuse	4 améliorations sur 20
Extrait ovarien total (idem)	Présenté comme d'une efficacité remarquable	16 améliorations sur 20
Ethinyl-oestradiol (médicament typique pour ces cas)	Déclaré d'efficacité douteuse	16 améliorations sur 20
Ethinyl-oestradiol (idem)	Présenté comme d'une efficacité remarquable	19 améliorations sur 20

Répondez à la question suivante :

Commentez les résultats des deux médecins expérimentateurs et expliquez-les.

Corrigé page 388

16. L'expérience de Milgram

♦ Roger Mucchielli, n° 19

Cet exercice est individuel. Il peut être fait en session par petits groupes de trois participants se choisissant par affinités et discutant sur le texte en vue de répondre aux questions posées. Les conclusions des petits groupes feront ensuite l'objet d'un débat libre en grand groupe.

Le compte rendu ci-dessous est tiré d'articles de Stanley Milgram (in *Journal of abnormal and social psychology*, 1963, 67, n° 4, p. 371-378, et in *Human Relations*, 1965, 18, p. 57-76), rapportant une série d'expériences menées à l'Université de Yale.

Il s'agissait d'observer et d'analyser les réactions de sujets humains (choisis selon un échantillonnage) à l'autorité, et de voir si l'obéissance a des limites lorsque les actions imposées sont en contradiction avec des sentiments ou des valeurs proprement humains.

Compte rendu des expériences

L'expérience était présentée aux sujets comme la participation à une étude sur les effets de la punition dans l'enseignement. Ces sujets ignoraient donc les buts réels de l'expérience qui, en fait, était destinée à étudier la relation autorité-obéissance.

Une fausse expérience est donc montée : elle comporte un « élève » (en l'occurrence un comptable de 47 ans, d'apparence doux et aimable, spécialement entraîné pour ce rôle) attaché sur une chaise électrique dans une pièce visible à travers une paroi vitrée,… et un poste d'« examinateur » (où l'on amenait les personnes participant à la soi-disant expérience sur les effets de la punition). À ce poste (d'où l'on voyait et entendait l'élève attaché), il y avait un appareil imitant parfaitement un générateur électrique permettant (disait-on à l'« examinateur ») d'envoyer une décharge électrique de 15 à 450 volts selon les positions d'une aiguille sur un cadran portant les 8 inscriptions suivantes : « décharge légère », « décharge forte », « décharge très forte », « décharge très intense », « décharge grave-danger », « décharge grave-danger + », « décharge grave-danger + + », « décharge grave danger + + + ».

Pour bien faire comprendre l'action à effectuer, on faisait subir aux « examinateurs » une décharge réelle de 45 volts, destinée en fait *à leur démontrer « l'authenticité » de leur appareil.*

« L'élève » devait répéter à l'« examinateur » une liste de 10 mots qu'il était censé avoir apprise par cœur, et la consigne donnée à l'examinateur était d'envoyer un choc électrique de plus en plus fort si l'« élève » se trompait. Le faux élève avait pour consigne secrète, d'une part de ne jamais donner de réponse juste, d'autre part (informé par des signaux qu'il était seul à voir) de mimer des réactions physiques de plus en plus désespérées aux chocs électriques qu'il était censé recevoir.

L'« autorité » qui supervisait l'expérience officielle et qui expliquait aux examinateurs punitifs ce qu'ils avaient à faire avait été choisie pour représenter une image-type de l'autorité : c'était un « professeur de biologie » de 31 ans, il devait se montrer sûr de lui, ferme, impassible et de sang-froid tout au long de « l'expérience ».

Il s'agissait donc en fait d'expérimenter jusqu'où pouvait aller *l'obéissance à l'autorité* du « professeur responsable de l'expérience pédagogique », et on avait demandé à 14 étudiants en psychologie de l'Université de Yale de prédire combien de gens iraient jusqu'à administrer à la victime, des décharges maxima. Ils estimèrent que peu, sinon aucun, dépasserait le quatrième des 8 degrés.

40 personnes constituant un échantillonnage (représentatif de la population américaine) furent successivement placées devant l'appareil électrique en vue de sanctionner les erreurs de l'élève jusqu'à ce qu'il répète sans faute sa liste de mots (ce qui n'arrivait jamais). Le « professeur » notait les erreurs de l'« élève » et donnait l'ordre d'infliger la sanction croissante, de manière ferme mais constamment polie. Toutes les 40 dépassèrent le degré 4 des chocs ; 5 abandonnèrent après le cinquième degré ; 10 allèrent jusqu'à « Danger » ; 26 dépassèrent « Danger » et allèrent jusqu'au degré « Danger +++ ».

Dans le renouvellement de ces mêmes expériences, on fit varier les *manifestations de souffrance de la « victime » : elle criait de douleur,* se plaignait de brûlures et de troubles cardiaques, suppliait qu'on la libère.

Les personnes aux leviers de décharge électrique n'en continuèrent pas moins à envoyer les chocs « avec une régularité d'automate » (dit Stanley Milgram) au commandement du chef.

Les interviews qui suivirent montrent clairement que les participants avaient conscience de faire souffrir énormément un autre être humain. La plupart d'entre eux étaient bouleversés par l'expérience. Certains eurent des crises de nerfs.

Mais 65 % d'entre les participants sont allés jusqu'au bout de l'obéissance.

Questions

1. Comment expliquez-vous dans cette expérience le comportement d'obéissance ?

2. La relation d'autorité, dans cette expérience, vous parait-elle significative de toutes les relations leader-suiveurs qui peuvent exister dans la vie sociale ?

3. Que pensez-vous de la conclusion de Stanley Milgram : « L'obéissance est un facteur fondamental de la vie en société, et la société comme telle repose sur l'obéissance à l'autorité ».

Corrigé page 389

17. La boîte automatique

♦ Lionel Bellenger, n° 90

Il n'y a pas que les vendeurs qui vendent. On peut « vendre » des idées autour de soi, dans la vie de tous les jours.

Imaginons un couple qui est sur le point de changer de voiture. Le mari (ou l'épouse) souhaite acheter un modèle équipé d'une *boîte automatique*. Reste à en convaincre le partenaire, *a priori* peu favorable.

Le jeu consiste à préparer une argumentation tout en prévoyant une stratégie et une tactique.

On constituera deux équipes qui aideront chaque acteur à préparer son « dossier » et à l'occasion tenteront de dégager *les principes* pour mieux convaincre en situation commerciale.

Corrigé page 390

18. Le Canard

♦ Marie-Hélène Cou, Claude Demeure, n° 111

Objectif primaire

Au cours d'une réunion du comité de rédaction du journal *Le Canard*, chaque chef de rubrique doit essayer d'imposer ses propositions de titres à la « une » du journal, au meilleur endroit et avec une photographie. À la fin de l'exercice, la « une » doit être bouclée.

Objectifs secondaires

L'avantage de cet exercice réside dans le fait qu'on peut clairement classer les objectifs secondaires en 3 parties :
• ceux qui relèvent simplement des éléments de la communication :
— communication verbale,
— communication non verbale ;
• ceux qui relèvent de la négociation :
— étudier les techniques d'argumentation...
— étudier les stratégies et les techniques de négociation ;
• ceux qui relèvent des interactions entre les personnes :
— étudier les phénomènes d'influence au sein d'un petit groupe,
— étudier les conflits...

Prérequis

Ils ne sont pas indispensables. Il est possible, quel que soit l'objectif secondaire choisi, de réaliser cet exercice en préambule à l'étude d'un élément de communication ou de négociation. L'utilisation de cet exercice en illustration d'un apport théorique est également possible.

Matériel

Acheter 5 ou 6 journaux représentatifs de la presse quotidienne française (2 ou 3 quotidiens nationaux « généralistes », 1 ou 2 quotidiens régionaux, 1 quotidien spécialisé dans le sport et un autre en économie...).

Déroulement

Nous sommes dans les locaux d'un grand journal national d'information, *Le Canard*. Comme chaque jour, le comité de rédaction doit se réunir pour préparer la « une » du journal du lendemain. Ce comité est composé de 4 chefs de rubrique :
— politique ;
— économie ;
— faits divers ;
— sports.

(Il est possible de modifier le nombre et le contenu des différentes rubriques en fonction du nombre et du type de participants, par exemple scinder l'économie en deux parties pour rajouter un chef de rubrique « économie internationale ».)

Chaque chef de rubrique est assisté de 2 collaborateurs.

L'exercice se déroule en deux temps :

• préparation : chaque chef de rubrique, assisté de ses collaborateurs, recherche, à partir des journaux du jour, 2 idées de titres pour la « une » du lendemain, ainsi que des arguments pour les présenter et les défendre à la réunion du comité de rédaction ;

• réunion du comité de rédaction : la « une » comporte 5 titres principaux, dont 2 avec une photographie (si l'on a ajouté ou supprimé un chef de rubrique en fonction du nombre de participants, il est alors important de modifier en conséquence le nombre de titres présents à la « une », l'important étant que l'offre de titres des chefs de rubrique doit rester supérieure au nombre de titres possibles sur la « une » pour qu'il y ait négociation).

La réunion se déroule de la manière suivante :

— 5 mn de négociation entre les chefs de rubrique ;

— 3 mn de discussion interne entre chaque chef de rubrique et ses collaborateurs ;

— 5 mn de négociation entre les chefs de rubrique ;

— 3 mn de discussion interne entre chaque chef de rubrique et ses collaborateurs ;
— 5 mn de négociation entre les chefs de rubrique, pour se mettre définitivement d'accord sur la « une ».

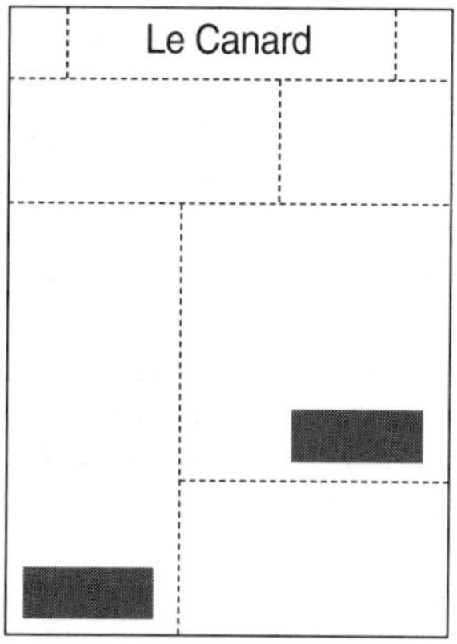

L'objectif de chaque chef de rubrique est d'essayer d'imposer ses titres, si possible au meilleur endroit, et avec une photo... Mais l'objectif (non dit lors de la présentation de l'exercice) le plus important est tout de même d'arriver rapidement à un accord pour que le journal puisse sortir dans les temps !

Dans un but de simplification, il est simplement demandé aux participants de trouver des titres (et non de rédiger les articles).

Organisation du temps

Cet exercice est réalisable en deux heures, selon le découpage suivant :
— 15 mn de présentation de l'exercice ;
— 30 mn de recherche de titres et d'arguments ;
— 30 mn d'enregistrement de l'exercice proprement dit (voir plus haut pour le découpage des séquences) ;
— 45 mn pour l'analyse.

Dans le cadre d'une formation sur plusieurs demi-journées, on peut consacrer trois heures à cet exercice en approfondissant la phase d'analyse (revisionnement complet des trois phases de négociation).

Nombre de participants

Cet exercice a pour avantage de permettre à tous les membres d'un groupe de participer, soit à l'exercice proprement dit, soit à son enregistrement.

Le nombre minimal est 9 personnes : 3 chefs de rubrique, 3 collaborateurs (1 par chef de rubrique), 3 observateurs.

Le nombre idéal est 16 personnes : 4 chefs de rubrique, 8 collaborateurs (2 par chef de rubrique), 4 observateurs.

De nombreuses variantes sont possibles, en modulant soit le nombre de chefs de rubriques, soit le nombre de collaborateurs.

Les collaborateurs ne peuvent pas prendre la parole pendant les phases de négociation : ils doivent en profiter pour prendre le recul sur le déroulement de la réunion que ne peut pas prendre leur chef de rubrique. Pendant les phases de discussions internes, ils pourront communiquer avec ce dernier et faire le point avec lui sur la tactique utilisée, lui apporter un nouvel argument…

Les observateurs ont un rôle extrêmement important. Il en existe autant que de chefs de rubrique et ils ont pour tâche de les observer suivant une grille qu'ils créent (à l'écart du groupe) pendant que les autres participants recherchent des titres (30 mn). Il est utile que l'animateur les aide à la réalisation de cette grille d'observation, en fonction de l'objectif secondaire de l'exercice (voir dans la partie « Corrigé », p. 393, 394, des exemples de grille). Ce sont donc les seules personnes, en dehors de l'animateur, à connaître le ou les objectifs réels de l'exercice.

Pendant l'enregistrement, ils se placent discrètement dans un coin de la pièce, ce qui leur permet de bien observer le chef de rubrique qu'ils se sont attribué.

Il est possible d'utiliser 1 ou 2 personnes supplémentaires pour effectuer l'enregistrement vidéo.

Organisation de l'espace

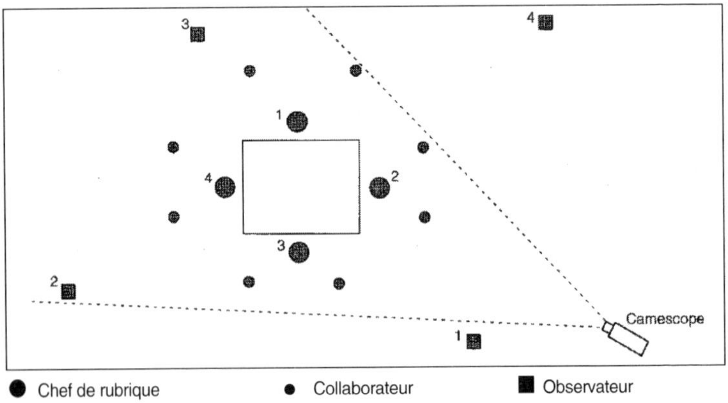

Les numéros permettent de repérer les chefs de rubrique et la personne qui les observe.

Conseils pour l'enregistrement

• Il est important dans cet exercice de placer un micro-cravate « en pendant » au-dessus de la table pour une prise de son optimale (les collaborateurs doivent absolument rester silencieux pendant l'enregistrement pour éviter toute cacophonie).

• Le cadre principal doit permettre de filmer de face 2 chefs de rubrique (les 2 autres étant de dos).

• Seules les phases de négociation sont filmées. On utilisera les phases de discussion interne à chaque groupe pour déplacer le caméscope et cadrer 2 autres chefs de rubrique.

• Il peut être opportun, sans en abuser, de resserrer de temps à autre le cadre sur un des chefs de rubrique.

Corrigé page 392

Corrigés de la quatrième partie

CORRIGÉ 1

3a — L'opinion personnelle apparaît comme un jugement porté sur une donnée extérieure faisant problème, jugement que le « moi » assume, dans lequel il se reconnaît, dont il prend la responsabilité (« c'est *mon* opinion ») et qu'il soutient comme une forme d'affirmation de soi.

Le sujet se sent intérieurement *libre* d'avoir telle ou telle opinion, et d'ailleurs revendique cette liberté comme un droit.

Ce jugement est une prise de position, il implique ce que l'on convient d'appeler « un point de vue », nous disons qu'il exprime une certaine *attitude* à l'égard des faits, des événements, des personnes… de l'histoire.

Enfin, ce jugement n'est pas le fruit d'une délibération préalable, il se présente avec le caractère d'une intuition quasi-immédiate. Il est plutôt un sentiment qu'une conclusion raisonnée.

3b — Les personnes qui discutent sur ce cas *échangent* leurs opinions. Chacun *prend connaissance* de l'opinion « adverse ». Mais le dialogue n'est qu'affrontement si les opinions sont différentes, chacun multipliant les justifications de son point de vue dans l'intention de *convaincre l'autre*. L'imperméabilité d'autrui à nos arguments est irritante. Lorsque nous découvrons celui qui est d'accord (au moins sur un point) avec nous, nous voyons en lui *un allié*. L'autre est un adversaire que nous jugeons *in petto* « idiot » ou « entêté ». Il n'y a *aucune communication* au sens d'intercompréhension, mais simultanéité ou juxtaposition de plusieurs monologues. Les opinions par leur contenu, sont ou non compatibles, et on ne cherche finalement qu'à évaluer leur « rapprochement » ou leur « distance ».

4a — L'expérimentation psychologique sur ce cas prouve que, sur les 6 personnages, 2 (le fou et le passeur) sont à considérer comme des instruments historiques du verrouillage de la situation pour laisser paraître *la liberté* des actions et des réactions des 4 personnages principaux.

Les conduites du Fou et du Passeur ne sont pas « libres » (l'un est prisonnier de sa maladie mentale, l'autre est sollicité dans son rôle de passeur). Les autres personnages agissent selon des valeurs personnelles et des principes d'action librement préférés.

On a donc conclu de cette expérimentation qu'il suffisait de considérer les 4 personnages dits principaux.

Chacun symbolise quelque chose, représente un style de vie, une manière de « prendre » l'existence. Chaque personne symbolise des valeurs (pas forcément les vôtres, mais d'abord les siennes).

Ainsi par exemple :

Le Mari symbolise ici la nécessité sociale de la lutte pour la vie, l'affrontement des difficultés du métier, le souci professionnel, la réussite sociale, le devoir (et le besoin) de gagner son pain.

La Femme symbolise ici le droit aux satisfactions personnelles, la liberté d'échapper aux contraintes morales et sociales, le droit à des compensations, la revendication contre les frustrations, le droit de ne pas faire son Devoir.

L'Amant symbolise ici la certitude qu'on ne peut compter que sur soi, le mépris des autres et de toutes les valeurs, l'affirmation de supériorité, la confiance illimitée en soi-même, le sentiment que l'on ne doit jamais rien à personne.

L'Ami symbolise ici l'estime de soi et le sentiment que nos qualités sont méconnues par les autres, la conception personnelle de la Justice, et le droit au ressentiment.

4 b — *Vos* valeurs sont, dans l'ordre d'intensité :
— valeur n° 1, ce que symbolise pour vous le personnage que vous considérez (parmi les 4) comme *le plus innocent.*
— valeur n° 2, *l'inverse* de la valeur que symbolise pour vous le personnage que vous considérez (parmi les 4) comme le premier coupable.
— valeur n° 3, ce que symbolise pour vous le personnage que vous considérez comme le plus innocent en second.
— valeur n° 4, *l'inverse* de la valeur que symbolise le 2e plus coupable.

Pratiquement vous pouvez définir *2 valeurs* dominantes pour vous, la 1 et la 2. Les autres sont « partiellement dominantes ».

5 — Le mécanisme est le suivant :

Alors que, sur l'indication de la question qui termine le cas, tout le monde s'oriente vers la *recherche du coupable,* la prise de position personnelle se fait immédiatement à partir d'une détermination intuitive de *l'innocent,* c'est-à-dire de celui des 4 personnages que l'on placera en fin de liste. Il symbolise en effet directement la valeur qui est nôtre. C'est donc finalement par une *identification personnelle à l'un des personnages* (celui que nous déclarerons innocent) que nous entrons dans le jeu, puis c'est ensuite en cherchant celui qui incarne le plus *l'inverse d'une de nos valeurs* que nous déterminerons le coupable, qui sera donc le plus antipathique.

Toute la « discussion », étayée sur « de bonnes raisons », n'est donc qu'une construction artificielle utilisant à son service les esclaves Intelligence et Raison, pour justifier après-coup un « préjugement » affectif.

L'expérience de votre propre comportement pendant la discussion (de même que celui des autres) montre *aussi* le style de vos relations interpersonnelles, telles que, par exemple : susceptibilité, irritabilité, agressivité, peur de s'affirmer devant autrui, discrétion, tendance à éviter la bagarre, recherche de compromis, etc.

CORRIGÉ 2

1) *Organisation interne du gang de la rue Norton et canaux d'influence interpersonnelle* (selon Whyte).

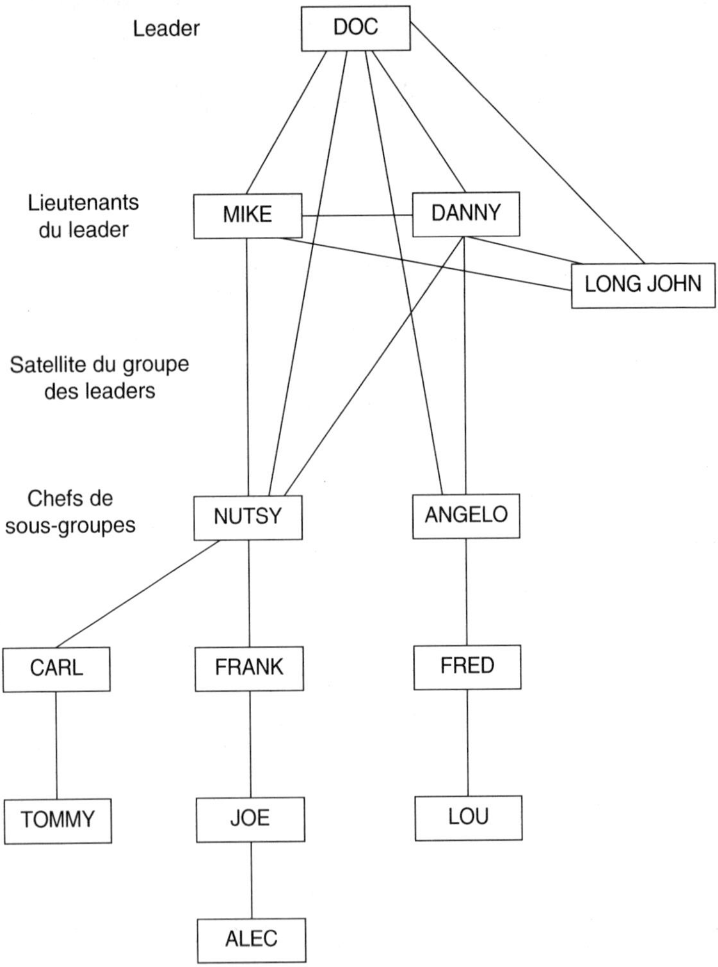

Observations. — Nutsy a une position privilégiée. Il pourrait prétendre au leadership. Il a 29 ans et il a autorité sur une majorité de comparses. La « coupure » avec le sous-groupe Angelo est nette. L'absence de relations directes entre Angelo et Mike (alors qu'il y en a entre Danny et Nutsy) renforce la position de Nutsy dans les décisions. C'est donc seulement son conflit avec le groupe Angelo qui empêche qu'il soit élevé au rang de 3e lieutenant (car ceci entraînerait la sécession du groupe Angelo). Long John, satellite ou « éminence grise » est probablement le psychosociologue Whyte lui-même.

2) *Caractéristiques du leader dans le gang.*

A) Il a un ascendant personnel et une « présence » spécifique. Il incarne des valeurs générales reconnues (ici l'habileté, l'intelligence, impliquées dans l'art de tourner les difficultés et de parler).

B) Son style est autocratique et féodal. Il est celui qui n'a pas de travail régulier (pour un groupe à majorité de dissociaux ou de parasites sociaux, ceci est une valeur).

C) Il incarne les normes du groupe, c'est-à-dire des valeurs propres émanées du groupe : il s'identifie à cette rue, il est le gardien des habitudes qui prennent l'allure de rituels du groupe (cafétéria, places, boule, etc.). Il est « bien », il a l'intuition des besoins et des attentes du groupe comme collectivité.

Les comparses qui viennent lui soumettre leurs querelles et solliciter son verdict, se comportent comme des frères rivaux demandant l'arbitrage de la toute-puissante justice paternelle. Par là il est aussi paternaliste. Il n'admet pas l'égalité. Il se place dans une position de supériorité vis-à-vis des autres. Il est celui qui décide en dernier ressort et dont les décisions sont exécutoires.

Il a ses « inconditionnels » et il s'appuie sur eux, adjoints obéissants, ayant eux-mêmes un ascendant sur les autres. Il « ignore » en principe le bas de la hiérarchie. Le groupe se reconnaît en lui et l'accepte comme la meilleure image de soi. Il est « l'idéal du Moi » pour chaque comparse. De là, son « statut élevé » dans le groupe, statut radicalement différent du statut social général (valeur sociale hors du gang) dont ses deux lieutenants tirent leur propre prestige (ce qui ne leur suffit pas pour influencer tout le groupe).

D) Il est en quelque sorte « prisonnier » des normes du groupe. Une dialectique (relation logique dynamique) existe entre le chef et le groupe : le groupe a des attentes et des normes, le leader les incarne et les transforme en actions collectives, ce qui dynamise le groupe. Par là le groupe attend davantage de son chef, qui doit assumer ces attentes (ne pas les décevoir) et la surenchère se poursuit.

Les membres « mineurs » sont plus « libres » par rapport aux normes dans la mesure même où ils ne concentrent pas sur eux les regards et les attentes (ou expectations) du groupe.

E) Il est et fait l'unité morale du groupe. Hors de sa présence, les antagonismes éclatent, et la rivalité pour « prendre sa place » se développe parmi les chefs de cliques. En sa présence, la soumission est la règle.

CORRIGÉ 3

Un certain nombre d'idées étaient de toute évidence claires et conscientes chez le Docteur Pratt : nécessité de tirer les malades de leur centration sur eux-mêmes et de leur inertie, nécessité de les faire collaborer à leur guérison en leur « expliquant » leur maladie et les méthodes de cure, nécessité de créer une émulation dans cette collaboration.

Ce qui se passait en fait peut s'analyser ainsi :

Climat global et comportements

1. La disposition spatiale créait une situation psychologique particulière, de type scolaire.

a) L'estrade avec les médecins et le professeur, et, en face, la « classe » des malades, créait une situation scolaire, les malades étant considérés comme des enfants.

b) La disposition consistant à mettre au premier rang les malades qui faisaient le plus d'efforts et donc aux derniers rangs « les autres », revenait à accentuer cette situation scolaire en distinguant les « bons élèves » et les « mauvais élèves ».

c) L'idée de « faire monter sur l'estrade », *au rang des maîtres*, les meilleurs parmi les élèves, représentait un « tableau d'honneur vivant » où le figurant se trouve investi de prestige et perd sa condition « inférieure ».

2. Le levier essentiel utilisé était la relation affective avec le médecin incarnant « le Père ».

a) Création d'une ambiance affective forte (climat évangéliste) avec exhortations, mise en lumière des soucis et du mal que se donne le père pour le bien des enfants.

b) Satisfaction personnelle donnée au médecin par les malades qui se conforment à ses exhortations.

c) Récompense sous forme d'accueil privilégié. Le « bon malade » est appelé sur l'estrade près du cœur de Dieu-le-Père.

d) Émulation déclenchée entre les malades, se disputant ainsi l'amour du père, dans une sorte de rivalité fraternelle.

3. L'ensemble du système éveille aussi des conduites éventuelles de culpabilité chez les malades « non conformes ».

a) L'appel aux malades est un appel à témoignage, et par là le sous-groupe des médecins sur l'estrade prend aussi figure de tribunal.

b) Les dires du malade sont jugés, et il est récompensé ou rejeté.

c) Celui qui ne témoigne pas positivement est considéré par les autres comme coupable.

d) Le « coupable » « choisit » donc la maladie et l'aggravation (il se condamne lui-même à mort).

Normes implicites du groupe

Acceptation, par le groupe, des normes de conduites imposées par le docteur avec une autorité toute-puissante quoique de type paternaliste.

Structures affectives

La configuration des échanges affectifs, montre une polarisation sur le docteur, incarnation du Magister, du Père, de Dieu, du Juge. Les relations socio-affectives entre les malades sont considérées, dans le système, comme « préparatoires » ou « complémentaires » des séances de « classes », les malades devant les utiliser pour comparer leurs résultats et leur expérience, donc, par rapport aux séances, pour s'évaluer entre eux dans leurs chances respectives d'être gratifiés par le médecin.

Conclusion

Il y avait dans le système trois aspects psychologiques positifs, objectifs conscients du médecin :

1. Les explications intellectuelles chassant le mystère angoissant de la maladie ou l'incompréhension de la discipline de la cure.

2. La « décentration » des malades par rapport à leur propre cas, la découverte des autres comme semblables.

3. La socialisation des malades (les tuberculeux ont généralement des troubles psychologiques d'insertion sociale) par et dans les groupes libres de discussion et d'entraide.

Ces aspects positifs étaient recouverts et partiellement stérilisés par les processus mis en jeu par ailleurs au niveau du « vécu » du groupe :

1. La puissance de *suggestion* émanant du médecin et déclenchant les « témoignages » dans un climat évangéliste.

2. *L'infantilisation* des malades par la situation globale, et l'appel à des formes archaïques d'affectivité et de rivalité.

3. *La création de normes de conduite imposées* dans un climat affectivement contraignant et rendant impossible le développement de l'autonomie, autant que le développement des relations sociales authentiques dans les discussions dites libres.

CORRIGÉ 4

1. Un moyen de communication de masse (la radio) a pu provoquer, dans des conditions qui seront analysées ci-dessous, un phénomène de masse, une émotion collective et un comportement de *panique* chez près d'un million et demi de personnes jusque-là apparemment quiètement installées dans leur maison.

On peut supposer que les réalisateurs de l'émission avaient voulu créer un choc, mais les résultats ont dépassé leurs espérances.

Plusieurs aspects sont à considérer :

a) Le phénomène de masse déjà cité. Le propre des mass-m édia est de pouvoir atteindre simultanément une multitude dispersée et d'agir sur une masse sans que les gens soient physiquement réunis, modifiant ainsi les opinions du public (l'opinion publique) d'une manière spécifique.

b) Trois genres de réaction eurent d'abord lieu : d'une part ceux qui entendirent et n'y « crurent pas » (soit dès le début, soit après un court instant d'émotion), catégorie la plus nombreuse évaluée à 80 % des auditeurs (entre 6 et 12 millions d'auditeurs, soit pour fixer les idées 9 millions, sur lesquels 2 millions « y crurent ») ; d'autre part ceux qui y crurent mais ne furent pas saisis par la panique (7 % du total, ou encore 30 % de ceux qui y crurent, soit 600 000 personnes environ) ; enfin ceux qui non seulement y crurent mais furent saisis par une frénésie d'action et par la panique (70 % des « croyants »). Autrement dit la croyance à l'authenticité des faits provoqua 7 fois sur 10 un comportement de panique observable.

c) Les comportements d'affolement furent variés. La certitude de la mort collective imminente sous la forme annoncée déclencha des actions différentes selon les personnalités et l'état antérieur de l'affectivité (prière, fureur, appel au secours, souci des proches, etc.).

d) Pour que l'émission « réussisse » à ce point, il faut supposer que dans le public un état d'esprit collectif existait (qu'il faut bien appeler « inquiétude endémique ») concernant un danger possible, ainsi que des connaissances vulgarisées sur la planète Mars, la vie sur Mars, les engins volants, les armes nouvelles de destruction collective... et toute une « mentalité » où se mêlaient d'un côté une nourriture intellectuelle de *science-fiction* et d'un autre une angoisse de guerre mondiale (l'affaire se passait en 1938).

Une information qui eut été complètement « dissonante » par rapport au système antérieur des opinions c'est-à-dire sans rapport avec le système, « étrangère »,... n'aurait pas été immédiatement reconnue pour vraie, et elle eût été d'abord mise en doute (considérée comme fausse ou « impossible »). Il arrive même qu'elle ne soit pas « comprise » ni même « perçue », dans ce cas.

2. Certes, l'information en elle-même, dans sa valeur de *crédibilité intrinsèque*, intervient comme facteur de croyance : dans le cas cité, les réalisateurs avaient intensifié cet aspect (suspension brusque du programme prévu, voix angoissé des speakers, type du reportage exceptionnel, détails vraisemblables, bruitages divers, etc.) et favorisaient la contagion émotionnelle par les moyens spécifiques du drame radiophonique. Cependant, d'autres facteurs de crédibilité interviennent et ici c'est sans doute l'état d'esprit du public, analysé ci-dessus,... le degré personnel de suggestibilité (ici, intensifié par l'émotion collective dans les rues),... le système des opinions et prédispositions personnelles.

Lorsqu'elle est considérée comme authentique, l'information est devenue certitude intime et, de là, dans les circonstances et l'ambiance décrites, par sa nature même de certitude-de-la-mort-collective-imminente, a cristallisé autour d'elle les significations de l'Univers et du présent, ce qui *irrésistiblement* anéantit l'esprit critique (prise en masse de la conscience par le système de la croyance) et détermine le comportement.

3. La conclusion de H. Cantril a deux sens :

a) ou bien elle signifie que, vu les proportions des genres d'éducation, ce sont les personnes les plus cultivées qui ont le mieux résisté à la suggestion de l'émission,... et cette conclusion est aberrante. En effet les proportions indiquent justement qu'il y a plus de gens cultivés que d'autres dans le groupe des « croyants » (dans la population générale en effet, il y a certainement moins de 28 % de gens ayant reçu une éducation supérieure). On pourrait conclure au contraire que plus les auditeurs étaient « cultivés » (connaissances de vulgarisation sur la planète Mars, intérêt pour la science-fiction, informations sur les risques de guerre internationale...), plus ils ont été sensibles à l'émission ;

b) ou bien elle signifie que d'une manière générale l'éducation, renforçant l'esprit critique et le souci d'objectivité, est un rempart contre la suggestion collective et la croyance aveugle... et dans ce cas c'est une « vérité de La Palisse ».

CORRIGÉ 5

Avant de répondre aux questions posées, il convient de considérer que le nombre de prophéties de ce genre est très important. Chaque année, en un ou plusieurs lieux de la Terre, des prophètes inspirés fixent l'heure de la fin du monde et un groupe de convertis, aussi illuminés qu'eux, les suit dans l'angoisse de l'Apocalypse.

L'image de la destruction apocalyptique de la Terre et du petit groupe d'élus qui *in extremis* y échappe grâce à un mystérieux Sauveur ou sauvetage est un des mythes les plus vivaces. On le retrouve dans toutes les religions et également, sous une forme apparemment scientifique, chez tous les théoriciens de la Révolution. Apocalyptisme et millénarisme semblent être des archétypes de l'Humanité et de ses prophètes.

Notons que le mythe se modernise à sa manière : ici l'Arche de Noé est une soucoupe volante.

Question 1

Plusieurs phénomènes sont à mentionner :

— Puissance de fascination d'une prophétie de ce genre chez certaines personnes. On sait que ces prophéties foisonnent en période d'angoisse collective (préludes aux guerres), attirent les anxieux autour de « prophètes » promus au rang de guides vers le salut. Justification pseudo-rationnelle de cette croyance par un « calcul » tiré d'un livre « sacré ». La constance de cette procédure est frappante à travers l'Histoire de tous les temps.

— Prégnance de la certitude religieuse fondamentale. Associée à l'imminence de l'Apocalypse, elle organise la totalité du comportement et du système des opinions.

— L'intensité de la certitude intime est prise, par les croyants, pour une évidence universelle. D'où l'absence de prosélytisme quand « la date est fixée ». Le groupe « élu » n'a déjà plus rien à faire avec « le monde », et ceux qui croient n'ont qu'à venir tout seuls. Par là, s'expliquent les attitudes de la secte dans les mois qui précèdent.

— La non-réalisation de la prophétie met les croyants devant une évidence nouvelle, en contradiction flagrante — du point de vue de l'observateur — avec leur mythe. Chez les individus *isolés,* le constat intervient comme un choc et tout le système s'écroule. Ils n'ont aucun recours contre le doute que le fait a introduit dans leur croyance. Chez les individus restant en groupe, le groupe est devenu un support de la foi. Ne pouvant admettre sa propre mort (puisqu'il continue et qu'il est vécu comme être-là), le groupe comme tel engendre, *à travers la foi persistante à l'égard du groupe*, une foi nouvelle : foi en l'explication trouvée par le groupe, foi en la valeur continue du groupe qui a été supérieure aux forces de destruction redoutées. De là d'une part les preuves multipliées de la vie du groupe, et d'autre part son avidité nouvelle de prosélytisme.

Question 2

Festinger a avancé une théorie à ce sujet : la théorie de la *réduction de la dissonance*. Le constat de l'échec de la prophétie introduit, dans le système des opinions, une *dissonance,* c'est-à-dire une contradiction, une faille. Chez les isolés, cette fissure entraîne la ruine de la croyance, qui peut se limiter à la perte de confiance dans le mode de calcul ou aller jusqu'à la reconversion à un agnosticisme complet (refus de croire désormais).

Mais selon une loi d'équilibre-interne-à-maintenir (ce qui évite la pénible crise de conscience ou la perte de la foi), le système des opinions « réagit » pour ainsi dire en niant l'échec. Ainsi est trouvée « l'explication » du fait potentiellement dissonant et, grâce au support que le groupe apporte à chacun de ses membres, le moment de doute est dépassé et la croyance est sauve.

À ces explications de Festinger, clarifiant le processus de négation de la dissonance pour rester en accord avec soi-même et en accord avec les membres du groupe, nous devons ajouter le phénomène ci-dessus signalé, à savoir que le groupe comme tel, par sa solidarité affective et sa communion augmentées par l'émotion collective, substitue sa propre valeur à la valeur de la prophétie. « L'explication » est la construction rationnelle classique (c'est le groupe qui, par sa ferveur, a permis au monde d'échapper à la catastrophe) par laquelle le groupe justifie son existence et en sort renforcé (au lieu de se dissocier dans le ridicule de l'échec).

CORRIGÉ 6

Le changement d'opinion est plus faible après réception d'une information passive (et « tient » moins longtemps) qu'après les discussions de groupe. Phénomènes à noter dans l'analyse de cette expérience :

1) *Degré d'implication*

L'exposé est un procédé par lequel l'auditoire est passif, reste passif, avec toutes les possibilités supplémentaires de distraction. La discussion conduit à une implication beaucoup plus élevée.

2) *Motivation et décision*

Un exposé qui suscite un grand intérêt (intellectuel) conduit rarement à une décision, car les motivations (affectives) des auditeurs ne sont pas forcément touchées. La discussion, qui exige une participation active (ou lorsqu'elle l'exige) donne aux personnes concernées l'occasion d'exprimer leurs motivations, et ainsi intervient davantage dans les décisions ultérieures.

3) *Pression groupale*

L'exposé atteint les auditeurs individuellement et ne fait donc pas intervenir de pression groupale. Au contraire, dans la discussion, le participant se rend compte de l'évolution des opinions du groupe et se trouve ainsi malgré lui soumis à la pression de conformité.

4) *Alerte des mécanismes de défense*

Si le conférencier est tant soit peu suspecté de « prêcher pour son saint » ou de défendre des intérêts corporatifs ou personnels, si la « pression au changement » qu'il prétend exercer est soupçonnée, il se produit une mise en alerte des mécanismes de défense (et même, à la limite, un effet contraire d'opposition). C'est pourquoi la « présentation » du conférencier influence *a priori* le degré de réceptivité des auditeurs. Dans la réunion-discussion, ces mécanismes sont neutralisés par la promesse d'« expression libre », ce qui rend plus agissantes (mais aussi plus délicates à mettre en œuvre) les techniques d'une éventuelle manipulation du groupe par son « animateur » officiel.

CORRIGÉ 7

Obtenez-vous le consensus ?

Travail individuel (séquence 1)

Au reçu de la feuille « Récapitulation » dont exemple est donné à la fin de l'exercice, p. 327, chacun calcule pour chaque ligne repère de A à O la différence entre le rang NASA et son propre rang (valeur absolue). Voir dans l'imprimé « Récapitulation » les colonnes « c », « d » et « e ».

Puis chacun calcule son écart total, égal à la somme des valeurs absolues des 15 écarts = Ei, et le porte en bas de la colonne « e ».

Travail en groupe (séquence 2)
Lorsqu'une nouvelle feuille de décision a été remise et remplie par groupe chaque groupe peut faire la somme des Ei, à écrire par chacun dans sa feuille « Récapitulation » sous son propre Ei.

En divisant par n, nombre de stagiaires du groupe, celui-ci aura sa moyenne Em, reportée par chacun en bas de sa colonne e.

Chaque groupe fait également le calcul de ses écarts (colonne b), par différence entre le rang réellement donné par la NASA et celui du groupe (colonne c-colonne a). Il peut ensuite :
— totaliser les valeurs absolues de ses écarts, en bas de la colonne b, soit Eg ;
— reporter l'écart moyen des participants du groupe, au-dessous du total Eg, soit Em ;
— faire, au-dessous de ces 2 nombres leur différence qui mesure le Gain entre l'écart moyen des participants et l'écart du groupe, soit G = Em — Eg.

Travail en grand groupe (séquence 3)
Le rapporteur de chaque groupe lit les nombres de la colonne b de son groupe Eg, Em et G. Les résultats sont notés par les autres groupes sur leur feuille « Récapitulation ».

Commentaires des résultats.

Suivant l'objectif de l'exercice, l'intervenant peut orienter la discussion sur :
- les techniques de travail en groupe ;
- les méthodes d'étude de problème ;
- le savoir-être des stagiaires.

Pour développer ce dernier point, et en particulier notre cible dans cet exercice (Êtes-vous un persuadeur ?), nous utiliserons « la saisie des données ». Pour cela :

Chaque observateur fait le rapport du vécu pendant la séquence 2. C'est là que chaque stagiaire peut indiquer, lui aussi, comment il s'est senti…

C'est là qu'est prépondérant et délicat le rôle de l'animateur (régulateur, facilitateur, catalyseur). On passe facilement, à l'usage, à la dynamique de groupe… (attention de ne pas jouer à l'apprenti-sorcier !).

L'animateur doit s'efforcer de sentir jusqu'où il peut aller (surveillance des mimiques, sentir le non-dit et la faculté d'« encaisse » des participants).

CORRIGÉ 8

Cet exercice doit apporter une détente dans le groupe dans la mesure où il conduit souvent à analyser au magnétoscope des chapelets d'« arguments prétextes », purement hypothétiques, par l'absurde, souvent par la contrainte. Il permet de vérifier aussi la question de la contestation des faits.

C'est la capacité de mettre en contradiction l'un ou l'autre des partenaires dans son propre système de défensive ou d'offensive qui conduit à « vider » ou à « protéger » le contenu de la valise.

CORRIGÉ 9

Analyse de la situation

Les « rackets » de Monsieur Bonenfant acheteur

D'après le récit de M. Laplume, vendeur, il apparaît que M. Bonenfant « rackette » sur deux registres. La situation favorise les « rackets » car le temps dont dispose l'acheteur est important et c'est lui qui détient la clé de la décision du contrat. Il profite de cette situation privilégiée par rapport au vendeur pour manipuler M. Laplume et lui faire du chantage (« racket ») : si vous ne marchez pas à mon « racket » je ne signerai pas la commande…

1er registre : *AIME-MOI.* L'état du moi Enfant de l'acheteur interpelle l'état du moi Parent du vendeur. Sous couvert d'un discours rationnel sur sa vie et ses activités, l'acheteur demande de l'écoute Parentale-Donnante. Il emploie un ton séducteur. L'Enfant de l'acheteur exploite la situation privilégiée qu'il occupe en sachant qu'en dernière instance, c'est lui qui décide de signer ou non le contrat.

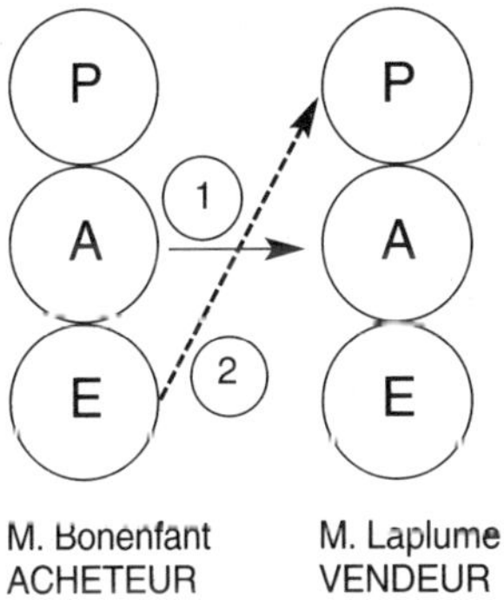

1) Transaction apparente A → A

« J'ai vu tel film… L'avez-vous vu ? Non ? Eh bien je vais vous le raconter. Vous comprenez, l'auteur dépeint avec véracité les problèmes actuels de la société française… »

« Le dernier week-end. J'ai visité le château de Fontainebleau. Grandiose ! Aimez-vous l'architecture de ce château ? »

2) Transaction cachée E → P

Je veux que tu t'intéresses à moi. J'ai envie que tu m'écoutes. N'importe comment, je te tiens puisque tu as besoin de ma signature.

2e registre : *JE SUIS UNE VICTIME. SAUVE-MOI.* M. Bonenfant se plaint, il affirme que les temps sont durs. Le personnel de son service n'est plus ce qu'il était. « Ah ! ces jeunes de maintenant ! Vous vous rendez compte ! Et puis la crise économique… Regardez, on n'a pas changé mon vieux bureau depuis 15 ans. Oh là là, M. Laplume ! Que j'aimerais être à votre place et courir le monde... »

Le problème de Monsieur Laplume, vendeur : il « rackette » aussi !

Le vendeur juge la situation délicate. Le problème se complique par le fait que M. Laplume « rackette », lui aussi, involontairement. Voyons quelles sont les diverses caractéristiques du problème.

a) Le vendeur veut garder le client (M. Bonenfant). Il sent qu'il n'a pas intérêt à rompre brutalement la relation en rappelant ses impératifs horaires. Il a peur de froisser son client (sentiment réel, utile pour résoudre le problème).

b) M. Laplume reconnaît que M. Bonenfant lui est sympathique. Il aime bien les histoires que son interlocuteur lui raconte. M. Laplume apprend beaucoup de choses à son contact et il lui arrive parfois d'aller voir un film conseillé par M. Bonenfant (sentiment réel utile).

c) L'acheteur se plaint souvent (victime). M. Laplume cherche à le réconforter (sauveur). Mais, victime au départ, M. Bonenfant le persécute avec ses plaintes continuelles. M. Laplume se sent victime à son tour (sentiments parasites ou « rackets »).

Le triangle dramatique de Karpmann

Les rackets sont facilement identifiables. Ils portent tous des positions manipulatrices : Persécuteur, Sauveur, ou Victime. Les rôles de chacun sont intervertis quand les strokes deviennent insuffisants.

Le traitement du problème

Exercice

Nous demandons à une stagiaire de jouer le rôle de M. Bonenfant, M. Laplume jouant son propre rôle de vendeur. La scène est enregistrée au magnétoscope. Nous constatons que M. Laplume tombe dans le piège tendu par son partenaire et n'arrive pas à piloter la situation ; c'est-à-dire réduire le temps d'entretien pour effectuer la transaction commerciale. L'hypothèse que nous avions exprimée, à savoir que M. Laplume « rackette » lui aussi, semble confirmée (Sauveur et Victime).

Intervention de l'animateur

Nous rappelons les objectifs fixés par M. Laplume et nous lui conseillons la démarche suivante :

1. Vous acceptez la relation que vous impose M. Bonenfant. Puisque vous êtes intéressé par ce qu'il dit, exprimez-le (sentiment réel).

2. Après un temps, dites-lui que vous avez pris du plaisir à parler de tout cela avec lui et que vous reprendrez cette conversation avec autant de plaisir la prochaine fois que vous le verrez (sentiment réel).

3. Annoncez-lui que vous avez des impératifs horaires et que vous aimeriez aborder maintenant l'objet commercial de la rencontre (refus du « racket », pilotage Adulte).

Un nouvel exercice est organisé, et M. Laplume doit sortir du « racket » en cinq minutes.

Le vendeur rencontre quelques difficultés. Apparemment il a compris intellectuellement ce que nous lui proposions mais, visiblement, il a peur de rompre la relation (sentiment parasite). Après quelques efforts, les objectifs sont atteints.

Solutions

a) Dans un premier temps, il s'avère utile de reconnaître un « racket » et de l'aborder avec lucidité. Casser le triangle dramatique devient alors un acte fondé sur une *décision.* La connaissance de l'Analyse Transactionnelle et une pratique des exercices qu'elle propose sont un très bon support.

b) Le partenaire espère un bénéfice affectif. En effet, le triangle dramatique procure des sensations et des strokes négatifs importants. La finesse et la subtilité de la sortie dépendent de la capacité d'introduire des strokes positifs, c'est-à-dire d'exprimer les sentiments réels de plaisir et d'intérêt, et de refuser les « rackets » *(Dans le cas cité, il ne s'agit pas de « racket » quand M. Laplume aime bien M. Bonenfant et éprouve du plaisir et de l'intérêt à l'entendre).*

c) Exprimer le souhait d'une reprise des strokes positifs avec les sentiments réels, lors de la prochaine rencontre. Elle implique aussi que ce type de relation n'est pas clos entre les deux personnes.

d) Inviter le partenaire à traiter la tâche liée aux objectifs. La relation se professionnalise sur les bases d'une transaction Adulte-Adulte en rappelant les contraintes de temps (le réel).

CORRIGÉ 10

Critiques attendues par M. Octave :

— Pourquoi certaines terrasses sont-elles inaccessibles ?

— Il y a trop de bow-windows.

— Les fenêtres ne sont pas assez nombreuses.

En bref, ce projet manque de *réalisme.*

Cela est dû au fait que l'architecte voit de « *l'extérieur* » ; le promoteur, lui, se situe plutôt « *dans* » l'appartement. Il vend moins la façade que le plan des cellules.

Des terrasses à ce niveau d'étage se vendent bien, des bow-windows s'expliquent mal dans un programme à vocation économique, l'absence de fenêtres inquiétera le client.

Pour l'architecte, la *façade est un tout* ; manifestement, il a voulu faire du neuf, du nouveau, *innover.*

Or les gens ne veulent pas prendre de risques. Le responsable d'opération doit jouer un *rôle modérateur* en s'appuyant sur une *doctrine* (critères commerciaux de la clientèle). Pour le responsable, il s'agit de réduire les prétentions de l'architecte en s'appuyant sur sa connaissance de la *clientèle* (« les gens vont dire cela »...).

Le responsable d'opération doit mener *habilement* la négociation, car il peut avoir affaire à un projet repoussoir, ou bien à un architecte qui vient « tester » la résistance de la SARVI.

L'analyse au magnétoscope de l'entretien doit permettre de mettre en évidence :

1. Le sens commercial du responsable d'opération ;
2. La manière dont il vit le rapport de force ;
3. La nature des arguments qu'il fait valoir ;
4. L'efficacité de sa tactique de négociation pour atteindre l'objectif qu'il s'est fixé (les modifications de façade).

CORRIGÉ 11

Liste des participants

Cette négociation se joue normalement avec des groupes de trois personnes :

— l'acheteur, Monsieur Bouillaque, Est Propreté ;
— le vendeur, Monsieur Verneau, Paquelier SA ;
— un observateur.

Il est aussi possible de faire jouer le rôle d'acheteur par deux personnes ayant la même information privée et jouant strictement le même rôle. La même remarque s'applique au rôle de vendeur. Dans ce cas, il y a cinq participants à la négociation au lieu de trois. C'est souvent une façon intéressante de procéder.

Durée totale de la négociation :

— environ quarante-cinq minutes à trois participants ;
— environ une heure à cinq participants.

Conseils pratiques

Dans le cas où les rôles d'acheteur et de vendeur sont chacun joués par une seule personne, il n'y a pas alors de pré-négociation. Cependant l'acheteur et le vendeur auront préalablement préparé la négociation et rempli leur feuille de planning respective.

Au cas où la négociation est jouée à cinq participants, une pré-négociation d'environ quinze minutes est nécessaire. Elle oblige les deux acheteurs et les deux vendeurs à s'entendre sur des objectifs et une stratégie commune. Chaque groupe ne remplit alors qu'une seule et même feuille de planning.

L'observateur va d'un groupe à l'autre.

Si vous le désirez, livrez-vous à l'expérience suivante : placez ensemble des vendeurs ou acheteurs qui n'ont pas préparé la négociation, quelle qu'en soit la raison, et faites-les jouer avec une équipe de vendeurs ou d'acheteurs qui s'estiment bien préparés. Vous devriez obtenir de meilleurs résultats avec les équipes préparées et ainsi démontrer au groupe l'importance et l'enjeu de la préparation en matière de négociation.

La négociation elle-même dure quarante-cinq minutes. Si les protagonistes sont parvenus à un accord, celui-ci est matérialisé par un document manuscrit signé par les deux parties. Ce document résume tous les termes de l'accord conclu ; il est clairement rédigé et a valeur de contrat.

Points clés

1. Cette négociation peut servir à mettre en évidence la différence qui existe entre vendre et négocier. Ici, le désir d'acheter est aussi présent que celui de vendre et seuls les conditions et termes de l'achat sont à définir. La satisfaction mutuelle doit s'ensuivre. La rentabilité de l'opération doit être bonne pour les deux parties. Les termes de l'échange sont nombreux : le prix des machines, le lieu de la livraison, le coût du transport, la peinture, la formation, la garantie, etc. S'il ne s'échange que de l'argent dont le montant varie, il s'agit de vente. Si l'une des parties est assez créative pour utiliser d'autres termes dans l'échange pour satisfaire les besoins de l'autre partie et ceci dans le but de conclure un accord satisfaisant, il y a alors une vraie négociation.

Voici des types d'accords faisant intervenir plusieurs termes de l'échange :

— l'utilisation du centre de formation le week-end (satisfait l'acheteur qui y sera seul et le vendeur qui pourra l'amortir plus rapidement) ;

— l'abandon de la réduction de 2,5 % en échange d'une meilleure qualité de service, d'entretien ou d'une garantie plus longue ;

— ne pas faire payer la peinture et profiter du changement de couleur pour inscrire le nom du fabricant sur les machines. Ainsi les machines feront de la publicité pour la Bourgogne et pour Paquelier SA.

2. Cette négociation pose le problème fondamental, suivant : faut-il négocier tous les points soulevés de manière globale ou, au contraire, faut-il les négocier point par point ? De toute façon, se pose le problème de savoir dans quel ordre aborder chacun des points et qui de l'acheteur ou du vendeur impose l'ordre. Ces questions font-elles ou non l'objet d'une négociation sur la négociation ? Faire discuter les participants de l'avantage à négocier ici point par point ou au contraire de façon globale ? Un autre choix à discuter est celui des principes qui gouvernent la pensée des deux parties en présence, suivis d'une négociation point par point (se référer à Karrass dans *Give and Take* , Ed. Crowell, p. 149-150).

Pour les négociations à objet multiple mais dans lesquelles chaque objet ne comporte qu'une dimension, « la stratégie la plus efficace serait la négociation en termes de globalisation et d'articulation quand il s'agit de « divergences strictement économiques » tandis que la séparation et le fractionnement de la divergence en sous-problèmes à résoudre *point par point* pourraient être la stratégie la plus efficace quand il s'agit de négociations sur les politiques et les principes » (Kelly et Schenitzki, 1972, et Morley et Stephenson, 1977, dans Dupont, *La Négociation*, Ed. Dalloz, p. 155).

Dupont se réfère aux méthodes du découpage (« salami ») et de « l'articulation ».

Voici les définitions qu'il en donne (p. 68) :

— négocier « en salami » consiste à découper la négociation point par point, branche par branche, sans chercher à relier ou globaliser les résultats partiels. Le résultat final de telles négociations est le plus souvent un ensemble de compromis parallèles ;
— la méthode de l'articulation consiste à envisager la négociation comme une recherche d'équilibre global ; elle est ainsi une recherche d'échange entre les priorités et les intérêts des deux parties.

Utilisé par l'acheteur, le « salami » permet de grignoter peu à peu les positions du vendeur en l'obligeant à concéder quelque chose sur de nombreux points dont le coût total pourra se révéler important. La technique du « salami » est plutôt d'essence distributive. Il vous appartient de voir si elle a ou non abouti à des résultats médiocres du point de vue de l'intérêt commun des deux parties.

Par contre, « l'articulation » est une approche généralement plus favorable à une conception plus intégrative de la négociation. Si des solutions créatives et innovantes sur des aspects complémentaires ont pu être trouvées grâce à cette approche, tant mieux.

Il se peut aussi dans le cas présent que plusieurs mini-négociations se succèdent alors même qu'il s'est agi d'une négociation point par point. C'est ce qui fait la richesse de cette négociation et ce dont les participants ont sans doute pleinement mesuré les enjeux.

3. Pour chaque concession, veillez à obtenir quelque chose en échange. C'est ainsi que la vente devient négociation. De plus, échangez toujours ce qui ne représente que peu de valeur pour vous contre ce qui en a beaucoup plus pour l'autre partie. Un arrangement sur les porte-containers d'Est Propreté roulant à vide peut répondre à ce principe, de même que l'utilisation du centre de formation le week-end pour Paquelier SA. Il se peut que certains points soient minimisés par l'acheteur qui n'en maîtrise pas les conséquences pour le vendeur. Le vendeur voudra alors rétablir l'équilibre et, par exemple, traiter ceux-ci d'abord. Pour cela, il faut qu'il ait une vue d'ensemble de la situation avant de négocier point par point.

Mesurer le taux de parole des deux protagonistes. Il devrait, s'il y a négociation, être équilibré. Celui qui résume, comme celui qui rédige dans ses propres termes un protocole d'accord acquiert par là même une sorte de pouvoir. Lequel du vendeur ou de l'acheteur a résumé et couché sur du papier l'accord auquel les deux parties sont arrivées ?

4. Le prix est généralement discuté en dernier dans le processus de vente, en tout cas en France. Si une vraie négociation a pris place, il se peut que la remise de 2,5 % n'ait pas été discutée et qu'elle ait été remplacée par l'obtention de services en plus grand nombre et de meilleure qualité. La satisfaction mutuelle en négociation ne naît pas toujours de l'obtention du meilleur prix. Le fait par exemple de savoir qu'on obtiendra toute satisfaction en matière de service, de réparation, d'après-vente, peut largement compenser le prix relativement élevé d'un produit. Le prix n'est presque jamais envisagé seul mais la plupart du temps est envisagé en relation avec le service ou la satisfaction procurée. Ce que l'acheteur négocie est un accroissement de satisfaction future. Les bons acheteurs se méfient de surcroît des risques

inhérents aux bas prix : fiabilité, qualité, délais, service, etc. Pour négocier sur autre chose que l'échange d'argent, de produits ou de services, il faut rechercher le meilleur accord pour les deux parties en présence. Ceci suppose l'échange d'informations et une certaine confiance.

Dans d'autres cas, une simple explication que l'on pourra répercuter dans sa propre entreprise, des facilités de crédit, des dates de livraison retardées, etc., seront au moins aussi appréciées qu'une baisse de prix.

5. Les bons négociateurs évitent les éléments irritants. Ici, ce sont surtout les références à la concurrence d'une part, et les références aux limites du pouvoir de décision du vendeur d'autre part. La menace brandie par l'acheteur d'aller s'approvisionner chez un constructeur concurrent ne peut qu'exaspérer le vendeur ; lui dire qu'il n'a pas le pouvoir d'augmenter la remise de 2,5 % à 4,5 % mais que sa hiérarchie le ferait sans doute est aussi irritant. Dans une vraie négociation, les termes de l'échange étant multiples, l'acheteur comme le vendeur devront sans doute se retourner vers leurs organisations respectives et obtenir des autorisations : les appels d'offres sont discutés au plus haut niveau, l'approbation du conseil d'administration peut s'avérer nécessaire pour engager de gros investissements. Plus de service requiert l'approbation des services après-vente et une publicité conjointe demande l'accord du service des relations publiques ou du directeur de la communication. La négociation externe se poursuivra donc par une négociation interne avant de devenir définitive.

6. Un bon exemple du pouvoir de légitimité est ici le problème posé par la garantie de six mois. Si, en tant qu'acheteur, vous n'avez pas cherché à renégocier cette garantie, c'est une erreur. Le rôle du vendeur est moins catégorique que vous ne semblez l'imaginer. Toute garantie, parce qu'elle a déjà fait l'objet d'une négociation, peut être négociée à nouveau. Il en va de même des étiquettes, des prix de liste, des conditions de vente inscrites au dos d'un contrat, des politiques d'entreprises de toute sorte, etc.

7. Cette négociation se situe dans du long terme et ceci a un impact sur le comportement des acteurs dont les actions s'inscrivent dans la durée. La commande des dix machines est une première commande qui laisse entrevoir d'autres commandes par la suite. D'autre part, l'acheteur et le vendeur se connaissent déjà, ce qui laisse supposer que leurs relations sont bonnes puisque les appels d'offres se sont faits auprès d'entreprises avec lesquelles Est-Propreté avait déjà travaillé. C'est ce qui explique que Monsieur Verneau ait pu prendre des renseignements auprès du personnel technique et opérationnel d'Est-Propreté. Si donc vous ne parvenez pas à un accord satisfaisant pour les deux parties, la suite sera sans doute remise en question et votre entreprise saura vous le dire, et en estimer le coût ou le manque à gagner.

CORRIGÉ 12

Dans cette étude de cas, le directeur des achats peut mener avantageusement une stratégie de contrôle dans la première confrontation (position d'attente vigilante) et une stratégie plus offensive dans le face-à-face avec le directeur régional Paudou pour le surprendre.

Le cas est l'occasion pour analyser deux types de résultats au terme d'une confrontation plutôt positive.

1) Le compromis

Quand les concessions semblent s'équilibrer, on a tendance à entrer dans un jeu de grignotage. Des effets pervers d'évolution vers le marchandage peuvent apparaître.

Dans certaines cultures, il y a une dimension ludique acceptée (africaine). Dans d'autres cela peut conduire à des frictions superflues. Il faut savoir s'arrêter dans l'escalade car être celui qui fera la première concession a toute son importance dans l'avancement de la négociation et l'évolution du rapport de force.

On peut soi-même, alors qu'on a l'ascendant dans la négociation, lâcher une concession en faisant valoir la bonne volonté au rapprochement.

Savoir être ouvert sur son hypothèse haute, et ferme sur son hypothèse basse. Il y a une légitimité à faire valoir qui est celle d'avoir, en partie, pris en compte les souhaits de son interlocuteur.

2) Le consensus

Cette notion a toute sa spécificité par rapport à celle du compromis.

Dans un compromis chacun partira le plus souvent de ses hypothèses hautes.

Dans un consensus les protagonistes analyseront ensemble le contexte et ses contraintes et chercheront ensemble à résoudre la situation. Chacun part non pas d'hypothèses particulières mais d'une échelle de critères auxquels tous les intervenants sont attachés.

Finalement chacun se pose la question : *« Qu'est-ce qui est bon pour nous ? »*.

Il s'agit de se mettre d'accord d'abord sur les critères et l'intérêt général.

3 étapes :

1 – Faire apparaître les intérêts individuels de chacun.

2 – Remarquer quels sont les intérêts en commun.

3 – Trouver la solution se rapprochant le plus de l'intérêt général.

Tout partenariat (sous-traitance) repose normalement sur un accord des intérêts communs à l'origine d'un contrat.

On remplacerait l'appellation de *négociation* par celle de concertation.

On ne devrait pas utiliser son rapport de force individuel dans une *concertation*. Ce qui aurait valeur de rapport de force, dans un tel schéma, c'est l'intérêt général. Le consensus est une forme d'idéal associée à une valeur morale.

Voir Henri Laborit *La colombe assassinée* : pour défendre sa propre solution, on n'est pas obligé d'attaquer la solution de l'autre car on s'enfonce dans un processus d'escalade.

CORRIGÉ 13

1) Compte tenu de sa situation délicate, le directeur du marketing a plus intérêt à choisir une stratégie de contrôle.

2) L'exercice permet une mise au point sur les jeux d'alliance en négociation de groupe. La méthodologie proposée permettra de corriger les tentatives des acteurs et de nommer les pratiques utilisées, en en montrant l'intérêt et les limites.

déboucher sur un compromis
=
ISSUE
↑
APPROCHE DIRECTE

Fonceur

Risque de domination excessive
(*excès = autocrate allant à l'épreuve de force*)

STRATÉGIES

ENGAGEMENT
initiative
offensive
affrontement
prendre le leadership

Conviction
Ascendant/domination
Clarté, transparence, netteté
Autorité, charisme
Démonstration/Argumentation
Combativité
Faire vite et fort
« Bille en tête »
S'imposer/imposer
Conclure/passer à l'acte
Loyauté
Bonne gestion des concessions
Rigueur

CONTRÔLE
calcul
attente
contournement
attendre le bon moment

Réserve, laisser venir
Écoute calculée
Appui sur l'autre, faire levier
Progression par détours
Approche par suggestions
Travail par dévoilements successifs
Habileté, tact
Ruse, patience, opportunisme
Créer les conditions
Non-antagonisme
Coopération, jeux d'alliance et de désunion
Gestion du flou, suspense
Souplesse, finesse, nuance
Esquive
Exploiter les failles pour contre-attaquer

Diplomate

Risque de manipulation excessive
(*excès = cynique allant jusqu'au leurre et au piège*)

APPROCHE INDIRECTE
↓
ISSUE
=
faire découvrir ou contre-attaquer au bon moment

LES JEUX D'ALLIANCE EN NÉGOCIATION DE GROUPE

I – Préparer sa recherche d'alliance

Se poser 4 questions primordiales :

1 – Qui a un **intérêt commun** avec moi ?
2 – Qui ai-je en opposition contre moi ?
3 – Quelles alliances existent entre qui ?
4 – Quelles oppositions existent entre qui ?

II – Créer plusieurs types d'alliance

1 – Les alliances de principe

Technique de cautionnement.
« Êtes-vous tous d'accord sur le fait qu'il faut faire quelque chose... ».
C'est une manière de recréer des bases communes.
Valeur d'unité, de consensus à réutiliser ultérieurement, à rappeler en cas d'opposition ponctuelle. Mais si on en abuse, on risque de créer des consensus mous.

2 – Les alliances objectives

C'est une alliance conjoncturelle.
Peut se faire entre 2 personnes ayant des positions de fond totalement différentes, mais qui se retrouveront alliées sur un objet pour un moment épisodique.
Exemple : sur une date.

3 – Les alliances tactiques

Consiste à se mettre d'accord à deux pour évincer le troisième.
Recherche en général menée par le stratège de contrôle.
Consiste à désunir pour être plus fort *(« Diviser pour mieux régner »).* Destiné à isoler un adversaire. Peut évoluer jusqu'au stade du bouc émissaire.
S'allier sert à concrétiser, passer à l'acte. C'est un réflexe à développer très rapidement derrière l'alliance obtenue.
Les grands stratèges sont des gens qui ont un sens considérable de l'application effective de ce qu'ils ont prévu de faire.

III – Savoir manier les alliances

1 – S'en servir pour concrétiser.
2 – Observer les alliances tournantes.
3 – Déloger les contradictions : réactiver la mémoire des alliances déjà acquises.
4 – Savoir élargir ses alliances.
5 – Savoir dénoncer des alliances objectives.

STRATÉGIES D'ALLIANCE EN NÉGOCIATION DE GROUPE

Être stratège c'est :

« Comment je peux m'y prendre dans les meilleures conditions en rassemblant les meilleures chances d'atteindre mes objectifs ».

Le stratège a très clair à l'esprit ses objectifs, en termes d'hypothèse basse et d'hypothèse haute.

La notion de stratège est fondamentale en négociation.

Le stratège est capable de choisir et pratiquer la stratégie la plus adéquate au contexte et aux enjeux.

Comment dans la négociation de groupe :

– tenter d'obtenir un accord,

– trouver une solution.

L'enjeu se pose, non seulement en termes d'argumentation, mais aussi d'alliances avec un ou plusieurs interlocuteurs.

Ce n'est pas forcément tout seul qu'on arrive à vendre un projet auprès d'une direction d'entreprise. Il est stratégique le plus souvent de chercher des cautions en coulisses.

Créer une alliance n'est pas pour autant aisé. Certains alliés se séparent, se contredisent.

« **L'union fait la force** »

Les gens qui ont tendance à oublier de faire des jeux d'alliances en négociation sont en général les personnes ayant choisi la stratégie d'engagement, car ils ont un ego fort qui les fait compter essentiellement sur eux-mêmes pour aboutir.

Les stratèges de contrôle, par définition, font d'abord parler leurs interlocuteurs. Ils peuvent ainsi repérer les personnes a priori proches de leurs objectifs. Une bonne alliance vaut tout autant qu'une argumentation réfléchie.

1– Recherche d'alliance de principe

2 – Recherche d'alliance objective

3 – Recherche d'alliance tactique

Remarque

– L'expert est en général anti-alliance, car il estime que les faits lui donnant raison, ils doivent se suffire à eux-mêmes.

– L'intrigue à tout crin risque a contrario de se retourner contre soi à la moindre maladresse.

STRATÉGIES D'ALLIANCE EN NÉGOCIATION DE GROUPE (suite)

Tactiques d'utilisation

– Observer les alliances tournantes. Déloger les contradictions. Réactiver la mémoire des alliances déjà acquises.

– Bien verrouiller ses alliances.

– Élargir ses alliances.

– Savoir les dénoncer (alliances objectives).

– S'opposer à des alliances de principe est plus difficile car on est pris en flagrant délit de transgression de l'intérêt commun et on risque de se faire marginaliser.

– S'en servir pour concrétiser.

– Savoir quoi ou qui sacrifier.

– Savoir faire la différence entre défendre des causes difficiles et défendre des causes mauvaises.

– Faire preuve de beaucoup de réalisme.

Risque : plonger avec...
perdre du temps,
se disperser, se gaspiller.

– La vie de famille est un domaine extraordinaire d'application quand c'est pour la communion solennelle ! Mais pour une question d'héritage !

– De l'activation ou pas des jeux d'alliances ?

– Savoir être vigilant qu'on le veuille ou non, elles se mettent en place ; savoir les accompagner.

(Références : *Le prince de Machiavel – St. Germain ou la négociation*, Francis Walder – prix Goncourt 1958 – Livre de poche).

Il faut savoir faire des alliances objectives en récupérant des arguments auxquels on n'avait pas pensé, qu'on méconnaissait mais qui très vite n'apparaissent pas incompatibles avec sa propre position.

Exemple : Le directeur commercial se faisant l'allié de l'export et de la fabrication sur le goût de la bière en plus de ses critiques sur le prix.

CORRIGÉ 14

Première partie de l'exercice

Les hypothèses principales

Cas n° 1 : Le conflit de la coquille Saint-Jacques

Les hypothèses principales

Négociation prématurée. Les partenaires/adversaires en sont encore à la phase conflictuelle. Ils estiment ne pas avoir épuisé tous leurs moyens d'action et de pression. Le rapport de force n'est donc pas encore suffisamment stabilisé.

Conflit sur des principes. Le conflit est complexe car il combine un conflit d'intérêts (le prix de la coquille) et un conflit conceptuel (le droit et la légitimité de la commercialisation directe par les pêcheurs) ; or les pêcheurs ne sont pas prêts à négocier sur ce point, car :
— ils tiennent beaucoup à ce droit ;
— ils ont la loi en leur faveur.

Ce qu'il s'est passé ensuite

Le 14 janvier 1979. Les mareyeurs menacent de reprendre leur grève des achats, placent le conflit sur un nouveau terrain en réclamant « l'application stricte de l'arrêté préfectoral qui fait obligation à tous les coquilliers de présenter en criée la totalité de leur pêche ».

Le 16 janvier 1979. Accord entre les pêcheurs et les mareyeurs du quartier de Paimpol. Les pêcheurs devront soumettre le produit de leur pêche au marché aux enchères. Les mareyeurs ont formellement reconnu le droit aux pêcheurs de commercialiser leur pêche.

Mi-mai 1979. Des pêcheurs de Loguivy créent un Groupement d'intérêt Économique (GIE) pour commercialiser les produits de la mer. C'est le premier GIE du genre dans le département.

Juillet 1980. Divers conflits, dans les ports de l'ouest de la France, entre pêcheurs et mareyeurs quant aux ventes sauvages de poisson et à la pêche hors saison de la coquille Saint-Jacques. Certains mareyeurs renouvellent leur grève des achats.

Cas n° 2 : Les normes des portes

L'hypothèse principale

Il s'agit ici d'un *sabotage de la négociation.*

Le hasard nous a fait connaître une confidence du négociateur français : « Je vais à cette négociation pour faire en sorte qu'elle n'aboutisse pas. Les industriels français ont besoin d'un répit pour pouvoir faire face à la concurrence étrangère et en particulier aux Allemands qui sont très en avance quant aux procédés de fabrication en grande série. L'existence de normes différentes protège grandement les Français des importations étrangères ». Rien n'obligeant le négociateur français à négocier réellement, ce dernier a utilisé des arguments fallacieux qu'il s'est contenté de répéter avec beaucoup de calme.

Ce sabotage n'aurait pas été aussi facile si d'une part, les autres partenaires avaient eu des moyens de sanction à l'absence d'accord et, d'autre part, s'il existait une obligation légale de négocier de bonne foi (cf. le droit américain régissant les relations entre direction d'entreprise et syndicats).

Ce qui s'est passé ensuite

— Absence d'accord dans les années qui suivirent.

— Les fabricants français ont développé les procédés de production industrielle et ont donc maintenant moins de raisons de s'opposer à une standardisation.

Cas n° 3 : L'accord non respecté

Les hypothèses principales

1) *Négociation imposée.* Les enseignants ont imposé une négociation à des étudiants qui ne s'attendaient pas à cela et qui finalement ne souhaitaient pas négocier ; une simple consultation répondait à leurs désirs, voire une simple information. Les étudiants n'ont donc pas compris les attitudes et les tactiques employées par les enseignants pour négocier.

Ces tactiques ont induit un sentiment de méfiance et l'idée selon laquelle les enseignants jouaient la pression, le rapport de force et ne faisaient pas confiance aux étudiants.

2) *Manque d'expérience des étudiants.* Les étudiants n'ont pas d'expérience de la négociation. La répartition classique des rôles de « faucon » et de « colombe » n'a pas été interprétée par eux comme étant une tactique. Le comportement des enseignants a été jugé au premier niveau ; il ressortait ainsi un désaccord et une incohérence entre les enseignants.

Les étudiants ont eu l'impression de « supporter » le désaccord et/ou d'être manipulés.

Ce qui s'est passé ensuite

L'enseignant qui avait joué le rôle de l'intransigeant n'a pas réussi complètement au cours de l'année universitaire, à rétablir un climat de confiance ; ceci n'a pu se réaliser qu'au cours de la deuxième année.

Les enseignants ont abandonné la négociation des conditions d'examen, la simple consultation étant bien acceptée.

Cas n° 4 : Négociation sur le temps de travail

L'hypothèse principale

L'échec tactique. Les médias ont pris trop à la lettre les attitudes des partenaires, présentant la réunion du 8 janvier 1980 comme étant « celle de la dernière chance ». Cette séance est un exemple typique d'un échec momentané. Il existe une tendance psychologique fréquente à se centrer sur le court terme et à oublier les forces et les contraintes qui vont imposer une négociation à terme. L'échec et ses conséquences émotionnelles aveuglent les néophytes (et quelquefois les négociateurs eux-mêmes) et leur font croire à une rupture définitive des discussions.

L'échec est tactique en ce sens qu'il visait à montrer que les positions adverses étaient inacceptables. L'échec, la rupture ont ici un but expressif et sont une forme de pression.

Ce qui s'est passé ensuite

— À la mi-janvier 1980, le gouvernement confie à Monsieur Pierre Giraudet, P-DG d'*Air-France*, une mission de relance des négociations. Cette « personnalité extérieure » élabore un rapport au gouvernement (qui a donc rejeté pour l'instant la solution qui consisterait à rédiger une loi-cadre).

— Le 6 mai 1980, le CNPF donne son accord à la reprise des négociations pour le 20 mai. Le patronat souhaite étudier les solutions dans le cadre du rapport Giraudet.

— Réunions en mai, juin, juillet 1980.

— Les 2 et 3 juillet 1980, le CNPF présente « ses dernières propositions », la CGT les rejette aussitôt.

— Le 9 juillet 1980, la CGT-FO annonce qu'elle ne signera pas, la CFDT et la CGC ayant déjà fait connaître leur refus.

Cas n° 5 : La rupture de collaboration

Les hypothèses principales

1) *L'intransigeance.* Pour des raisons différentes, Monsieur Genet et Monsieur Ajonc sont devenus tous les deux intransigeants. La négociation a pris pour chacun d'eux la forme du *tout ou rien*. Chacun souhaite gagner ou rompre. Monsieur Ajonc s'estime trahi par son « collaborateur ». De son côté, Monsieur Genet, qui tient beaucoup à l'équité et à l'équilibre des contributions et ressources, est tres déçu de la non-participation de Monsieur Ajonc à l'élaboration des stages. À sa manière, chacun s'estime trahi. La déception entraîne l'intransigeance.

2) *L'évanouissement du projet initial.* Le projet initial de Messieurs Genet et Ajonc est de « collaborer », de bâtir quelque chose en commun ; la foi dans le projet les anime l'un et l'autre.

La base du projet, du point de vue de Monsieur Genet, est la possibilité d'élaborer des stages en équipe. Les motivations de Monsieur Ajonc sont plus centrées sur la rentabilité de sa jeune entreprise.
Monsieur Genet va devenir insatisfait, car il ne retrouve pas le projet (le sien) dans la réalité quotidienne, ce qui l'amène à commettre la trahison de réaliser un stage à son compte. La confiance disparaît, le projet initial de collaboration a perdu son sens pour l'un et l'autre.

Ce qui s'est passé ensuite

— La collaboration n'a pas été reprise ensuite.

— Monsieur Ajonc a embauché un autre formateur, qui a démissionné, environ un an après, pour fonder sa propre entreprise de formation.

— À la suite de cela, Monsieur Ajonc abandonne l'activité « formation » au profit des autres activités de conseil.

— Après deux années d'ignorance mutuelle, Messieurs Ajonc et Genet ont renoué des relations amicales, sans envisager de travailler de nouveau ensemble.

Autres hypothèses

Cas n° 1 : Coquille Saint-Jacques

— Le manque de confiance entre pêcheurs et mareyeurs.

— Les adversaires sont passés trop rapidement aux menaces et aux actions conflictuelles.

— Difficulté de s'engager de part et d'autre, car les incertitudes techniques sont trop élevées (incertitude des pêcheurs quant au volume des pêches, incertitude des mareyeurs sur la demande du marché).

— Confiance brisée par le non-respect d'un accord (la garantie de l'écoulement du produit).

— Le problème principal, c'est-à-dire celui de la commercialisation de la pêche par les pêcheurs, est détourné vers un problème d'une autre nature : celui du prix de vente et du prix-plancher.

— Concession peut-être trop facile des pêcheurs au départ sur le prix-plancher, les mareyeurs ont peut-être cru que le conflit serait rapidement résolu à leur avantage.

Cas n° 2 : Les normes des portes

— Sentiment d'isolement du négociateur français, sa position minoritaire le rend non-conciliant.

— Différence trop marquée du milieu industriel et du milieu artisanal, les deux mondes n'arrivent pas à communiquer ; les conceptions sont inconciliables.

— Absence de pressions à la négociation.

Cas n° 3 : l'accord non respecté

— Changement des opinions des étudiants avec le temps ou oubli de l'accord.

— Les étudiants, n'étant pas demandeurs, ne se sont pas sentis engagés par l'accord.

— Les étudiants avaient du mal à imaginer les conséquences de leur choix.

— La négociation a pu être ressentie par les étudiants comme une preuve de faiblesse des enseignants et ainsi faire disparaître les craintes de sanctions en cas de non-respect de l'accord.

— Les étudiants, ayant d'autres travaux à effectuer impérativement pour d'autres professeurs par ailleurs, ont trouvé une « vengeance », ou une soupape de sécurité, chez les deux professeurs les plus souples.

— Les étudiants n'ont pas pris la négociation au sérieux.

— Les enseignants ont un pouvoir de sanction élevé en notant les étudiants, ces derniers ne peuvent donc pas s'exprimer très librement lors de la négociation.

Cas n° 4 : temps de travail

— Les enjeux de la négociation sont élevés et complexes ; ils sont à la fois sociaux, juridiques, économiques, techniques et politiques.

— Les objectifs du patronat et des syndicats sont très divergents (aménagement/réduction du temps de travail).

— La conjoncture économique et politique n'incite pas le patronat à négocier rapidement. De leur côté, les syndicats ne veulent pas perdre les garanties que leur donnent les textes de loi actuels. Pour des raisons différentes, les négociateurs ne sont pas trop pressés de concéder.

— Les syndicats sont relativement divisés quant aux revendications prioritaires.

Cas n° 5 : La rupture de collaboration

— Les négociations entre amis, ou entre membres de la même famille, sont rendues difficiles par la relation affective.

— Monsieur Genet a attendu trop longtemps pour discuter la non-participation de Monsieur Ajonc à l'élaboration des stages.

— L'interdépendance de Monsieur Genet et de Monsieur Ajonc est faible, chacun des partenaires peut arrêter la collaboration sans difficulté majeure, négocier n'est pas pour eux une nécessité.

— Au départ, mauvaise définition de la collaboration, d'où un sentiment d'exploitation de Monsieur Genet.

— Différence de conception du juste prix : Monsieur Ajonc considère qu'il est l'initiateur des affaires, il veut être payé pour ses idées et ses risques ; Monsieur Genet considère qu'il fait l'essentiel du travail, il veut être payé pour son temps et ses apports pédagogiques.

— Au départ, Monsieur Genet a pris les mots de « participation à l'élaboration des stages » à la lettre, alors que Monsieur Ajonc les a pris au sens large.

Deuxième partie de l'exercice

Cas n° 1 : Le conflit de la coquille Saint-Jacques

Actions avant le conflit ouvert

— Les partenaires/adversaires pourraient se rencontrer et discuter avant la campagne coquillière, afin d'avoir tout le temps pour se concerter ; ceci devrait leur éviter d'être sous le poids d'actions conflictuelles plus ou moins souhaitées.

À l'occasion de ces rencontres, les partenaires auraient intérêt à jouer la stratégie des *procédures,* car le conflit est à la fois conceptuel et d'intérêts. Avant donc d'entamer la discussion sur le fond, les premières réunions devraient être centrées sur l'ordre du jour, la présidence des séances, le planning, les participants, les lieux...

— Afin d'être plus solidaires et moins vulnérables, les pêcheurs gagneraient à réaliser l'autodiscipline quant aux ventes « sauvages ». Cela ferait aussi disparaître un point de friction auquel les mareyeurs sont très sensibles.

— Mareyeurs et pêcheurs réalisent une campagne publicitaire commune pour favoriser la consommation de la coquille.

Actions au moment du conflit ouvert

— Dans l'immédiat, la volonté d'arriver à un accord n'est pas très élevée de part et d'autre ; il peut donc être pertinent de laisser le conflit se développer afin que le rapport des forces se stabilise et que la négociation devienne la solution la plus sage.

— Mareyeurs et pêcheurs pourraient négocier un contrat commercial écrit qui les engage mutuellement et juridiquement.

— Le responsable des criées, ou l'administrateur maritime, pourrait devenir médiateur ou conciliateur ou « Monsieur bons-offices ».

— Mareyeurs et pêcheurs pourraient proposer une législation de la pêche à la coquille, chacun soumettant son projet de texte à une commission de conciliation.

— Le préfet pourrait nommer un « expert ».

Cas n° 2 : Les normes des portes

Il n'est pas facile d'éviter de réagir au sabotage d'une négociation, car la première condition de la réussite d'une négociation est la ferme volonté de chacun d'arriver à un accord.

Il est cependant possible d'agir soit en opposition, soit en coopération avec le saboteur.

Stratégies ou tactiques d'opposition au saboteur

— Quand le sabotage devient manifeste, on peut dévoiler le système de sabotage et le dénoncer dans le groupe.

— Dévoiler le sabotage à l'opinion publique si celle-ci a un poids sur le saboteur.

— Ignorer le saboteur et conclure un accord avec les autres.

Stratégies plus coopératives

— Renouveler la négociation peu de temps après.

— Avoir préparé plus longuement la négociation, afin de connaître les craintes de chacun. Des contacts plus informels, la mise de toutes les cartes sur la table pourraient orienter la situation vers une négociation coopérative.

— *Négocier sur le fond,* c'est-à-dire tenir compte des craintes du négociateur français et envisager avec lui les modalités de la standardisation et de l'industrialisation de la production : délai, échéancier, aide technique voire financière...

Les autres partenaires pourraient proposer des délais et des garanties au négociateur français pour ne pas envahir le marché français.

Cas n° 3 : L'accord non respecté

La négociation n'est pas toujours le comportement le mieux adapté. Il est probable qu'imposer une négociation à des partenaires qui ne l'attendent pas et surtout qui ne la souhaitent pas soit une erreur.

Solutions avant la négociation

— Ne pas imposer la négociation des conditions d'examen, surtout à la première séance de cours ; cependant, l'enseignant peut s'y préparer mentalement, afin de l'accepter le cas échéant si elle était demandée par la suite par les étudiants.

— Avant toute négociation, établir une *bonne relation enseignant-enseigné,* sur d'autres thèmes de travaux dirigés moins conflictuels, afin d'orienter l'éventuelle négociation dans un sens coopératif.

— Donner aux étudiants une connaissance et/ou un entraînement à la négociation en utilisant des cas n'impliquant pas directement les participants.

Solutions au moment de la négociation

— Faire appel à la créativité de chacun pour trouver des solutions qui satisfassent chacun, étudiants et enseignants.

— Négocier plutôt le contenu de l'enseignement ou combiner négociation sur le contenu et les conditions d'examen.

— Adopter, en ce qui concerne l'enseignant, une attitude de négociation coopérative, qui évite à la fois les attitudes autoritaires, la méfiance, le rapport de force et le laisser-faire, le laisser-aller, la démobilisation.

— Demander aux étudiants de faire des propositions.

Cas n° 4 : Négociation sur le temps de travail

Il semble que chacun des partenaires négocie bien. Syndicats et patronat sont « demandeurs » (réduction/aménagement du temps de travail), ce qui assure un équilibre entre les positions offensives et défensives.

Devant cette situation complexe, les acteurs ont su se servir des procédures (planification des séances), faire appel à l'opinion publique et/ou à « la base », établir et utiliser un dossier, des statistiques, des projets et contre projets, etc.

On peut donc estimer qu'aucune action préalable n'aurait facilité la négociation ; il reste donc à envisager les actions pour le futur :

— Changement du *niveau de négociation* : en cas d'impasse prolongée des discussions au plan national, des propositions ou des pressions pourraient être faites pour négocier à d'autres niveaux : par entreprise, par branche professionnelle,...

— Les partenaires pourraient *lier* cette négociation à une autre (ainsi que l'a partiellement fait la CFDT en demandant la négociation simultanée des conditions).

— L'État pourrait *augmenter la pression* à la négociation soit en reprenant l'idée d'une loi-cadre, soit en prévoyant une aide financière momentanée à des expériences de diminution de la durée du travail.

— Faire avancer plus vite et d'une manière plus précise les études et projets d'harmonisation de la réduction du temps de travail au plan de l'Europe (CEE).

— Les acteurs pourraient augmenter la pression à la négociation en mobilisant davantage l'opinion publique ou leurs mandants.

— En regard de la complexité du problème et de l'importance des enjeux (sociaux, techniques, économiques), nous pensons que la meilleure solution consiste encore à utiliser la conjoncture et les événements économiques et politiques pour lancer de nouvelles propositions. Autrement dit, il faut accepter de ne pas être pressé (sauf pour les situations les plus criantes de durée élevée du travail, à régler par la loi).

Une autre raison s'ajoute à cela : patronat et syndicats tiennent à leur pouvoir de négociation.

Cas n° 5 : La rupture de collaboration

Actions avant l'apparition du problème

— Négocier plus à fond le projet initial de collaboration : le tort de Messieurs Genet et Ajonc est de tout avoir misé sur leur amitié et leur foi dans le projet. Une discussion approfondie des conditions de cette collaboration aurait pu éviter des déceptions futures.

— Mise en place d'un système de communication : des réunions plus régulières pour faire le point, une plus grande disponibilité de Monsieur Ajonc auraient pu permettre de discuter des insatisfactions naissantes de Monsieur Genet avant que celles-ci ne deviennent « massives ».

— Avoir prévu les modalités de révision de l'accord financier initial et fixer une date pour en discuter.

Actions avant la négociation

— Monsieur Genet aurait pu faire part à Monsieur Ajonc de la proposition qui lui était faite de réaliser un stage à son compte et des raisons et insatisfactions qui pourraient l'inciter à accepter cette proposition.

— Planifier plusieurs séances de discussions, étalées sur un temps suffisant, afin d'éviter les attitudes agressives et le *forcing* dus à l'existence d'une seule séance.

Actions au moment de la négociation

— Monsieur Ajonc favoriserait la confiance en ouvrant ses comptes financiers à Monsieur Genet. Les contraintes économiques se révéleraient soit grossies par Monsieur Ajonc (et donc discutables), soit réelles et donc plus crédibles.

— Les partenaires gagneraient à entamer les négociations en exposant fermement leurs positions respectives, en acceptant une tournure verbalement agressive, afin de bien montrer qu'ils sont là pour négocier (cette affirmation se réfère aux observations de Stephenson, qui explique l'échec de nombreuses négociations en Angleterre par le climat et les attitudes trop policées des adversaires patronaux et syndicaux au début de la négociation).

CORRIGÉ 15

L'action du placebo vient de ce que le malade y croit. C'est donc a priori un effet de suggestion. La preuve du rôle de la suggestion est marquée par les extraordinaires différences, par exemple entre premier et deuxième groupes, induites par l'*attitude du médecin*, se répercutant sur *l'image du médicament*.

Un médicament vrai et adapté présenté sans optimisme par l'Autorité Médicale (groupe 3) a 3 fois moins de succès qu'un placebo présenté avec autorité et confiance.

Il convient de noter plusieurs variables importantes : les troubles sont fonctionnels (le placebo n'a pas d'influence sur une maladie infectieuse vraie), les malades sont adultes (le placebo n'a pas d'influence chez les enfants), le malade « attend » un médicament, le médecin est une autorité inspirant confiance, le placebo ne se distingue pas du vrai médicament (confusion perceptive). Donc interviennent la situation, la personnalité du malade, celle du médecin, la relation médecin-malade, la relation malade-médicament et la nature de la maladie.

Inutile de dire que la révélation au malade, de l'effet placebo, entraînerait un effet boomerang avec agressivité contre le médecin, changement radical d'opinion sur la valeur du médicament, et annulation des « effets ».

CORRIGÉ 16

Question 1. L'expérience est tendancieuse dans la mesure où l'on veut nous faire conclure que les gens sont trop obéissants. Il faut noter, en effet, *la convergence de plusieurs aspects de la situation* vers la facilitation du comportement d'obéissance : participation à une expérience supposée « scientifique », locaux du type « laboratoire de recherches » et même « recherche en cours », avec ce que cela représente de sérieux et de valeur, empêchant le sujet de se fier à son propre jugement ; présence du « professeur de biologie » considéré comme autorité morale et comme responsable de l'expérience ; ton poli mais ferme du professeur ; relation à deux (chef-exécutant) où l'exécutant admet *a priori* son incompétence sur les buts. Il faut noter aussi l'évitement habituel d'une responsabilité chez les gens (mécanisme de défense sociale) : ils se sentent ici innocents puisqu'ils ne sont que des « exécutants ». De plus un autre mécanisme de défense les innocente : la cause de tous ces maux est la victime elle-même qui continue à faire des erreurs, donc à « mériter » la punition dont elle est avertie.

Ce sont toutes ces pressions qui renforcent le commandement du chef au point que l'obéissance dépasse les prévisions. Les étudiants en psychologie de Yale, dans leur estimation *a priori*, ne tenaient pas compte de ces facteurs, et se fondaient seulement sur le moment conflictuel entre obéissance et recul devant la responsabilité directe d'une souffrance infligée à autrui.

Il faut aussi considérer que 35 % des participants ont, malgré les pressions situationnelles, refusé d'obéir.

Question 2. Dans cette expérience la relation chef-exécutant n'est pas significative de toutes les relations leader-suiveurs. Elle n'est valable que pour une relation à deux (chef-exécutant) dans une situation de distance statutaire-formelle où l'exécutant admet sans les comprendre et sans en prendre la responsabilité, les objectifs du chef. Dans la vie sociale, la relation leader-suiveurs (nombre de suiveurs) implique d'une part une compréhension-adhésion aux objectifs et d'autre part un facteur affectif important.

Question 3. La conclusion de S. Milgram est une « vérité de La Palisse ». Il est évident que toute société proprement dite étant une organisation et un système de règles (sans lesquelles il n'y a pas de vie collective possible), être social c'est obéir, si obéir c'est accepter de se plier à des règles et règlements collectifs. Par ailleurs, en tant qu'ayant un rôle social, chaque individu *dans son rôle* a un comportement non libre en ce sens qu'il ne peut pas faire n'importe quoi n'importe comment n'importe quand. Mais être-social est aussi une dimension normale de l'être humain impliquant une relation interhumaine, une affectivité sociale et des valeurs.

L'auteur aurait aussi pu conclure que « les gens font généralement ce qu'on leur dit de faire dans le cadre d'une organisation sociale acceptée mais ne sont pas pour autant des robots, et il faut une énorme pression sociale pour obtenir l'obéissance au mépris des sentiments personnels et de la conscience ».

CORRIGÉ 17

Les Français sont peu favorables à la boîte automatique. Seules les voitures haut de gamme sont souvent commandées avec ce type d'équipement. De nombreuses objections sont avancées :

— coût à l'achat élevé ;

— perte de puissance ;

— usure plus rapide des freins ;

— consommation sensiblement plus forte ;

— fiabilité douteuse des mécanismes d'embrayage automatique ;

— impossibilité de faire démarrer une voiture en panne, vitesse enclenchée (panne de batterie par exemple) ;

— désagrément de conduite (peu sportive).

À côté de ce réquisitoire, on peut faire valoir :

— confort de conduite ;

— pas d'usure de la boîte de vitesses ;

— manœuvre facile en ville ;

— souplesse accrue ;

— modernisation des mécanismes d'embrayage automatique.

De plus, on pourra utiliser cette objection choc : traverser Paris en période d'embouteillages correspond à dépenser un nombre de gestes du pied gauche (pédale d'embrayage) équivalent à l'ascension à cloche-pied des trois étages de la tour Eiffel.

On ajoutera qu'une véritable solution de compromis mettra peut-être tous les usagers d'accord d'ici quelques années : il s'agit de la disparition de la pédale d'embrayage avec maintien du levier de vitesse, apprécié de bien des conducteurs. La technologie vient ainsi au secours de la négociation en créant les conditions d'un bon compromis.

À titre de complément, on rappellera ci-dessous une dizaine de principes à suivre quand on a quelque chose à vendre. On les comparera à ceux dégagés par les participants du cas « boîte automatique » :

1. Être bref. C'est bien choisir ses arguments : « Je vois deux raisons qui... ». C'est être concret : « Cette machine a trois avantages... d'abord être précis, c'est chiffrer tout ce qui peut l'être. »

2. Il faut trouver la préoccupation essentielle des partenaires. « Qu'est-ce qui peut le faire acheter ? : la couleur, les quantités, le délai, le prix, la notoriété du fournisseur, un climat de confiance, l'habitude... ? »

3. Bien connaître son produit. C'est la dimension : « compétence technique » du vendeur.
Il faut que ce que l'on sait du produit soit de la connaissance « active ». La théorie intéresse peu l'acheteur, sauf exception. C'est en terme de *conseils* que le vendeur doit transformer son savoir technique.
Exemple :

1. Donner une caractéristique.
2. L'exploiter par un argument.

« Cette machine a une commande électronique à distance : on peut donc la mettre en marche depuis le poste central de l'atelier. »

4. Ne pas craindre de **répéter** des caractéristiques ou des arguments clés. Il s'agit d'inscrire certains points dans *la mémoire* de l'interlocuteur.

La méthode répétitive doit être utilisée avec tact, aux moments opportuns. Elle a une valeur *pédagogique*. La publicité ne l'utilise-t-elle pas ?

5. Écouter pour éviter de parler trop. *Moyen* : être dans la position de celui qui pose les questions. Attendre avant d'affirmer. Le vendeur trop sûr prend des risques, s'expose en faisant de longs développements...

6. Faire le point au milieu ou au terme de la phase discussion-argumentation.
Chercher à reformuler les problèmes résiduels (ceux qui créent les désaccords), les « vraies raisons » qui bloquent une discussion...

But : lever l'hypocrisie, les fausses barrières, les refuges... de l'interlocuteur.

7. Observer, faire des *silences,* regarder l'interlocuteur (dans les yeux de temps en temps) pour vérifier son état de conviction, son adhésion, son indifférence...

8. Pour atténuer les difficultés autour du problème du prix, **veiller à bien lier** caractéristiques, avantages et prix.
Un prix qui tombe tout seul, loin d'un long développement sur les qualités du produit, au début de l'entretien, peut avoir le plus mauvais effet.
Donc bien *lier* profit-caractéristiques du produit ou du service.

9. Ne pas sous-estimer la **dimension affective** de l'entretien commercial.

On peut faire appel à l'art de raconter, aux anecdotes, aux expériences personnelles... La famille, les amis, les gens que l'on connaît en commun.

10. Il faut faire appel à **la volonté** de l'interlocuteur pour qu'il accepte. En effet, acheter exige *une décision*, donc un appel à la volonté. Il faut donc aller au-devant de cette volonté. Comment ?

CORRIGÉ 18

L'avantage de cet exercice réside dans le fait qu'il peut être utilisé à divers niveaux de formation, en fonction d'objectifs différents : analyse de la communication, analyse des interactions et des réseaux, analyse des stratégies de négociation.

Quel que soit le choix effectué, la phase d'analyse doit être menée en suivant strictement l'ordre ci-dessous.

1. Interroger successivement chaque chef de rubrique, pour qu'il analyse sa prestation et son rôle dans la réunion du comité de rédaction.
2. Interroger successivement chaque collaborateur, pour qu'il précise l'aide qu'il a pu apporter à son chef de rubrique dans les phases de discussion interne.
3. Interroger successivement chaque observateur, pour, en premier lieu, dévoiler aux acteurs principaux de l'exercice quels ont été les éléments sur lesquels ils étaient observés et, dans un second temps, donner le résultat de leurs observations.
4. Visionner l'enregistrement des trois phases de négociation.

Vous trouverez, ci-après, deux exemples de grille d'analyse pour cet exercice. Ils vous permettront de trouver des idées pour réaliser une grille personnalisée en fonction de votre situation de formation.

La première va permettre d'analyser par comptage, d'une part, les prises de parole (écoute, argumentation) et, d'autre part, l'influence des interactions sur la personne observée (*leadership*, conflit).

La seconde évalue de façon plus qualitative la communication. Elle permet, en plus, d'observer plus précisément les acteurs durant la phase d'évaluation de leur prestation. C'est la partie « auto-évaluation ». Les observateurs qui remplissent ces grilles continuent donc à le faire tandis que le jeu est terminé et que la caméra a cessé de filmer.

Grille n° 1

Nom de la personne observée : ....

	Éléments d'analyse	Phase 1 (décompte successif à l'aide de petites barres verticales)	Phase 2 (décompte successif à l'aide de petites barres verticales)	Phase 3 (décompte successif à l'aide de petites barres verticales)	Remarques
Écoute	Nombre de questions				
	Nombre de reformulations				
	Nombre de coupures de parole				
Argumentation	Nombre d'arguments				
	Nombre de contre-arguments				
	Nombre de recadrages				
Interaction	*Leadership* (indiquer au moyen d'une flèche, montante ou descendante)				
	Conflit (indiquer avec qui)				

Points à améliorer :

- ....
- ....

Grille n° 2

Nom de la personne observée : ....

Éléments d'analyse	1*	2	3	4	Remarques
Communication					
Communication verbale					
• Intonation	.....	.....	.....	.....	....
• Volume	.....	.....	.....	.....	....
• Débit	.....	.....	.....	.....	....
• Articulation	.....	.....	.....	.....	....
• Utilisation de silences	.....	.....	.....	.....	....
Communication non verbale					
• Position à la table	.....	.....	.....	.....	....
• Gestuelle adaptée au propos	.....	.....	.....	.....	....
• Regard	.....	.....	.....	.....	....
Écoute — argumentation					
• Qualité de l'écoute	.....	.....	.....	.....	....
• Pertinence des arguments	.....	.....	.....	.....	....
Auto-évaluation					
• Analyse par rapport aux objectifs	.....	.....	.....	.....	....
• Identification des moments clés et analyse	.....	.....	.....	.....	....
• Enseignements tirés	.....	.....	.....	.....	....

Points à améliorer :
- ....
- ....

* Placer une croix à l'endroit désiré

Cinquième partie

Management

Table de la cinquième partie

Introduction 397

1. Le groupe idéal 398
2. Quelle compatibilité de climat ? 398
3. Analyse d'une situation de travail 399
4. Les styles de commandement 401
5. Développez des comportements efficaces 404
6. Transmission de consignes et degrés de directivité 407
7. Évaluer ses capacités pour réussir comme responsable de projet 414
8. Planifier sa communication 417
9. Confier une tâche à un futur contributeur 418
10. Conduite de réunion d'avancement 422
11. Recadrer et accepter d'être recadré 423
12. Développez l'intuition de votre équipe 425
13. Le cas Calrex 427
14. L'expérience de Skinner 431
15. Tension au centre de perfectionnement 433
16. Les besoins d'information d'une DRH 435

Corrigés 1 à 16 440

Introduction

« Manager » : s'agit-il de diriger un orchestre ou de piloter une navire ? Les analogies vont bon train quand on invite des managers à parler de la manière dont ils exercent une autorité.

Affaire de climat, d'ambiance ? Encore faut-il être sûr de bien analyser une situation de travail. L'évocation de la célèbre expérience de Mayo pour la *General Electric* a peu vieilli et éclairera sur les enseignements à tirer d'une situation d'insatisfaction tout à fait d'actualité.

Reste à apprendre à décoder les styles de management, autoritaire ou paternaliste, et leurs conséquences au niveau des relations de travail. On aura le souci de développer des comportements efficaces, d'apprendre à transmettre dans de bonnes conditions des consignes et directives.

Mais le management n'est pas qu'une affaire de rationalité, comme on a trop voulu le montrer : un manager peut s'attacher à vouloir développer l'intuition parmi ses collaborateurs.

Pour terminer le parcours des cas proposés, les lecteurs seront invités à travailler sur les thèmes les plus actuels des formations au management : gérer les changements et les tensions.

1. Le groupe idéal

♦ Pierre Cauvin, n° 119

Donner trois adjectifs, ou mots, indiquant ce que vous souhaitez que soit chacun des processus suivants :
— la communication ;
— la résolution des conflits ;
— la définition des objectifs ;
— l'attribution des tâches ;
— la prise de décision ;
— la communication externe ;
— les méthodes de travail.

Faites un dessin représentant le groupe idéal.

Corrigé page 440

2. Quelle compatibilité de climat ?

♦ Virginie Cornet, Philippe Auriol, n° 108

Quelles sont les caractéristiques de votre équipe ?

		Plutôt VRAI	Plutôt FAUX
1	Les personnes travaillent souvent ensemble		
2	Les réunions sont fréquentes et productives		
3	La structure hiérarchique existe		
4	Les gens reçoivent positivement les remarques qu'on leur fait et en tiennent compte		
5	Nous n'avons pas besoin de nous voir pour bien fonctionner		
6	Chacun a un rôle bien identifié et y travaille seul		
7	Les décisions sont prises en commun, ou avec les personnes les plus concernées et compétentes		
8	Les gens se fréquentent beaucoup, même en dehors de l'entreprise		

		Plutôt VRAI	Plutôt FAUX
9	Chacun est libre d'exprimer ses idées dans l'entreprise en toute sécurité		
10	Il n'y a pas de place pour les sentiments chez nous		
11	Je distingue bien ma vie professionnelle et ma vie privée		
12	Nous travaillons plus par projet que par service		
13	Le pouvoir est fluctuant selon les projets		
14	Nous planifions nos projets		
15	Nous avons besoin de travailler ensemble		
16	Nous communiquons essentiellement par notes, coups de téléphone		
17	Chacun sait ce qu'il a à faire (fiches de fonctions)		
18	Avant de s'exprimer, on y réfléchit à deux fois		

Corrigé page 442

3. Analyse d'une situation de travail

♦ Roger Mucchielli, n° 7

L'exercice consiste pour vous à prendre connaissance de ces observations, et à répondre aux questions posées.

Les expériences à la General Electric Company

À l'époque où eurent lieu les expériences, en 1924, une insatisfaction quasi-générale régnait parmi les 30000 ouvriers de la General Electric Company à Chicago. Le rendement s'en ressentait, et on confia à Elton Mayo la mission de faire un rapport sur les améliorations à apporter à cet état de choses.

La première étude porta sur l'analyse — et l'évaluation — des conditions matérielles du travail dans leur relation avec le rendement.

1. Les enquêteurs s'attaquèrent d'abord aux conditions d'éclairage. Pour cela, ils choisirent deux groupes d'employés : pour le premier, servant de groupe contrôle, l'éclairage resta ce qu'il était ; pour le second (ou groupe d'expérience), l'intensité fut augmentée.

Les deux groupes d'employés avaient été mis au courant des objectifs des enquêteurs ; ils avaient accepté de servir d'échantillon d'étude, et d'être observés et « mesurés » régulièrement dans ce but.

Comme on s'y attendait, le rendement du second groupe augmenta dans les nouvelles conditions d'éclairage, mais, à la surprise des enquêteurs, le rendement augmenta aussi, quoique avec un degré moindre, dans le groupe-contrôle pour qui ces conditions n'avaient pas été changées.

Embarrassés par ces premiers résultats, les enquêteurs diminuèrent l'éclairage du groupe d'expérience. Le rendement augmenta encore.

2. Pensant que d'autres conditions, indépendantes de l'éclairage, intervenaient plus puissamment dans leur expérimentation, les enquêteurs instituèrent des expériences portant sur le rythme de travail et les temps de repos.

La seconde série d'expériences fut la suivante : on créa un « groupe expérimental » de six jeunes filles qui se choisirent mutuellement pour constituer l'atelier-témoin d'assemblage des relais téléphoniques. Le travail consistait à assembler sur un établi quelques petites pièces pour faire un appareil d'un volume assez réduit (le relais téléphonique) qui, une fois terminé, était déposé dans une glissière. Les relais terminés étaient automatiquement comptés à leur passage dans la glissière.

En temps de travail normal (comportant 48 heures par semaine, un jour de congé hebdomadaire — le dimanche — et pas de pause au cours des 8 heures quotidiennes sauf l'arrêt-déjeuner), chaque jeune fille faisait 2400 relais par semaine soit environ 400 relais en moyenne par jour. L'assemblage des pièces pour faire un relais était rapide (quoique cela fût variable évidemment selon la dextérité de l'employée) et pratiquement se faisait en moins d'une minute.

Pendant toute la durée de l'expérience, un observateur demeura dans l'atelier, notant ce qui se passait, écoutant les doléances des employées et les tenant au courant du déroulement de l'expérience.

Les résultats furent les suivants :

a) on institua le paiement à la pièce pendant 8 semaines. Le rendement augmenta ;

b) on mit deux pauses de 5 minutes, une le matin, une l'après-midi tout en maintenant le salaire aux pièces. Le rendement augmenta ;

c) on fit passer les pauses de 5 à 10 minutes chacune. Le rendement augmenta ;

d) on mit six pauses de 5 minutes. Le rendement diminua et les employées n'étaient pas contentes ;

e) on revint aux deux pauses avec collation offerte au cours de l'une des pauses. Le rendement augmenta ;

f) on maintint les pauses, la collation, et en outre on raccourcit la journée de travail d'une demi-heure. Le rendement augmenta ;

g) on raccourcit la journée d'une heure, dans les mêmes conditions, et le rendement resta inchangé ;

h) les enquêteurs, désemparés, supprimèrent toutes les améliorations et reconstituèrent les conditions de départ : semaine de 48 heures, travail le samedi, pas de salaire aux pièces, pas de pause, pas de collation. Ils maintinrent ces conditions pendant 3 mois et le rendement battit tous les records : 3000 relais en moyenne par semaine et par employée.

Quelles conclusions devaient tirer les enquêteurs à votre avis ?

Quelles conclusions d'ensemble vous inspire cette expérience en ce qui concerne :

1. La notion même de « poste de travail » comme objet d'étude ou d'analyse ?
2. Les précautions méthodologiques qui s'imposent dans toute étude de ce genre ?

Corrigé page 442

4. Les styles de commandement

♦ Jean-François Laborey, n° 88

Consignes pour le cas

Ce jeu de rôles se joue à six personnages et avec des observateurs. Il est extrêmement vivant dans la mesure où les entretiens sont rapides et différents.

1. Choisissez discrètement, au moment d'une pause, trois appréciateurs auxquels vous distribuerez les rôles proposés. Demandez-leur de caricaturer leur personnage.
— Appréciateur 1 : très autoritaire, voire agressif.
— Appréciateur 2 : très maternant, voire paternaliste.
— Appréciateur 3 : tout en questions et recherches de solutions.
2. Répartissez-les dans la salle, chacun se constituant un bureau (une table et deux chaises).
3. Choisissez trois appréciés qui passeront tour à tour en entretien avec chacun des trois responsables.

Demandez au reste des participants de suivre un apprécié au cours de ses trois entretiens, et de noter de 0 à 10 :
— l'efficacité de chacun des responsables ;
— la qualité de sa relation avec l'apprécié.

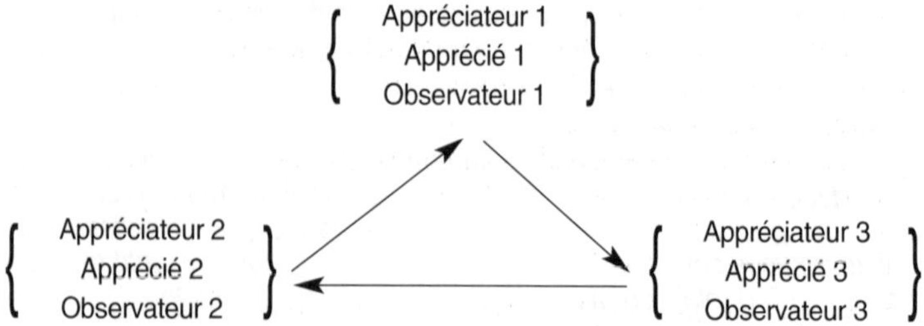

Chaque apprécié est reçu *cinq minutes* par chaque appréciateur, puis il passe au suivant. Les observateurs suivent les appréciés.

Le cas Laurent Bichat

Apprécié : Laurent Bichat

Vos résultats sont mauvais cette année. Cela vient des faits suivants :

1. Vous avez mis du temps à comprendre l'organisation de ce service.
2. Votre patron ne vous a pas beaucoup aidé.
3. Pour des raisons familiales, vous n'aviez pas toujours la tête à votre travail, ni le cœur à bavarder avec vos collègues. La situation est maintenant réglée.

En clarifiant les choses avec votre patron, vous devez pouvoir cette année obtenir des résultats satisfaisants.

Appréciateur 1

Pour sa première année dans le service, les résultats de Laurent Bichat sont franchement mauvais.

— Il travaille en solitaire.

— Il semble souvent ailleurs.

— Il ne semble pas maîtriser le travail de ce nouveau service et, ce qui est plus grave, n'a jamais tiré la sonnette d'alarme, ni sur ses résultats, ni sur ses difficultés.

Vous avez décidé de lui passer un savon et de lui mettre les points sur les « i ».

Appréciateur 2

Ce pauvre Laurent Bichat semble bien abattu. Ses résultats sont mauvais et vous savez pourquoi :

— les tâches de ce service sont bien nouvelles pour lui, et un an n'est pas de trop pour s'y familiariser ;

— vous ne l'avez pas aidé beaucoup, faute de temps ;

— en plus, vous savez par ses collègues qu'il a eu des difficultés familiales importantes. Ne sachant pas comment le prendre, tout le monde l'a un peu laissé tomber.

Cet entretien est l'occasion de lui remonter le moral, de l'assurer de votre sympathie et de dédramatiser la situation. Après quoi, les résultats viendront d'eux-mêmes.

Appréciateur 3

Les résultats de votre collaborateur, Laurent Bichat, sont mauvais pour cette première année.
— Vous avez pu constater, par ailleurs, qu'il est plutôt solitaire et que des difficultés familiales l'ont préoccupé ces derniers temps.
— Faute de temps, vous n'avez pas eu l'occasion d'en discuter avec lui.

Cet entretien est l'occasion :
— de connaître les causes exactes de ces mauvais résultats (phase de diagnostic) ;
— de lui faire trouver des solutions et des objectifs pour remonter ses résultats.

Consignes aux observateurs

Notez entre 0 et 10 l'utilité des entretiens auxquels vous allez assister.
— Laurent Bichat sera-t-il plus efficace dans son travail ?
— Ses relations seront-elles meilleures avec son chef ?

	EFFICACITÉ	RELATIONS
1er chef		
2e chef		
3e chef		

Comment expliquez-vous ces différents résultats ?

Corrigé page 443

5. Développez des comportements efficaces

♦ Bruno Barjou, Annick Cohen, Jacques Isoré, Jean-Pierre Testa, n° 118

Sachez formuler des demandes, dire non, et exprimer des critiques acceptables

Nous vous proposons une série de cas pratiques qui peuvent être utilisés de deux façons :

— individuellement, prenez connaissance des contextes et écrivez ce que vous diriez et feriez si vous vous trouviez dans les situations des protagonistes ;

— lors d'un séminaire, ces cas s'utilisent comme des jeux de rôles.

Dans tous les cas, reportez-vous à la partie Corrigé pour analyser vos modes de réaction dans ces situations.

Cas n° 1

Interlocuteur 1

La direction vous propose une promotion dans un autre service. On vous accorde une semaine de réflexion pour prendre votre décision.

Ne connaissant pas bien le poste qu'on vous propose, vous souhaitez vous renseigner. Par chance, vous connaissez bien un de vos collègues qui occupe un poste similaire à celui qu'on vous propose.

Vous décidez de lui rendre visite pour avoir des informations sur son travail. Vous entrez dans son bureau.

Interlocuteur 2

Vous rédigez un rapport délicat sur lequel vous avez pris beaucoup de retard. Pour pouvoir le remettre dans les délais, demain matin, vous devez y consacrer toute votre journée.

Un collègue arrive. Il travaille dans un autre service. Vous le connaissez bien et vous avez des bons rapports avec lui. Il entre dans votre bureau.

Cas n° 2

Interlocuteur 1

Vous venez de prendre de nouvelles fonctions. Vous utilisez l'informatique sans être un spécialiste. Vous avez souvent besoin de conseils sur le fonctionnement du matériel que vous utilisez.

Comme vous avez de très mauvais rapports avec le spécialiste actuel, vous vous adressez de préférence à Paul qui occupait précédemment le poste, qui est très compétent et que vous appréciez beaucoup d'un point de vue relationnel. Vous vous rendez dans son service pour lui demander quelques précisions…

Interlocuteur 2

Beaucoup de personnes de l'entreprise viennent vous demander des conseils et des précisions concernant le fonctionnement du matériel informatique.

Parce que vous occupiez autrefois ces fonctions et que le nouveau responsable n'est pas d'un abord facile, on continue à faire appel à vous.

Vous pensiez qu'avec le temps les sollicitations diminueraient mais cela n'évolue pas. Vous voulez bien être gentil, mais il y a des limites…

Cas n° 3

Interlocuteur 1

Vous êtes en train d'élaborer votre budget pour 1998. C'est un travail important qui demande toute votre concentration.

Votre collègue du service voisin est nouveau dans son poste. Il ne connaît pas encore bien les règles de l'entreprise et doit lui aussi rédiger son budget.

Ce matin, c'est la cinquième fois qu'il vous téléphone pour vous demander des précisions.

À partir de maintenant, vous êtes bien décidé à ne plus vous laisser interrompre.

Le téléphone sonne…

Interlocuteur 2

Vous venez d'arriver dans la société. Ce poste est nouveau pour vous et vous ne le connaissez pas encore entièrement. Actuellement, vous réalisez votre budget 1998. C'est une urgence. Au fur et à mesure que vous avancez, vous découvrez des difficultés imprévues qui vous obligent à téléphoner à votre collègue du service voisin. Faute de quoi vous seriez en panne sans possibilité d'avancer. Vous l'avez dérangé déjà cinq fois ce matin. Et, encore une formule incompréhensible. Vous appelez votre collègue au téléphone…

Cas n° 4

Interlocuteur 1

Vous êtes chef de cellule dans un bureau de gestion des personnels non titulaires. Vous avez, vous et votre équipe, passablement de travail et peu de moyens pour y faire face. Tout le monde le sait. Aussi, il arrive que certains dossiers puissent prendre du retard. Ce matin, vous avez réuni votre équipe et vous êtes en train d'examiner des dossiers urgents et importants qui doivent être présentés prochainement en commission paritaire. Au beau milieu de la réunion, André, votre chef de bureau, vient vous voir pour vous demander, toutes affaires cessantes, de s'occuper du cas de M. X. Vous connaissez bien le cas de M. X. C'est une affaire compliquée qui va demander pas mal de temps. À partir de ces éléments, agissez comme bon vous semble et comme vous le feriez dans la réalité.

Interlocuteur 2

Vous êtes le nouveau directeur du bureau de la gestion des personnels non titulaires. Votre directeur de département, sollicité lui-même par le cabinet du ministre, veut avoir des informations urgentes sur le dossier de M. X. qui est, paraît-il, en souffrance depuis longtemps. Vous descendez d'un étage et frappez au bureau du chef de cellule, François, responsable de ce dossier. Vous le découvrez en réunion avec son équipe. Désolé de ce contre-temps, vous lui demandez de vous occuper immédiatement de cette affaire. À partir de ces éléments, agissez comme bon vous semble et comme vous le feriez dans la réalité.

Cas n° 5

Interlocuteur 1

Lorsque vous êtes en entretien avec votre hiérarchique dans son bureau, votre conversation est fréquemment interrompue par les appels téléphoniques qu'il reçoit.

Hier, il est resté 20 minutes en contact avec un fournisseur pour régler un problème de livraison.

Cela vous gêne et vous fait perdre beaucoup de temps.

Vous décidez d'aller le voir pour lui demander d'avoir des comportements qui vous fassent perdre moins de temps.

Il vous reçoit.

Interlocuteur 2

Votre nouveau collaborateur avec lequel vous vous êtes entretenu hier dans votre bureau demande à vous voir. Vous le recevez.

Corrigé page 444

6. Transmission de consignes et degrés de directivité

♦ Guy Barrier, n° 117

Application 1

Cet exercice s'adresse à toute personne en formation appelée à exercer des responsabilités et à transmettre des consignes à son environnement professionnel. Il est proposé ici un entraînement portant sur l'intentionnalité et ses modalités orales ou vocales. Celui-ci aura lieu sous forme de jeu de rôles. Le « directeur » devra répartir oralement en fonction des objectifs, un certain nombre de consignes à trois de ses collaborateurs : une attachée de direction, un comptable et une secrétaire. Un observateur complétera le groupe, à défaut de caméscope. L'observation consiste à apprécier le style de transmission des consignes : mode directif trop pesant, manque de résolution ou mode de commandement correct. Les collaborateurs donnent également leur opinion sur la qualité du message reçu. Il est nécessaire que plusieurs « directeurs » se succèdent dans le cadre du jeu de rôle, afin d'évaluer des styles de management différents.

Liste des tâches à transmettre (chaque émetteur devra personnaliser le message à son gré) :

1. Personne concernée : le comptable

— Le dossier contentieux de plusieurs clients est nécessaire afin de relancer les créances. Il y aura lieu de rechercher le dossier, trier les impayés par ordre de priorité, taper une dernière lettre de rappel avant poursuites et informer le service de recouvrement sous quinzaine des cas non résolus. Un rapport récapitulatif sur tous les contentieux résolus ou à résoudre devra être prêt pour le 15 janvier.

— Plusieurs devis comparatifs devront être réunis afin d'installer l'informatique en réseau. Un appel d'offres devra être préparé pour le 12 mars, en privilégiant la qualité de la maintenance et les facilités de paiement. L'informaticien de la maison devra être consulté, afin d'obtenir les adresses de fournisseurs pouvant consentir une remise. Les devis devront être présentés dans un cahier des charges comportant des commentaires sur les choix possibles. Le comptable devra donc se remettre en contact avec l'informaticien.

2. Personne concernée : la secrétaire

— Elle devra convoquer pour le 18 janvier tous les membres de la commission financière afin d'examiner le rapport contentieux. Les deux consultants extérieurs à la société seront contactés par téléphone pour s'assurer de leur disponibilité, puis recevront confirmation par courrier.

Un dossier individuel sera préparé pour chaque participant, incluant le rapport du comptable et le budget prévisionnel. Elle devra présenter ce dernier en format A3.

— Elle préparera des fiches de réception d'appel téléphonique qui comporteront le nom de l'appelant, sa fonction et son entreprise, l'heure et l'objet de l'appel. Les fiches seront présentées en format 10, 5/15, de couleur assortie aux services concernés et devront être présentées pour accord à l'attachée de direction. En tout état de cause, elles seront prêtes pour le 15 mars.

3. Personne concernée : attachée de direction

— Celle-ci devra coordonner l'ensemble des tâches précédentes, prévenir le directeur en cas de problème imprévu qu'elle ne pourrait résoudre par elle-même, mais de préférence prendre toutes initiatives pour éviter les contretemps.

— Elle devra faire en sorte d'assurer le succès du prochain cercle de qualité, à planifier début mars. Dans chaque service elle recensera les suggestions, puis en dressera un compte rendu au directeur pour le 28 février. Elle rassemblera les procès-verbaux des précédents cercles de qualité, et préparera un journal d'information interne.

Celui-ci devra être attrayant, bref et très bien présenté. Une maquette sera remise au directeur avant la date de la réunion.

Application 2

Le cas présenté ci-dessous décrit un incident professionnel ayant entraîné la désorganisation de tout un service administratif. Il est proposé de le mettre en place sous forme de simulation d'entretien. Le rôle principal sera tenu par le chef du personnel, qui s'entretiendra avec chaque personne afin de trancher la part de responsabilité des uns et des autres et prendre toute mesure afin d'éviter la réédition d'un tel incident.

En seconde partie, un travail d'expression écrite permettra de rédiger plusieurs notes de service circonstanciées.

Cas proposé : incident dans le service

La clinique des Bleuets envoie chaque semaine les factures des journées d'hospitalisation de ses malades à la caisse de Sécurité sociale (qui prend en charge les assurés sociaux). Cependant, la caisse ne règle que les dossiers qui lui parviennent avant le 31 décembre. L'incident ci-dessous aura lieu quelques jours avant cette date. Quatre pools de gestion (de 2 employés chacun) se partagent le travail d'édition des factures sur ordinateur.

Mme Duloisir (mère de 3 enfants) appartient au pool n° 2. Elle a demandé le 21 novembre à sa responsable, Mme Souchefe, une journée de disponibilité pour convenance familiale pour le 22 décembre.

Celle-ci a accepté, quoique ayant remarqué que cette employée avait déjà fait souvent coïncider ses congés maladie avec les périodes de vacances scolaires. Elle regrette sa décision quelques semaines plus tard, car un gros volume de dossiers en retard est recensé ; mais elle ne revient pas en arrière.

Le 22 décembre, Mme Lafleur se retrouve donc seule dans le pool n° 2 et s'efforce comme ses collègues de rattraper le retard d'édition des dossiers. Pas de chance pour elle, son imprimante s'est engorgée de papier. Or, elle a toujours laissé le soin à Mme Leloisir, absente, de réparer ce genre d'incident. Elle va demander à une collègue d'un autre pool, Mme Legrincheux, de l'aider. Celle-ci refuse, faisant valoir qu'elle est déjà très en retard et que personne ne l'aide quand elle en a besoin. Désabusée, Mme Lafleur n'ose pas demander assistance aux autres employées.

Elle appelle donc M. Distrait, l'ingénieur informatique. Or, celui-ci est absent de son poste : il est parti garer sa voiture, qu'il avait stationnée sur l'emplacement réservé à un médecin des urgences. Que faire ? Elle contacte un informaticien d'un autre service, M. Courtois. Celui-ci, bien que cela n'entre pas dans ses attributions, veut bien tenter une intervention. Comble de malchance, une fausse manœuvre mettra en panne le système d'exploitation du serveur qui dessert les 8 terminaux : les 8 postes sont maintenant immobilisés.

Lorsque M. Distrait revient, il doit donc redémarrer le système informatique, mais, pour accéder à celui-ci, un mot de passe est nécessaire ; après une heure de recherches, il ne peut le retrouver. Seule la société de maintenance pourrait solutionner la situation, mais ses techniciens ne viendront réparer que le lendemain. Conséquence : tout le service est bloqué, 200 dossiers de facturations ne pourront être édités, soit une perte brute pour l'établissement de 45 735 €.

Variante

Le thème proposé ci-dessus peut également faire l'objet d'un débat. À l'instar du célèbre « cas du fou », les participants doivent alors classer chaque personnage par ordre de responsabilité.

Application 3

Une des variables essentielles concernant les effets de la voix sur le récepteur est l'ajustement fin du volume sonore : celui-ci ne doit ni manquer de résolution, ni être vécu comme désobligeant. Afin de sensibiliser le locuteur à cette dimension affective de la communication, des exercices de projection graduelle de la voix sont proposés, inspirés des méthodes de rééducation orthophonique et de l'art dramatique. Il est nécessaire de disposer d'un local approprié afin de ne pas déranger l'entourage.

L'apprenant doit compter de 1 à 5, en imaginant qu'il projette sa voix à un mètre, puis par étapes jusqu'à 100 mètres. Après une pause, le décompte inverse est effectué.

Dans une étape suivante, la phrase suivante est graduée en volume de la même façon, par étapes ascendantes puis *decrescendo* : « J'aimerais que ce point soit bien clair pour vous ». Certains locuteurs auront un volume sonore qui stagne à partir du degré 3, pour des raisons d'inhibition évidentes, alors que d'autres auront des difficultés à modérer leur impétuosité. L'exercice peut être poursuivi en s'inspirant d'allocutions ou de discours rédigés par avance.

Application 4

Observez les séquences verbales ci-dessous. Tentez de les classer en fonction de leur fonction perlocutoire, qui peut être variable selon l'intention de l'émetteur : 1) demande ; 2) ordre ; 3) mise à demeure. Observez également les atténuateurs et les formules stylistiques permettant de graduer ou de masquer le contenu injonctif des messages :

1 — Pouvez-vous relire cette lettre?

2 — Voulez-vous relire cette lettre ?

3 — Je vous prie de me relire cette lettre.

4 — Je vous prie de bien vouloir relire [...]

5 — J'aimerais que vous relisiez cette lettre !

6 — Vous tâcherez de relire cette lettre.

7 — Vous voudrez bien relire cette lettre.

8 — J'aimerais bien que vous relisiez cette lettre.

9 — J'aurais voulu que vous relisiez cette lettre.

10 — Veuillez relire cette lettre.

11 — Vous me ferez le plaisir de relire cette lettre.

12 — Faites en sorte de relire cette lettre.

13 — Pouvez-vous relire cette lettre ?

14 — Relisez cette lettre.

15 — Il faudrait peut-être relire cette lettre.

16 — Cette lettre doit être relue.

17 — Je vous demanderai de relire cette lettre.

18 — J'aurais voulu vous demander de relire [...]

19 — Vous relirez cette lettre.

20 — Vous relirez cette lettre ?

21 — Avez-vous relu cette lettre ?

22 — Pensez à relire cette lettre.

23 — Puis-je vous demander de relire cette lettre ?

24 — Relisez cette lettre, s'il vous plaît.

25 — Relisez cette lettre, je vous prie.

26 — Vous relirez cette lettre, n'est-ce pas ?

27 — Vous devriez relire cette lettre.

28 — Vous feriez bien de relire cette lettre.

29 — Sans vous commander, voudrez-vous...

Application 5

Observez, à partir d'un recueil de circulaires commerciales, les procédés rhétoriques et sémiotiques mis en œuvre, puis calculez l'indice de lisibilité du texte.

Une étude similaire pourra également être menée à partir de professions de foi électorales.

Application 6

Le formateur constitue des groupes de quatre étudiants. L'un d'entre eux présentera aux trois autres un exposé relatif à un examen préparé ou un rapport de stage. Ces derniers doivent être aptes à simuler un minimum d'esprit de contradiction dans le jeu question-réponse qui s'ensuivra. Pendant l'exposé, ils écouteront leur camarade sans interrompre et prendront des notes afin de le contredire par la suite. Puis, ils se relaieront pour lui soumettre une série de questions inspirées des exemples suivants :

— Vous venez de dire que [...]. C'est bien ça ? Qu'est-ce qui vous permet de faire une telle affirmation ?

— Vous semblez estimer [...] Vous ne pensez pas être un peu excessif dans vos jugements ?

— Vous avez affirmé [...] Quelles preuves avancez-vous ?

— Vous disiez également [...] Est-ce sincèrement votre avis ?

— Vous avez mentionné (tel chiffre, information) : quelles sont vos sources précises ?

— Lorsque vous dites [...] où voulez-vous en venir ?

— Vous proposez de [...] pour résoudre [...]. Franchement, est-ce bien réaliste ?

— Vous avez dit (x) et (y). Quel est le rapport ?

— Vous avez suggéré également de [...] Où avez-vous trouvé cette idée-là ?

— Votre idée de [...] n'est vraiment pas très claire ; pourriez-vous mieux la justifier ?
— Quand vous employez le mot [...], qu'entendez-vous par là ?
— Êtes-vous pleinement satisfait de votre étude ? Pourquoi ?
— Quels sont les reproches que vous feriez vous-même à votre exposé ?

Les observateurs notent les réactions significatives. Un caméscope serait également bienvenu dans une telle simulation, la caméra restant en plan fixe sur le candidat. Si l'on a prévu plusieurs mises en situation espacées dans le temps, celui-ci aura intérêt à conserver la cassette pour apprécier s'il a acquis davantage de souplesse argumentative.

Application 7

La préparation aux entretiens de recrutement professionnels est un aspect important en formation. Elle permet d'aborder l'ensemble des composantes, verbales et non verbales, développées au fil des différents chapitres.

Les futurs candidats s'attendent souvent à des questions purement professionnelles et n'ont pas toujours fait un bilan de leurs caractéristiques personnelles. Il n'est pas inutile de préparer cette phase à l'aide d'un questionnaire papier-crayon englobant plusieurs aspects de la personnalité (GPPI de Gordon, G. Zimmerman...).

La simulation proposée ici aborde quelques questions classiques ou « sociales », suivies d'une liste des questions personnelles ou indiscrètes pouvant être posées dans un tel contexte. Elle permettra par la suite à l'interviewé de relativiser ce qu'il pourrait considérer comme une intrusion du recruteur dans son « jardin secret ».
— Quels sont les grands enjeux dans le secteur que vous visez ?
— Pourquoi pensez-vous que ce métier est fait pour vous ?
— Qu'attendez-vous de nous pour vous aider à réussir dans notre société ?
— Que pouvez-vous nous apporter ?
— Comment vous représentez-vous votre emploi futur ?
— Dans quelles activités vous sentez-vous le moins à l'aise ?
— Êtes-vous vraiment quelqu'un de très stable ?
— Quels sont vos défauts ?
— Préférez-vous travailler en équipe ou seul ? (si la réponse est « en équipe » : êtes-vous vraiment autonome pour agir ?)
— Est-ce que vous envisageriez de faire carrière contre les autres ?
— Encaissez-vous facilement les mauvaises nouvelles ?
— Quels sont les défauts que vous ne supportez pas chez les autres ?
— Aimeriez-vous être populaire ?

— Avez-vous vos petites habitudes ? Lesquelles ?
— Remettez-vous parfois votre travail au lendemain ?
— Restez-vous toujours calme dans une discussion contradictoire ?
— Pensez-vous qu'il ne faut pas heurter les autres en discutant ?
— Êtes-vous sensible à l'image que les autres ont de vous ?
— Vous est-il toujours facile de donner un ordre ?
— Pensez-vous parfois que les autres ont plus de chance que vous ?
— Vous arrive-t-il de vous reprocher certaines choses ?
— Avec les gens, vous laissez-vous guider par vos impressions ?
— Êtes-vous parfois contrarié par les autres ? Dans quel contexte ?
— Est-ce que vous « ruminez » facilement vos erreurs ou échecs ?
— Accepteriez-vous une discipline stricte ?
— Comment vous y prenez-vous avec les personnes laxistes ?

Application 8

Éliminez les maladresses de ton et de forme qui émaillent cette (authentique) note de service. Utilisez dans un second temps les outils de correction de Word : correcteur orthographique, grammatical, indice de lisibilité.

Note au personnel s'occupant du tri et nettoyage du linge des malades.

Je suis saisi de plus en plus fréquemment de plaintes ou remarques désobligeantes par les familles relatives au lavage du linge personnel qui retourne souvent abîmé voir même tout à fait inutilisable.
— L'assurance de l'établissement s'étonne du nombre de déclarations de sinistres.
— L'examen de ces incidents désagréables montre que les torts sont partagés entre les services de soins et le service de lingerie buanderie avec une succession de négligences dont le nombre tend à s'intensifier.

Pour les étages, je constate :
— des erreurs manifestes au niveau de l'affectation du linge dans le sac correspondant ;
— le personnel ne tient pas compte des remarques des familles qui, conscientes de ce problème veulent nettoyer elles-mêmes le linge de leur malade. Veuillez le mettre dans une poche spéciale.
— quand il y a un retour défectueux il faut le signaler immédiatement à la lingerie par l'intermédiaire de la surveillante ou infirmière et surtout ne pas le ranger sans rien dire ou le mettre à la poubelle.

Pour la lingerie buanderie :

Certes, normalement le linge doit arriver trié dans les sacs mais je m'inquiète tout de même sur l'augmentation récente des sinistres. N'y a- t-il pas parfois des erreurs de programme car des sacs de linge entiers sont détériorés, ou autre probléme. Si vous remarquez une erreur avant le tri prévenir aussitôt le service (surveillante ou infirmière) qui viendra constater. Si vous constatez un probléme aprés le lavage, ne pas mettre le linge personnel dans le circuit. Prévenez la surveillante pour que ce ne soit pas la famille qui découvre l'incident. Dans tous les cas, j'observe des négligences manifestes et certains agents ne tiennent pas compte des remarques de leur supérieur. Sachez que nous sommes dans un service public et si les prestations se dégradent en l'espéce, ce n'est pas une question de moyens, mais de mauvaise volonté car avant il n'y avait pas tout ce matériel et moins d'agents. Si l'hopital est obligé à cours terme d'arrêter ces prestations pour les malades en renonçant à laver le linge des malades, ce serait un véritable échec. Je serai donc contraint de prendre des mesures qui s'imposent à l'encontre des différents responsables si ce phénomène ne s'arrête pas immédiatement.

Je souhaite surtout qu'un dialogue s'instaure plus officieusement entre la lingerie buanderie et les services sans polémique.

Corrigé page 448

7. Évaluer ses capacités pour réussir comme responsable de projet

♦ Bruno Barjou, n° 128

Pour évaluer votre potentiel en tant que responsable de projet, répondez au test suivant.

Items	Plutôt Oui	Plutôt Non
1. Je sais expliquer avec des mots simples ce qu'il y a à faire.		
2. Je sais négocier les priorités auprès de ma hiérarchie.		
3. Je perçois bien la spécificité du travail en équipe-projet.		
4. Je sais organiser le travail à court terme sans négliger le moyen terme.		
5. Je connais les spécificités des différents métiers de l'entreprise impliqués dans le projet.		
6. Je pose facilement des questions pour demander des informations complémentaires, si nécessaire.		

Items	Plutôt Oui	Plutôt Non
7. Je n'aime pas la routine.		
8. J'encourage la coopération entre les différents métiers qui interviennent sur le projet.		
9. Je sais arbitrer les conflits de priorités entre les intervenants sur le projet et montrer la pertinence du choix effectué pour le bon déroulement du projet.		
10. Je sais rendre compte des activités conduites tant au client du projet qu'aux hiérarchiques des contributeurs.		
11. Je ne suis pas un individualiste et j'aime fonctionner en équipe.		
12. Je sais avoir une discussion d'égal à égal avec un interlocuteur même si celui-ci est très haut placé.		
13. Je considère que chaque participant au projet a un rôle à tenir dans l'équipe et pas seulement une tâche à accomplir.		
14. J'évite de porter des jugements de valeur sur les avis et les interventions des contributeurs au projet.		
15. Je sais m'engager sur des objectifs et m'y tenir.		
16. Je sais faire remonter l'information en fonction des besoins de mes interlocuteurs.		
17. J'associe les hiérarchies à l'évaluation des tâches accomplies afin que l'expérience accumulée soit reconnue et utilisée.		
18. Je sais prendre des risques calculés, par exemple au niveau des priorités.		
19. Je sais accepter facilement une autre solution que la mienne si elle s'avère plus efficace.		
20. Les contraintes fortes (technique-coût-délais) me stimulent.		
21. Lorsqu'une décision a été prise dans l'équipe projet, je ne la remets pas en cause.		
22. Je sais fixer les règles de fonctionnement d'une équipe.		
23. Je sais dire non à une demande trop exigeante.		
24. J'assure la traçabilité des tâches accomplies pour que l'expérience profite à toute l'entreprise.		

Items	Plutôt Oui	Plutôt Non
25. Je sais être réaliste dans la négociation de mes objectifs et des moyens et délais qui y sont assortis.		
26. Je suis plutôt attiré par une évolution de carrière fondée sur l'acquisition de savoir-faire nouveaux.		
27. J'encourage les contributeurs à prendre en compte les contraintes des différents métiers concernés par le projet pour être innovant dans la recherche de solutions.		
28. Je cherche à intégrer chaque responsable de tâche le plus en amont possible dans le projet.		
29. J'aime que l'on remette en cause les solutions que je propose. Cela me permet d'être plus performant.		
30. Je parle positivement de mon équipe projet. Je sais dialoguer avec les hiérarchiques.		
31. J'évalue chaque tâche avec le contributeur, en actions précises, moyens nécessaires et temps à consacrer.		
32. Je sais remonter une difficulté en réunion lorsque je ne sais pas la traiter seul.		
33. Je sais demander de l'aide auprès des services métier si nécessaire.		
34. Je sais sortir de ma propre technicité et envisager des solutions innovantes.		
35. Je sais travailler avec des interlocuteurs multiples.		
36. Je sais m'adapter à différents interlocuteurs de techniques ou de cultures différentes.		
37. Je respecte les règles du jeu fixées avec l'équipe projet (réunions – feed-back – comptes rendus) pour informer chacun de l'avancement du projet.		
38. Je garde mon calme lors de fortes pressions ou dans des situations ambiguës.		

Items	Plutôt Oui	Plutôt Non
39. Je suis à l'aise dans la créativité et l'innovation.		
40. Je ne perds pas mes moyens si mon client ou les membres de l'équipe projet me questionnent pour valider l'avancement du projet.		

Corrigé page 451

8. Planifier sa communication

♦ Bruno Barjou, n° 128

À partir du planning Gantt d'un projet, nous vous invitons dans cet exercice à prévoir les phases de communication que vous envisagez pour communiquer autour de ce projet avec les différents acteurs.

Pour chaque phase de communication prévue, nous vous invitons à définir :

– Quelle est la cible de votre communication (client, contributeurs, hiérarchiques…)

– Quels messages souhaitez-vous faire passer ?

– Quels sont les médias (réunions, rapports, contacts informels…) que vous allez utiliser ?

– À quels moments cette communication va-t-elle être mise en place ?

– Qui va gérer cette communication ?

Une bonne maîtrise de son temps est indispensable à l'intervenant dans un projet. Soumis à plusieurs donneurs d'ordres, il doit disposer des outils et méthodes lui permettant de réagir rapidement et d'alerter ses interlocuteurs en cas de conflits de priorités.

Deux outils sont classiquement utilisés : le planning et la fiche de tâche.

Le planning ou diagramme Gantt

Le diagramme Gantt (du nom de son créateur Henry Gantt) consiste en une série de barres horizontales liées à une échelle de temps représentée en colonne. Chaque barre représente une tâche ou une phase et son emplacement indique la date de démarrage, la date de fin, ainsi que la durée de sa réalisation.

Tâche N°	Nom activité	S1	S2	S3	S4	S5	S6	S7	.../...
1									
2									
3									
4									

Cette représentation du planning en diagramme à barres est la plus courante et la plus connue de tous ; il est donc bon de l'employer. Elle permet une bonne visualisation des tâches dans le temps et est simple d'utilisation. Toutefois cette représentation est difficile à faire vivre au cours du temps lorsque des modifications adviennent.

Corrigé page 452

9. Confier une tâche à un futur contributeur

♦ Bruno Barjou, n° 128

CAS : Responsable du projet

Vous devez trouver un contributeur techniquement compétent qui lit, parle, écrit couramment l'anglais et l'allemand pour rédiger et contrôler des textes dans le projet « Plaquettes ».

Seul, Philippe a ce profil.

En accord avec sa hiérarchie, vous décidez de lui confier cette mission malgré son recrutement récent (2 mois).

À vous de jouer…

CAS : Contributeur

Vous avez été recruté depuis 2 mois dans une entreprise.

Vous êtes parfaitement trilingue (anglais et allemand). Vous êtes un bon professionnel, vous connaissez bien votre métier, mais vous ne connaissez pas encore parfaitement l'ensemble de l'entreprise.

Votre hiérarchique arrive avec un responsable de projet.

Étude de cas : ROTNEC sa

Nous vous proposons une étude de cas qui va servir de support en fil rouge sur la plupart des exercices de cet ouvrage.

ROTNEC est un groupe commercial spécialisé dans la vente de solutions informatiques.

La direction générale a décidé de faire réaliser des « plaquettes » sur le thème « être meilleur en… » sur les principaux thèmes traités par ROTNEC. Ces plaquettes seront vendues et représenteront un moyen de faire connaître les approches de la société.

Vous avez été choisi pour être le responsable du projet « plaquette ».

Organigramme ROTNEC

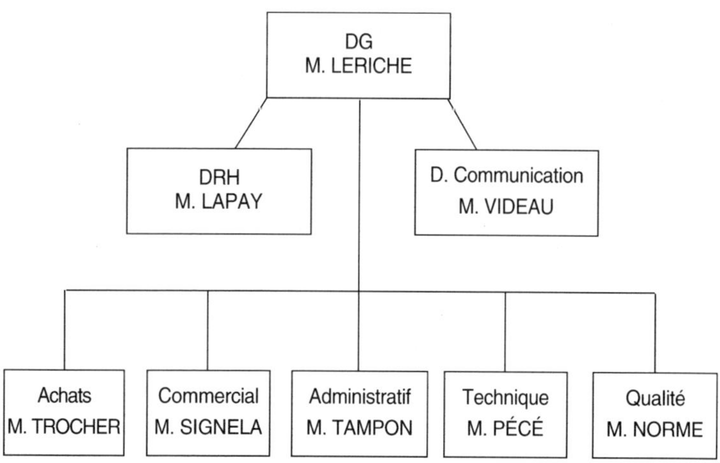

ROTNEC S.A.

De : M. LERICHE, Directeur Général

Au : Responsable du projet

Nous avons décidé de créer des plaquettes sur nos principales activités, intitulées « être meilleur en… »

Ces plaquettes doivent être disponibles dans 12 semaines à dater de ce jour.

Nous souhaitons présenter l'image d'une entreprise innovante, moderne et au service de sa clientèle. Vous mesurez l'importance de cette action pour le prestige de notre société.

Notre entreprise mettra à votre disposition les meilleures compétences dans les domaines concernés. Votre budget sera de 76 000 €.

Vous pourrez vous appuyer dans l'entreprise sur :

—M. Signela (Direction commerciale),

—M. Trocher (Responsable des achats),

—M. Tampon (Direction administrative),

—M. Pécé (Direction technique),

—M. Norme (Responsable de l'organisation et de la qualité).

Ils mettront chacun à votre disposition des ressources pour ce projet.

Un cahier des charges permet de clarifier les objectifs de la mission. Toutes les décisions concernant les moyens à mettre en œuvre sont à prendre par vous et par votre équipe. Ne vous préoccupez pas de l'ensemble des contenus des plaquettes, ceci fait l'objet de la mission de la Direction de la communication externe.

Du fait de sa très grande importance dans notre stratégie, je vous demande de mettre en œuvre toutes les aptitudes du management par projet dont je vous sais capable.

N'hésitez pas à solliciter mon assistance.

Je vous souhaite bon courage.

Planning Projet « Plaquettes »

N°	Activité	S0	S1	S2	S3	S4	S5	S6	S7	S8	S9	S10	S12	S12
1	Lancement													
2	Sélection des thèmes													
3	Rédaction contenus													
4	Recherche imprimeur													
5	Validation des textes													
6	Préparation maquette													
7	Sélection iconographie													
8	Contrôle qualité													
9	Test des plaquettes													
10	Bon à tirer & impression													
11	Remise des plaquettes													

Corrigé page 453

10. Conduite de réunion d'avancement

♦ Bruno Barjou, n° 128

Le groupe va préparer une réunion d'avancement sur le projet « Plaquettes ».

Nous nous situons en fin de semaine 7.

Chaque participant à la réunion dans un rôle de contributeur tire au hasard une des cartes proposées ci-dessous.

Le responsable du projet a 15 minutes pour animer cette réunion.

Cartes à donner aux participants

L'imprimeur retenu vient de subir un dégât des eaux : il ne peut nous faire le travail. Il faut en sélectionner un autre.

. . . .

Un contributeur a eu un accident ; il ne sera pas présent et il faut le remplacer.

. . . .

Je n'ai pas beaucoup de temps. Avez-vous encore quelque chose à dire qui me concerne ?

. . . .

Nous allons avoir du retard dans le choix de l'iconographie.

. . . .

L'imprimeur signale qu'il livrera les plaquettes en semaine 14…

. . . .

J'ai une autre réunion, il faut que je parte.

. . . .

On m'appelle au téléphone, continuez sans moi.

. . . .

Je discute avec mon voisin pour régler un problème sur un autre dossier

. . . .

Pendant que je suis là, je ne sais pas ce qui se passe dans mon service.

. . . .

Corrigé page 454

11. Recadrer et accepter d'être recadré

♦ Bruno Barjou, n° 128

Les cas suivants permettent de s'exercer à recadrer un contributeur et à réagir positivement au recadrage qu'un autre acteur du projet peut être amené à faire.

Cas 1 : Contributeur

Vous vous étiez engagé à accomplir un travail dans le cadre du projet auquel vous contribuez. Ce travail demandait 4 heures environ et vous pensiez le faire hier.

Vous n'aviez pas commencé ce travail quand votre hiérarchique métier est arrivé pour vous demander de faire autre chose, ce qui vous a pris toute la journée.

Il est 12 h 30 et le responsable du projet arrive...

Cas 1 : Responsable du projet

Un contributeur au projet s'était engagé à vous remettre un travail pour aujourd'hui.

Il est 12 h 30 et vous n'avez toujours pas ce travail dont vous aviez besoin pour midi.

Il fallait seulement 4 heures pour faire ce travail, prévu depuis plus de quinze jours… Vous allez à sa rencontre.

Cas 2 : Responsable du projet

Lorsque vous êtes en réunion avec votre équipe projet, votre travail est fréquemment interrompu par des appels téléphoniques que l'un des contributeurs reçoit.

Hier, il est resté 20 minutes en contact avec un fournisseur pour régler un problème.

Cela vous gêne et vous fait perdre beaucoup de temps.

Vous décidez d'aller le voir pour lui demander d'avoir des comportements qui vous fassent perdre moins de temps.

Cas 2 : Contributeur

Le chef du projet « Plaquettes » auquel vous contribuez demande à vous voir.

Vous avez participé à une réunion d'avancement du projet hier soir.

Cas 3 : Responsable du projet

La direction de l'entreprise vous demande de modifier encore une fois les objectifs du projet.

Vous allez voir les contributeurs concernés pour leur signaler d'interrompre leur travail et leur demander d'en commencer un autre.

Cas 3 : Contributeur

Vous êtes un technicien très qualifié.

Depuis que vous participez au projet « Plaquettes », vous subissez ordres et contrordres aussi bien de la part de votre hiérarchie que de la part du chef de projet : « fais ceci » puis « arrête-toi, vas faire cela ». Vous en avez marre et vous êtes très en colère.

Le responsable du projet arrive…

Corrigé page 455

12. Développez l'intuition de votre équipe

♦ Michel Giffard, n° 92

1 — Vous allez déterminer le profil énergétique et psychologique de votre équipe.

La plupart des profils sont établis à partir de questionnaires dépouillés par ordinateur ; le caractère informatique et les résultats quantifiés leur procurent souvent une crédibilité qui va au-delà de leur intérêt réel.

Vous allez utiliser vos talents personnels et ceux de votre équipe, sans aide extérieure, en faisant appel uniquement à l'intuition, au sens de l'observation, et à la capacité de synthèse de votre équipe.

Réunissez votre équipe dans un endroit calme et agréable et prévoyez trois heures ensemble.

— Faites une relaxation profonde pendant environ 15 minutes.

— Chacun à votre tour, illustrez les cinq éléments constituant l'univers, les quatre fonctions psychologiques et les trois dimensions de l'être, par les sensations que vous éprouvez, par des exemples de votre vie professionnelle ou privée, par des évocations de rêves ou de fantasmes.

— Chaque membre de l'équipe va ainsi pouvoir entrer en contact avec vous, avec votre réalité intérieure, telle que vous la percevez.

— Préparez maintenant votre profil, selon les douze critères : cinq éléments (feu, air, eau, terre, vide) + quatre fonctions (pensée, émotion, intuition, sensation) + trois dimensions (esprit, cœur, corps) ; préparez également celui de l'équipe, considérée comme une entité énergétique.

Vous « rendez visible » votre profil en utilisant une cible à 12 rayons gradués de 0 au centre de la cible, à 10, à la périphérie ; vous évaluez les 12 critères selon vos préférences et la façon dont vous l'utilisez aujourd'hui : de 0 (pas d'utilisation) à 10 (excellente utilisation). Reliez entre eux les 12 points ainsi obtenus, pour construire une surface.

— Chacun à votre tour, vous présentez votre profil à l'aide, si possible, d'un rétro-projecteur, et vous commentez et illustrez votre évaluation ; le dialogue s'engage entre vous et les autres membres de l'équipe, soit pour confirmer votre évaluation, soit pour vous proposer des ajustements ; vous utilisez le groupe pour éclairer votre perception de vous-même ; dans tous les cas, vous restez maître de votre évaluation.

— Vous terminez l'exercice par l'évaluation de l'ensemble de l'équipe, en projetant par superposition les profils de chaque membre de l'équipe ; vous comparez le résultat obtenu avec votre appréciation du début de l'exercice.

2 — Vous allez déterminer l'énergie dominante de votre équipe, nécessaire pour mener sa stratégie et développer ses métiers.

Vous la comparerez aux résultats obtenus lors de l'exercice précédent pour mettre en évidence les besoins de formation et de recrutement.

Avant de réaliser cet exercice, assurez-vous que votre stratégie, votre mission et vos métiers sont pertinents et adaptés à votre environnement.

Réunissez votre équipe dans un endroit calme et agréable et prévoyez trois heures ensemble.
— Faites une relaxation profonde pendant environ 15 minutes.
— Faites une visualisation pour déterminer la « nature énergétique » de votre environnement et des réponses de votre équipe ; vous pouvez utiliser les symboles de voyage pour identifier les paysages et les populations rencontrés, les couleurs, les sensibilités, la lumière, la chaleur, la végétation...

Mettez en commun les résultats de vos visualisations, exprimez-les par des dessins, des jeux de rôle et des scénarios de réussite ; refaites une visualisation si l'expression ne vous paraît pas claire.
— À partir des matériaux précédents, déterminez le profil rêvé de votre équipe, selon les 12 critères de l'exercice précédent, en tenant compte pour chaque critère de l'énergie dominante et des énergies complémentaires (par exemple, une équipe commerciale a également besoin d'organisateurs pour concrétiser et administrer, de penseurs pour concevoir le dispositif commercial et d'intuitifs pour préparer l'avenir).
— L'exercice est terminé quand vous disposez d'une histoire racontant les prochaines étapes de votre équipe, et d'un profil énergétique vous permettant de vivre cette histoire dans les meilleures conditions.

3 — Avant de suivre une formation, vous pouvez déjà stimuler vos énergies non dominantes. Faites l'exercice suivant avec votre équipe, pour entraîner vos perceptions et développer l'intuition.

Reprenez votre profil personnel élaboré au cours de l'exercice 1. Pour chaque critère, imaginez les exercices qui vous permettraient de développer l'énergie correspondante.

Pratiquez ces exercices, en commençant par vos énergies dominantes.

4 — Il n'est pas nécessaire d'être clown dans un cirque ou clown-analyste dans une entreprise, pour oser utiliser professionnellement les vertus du rire ; rire est excellent pour la santé, pour diminuer le stress, dynamiser votre équipe et développer son intuition.

Vous pouvez pratiquer les exercices suivants avec une équipe dont les membres se connaissent déjà bien, ou pour accélérer la connivence entre les membres d'une équipe qui se constitue ; tout dépend de votre dose d'humour !

— Prenez le règlement intérieur de votre société ou une note de service administrative ; choisissez une phrase au hasard ; videz l'air de vos poumons (se trouver presque en état d'apnée facilite le « réflexe » du rire) et lisez cette phrase de façon saccadée ; le rire va se développer de lui-même jusqu'au rire aux éclats ; recommencez plusieurs fois en riant de plus en plus franchement et avec le maximum de plaisir ; votre rire va entraîner celui de l'équipe qui, à son tour, va augmenter le vôtre.

Tous les membres de l'équipe font cet exercice, en changeant de phrase.

— Redevenez l'enfant que vous n'avez jamais cessé d'être et jouez, deux à deux, à « Je te tiens, tu me tiens par la barbichette, le premier qui rira aura une tapette ».

Quand le rire est bien installé, changez de partenaire.

— Asseyez-vous en rond et, chacun votre tour, racontez une histoire drôle ; choisissez des histoires courtes et primaires ; évitez les histoires de mauvais goût ou qui pourraient choquer ; l'important est d'enchaîner les histoires avant que le rire ne s'arrête.

— Après une bonne séance de rire, revenez au calme en retrouvant votre sourire naturel ; concentrez-vous sur la commissure de vos lèvres, si vous les sentez tomber relevez-les légèrement jusqu'à ressentir un mieux-être ; revenez à une position naturelle mais souriante ; aidez-vous d'un miroir ou du regard de l'autre.

Pratiquez ensuite le sourire intérieur, non visible rationnellement de l'extérieur, mais qui illumine votre visage et donne une autre lumière aux événements de votre vie.

Corrigé page 456

13. Le cas Calrex

♦ Daniel Pemartin, n° 68

Objectif : lorsqu'un changement est envisagé dans une unité, il est important de prévoir les conséquences qui peuvent en résulter pour les autres personnels. De celles-ci découleront des résistances qu'il faudra aussi combattre. L'intérêt de l'évolution peut en effet être remis en question parce que des oppositions se manifesteront en dehors du groupe directement concerné. Le jeu des liaisons fonctionnelles peut en être perturbé, ce qui aurait des effets dommageables. Une analyse complète de la situation doit donc dans un premier temps être conduite. C'est ce que nous proposons ici.

Exercice : cet exercice peut être fait individuellement ou collectivement. Il se compose de la présentation d'un cas d'entreprise suivie d'une série de questions. S'il est utilisé lors d'un séminaire de formation, on demandera une réflexion par groupes de quatre ou cinq participants (1 h 30) ; un échange permettra ensuite de confronter les différentes approches.

Cas de l'entreprise « Calrex »

L'entreprise *Calrex* comprend 355 salariés qui travaillent dans une seule usine. Elle fabrique des composants électroniques qui sont vendus à des firmes grand public.

Elle occupe un créneau dans lequel la concurrence est réelle et depuis deux ans voit les doléances de ses acheteurs augmenter : ses prix restent compétitifs, mais on lui reproche une qualité insuffisante. On note un pourcentage de défauts de 0,7 %, la quantité totale de produits quotidiennement fabriqués étant de 34 000. L'image de marque Calrex en subit maintenant les effets négatifs, sans compter les pertes financières directes[1].

Pour supprimer ce problème, les cadres envisagent d'introduire rapidement un certain nombre de modifications fondamentales. Jusque-là, le mode de production utilisé était directement inspiré du taylorisme. La direction songe à deux séries de mesures conjointes :

— mettre en place un processus de travail directement inspiré de *l'enrichissement des tâches,* voire des *groupes autonomes*. Il est donc recherché un allongement considérable du cycle de travail ; mais surtout des modifications dans le processus de fabrication seront introduites. Une certaine liberté pourrait être accordée aux salariés dans la définition des modes opératoires et ils seraient plus impliqués dans leurs tâches ; l'entretien et le contrôle de la qualité seraient, entre autres, des activités qu'ils prendraient en charge ;

— instaurer les *horaires variables*. Cela correspond à une demande des salariés. Le sous-directeur notamment préconise cette mesure pour deux raisons ; d'une part, cela contribuerait à améliorer le climat du service fabrication qui n'est pas excellent ; d'autre part, les deux mesures seraient présentées comme indissociables, ce qui ne pourrait que faciliter, selon lui, l'acceptation de la première.

---

1. À titre comparatif, la branche Industrie automobile de **Motorola** d'Angers qui fabrique des régulateurs et moules d'allumage réussissait fin 1984 à faire passer le taux de pièces défectueuses de 0,5 % à 0,02 %, grâce à des modifications du processus de fabrication. Face à cette fiabilité, certains acheteurs se dispensaient même de contrôler les produits à l'arrivée.

L'entreprise *Calrex* est structurée de la manière suivante :

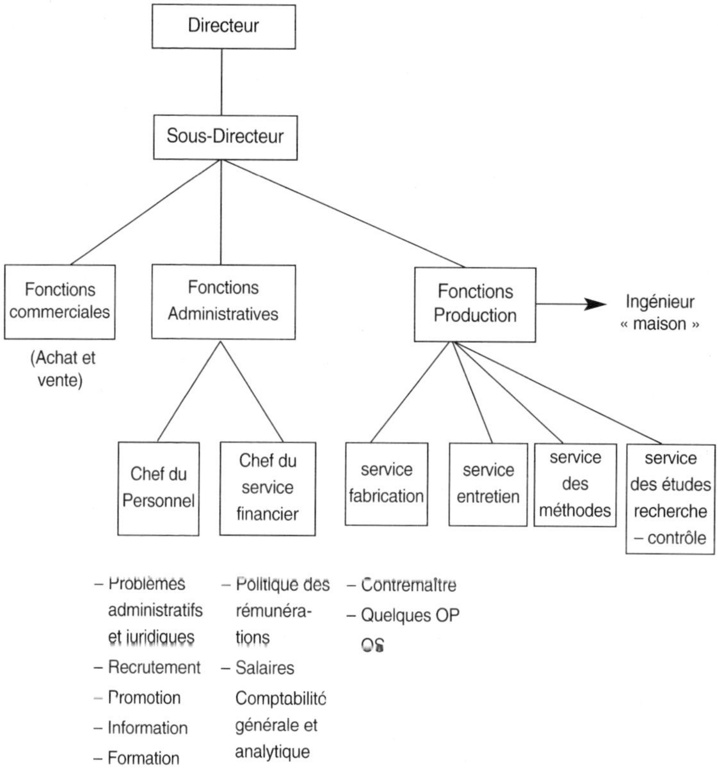

Cette organisation avait été souhaitée par le Directeur, 68 ans, ancien contremaître qui avait fondé il y a vingt ans, sa propre entreprise. Seule la production a été, depuis, structurée en services distincts et spécifiques. Les autres fonctions apparaissent beaucoup plus mal définies car concernant des effectifs très restreints ; le directeur, en effet, avait cherché au maximum à en limiter le développement afin d'éviter « les coûts improductifs » et parce qu'il voulait prendre lui-même la majorité des décisions.

À l'origine de l'idée du changement, il faut souligner le rôle moteur joué par le sous-directeur (emploi créé il y a un an), plus jeune, et qui a eu l'occasion d'expérimenter l'enrichissement des tâches dans une entreprise de fabrication automobile (deux ans auparavant).

Le responsable du service financier paraît ne pas avoir d'avis sur la question ; tout juste signale-t-il que cela risque de lui compliquer le pointage des heures de travail effectuées. Le chef du personnel est opposé aux deux modifications. Il justifie surtout sa réticence, à propos des horaires variables, en raison du recrutement rural des salariés de l'entreprise. La fonction production, dans son ensemble, n'a pas été consultée. L'ingénieur qui la dirige a donné un avis : l'enrichissement des tâches sera difficile à appliquer ; la qualité est déjà insuffisante ; elle va se dégrader encore si le contrôle est confié aux OS. Mais il affirme aussi « ne pas être opposé totalement à ce que l'on s'interroge sur les modes de fabrication ».

Le chef du service fabrication, lui, est tout à fait favorable à une évolution des modalités de production compte tenu du mauvais climat qui règne dans son service. Le turn-over y est très important ; 65 % de son unité est composé d'ouvriers spécialisés. Il signale néanmoins que les contremaîtres semblent avoir entendu parler de ces projets et y paraissent opposés.

Le sous-directeur précise qu'il souhaiterait que ces modifications soient appliquées d'ici quatre mois. Il a gagné à sa cause le Directeur qui voudrait bientôt se retirer et pouvoir présenter à des acheteurs éventuels un fonctionnement plus séduisant.

1) D'après vous, quelles sont les deux raisons essentielles du changement envisagé dans l'entreprise *Calrex* (qu'elles soient explicites ou non) ?

. . . .

2) Que pensez-vous de l'idée d'adjoindre à l'enrichissement des tâches les horaires variables ?

Justifiez votre réponse.

. . . .

3) En vous aidant de l'organigramme et de la présentation sommaire de l'entreprise, précisez quels sont tous les personnels et toutes les unités pouvant être concernés par la modification envisagée des processus opératoires.

. . . .

4) De l'analyse précédente, peut-on prévoir des résistances éventuelles ? De quels personnels ? Sous quelles formes ?

. . . .

5) Compte tenu de vos remarques préalables, faites un bilan de la situation et que proposeriez-vous ?

. . . .

Corrigé page 459

14. L'expérience de Skinner

♦ Roger Mucchielli, n° 19

Cet exercice est individuel ou collectif (par petits groupes de 3 en auto-organisation disposant du texte et des résultats).

Information générale. En ce qui concerne les attitudes des subordonnés envers leur chef, on sait, depuis Fiedler, que le genre de situation (structurée ou non, « facile » ou « critique » pour le groupe) importe beaucoup, et que les subordonnés *attendent* du chef qu'il soit non directif dans certains cas (en concertation, en interview, en réunion-discussion), et directif dans d'autres (tâche facile et claire pour tous, et également situation critique où il faut que quelqu'un coordonne d'urgence les informations et les efforts, et prenne la responsabilité).

On sait aussi que la composition du groupe, son nombre, son passé, ses relations socio-affectives internes, le mode de désignation du chef, interviennent également dans les réactions au commandement.

Il restait à explorer les variations des attentes des subordonnés en fonction de leur *interprétation* de la conduite du chef à leur égard, par rapport à l'opinion qu'ils ont sur son caractère et sur ses devoirs de chef.

C'est sur ce point particulier que porte l'expérience rapportée ci-dessous.

Les recherches américaines sur « les dimensions du management » ont abouti à définir deux variables assez constamment reprises, nommées, l'une « initiative-intervention-contrôle », l'autre « considération ». Ces deux variables sont indépendantes l'une de l'autre, ce qui signifie que la considération qu'un chef témoigne à ses subordonnés directs est indépendante du taux d'initiative et de structuration des tâches qui caractérisent son rôle.

Analysant, dans une grande entreprise textile américaine, le contenu et la fréquence des plaintes exprimées par les employés subalternes contre les agents de maîtrise (leurs chefs directs), E.W. Skinner (Relationships between leadership behavior patterns and organizational situational variables, in Rev. *Personal Psychology*, USA, 1969, 22, p. 489, 494) montre que selon le taux de « considération » du chef pour ses subordonnés (considération « faible », « moyenne », ou « forte »), le rapport fonctionnel entre d'une part les interventions-ordres-contrôles du chef et d'autre part l'insatisfaction des subordonnés dans ce cas change d'allure.

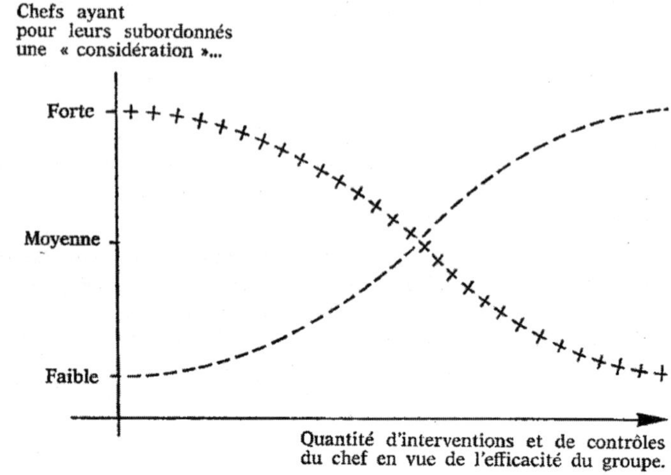

+ + + + + Courbe de la satisfaction des subalternes habitués à un chef leur montrant une considération forte

– – – – – – Courbe de la satisfaction des subalternes habitués à un chef leur montrant une considération faible.

Autrement dit, la satisfaction des subordonnés baisse (l'insatisfaction augmente) lorsque les cadres ayant une grande considération pour leurs subordonnés manifestent un niveau élevé d'initiatives-interventions-contrôles sur les tâches de ces subordonnés. Si ces mêmes cadres interviennent peu, la satisfaction est maxima.

La satisfaction des subordonnés augmente (l'insatisfaction baisse) lorsque les cadres ayant peu de considération et d'intérêt pour leurs subordonnés manifestent un niveau élevé d'initiatives-interventions-contrôles sur les tâches de ces subordonnés. Si ces mêmes cadres interviennent peu, l'insatisfaction est maxima.

Questions :

1 — En quoi ces résultats intègrent-ils une variable « situationnelle » caractérisée par les attentes des subordonnés ?

2 — Quelle est la signification (et la leçon) de ces résultats ?

Corrigé page 464

15. Tension au centre de perfectionnement

♦ Roger Mucchielli, n° 13

Cette étude de cas ne peut être faite qu'en TP de groupe ou en session. Le groupe sera divisé en petits groupes de 7 à 8 participants, chacun avec un animateur au courant de la conduite de la discussion par cette méthode active. Le cas écrit sera remis aux participants.

Le Centre de Perfectionnement et d'Application des Industries Chimiques, à X..., est un Centre inter-industries semi-public mixte comprenant d'une part une Division *Recherches* qui travaille en liaison avec le CNRS, d'autre part une Division *Enseignement* ouverte à des stagiaires déjà ingénieurs-chimistes titulaires d'une Licence Universitaire de Chimie qui viennent y chercher un brevet de spécialité, lequel leur assurera des débouchés sûrs dans des industries particulières telles les industries pharmaceutiques ou agronomiques.

Ce centre était dirigé à l'époque dont nous parlons (1965-1966) par M. Cardy, homme au passé éminent, membre correspondant de l'Académie des Sciences, ancien directeur de l'Institut Agronomique, devenu, en vieillissant (il avait 68 ans), autoritaire et rigide. Il était secondé par deux Directeurs adjoints, M. Kossowski et M. Benacri ; le premier (du genre du Professeur Cosinus), était spécialement chargé de la Division Recherches, l'autre de la Division Enseignement, et celui-ci était « à la botte » du Directeur Général, avec une mentalité d'adjudant.

D'après un règlement du Centre, tous les chercheurs de la Division Recherches pouvaient, selon les besoins, être affectés à un Enseignement, et ce temps d'enseignement (3 heures par semaine pendant un semestre) les dégageait pour le même délai, de leurs laboratoires et les mettait sous les ordres de M. Benacri. La désignation, chaque début d'année universitaire, des chercheurs « arrachés » à la section Recherches pour les besoins de l'Enseignement, était l'occasion de débats épiques, M. Kossowski défendant ses chercheurs toujours « sur le chemin de découvertes sensationnelles » et M. Benacri manquant toujours de personnel enseignant. Le directeur Cardy imposait régulièrement à M. Kossowski les exigences de M. Benacri qui semblait jeter son dévolu à plaisir sur les plus chers protégés de Kossowski. Dans l'ambiance des Sections Recherches, le temps d'enseignement était considéré par les chercheurs comme une perte de temps, une frustration et une humiliation.

C'est dans ces conditions que, en février 1966, M. Igor Zilov, brillant chercheur de 28 ans, auteur d'un Doctorat très remarqué sur la vitamine B 15 promise à un glorieux avenir, fut désigné pour assurer le cours semestriel sur *les vitamines de synthèse* dans la section Chimie Pharmacologique de la Division Enseignement. Ses élèves, au nombre de dix-huit, étaient en principe bio-chimistes et suivaient par ailleurs quinze autres heures de cours par semaine. Parmi ceux-ci, cinq étrangers stagiaires très peu intéressés par tous ces cours et très unis dans l'intention de profiter le plus possible de leur bourse pour mener la belle vie. Chez les treize autres, un stagiaire plus âgé que tous, grand type chevelu et anarchiste de 30 ans, Ludovic Alonze. C'est lui qui donna tout de suite au jeune professeur le surnom de Zizi, ce que le professeur lui rendit assez vite en l'appelant systématiquement « la Marseillaise » à cause de l'assonance de son nom (« Allons-enfants-de-la-patrie »). Car le professeur Igor Zilov se montrait d'une ironie caustique qui n'avait d'égal que le niveau scientifique de son cours et ses exigences concernant le travail personnel de ses étudiants. Écrivant à grande vitesse au tableau des problèmes de biochimie largement au-dessus du niveau réel de ses auditeurs, Igor Zilov prenait une sorte de plaisir méchant à leur démontrer leur nullité et à les railler sans pitié.

Ceux des stagiaires qui avaient voulu protester ou lui tenir tête avaient renoncé devant ses réponses ironiques aussi fulgurantes que spirituelles qui les ridiculisaient à tous les coups.

Certains — dont les cinq étrangers — avaient été se plaindre à M. Benacri qui les avait envoyés à M. Cardy, lequel les avait menacés de suppression de bourse ou de renvoi sans tarder dans leur pays d'origine. Ceci dès mars 1966. Zilov se taille donc assez rapidement une réputation de « sadique » parmi l'ensemble des stagiaires du Centre qui l'associent, dans leur hostilité, à la « peau de vache » qu'est, disent-ils, le directeur général.

Le 15 mai 1966, époque du contrôle des connaissances en vue du diplôme de spécialité, la Chimie pharmacologique est tirée au sort comme matière d'examen (d'après le règlement de l'École deux des cours sur cinq étaient tirés au sort par section, huit jours avant les épreuves — uniquement écrites — et il fallait la moyenne dans ces seules deux épreuves pour avoir le diplôme). Aussitôt connus les résultats du tirage au sort, les dix-huit élèves de Biochimie, menés par Alonze et les cinq étrangers, entrent en grande effervescence, ameutent les quatre-vingts stagiaires des autres divisions et, après trois jours de grand chambardement et de multiples assemblées communes, la grève générale des cours est décidée ainsi que le boycott de l'examen et l'occupation des locaux administratifs « jusqu'à ce que soit annulé le pseudotirage au sort fabriqué par Zilov-Cardy ».

Igor Zilov disparaît dans son laboratoire dès le 16 mai. Quelques professeurs sont à tout instant les jours suivants dans le bureau de Benacri, venant aux nouvelles timidement ; d'autres enseignants restent chez eux. Quatre jeunes enseignants extrémistes soutiennent les « revendications » des stagiaires et les incitent à la violence. La division des

Recherches se considère « hors du coup », et rien n'y bouge. Kossowski est invisible. Le 19 au soir, « l'invasion » à laquelle Cardy ne « croyait pas » jusque-là, apparaît réellement comme imminente. Benacri rend compte, se met aux ordres de Cardy et lui demande ce qu'il doit faire.

Corrigé page 464

16. Les besoins d'information d'une DRH

♦ Patrick Gilbert, Claude Piganiol-Jacquet, n° 89.

Le cas High Tech SA se compose de cinq parties. Chacune donne lieu à un exercice où vous devrez intervenir à chaque fois dans divers choix d'informatisation.

En vous plaçant dans différents rôles couvrant une grande partie de la fonction Ressources Humaines, il vous entraînera à analyser l'informatisation de la gestion des ressources humaines sous ses aspects organisationnels et humains : répartition du travail, enjeux et stratégies, régulations, etc.

Vous lirez ci-dessous la présentation générale du cas, puis l'énoncé concernant la situation donnée et les questions qui s'y rapportent.

Présentation générale du cas High Tech SA

Le contexte général

La société High Tech SA fait partie d'un groupe de forte notoriété qui comprend une douzaine de filiales travaillant essentiellement dans des secteurs de haute technologie.

La société emploie 6 000 personnes. Sa fonction essentielle de Recherche et Développement se traduit par une proportion élevée de cadres (35 %), dont beaucoup d'ingénieurs de grandes écoles. Les techniciens et les employés interviennent pour 50 % de l'effectif et le personnel ouvrier pour 15 % seulement. La moyenne d'âge est de 38 ans pour l'ensemble des catégories professionnelles.

Les perspectives d'activité sont bonnes, sans toutefois atteindre le niveau de la période précédente. À la demande du président, un effort de rationalisation est entrepris dans tout le secteur administratif.

Les principales décisions en matière de gestion de ressources humaines sont réparties entre :
— la direction des Ressources Humaines (DRH) ;
— les services du personnel des établissements ;
— les directeurs des grandes divisions et/ou établissements ;
— certains membres du comité de direction.

La DRH détermine la politique, conseille et contrôle son application. Le contrôle s'exerce *a priori* pour les classifications, les salaires et les promotions. C'est également la DRH qui gère directement les 2000 cadres.

Les services du personnel assurent l'administration courante de l'ensemble des personnels, la gestion des employés, techniciens, agents de maîtrise et ouvriers ainsi que les relations sociales.

Une quinzaine de directeurs — ceux qui réunissent les effectifs les plus importants — partagent avec la DRH la charge de définir et de faire évoluer les politiques de personnel.

Selon la nature et l'importance des sujets, tel ou tel membre du comité de direction peut être consulté. Le directeur général n'intervient que très exceptionnellement a priori. Il n'est saisi que lorsque le sujet est politiquement sensible.

Le fonctionnement interne de la DRH

La DRH comprend 29 personnes (15 cadres et 14 employés). Autour du directeur, M. Louis Martin, sont réunis un assistant et deux secrétaires.

Les autres personnes sont réparties en six services :
— le service Réglementation sociale (3 cadres et 2 secrétaires) ;
— le service Études (2 cadres, 2 employées dont 1 secrétaire) ;
— le service Formation (3 cadres et 2 secrétaires) ;
— le service Recrutement des cadres (1 cadre et 3 secrétaires) ;
— le service Gestion des cadres (3 cadres et 2 secrétaires) ;
— le service Gestion des ETAM et ouvriers (1 cadre et 1 secrétaire).

a) Le service Réglementation sociale (responsable : M. Larègle)

Sa responsabilité recouvre la préparation des modalités d'application des dispositions juridiques et conventionnelles, l'assistance à la hiérarchie et aux responsables du personnel des différents lieux d'activité.

b) Le service Études (responsable : P. Dugenou)

Son rôle consiste à réaliser des études chiffrées, des simulations. Il assure également la liaison avec le service informatique et met au point des outils de gestion quantitative (tableaux de bord, statistiques sociales, analyses spécifiques).

c) Le service Formation (responsable : A. Clarapède)

Il participe à la détermination de la politique de formation de la société et en contrôle l'application. Il assure un rôle de coordination pour la formation des ETAM (employés, techniciens et agents de maîtrise) et ouvriers et un rôle opérationnel pour les cadres.

d) Le service Recrutement des cadres (responsable : B. Simon)

Le recrutement des cadres est assuré au niveau central. Environ 200 cadres sont recrutés chaque année.

e) Le service Gestion des cadres (responsable : R. Dupont)

Son rôle est d'animer au niveau de la société le suivi de carrière des cadres et d'organiser la mobilité professionnelle au sein du groupe. Par délégation du directeur, il est chargé de coordonner l'ensemble des actions de gestion concernant les cadres en s'appuyant sur le service Recrutement et sur le service Formation.

f) Le service Gestion des ETAM et ouvriers (responsable : F. Beaupré)

Son rôle est d'assister les directeurs d'établissement, les chefs du personnel et la hiérarchie sur toutes les questions touchant à la gestion du personnel non cadre.

g) L'assistant du directeur des Ressources Humaines (J. Laframboise)

Il est notamment responsable de l'information interne. Il est chargé des liaisons avec les services du personnel pour les relations sociales. Il prépare la réunion mensuelle des chefs du personnel. En fonction de l'actualité, il suit certains dossiers à la demande du directeur.

Le directeur, l'assistant, les chefs de service et le chef du personnel de N... constituent chaque lundi matin la « réunion DRH », sorte de comité de préparation et de coordination des activités.

Situation donnee

Vous êtes Paul Dugenou, le responsable du service Études de la DRH et vous êtes confronté à la situation suivante.

Aujourd'hui High Tech SA est informatisée pour tout ce qui concerne la paie et la gestion administrative du personnel. En revanche, l'informatique intervient peu dans l'aide à la gestion des ressources humaines.

L'informatique de la fonction Ressources Humaines est reliée à un gros système MacBM implanté à la direction Informatique centrale d'High Tech SA. Ce système dessert la DRH et les services du personnel des établissements qui disposent de terminaux par lesquels ils alimentent le système. Trois terminaux sont installés à la DRH : un au service Études, un à la Gestion des cadres et un à la Gestion des ETAM et ouvriers. La formation peut accéder au terminal de la Gestion des cadres, en mode consultation uniquement. Le terminal du service Études permet d'effectuer certaines simulations, d'éditer des listes et des états statistiques. Les terminaux des services de gestion autorisent la consultation des fiches individuelles du personnel et la validation des données introduites par les services du personnel. Pour tous les autres besoins, les chefs de service doivent faire des demandes d'états à la direction Informatique. C'est vous qui visez ces demandes. Il existe deux postes de traitement de texte (monopostes autonomes). L'un est installé dans le secrétariat du service de Réglementation sociale, l'autre dans celui du Recrutement. Les autres secrétariats utilisent des équipements conventionnels.

Ces derniers mois, les chefs de service ont fait état de différentes demandes : micro-ordinateurs, autres postes de traitement de texte, autres terminaux,... qui ont été repoussées jusqu'à présent par le directeur. La semaine dernière, à la réunion des chefs de service, R. Dupont avait mis la question d'un troisième poste de traitement de texte à l'ordre du jour. Le directeur, Louis Martin, a tonné : « Nous ne pouvons plus continuer à mettre des matériels les uns au bout des autres en agissant au coup par coup ! Il nous faut une solution d'ensemble. Je charge Paul Dugenou de mettre sur pied un schéma directeur informatique, avec un objectif d'amélioration des performances partout où les nouveaux matériels seront implantés. »

Informations complémentaires

À l'issue de l'entretien que vous venez d'avoir avec Louis Martin pour préparer le budget du prochain exercice, vous avez obtenu des assurances pour qu'une somme conséquente soit réservée à l'informatisation de la DRH.

Les chefs de service de la DRH vous font confiance pour mener cette opération à bien. Concernant leurs attentes, vous disposez déjà des informations suivantes :

— le service Réglementation sociale traite un gros volume de documents, en particulier des notes de service de grande diffusion, des comptes rendus de réunions avec les partenaires sociaux, des projets de réglementation ou d'accords d'entreprise sur lesquels il faut constamment revenir. La Réglementation a la réputation d'être lente à réagir. M. Larègle explique qu'une troisième secrétaire serait nécessaire « pour faire face au volume de frappe » ;

— A. Clarapède (service Formation) se voudrait plus indépendant dans l'utilisation de ses moyens informatiques ;

— pour améliorer l'image de l'entreprise, Louis Martin a demandé à B. Simon de répondre à toutes les demandes d'emploi par lettre semi-personnalisée dans un délai inférieur à douze jours ouvrables ;

— R. Dupont et F. Beaupré sont souvent demandeurs d'états, de statistiques, de graphiques pour eux-mêmes ou pour la hiérarchie qu'ils réclament souvent dans des délais très brefs. Charles Dupont centralise la gestion des stages d'étudiants, ce qui entraîne un important courrier (la société offre 300 à 350 stages étudiants, chaque année) ;

— dans le domaine de l'informatique, Louis Martin et son assistant, J. Laframboise, n'ont pas de demande particulière tant pour eux-mêmes que pour leur secrétariat. Mais ils sont intéressés par les propositions qui pourraient leur être faites ;

— quant à vous, vous souhaitez que les chefs de service de la DRH ne vous sollicitent pas sans arrêt pour obtenir tel ou tel traitement informatique.

Questions

a) Que pensez-vous de l'organisation de la fonction Ressources Humaines de cette entreprise ?

b) Que pensez-vous de la demande de Louis Martin ?

c) Estimez-vous avoir recueilli les besoins de la DRH ? Sinon, comment comptez-vous vous y prendre ?

Corrigé page 465

Corrigés de la cinquième partie

CORRIGÉ 1

Les résultats sont évidemment très variés, en fonction de la nature du groupe, de son objectif, de son domaine, de son environnement, de la culture de l'entreprise, et du type psychologique de ses membres. Ci-dessous quelques-unes des caractéristiques qui, dans leur diversité, reviennent fréquemment.

THÈME	CARACTÉRISTIQUES
Communication	organisée, claire, hiérarchique, informelle, efficace cohérente, concise, systématique, réciproque, répartie, participative
Résolution des conflits	gérés, confrontés, utilisés, négociés, clarifiés, sources de progrès, prévenus, élucidés par consensus
Définition des objectifs	clairs, réalistes, chiffrés, concrets, négociés, réalistes cohérents, programmés, clairs, partagés, fondés sur des valeurs communes
Attribution des tâches	organisée, affichée, souple, efficace, substitution possible en fonction de l'objectif et des compétences, décidée en commun, fonction des compétences et des goûts
Prise de décision	juste, ferme, impartiale, limitée, acceptée par l'équipe, fondée sur la compétence, délégation partagée, en vue du bien commun
Communication externe	préparée, attribuée à un responsable en fonction des rencontres et des besoins, cohérente avec l'objectif, limitée au nécessaire, cohérente avec les valeurs, ouverte
Méthodes de travail	définies, écrites dans un manuel, adaptées aux besoins, souples, concrètes, originales, efficaces, inventives, au service du groupe et des personnes

Les dessins sont très révélateurs — certains sont des analyses approfondies du fonctionnement du groupe. Nous donnons ici deux illustrations qui reviennent fréquemment :

L'équipage du bateau

L'orchestre

CORRIGÉ 2

Reportez dans le tableau vos « Plutôt Vrai »

	INCLUSION [1]	INFLUENCE [2]	OUVERTURE [3]
Forte	1-2-15	3-14-17	4-8-9
Basse	5-6-16	7-12-13	10-11-18

Dans chaque dimension, le nombre important de réponses choisies dans une même case fait apparaître les préférences de climat de votre équipe. Par exemple, si vous avez répondu « oui » aux questions 7-12-13, on peut penser que votre équipe apprécie un climat de faible influence. Si les résultats sont répartis entre forts et faibles dans une même dimension, il n'y a pas de préférence marquée ou de rigidité.

Si la préférence est marquée, est-elle réelle (et satisfait-elle le groupe) ou est-elle le résultat d'une rigidité (climat choisi pour éviter le pire et se protéger !) ?

CORRIGÉ 3

NB — Nous ne donnons pas ici les conclusions de Mayo car notre objectif n'est pas une information historique. Il s'agit donc de ce que l'on peut tirer réellement, dans l'état actuel des connaissances, de ces expériences.

1. Le fait que le rendement du groupe de contrôle ait aussi augmenté prouve que l'éclairage du local, dans ce cas précis, n'était pas en cause dans les résultats de l'expérience. Autrement dit l'éclairage n'intervenait pas dans les variations du rendement, ni, par conséquent, dans l'insatisfaction générale des employés de l'usine.

Cependant, le fait que, expérimentalement, le rendement ait augmenté prouve :

1) que le rendement peut être augmenté ;

2) que des facteurs étrangers au facteur expérimental ont joué positivement ;

3) que ces facteurs existaient comme déterminants du rendement pour les deux groupes (groupe d'expérience et groupe-contrôle) ;

1. **Inclusion :** fait référence au nombre de contacts et d'interactions avec les autres. Inclure quelqu'un c'est l'associer à ses activités, faire des choses avec lui, partager.
2. **Influence :** s'exerce chaque fois qu'il s'agit de prendre position, s'affirmer, prendre en charge les situations et les personnes, exercer son ascendant ou son autorité sur autrui, prendre du pouvoir.
3. **Ouverture :** se manifeste par l'expression de soi, la divulgation de ses pensées et sentiments, le dévoilement de soi. Elle va de pair avec la sincérité.

4) que ces facteurs déterminants doivent être cherchés dans la transformation de la situation totale, c'est-à-dire dans le fait, pour ces groupes, de devenir témoins-d'une-expérience-sur-leur-propre-rendement.

2. Mise à part la phase où le rendement diminue pour 2 raisons : d'abord parce que le nombre de pauses est trop élevé et « casse » le rythme du travail, et d'autre part parce que l'insatisfaction augmente (renforcement de la cause par son effet propre), l'expérience montre que les variations du rendement ne sont pas imputables aux différents changements de conditions matérielles de travail. Les conséquences des pauses établissent cependant qu'il y a des conditions matérielles *optima* (ici nombre, moment et durée des pauses).

Le facteur prédominant est ici aussi le nouveau climat psychologique créé par la *participation à l'expérience.* À cela s'ajoute d'une part le fait que l'équipe ainsi promue au rang d'« observée-participante » avait été formée par le choix réciproque et par affinités (climat affectif positif, ou plaisir à travailler dans cette équipe-là), d'autre part le fait que la présence permanente de l'observateur écoutant les employées et leur expliquant le déroulement de l'enquête brisait à la fois l'isolement de l'équipe et la monotonie insatisfaisante du travail.

Dans cette expérience comme dans la précédente, la *signification de la tâche quotidienne* était changée par la participation à l'expérience.

Conclusion d'ensemble

1. Un poste de travail n'est pas seulement un ensemble de conditions objectives de travail ni un groupe de tâches à décrire pour elles-mêmes. C'est un système assez complexe de relations, relation entre le tenant du poste, ses moyens et ses tâches, relations avec autrui, relation entre le poste et une situation globale. C'est aussi un système de significations que le tenant du poste donne lui-même à ce qui l'entoure et à son travail.
2. La précaution première est de prendre garde au fait que l'observation transforme la situation à observer et risque de faire rapporter à de faux facteurs les effets que l'on constate.

D'autre part les bonnes méthodes seront celles qui permettent de comprendre la relation (ou le système des relations et des échanges) entre le travailleur et les éléments dits objectifs de son travail.

CORRIGÉ 4

1. Demandez aux appréciés d'exprimer les sentiments qu'ils ont ressentis lors de l'entretien avec chacun des appréciateurs.
2. Demandez aux appréciateurs d'exprimer les sentiments qu'ils ont ressentis avec chacun des appréciés.
3. Demandez aux observateurs d'apprécier l'efficacité et la qualité de relation de chaque responsable.

L'appréciateur 1 donne beaucoup d'importance à la tâche et peu à l'homme. « Mon rôle est d'expliquer et de sanctionner ».

L'appréciateur 2 donne beaucoup d'importance à l'individu. « Mon rôle est de maintenir un bon climat ; après quoi, les résultats suivront ».

L'appréciateur 3 ne choisit pas l'individu ou la tâche, mais :
— écoute les idées et les motivations de l'individu ;
— cherche avec lui des solutions satisfaisantes :
1) les enjeux de l'entreprise,
2) les motivations du collaborateur.

Il est intéressant d'analyser les relations de chaque apprécié avec chaque style d'appréciateur.

• Face à une attitude autoritaire :
— certains « s'écrasent », ce qui provoque le sadisme ;
— certains se rebiffent, ce qui entraîne un jeu de ping-pong ;
— ceux qui résistent le mieux sont ceux qui, tout en restant calmes, posent des questions, demandent des explications et des faits concrets, répondent sur les faits sans accepter ni provoquer de l'agression.

• Face aux attitudes « paternalistes » :
— certains apprécient sans réserves ;
— d'autres se rebellent contre « cette douceur molle » ;
— d'autres en profitent pour en tirer le maximum.

La grande majorité des participants préfèrent le comportement participatif de l'appréciateur 3.

CORRIGÉ 5

Nous vous proposons de confronter vos réponses avec les éléments d'analyse suivants.

Exploitation des cas n°s 1 et 2

Objectif : savoir faire une demande

Lorsque la situation est délicate à gérer, l'adhésion du collaborateur peut s'avérer difficile à obtenir. Alors, testez vos demandes. Comparez les réponses faites dans l'exercice avec les pistes suivantes.

10 pistes pour formuler des demandes efficaces

1. Aller droit au but, sans se perdre en préalables trop longs qui risquent d'inquiéter l'interlocuteur et de l'amener à penser qu'on cherche à le manipuler. Éviter de « tourner autour du pot ».
2. Dire que l'on a besoin de lui.
3. Demander explicitement. Être direct.
4. Accepter que l'autre puisse dire « non » à sa demande sinon il est psychologiquement obligé. Il n'est plus libre et ce n'est plus une demande mais une obligation.
5. Se rappeler qu'un « non » à votre demande n'est pas un rejet de votre personne. Ce « non » à la demande est valable dans le présent, il peut évoluer.
6. Anticiper les objections : « Je sais bien que travailler le samedi n'est pas prévu dans votre contrat. »

7. Écouter et comprendre ses préoccupations : « Je comprends que ma demande perturbe vos projets... » La qualité d'écoute permet de susciter la coopération maximum.

8. Insister sur les enjeux de ce que vous demandez.

9. Tenir compte des préoccupations de l'autre. Négocier un compromis réaliste satisfaisant pour tous.

10. Remercier.

Exploitation des cas n°s 3 et 5

Objectif : savoir faire une critique acceptée

Une critique est un commentaire sur ce qui se passe. Elle peut jaillir spontanément ou être envisagée après réflexion. En général, la critique consiste en un jugement défavorable que vous adressez nominativement à quelqu'un :

— quand son comportement est inacceptable pour vous : il vous dérange, vous fait perdre du temps, vous agresse ;

— quand vous avez l'intention de faire changer ce comportement perturbant.

Mais souvent on a de la difficulté à s'exprimer :

— parce que les personnes qui la reçoivent risquent d'être blessées et de vous en vouloir ;

— parce que les individus interpellés peuvent répondre par des réactions négatives ;

— également parce que s'imposer et affronter l'autre demande une certaine dose de courage.

Mais malgré ces difficultés, on est souvent contraint d'aborder ces thèmes. En effet, les problèmes disparaissent rarement d'eux-mêmes. Aussi faut-il en parler. Alors testez vos critiques et comparez les réponses faites dans l'exercice avec les pistes suivantes.

5 pistes pour formuler des critiques efficaces et acceptables

1. Passer du « vous » au « je »

Exemple : Vous vous intéressez au travail de Dupont et lui dites « Vous arrivez trop souvent en retard le matin. Vous devriez faire un effort pour être à l'heure. » Ce type de message risque fort de détruire les relations entre Dupont et vous parce qu'il culpabilise et qu'il peut être ressenti comme un blâme, une humiliation, un rejet.

L'objectif de ce message : « déterminer l'autre personne à changer le comportement que vous trouvez inacceptable » est rarement atteint.

— Parce que les individus n'aiment pas qu'on leur dise ce qu'ils ont à faire.

— Parce que ces messages culpabilisent leurs destinataires ; en effet, ceux-ci ne sont pas forcément conscients que leur comportement est gênant pour l'autre.

— Parce que le message est mal codé. En effet, c'est vous que le problème concerne, c'est vous qui êtes gêné par le retard de la personne.

Une formulation plus appropriée peut être formulée à la première personne, en « je » :

« Je suis énervé de vous voir arriver si souvent en retard ; lorsque j'ai besoin de vous le matin, je ne vous trouve pas. » Ce qui est communiqué dans ce message à la première personne, c'est ce que vous ressentez, vous à qui la situation pose problème.

2. Reformuler

Quoique les messages à la première personne aient plus de chance de pousser l'interlocuteur à prendre en compte votre remarque et en conséquence de changer son comportement, il peut arriver que ce type de message perturbe Dupont en le rendant anxieux ou agressif.

Repartons de notre exemple : — « Je suis énervé de vous voir arriver si souvent en retard ; lorsque j'ai besoin de vous le matin, je ne vous trouve jamais. »

Réponse de Dupont : — « Si je n'était pas forcé de rester tard le soir, je serais peut-être plus tôt au bureau le matin. »

Pour éviter l'affrontement, vous pouvez reformuler la réponse de Dupont. « Vous n'arrivez pas à sortir à l'heure le soir, en conséquence le matin vous êtes en retard. » Cette façon de faire montre que vous comprenez sa position et dédramatise la situation. Sur ces bases, une étude du problème peut avoir lieu avec lui. Une recherche de solution, de compromis, peut être entreprise.

3. Donner des faits

Décrire les faits lui permet de comprendre de quoi on parle.

Avant toute demande, il convient de décrire la situation qui fait problème, qui gêne la demande, cause le grief ou le préjudice. Cette description doit être précise : elle va permettre à votre interlocuteur de connaître votre perception des faits, donc de vous comprendre. Vous en tenir aux faits eux-mêmes, et éviter tout procès d'intention et mise en cause personnelle de votre interlocuteur.

4. Dire ce qui est ressenti

Verbaliser ses sentiments lui permet de comprendre pourquoi ça vous gêne.

Après avoir décrit la situation, il convient de verbaliser vos sentiments par rapport à celle-ci : ce sont généralement des impressions et des sentiments négatifs. Nous employons à dessein le terme verbaliser plutôt que celui d'exprimer, car il y a en effet plusieurs façons d'exprimer ses sentiments (le geste, l'attitude, l'expression, la mimique...). Ici, il s'agit de les exprimer sous une forme verbale pour permettre à votre interlocuteur de saisir en quoi son comportement vous pose problème. Cela évite les réponses du type « Oui je fais ça ! et alors ? » De plus, si vous ne le dites pas, vos sentiments se manifesteront de toute façon à votre insu sous forme d'accusation ou de jugement négatif de l'autre... qui se vexera alors sans comprendre.

5. Faire des propositions d'action

Les propositions d'action vous centrent sur la résolution du problème.

Vos suggestions permettent de « faciliter les choses » à l'autre, en lui donnant des pistes pour diminuer ou supprimer ce problème. Cette troisième étape, importante dans tous les cas de figure, l'est encore plus dans le cadre d'une relation subordonné/supérieur. On est trop souvent timide sur les suggestions. Il est alors facile pour le supérieur d'éluder le problème et de s'en tirer par quelques formules optimistes. « Ce n'est rien..., ça ira... » Alors qu'en proposant des actions, le subordonné oblige son supérieur à réagir. Ce dernier peut refuser la proposition, mais il argumentera son refus et proposera autre chose.

D'où l'idée suivante :

Critique (réalistes) = *Comportement* (faits) + *Sentiments* (je) + *Solutions*

Exploitation du cas n° 4

Objectif : savoir passer une consigne

Comment donner une consigne et privilégier la bonne attitude tout en étant bref ?

Comparez donc les réponses faites dans l'exercice avec les pistes suivantes :

10 pistes pour passer des consignes qui seront comprises

1. Utiliser une forme affirmative.
Dire : « J'ai décidé de te confier... »
ou « Je te demande de... »

Plutôt qu'une forme agressive :
« Je vous ordonne de... »
« Vous devez faire cela »
ou interrogative :
« Peux-tu faire cela ? »

Questionner l'autre, c'est lui offrir la possibilité de dire non. Le peut-il ?

2. Employer des tournures actives.

— Préférer le présent (« il faut ») plutôt que le conditionnel (« il faudrait »).

Lorsque le conditionnel est utilisé, nous pouvons nous dire que l'interlocuteur est bien gentil s'il donne son accord et que si le travail se fait, la responsabilité n'en incombe surtout pas au hiérarchique.

— Utiliser les pronoms définis (« tu vas prendre en charge... ») au lieu des pronoms indéfinis (« on va faire... »).

Ce qui permet de savoir sans ambiguïté QUI va faire... et évite le travail non fait.

« C'était à moi de faire... ? Je croyais que c'était Dupont qui s'en occupait... »

3. Expliquer le pourquoi de la consigne (en quoi il est important que la tâche soit réalisée et pourquoi lui ?) pour qu'il ne soit pas ressenti comme une brimade.

4. Fournir des explications précises sur le quoi ? le quand ? le où ? le comment ? (en fonction de la compétence du collaborateur). Cela évite bien des erreurs… et bien des engueulades.

5. Prendre en compte les préoccupations du collaborateur et négocier ce qui peut être (moyens, délais, etc.) compte tenu de la situation.

6. Vérifier la compréhension de la consigne.

Éviter les questions fermées du type :

— « Est-ce que tu as compris ? » (qui sous-entend que la responsabilité de la non-compréhension est le fait de l'autre).

— « Est-ce que j'ai été clair ? » (qui sous-entend que la responsabilité est de votre fait).

Dans les deux cas, l'interlocuteur peut avoir des difficultés à dire non.

Préférer les questions neutres et ouvertes. Par exemple : « Je t'ai présenté cela rapidement. Sur quels points souhaites-tu des précisions ? »

7. Rester disponible. Et le dire.

Par exemple, dire :

— « Si tu souhaites d'autres précisions, n'hésite pas à venir m'interroger ».

— « En cas de difficultés, je me tiens à ta disposition ».

8. Éviter de hausser le ton et parler suffisamment lentement pour permettre une bonne compréhension. Expliquer les points délicats en utilisant plusieurs formulations différentes : la répétition favorise la mémorisation.

9. À la fin du message, faire une synthèse des points essentiels.

10. Encourager.

CORRIGÉ 6

Applications 1 et 2

En ce qui concerne ces exercices, notons que l'apprentissage des modalités du commandement est une étape impliquant la personnalité des apprenants, leur propre rapport à l'autorité et à l'acte de demander. Les messages observés devraient éviter aussi bien les excès d'une directivité infantilisante que d'un laxisme insécurisant. Un minimum de certitude personnelle concernant les buts devrait également se dégager du prescripteur. D'autre part, si l'acte de demander représente pour le « dirigeant » une épreuve existentielle, ce point sera perçu, au détriment de l'impact injonctif, par l'« exécutant ». Il conviendrait à la fois :

— de nuancer avec souplesse l'emploi de la forme impérative, pour ne pas sombrer dans un mode directif pesant, préjudiciable à la motivation de l'exécutant ;

— de ne pas céder pour autant à l'emploi systématique de formules interrogatives, d'atténuateurs, ou de marques redondantes de politesse, ce qui pourra apparaître comme un manque d'intentionnalité. (Ex. : « Voudrez-vous bien me taper une petite lettre, et éventuellement rappeler le client ? »).

Pour l'exercice 3.2, l'analyse du matériel verbal permettra de comparer les différents styles de commandement, en observant si chacun a su calibrer le ton et les mots selon le degré de responsabilité des uns et des autres. Si l'on a opté pour le caméscope, le matériel non verbal sera également analysé : expressions faciales, regard, postures, mimo-gestualité. Il y a lieu d'observer également si chaque entretien comporte bien les composantes suivantes : constat des erreurs du tiers, conséquences pratiques et humaines, action à venir prescrite par recommandations, ordre ou mise à demeure (ex. : « J'observe que vous n'avez pas... Sachez que cet oubli... À l'avenir, je vous demanderai instamment... »).

Les grilles de décodage de l'analyse transactionnelle pourront, ici, être utilisées, en observant les interactions complémentaires classiques : parent critique à enfant rebelle, etc.

Application 4

1, 2, 13, 20, 21 : demande sous forme de question.
3, 6,11, 28 : ordre supposant une mise à demeure.
4 : injonction nuancée.
5, 8 : demande directe.
7, 17, 23, 25 : ordre sous forme de demande.
9, 26 : demande avec modalité d'atténuation.
10, 12, 14, 19, 22 : ordre direct.
15, 18, 24, 27, 29 : ordre avec modalité d'atténuation.
16 : ordre avec modalité passive.

Application 6

Les simulations proposées ici tendent à dédramatiser par le jeu la situation persécuteur-victime fantasmée par le futur interviewé. Les « états du moi » développés par l'analyse transactionnelle pourront être utilisés pour étudier les transactions complémentaires ou croisées. Les indices corporels (regard, postures, mimo-gestualité) pourront également être associés à certains états du moi correspondants

Les catégories de l'analyse transactionnelle correspondent non seulement à des stratégies verbales, mais à certaines modalités corporelles ou vocales : attitudes de contrôle rationnel, soumission, contre-dépendance, séduction, jugement critique, etc. (Les « états du moi » sont présentés en détail dans l'ouvrage *Le Triple Moi*, Gysa Jaoui, Robert Laffont, 1979).

Application 7

Points à recenser après l'entretien :

1. Quels sont les points sur lesquels l'interviewé s'est appuyé pour se présenter lors de la question ouverte d'introduction ?
2. De quelle façon justifie-t-il sa motivation pour le secteur ? Quel est son degré d'information sur le secteur, quelles sont ses sources ?

3. Est-ce que l'argumentaire semble « récité », « appris par cœur » ? Est-il trop préparé ? pas assez ?
4. Le vocabulaire était-il trop familier, correct, technique ?
5. Le volume sonore était-il convenable, l'articulation était-elle distincte ?
6. Le rythme de sa voix était-il posé, laborieux ou trop rapide ? L'intonation était-elle dynamique, monotone ?
7. A-t-il tenté de créer une complicité avec son auditoire ou s'est-il isolé dans sa biographie ?
8. A-t-il établi un contact visuel convenable ?
9. A-t-il écouté sans interrompre ?
10. A-t-il accueilli positivement les questions ou de façon défensive (ou fuyante) ?

NB — L'interviewer pourra mettre cette simulation à profit pour travailler la justesse de l'intonation et la présence du regard.

Application 8

Il pourra être procédé dans un premier temps, à l'inventaire des fautes formelles, puis à la recherche des fautes relationnelles telles que l'emploi d'un vocabulaire à charge émotionnelle : « je m'inquiète... », « mauvaise volonté » (remarque désobligeante) ; les généralisations : « le personnel ne tient pas compte, etc. ». La note proposée sera centrée, avant tout, sur les aspects pratiques.

Références, public concerné, date, objet, titre.

Les familles font remarquer fréquemment que le linge personnel qu'elles nous confient ne leur est pas retourné dans un état correct. L'établissement a dû d'ailleurs faire des déclarations à l'assurance, suite aux plaintes formulées.

Les services de buanderie et de soins sont instamment priés à l'avenir :
— de bien vérifier que le linge est classé dans le sac correspondant. De mettre dans une poche spéciale le linge des familles qui, conscientes de ce problème veulent nettoyer elles-mêmes le linge de leurs malades ;
— en cas de retour défectueux, de signaler celui-ci immédiatement à la lingerie par l'intermédiaire de la surveillante ou de l'infirmière et, en aucun cas, de dissimuler les erreurs ;
— en cas d'erreur avant le tri ou après le lavage, de prévenir aussitôt le service (surveillante ou infirmière) qui viendra constater celle-ci ;
— en cas de problème après le lavage, il y a lieu de ne pas mettre le linge personnel dans le circuit.

Il est rappelé que le fait de veiller à la qualité du service rendu aux malades est du ressort de la responsabilité de tous et de chacun, et que la répétition des erreurs ou négligences pourrait compromettre la survie d'un établissement tel que le nôtre.

Il est donc urgent que s'instaure une meilleure coordination entre les différents services et de faire appel à la conscience professionnelle des intéressés. Des sanctions pourront être prises.

CORRIGÉ 7

Résultat du test

Comptez 1 point quand vous avez coché plutôt vrai, 0 point quand vous avez coché plutôt faux.

A : Capacité à fonctionner en mode projet

B : Capacité à gérer un jeu à trois (le responsable du projet, les contributeurs et les hiérarchiques métiers)

C : Capacité à travailler en équipe intermétiers

D : Capacité à développer les expertises des métiers dans un projet

E : Capacité à s'affirmer et à se remettre en cause

A	B	C	D	E
3	4	1	6	2
7	10	5	9	12
11	15	8	13	19
20	16	14	17	23
22	18	21	24	29
26	25	28	27	32
36	30	35	31	38
39	33	37	34	40
Total/8	Total/8	Total/8	Total/8	Total/8

De 5 à 8 : vous possédez de réelles capacités dans ce domaine.

De 3 à 5 : vous avez quelques progrès à réaliser dans des domaines de capacités où vous obtenez ce score. Consultez le test et cernez les points précis à améliorer.

De 0 à 3 : vous avez un gros effort à faire.

Reprenez le test et identifiez un point précis à renforcer. Listez une série d'actions à mettre en place et repérez les personnes qui peuvent vous appuyer dans votre démarche.

— Quelles conclusions retirez-vous de ce diagnostic pour la conduite de vos projets ?

— Quelles sont les difficultés que vous rencontrez à fonctionner en mode projet ?

CORRIGÉ 8

Nous vous invitons, dans un premier temps, à analyser la communication que vous envisagez de mettre en place autour de votre projet à l'aide des questions suivantes. Puis exploitez les points clés proposés dans l'encadré qui suit pour affiner votre processus de communication.

1. Quelles sont les traditions de l'entreprise (écrit, oral, réunions...) en matière de communication ? Avez-vous intérêt, par rapport aux objectifs, à respecter ou transgresser ces traditions?

2. Quel(s) objectif(s) assignez-vous à votre communication ? Les moyens que vous mettez en œuvre sont-ils appropriés ? Quels sont vos indicateurs de réussite ?

3. Comment allez-vous communiquer avec les personnes concernées par le projet ?
petits groupes/grands groupes
écrit/oral

5. À quel moment allez-vous communiquer ? La période retenue présente-t-elle des inconvénients (surcharge de travail, simultanéité de projets…) ?

6. Avez-vous une ou plusieurs cibles ?
Y a-t-il des niveaux de communication différents selon les cibles ?

7. En quoi votre communication s'adapte-t-elle à la logique des acteurs ?

8. Faites l'autocritique de votre communication.
Quelles sont les idées maîtresses que vous avez voulu faire passer?

POUR UNE COMMMUNICATION PROJET EFFICACE
QUELQUES POINTS CLÉS UTILISABLES EN SYNTHESE D'EXERCICE

- Tout projet réussit à partir du moment où on le considère comme un *événement* sur lequel on communique.
- Un projet à bonne « *visibilité* » a plus de chance d'être mené à bien qu'un projet « clandestin » ou anonyme. Il faut savoir faire de son projet un *projet phare.*
- Communications interne et externe sont à différencier et à *synchroniser.*
- Il est fondamental d'informer très *régulièrement* et à *l'avance* sur le développement du projet pour créer un climat psychologique *rassurant.*
- Les relations doivent être entretenues avec les différents partenaires au travers d'une dimension *pédagogique* : expliquer et répéter car l'entourage juge à travers ce qu'il entend et ce qu'il voit.
- Choisir le *bon moment* pour communiquer sur chaque tâche est capital.
- La communication *écrite* entre les partenaires doit être renforcée pour marquer les *étapes* d'avancement.
- Savoir communiquer sur un échec ou une crise représente un savoir-faire très délicat aussi important que de communiquer sur un succès.

CORRIGÉ 9

Comparer le déroulement de l'entretien avec les éléments du tableau ci-dessous.

ÉTAPES	POINTS CLÉS	PHRASES TYPES
1. CRÉER LE CONTACT	– S'intéresser à son interlocuteur avec sobriété – Donner l'objet et le timing l'entretien	– « Bonjour… comment allez-vous ? » – « Nous sommes ensemble de pendant… pour parler de… »
2. PLACER LE CONTEXTE	– Situer le cadre, le contexte de la délégation (les faits, les chiffres, l'historique)	– Il s'agit de… – Vous savez que… – Pour nous situer rappelons que…
3. CONSULTER	– Questionner – Recueillir l'avis de l'autre – Tester son degré d'intérêt – Vérifier s'il se sent concerné	– Qu'en pensez-vous ? – Comment voyez-vous les choses ? – Quel est votre avis…?
4. PROPOSER LA DÉLÉGATION	– Présenter clairement l'objoctif attendu – Utiliser une forme directe avec le je – Rester réaliste – Expliquer son choix	– Je vous propose… – Je souhaite… – J'ai pensé à vous parce que…
5. DISCUTER	– Laisser venir les objections de l'autre – Expliquer le caractère réaliste de la mission – Négocier les moyens – Argumenter pour faire accepter – Conserver un climat serein malgré les tensions inhérentes à l'enjeu	– Je vous écoute – Comprenons-nous bien, ce que je vous propose c'est… – Soyons réalistes et essayons de trouver un terrain d'entente – Je vous comprends, voyons ensemble comment faire
6. ÉLABORER UN CONTRAT CLAIR	– Écrire : • le but à atteindre • le délai d'aboutissement • les moyens • les dates de suivi • qui fait quoi – Confirmer l'accord	– Nous sommes d'accord pour… – Nous confirmons les choses suivantes…
7. REMERCIER	– Oser dire ce que l'on ressent – Remercier – Sortir le dialogue du contexte de délégation	– Je suis content que vous participiez à cette mission…

CORRIGÉ 10

En complément, pour l'analyse des mises en situations, vous pouvez valider si les façons de faire répondent aux points suivants :

Méthodologie des réunions d'avancement de projet

— S'inscrire dans une logique de résolution de problème.

— Le « leitmotiv » du responsable du projet en réunion est « comment faire » et non « pourquoi » en sommes-nous là !

— Autorapport de chaque intervenant selon un plan préétabli :

- état d'avancement physique du projet, écart prévision/réalisation,
- état d'engagement de moyens, écart prévision/réalisation.

— Dégager les écarts posant problèmes.

— Bref échange sur les modalités de résolution. Sous peine d'enlisement, ces réunions doivent être menées à un rythme rapide sans entrer dans la solution des problèmes complexes non préparée à l'avance.

— Demander à chaque intervenant de définir les dispositions qu'il compte prendre pour s'assurer que la tâche qu'il réalisera atteint la qualité requise.

— Afficher ses préoccupations pour la qualité au même niveau que pour les délais et les coûts.

— Exploiter le dernier tableau de bord ou rapport mensuel du projet incluant :

- les courbes d'avancement,
- le planning,
- le rapport des dépenses en heures,
- le rapport des dépenses en matériel et équipement.

— Développer la coopération, l'entraide, la cohésion de l'équipe.

Quelques points clés utilisables en synthèse d'exercice avec le groupe :

Les réflexes d'organisation des réunions projet

1. Prévoir et *bloquer à l'avance* des jours pour faire le point ensemble.
2. Diffuser un *ordre du jour* de la réunion au moins deux jours avant.
3. Déterminer au début de la réunion *l'heure de fin* de la réunion.
4. Arriver à la réunion en ayant *préparé* ses interventions.
5. Diffuser dans les 24 h ou au plus tard dans la semaine suivante le *compte rendu écrit* de la réunion. Tout noter *par écrit*.
6. Faire circuler souvent des *« flashes » d'information* sur l'avancement du projet.
7. Diffuser *l'information en copie* à toutes les personnes ayant besoin de loin de connaître l'évolution du projet.
8. Disposer de *dossiers de classement* adaptés à chaque cas particulier de projets.

9. Afficher les *tableaux de bord* (ex : Planning Gantt) pour le suivi en des endroits accessibles à tous.

10. Penser à *redistribuer* régulièrement ses priorités et à *arbitrer* les urgences en cas de participation à plusieurs projets.

11. Venir avec des suggestions de *solutions* plutôt que des exposés de problèmes.

12. Prendre le temps de rassembler toute l'équipe pour commenter les dérapages ou échecs afin d'en tirer les *enseignements*.

CORRIGÉ 11

En complément, vous pouvez analyser la façon dont les remarques ont été formulées.

Une mise en forme efficace est souvent obtenue en utilisant le modèle SCORE.

Le modèle SCORE

Ce modèle permet de cerner un problème et réfléchir ensemble aux solutions :

S = La situation

Se poser la question « Qu'est-ce qui ne va pas précisément dans la situation présente ? » C'est l'ensemble des éléments de la situation actuelle dont je suis conscient.

C = Les causes

Se demander ensuite : « Quels sont les éléments responsables de cette situation ? Pourquoi en est-on là ? Quelle est l'origine de cette situation et qu'est-ce qui fait qu'elle perdure ? »

O = L'objectif

Définir ce que je veux atteindre. Qu'est-ce qui prendrait place, idéalement, si cette situation disparaissait ?

R = Les ressources

De quoi avez-vous besoin pour atteindre l'objectif ? Quels information, technique, moyen, compétence vous sont nécessaires ? Demandez-vous « Que peut-on faire pour atteindre cet objectif ? » et listez toutes les solutions possibles.

E = L'effet

Quel est le résultat attendu si l'objectif est atteint ?

Quelles sont les raisons et les motivations qui vous poussent à atteindre cet objectif ?

CORRIGÉ 12

Le profil énergétique de votre équipe

Cet exercice constitue un excellent outil de communication, de connaissance de soi et de mise en évidence des talents et des potentiels individuels et collectifs.

Avant de faire l'exercice, la principale critique est son caractère non objectif comparé à l'utilisation de tests psychologiques ou à l'intervention d'un psychologue.

Après l'exercice, cette critique disparaît pour laisser place à la surprise d'être capable, en peu de temps et sans formation préalable, de déterminer un profil opérationnel de l'équipe et de ses membres.

Voici les 12 critères énergétiques et leurs significations.

Il existe des relations analogiques entre certains critères, permettant d'enrichir la découverte en proposant différents points de vue (par exemple entre l'Eau, l'Émotion et le Cœur).

— *Les cinq éléments*

1 — Feu : énergie vitale, créative, sexuelle ; l'action, la création ; la purification, l'alchimie du feu.

2 — Air : énergie intellectuelle, conceptuelle, mentale ; la communication, les contacts.

3 — Eau : énergie émotionnelle, affective, relationnelle ; l'adaptation, la sensibilité, l'imaginaire, la réceptivité.

4 — Terre : énergie physique, matérielle, concrète ; les racines, le sens de la réalité.

5 — Vide : le silence, le lâcher-prise qui nous amène à comprendre le sens de l'univers et fait que tout devient possible : l'essentiel et la transcendance.

— *Les quatre fonctions psychologiques*

6 — la Pensée (le penseur) : bon régulateur, attentif aux détails, logique et rationnel, il privilégie les idées, les concepts, les chiffres et les faits ; quoi ? Performance, efficience, valeur, analyse.

7 — Intuition (l'intuitif) : créatif, imaginatif, « défricheur », visionnaire, tourné vers le futur, il privilégie la vue d'ensemble, les images et le plaisir ; et si ? où ? quand ? pourquoi ? Jeu, exploration, stratégie, potentiel, synergie.

8 — Sensation (le sensoriel) : organisé, travailleur, méthodique, entier, avec un bon sens pratique, il privilégie l'action et la planification ; comment ? Opérationnel, sécurité, qualité, procédure, discipline.

9 — Émotion (l'émotionnel) : chaleureux, sensible, attentif à l'ambiance, il privilégie les valeurs humaines et les positions nuancées ; pourquoi ? Communication, amour, travail d'équipe, coopération.

— *Les trois dimensions de l'être humain*

10 — Esprit : il rêve et trouve les idées, il privilégie les valeurs, les concepts, les visions, les inventions, les innovations, la réflexion.

11 — Cœur : il contacte l'Autre et transmet les idées, il mobilise et communique, il privilégie les échanges, les émotions, l'affectivité, le climat.
12 — Corps : il s'engage dans l'action et réalise le rêve, il privilégie le concret, la performance, le résultat.

Le profil énergétique « rêvé »

Voici les profils standards :
— équipe orientée vers la maîtrise des idées et des concepts : équipes d'études, direction financière, ingénieurs techniques, marketing opérationnel... ; énergies dominantes : l'Air, la Pensée, l'Esprit ;
— équipe orientée vers le calcul, la planification et le matériel : équipes de production, organisateurs, comptables... ; énergies dominantes : la Terre, la Sensation, le Corps ;
— équipe orientée vers le relationnel et la communication : équipes commerciales, direction des ressources humaines... ; énergies dominantes : l'Eau, l'Émotion, le Cœur ;
— équipe orientée vers la création et le développement : équipes stratégiques, marketing stratégique, équipes de création artistique... ; énergies dominantes : le Feu, l'Intuition, l'Esprit et le Cœur.

Votre profil « rêvé » sera beaucoup plus riche et nuancé et pourra comporter des doubles dominantes, en fonction de la nature de votre activité et de la façon dont vous l'exercez.

Il s'agit d'un profil « rêvé » et non d'un profil idéal ; le profil énergétique et psychologique de l'équipe est immédiatement opérationnel, grâce aux exercices de visualisation qui vous permettent d'imaginer la suite des opérations et le sens à donner à vos actions, tout en restant lucide et en partant de votre réalité actuelle.

En comparant les deux séries de profils obtenus à l'exercice 1 et à l'exercice 2, vous disposez des informations nécessaires pour élaborer votre plan de formation et compléter votre équipe.

Voici quelques suggestions pour compléter votre liste personnelle d'exercices

1 — Feu : allumez une allumette et éteignez-la avec vos doigts, en le décidant d'un seul coup, sans réfléchir aux conséquences ; prenez une décision rapide par jour et surprenez-vous.
2 — Air : prenez l'air régulièrement, ouvrez la fenêtre, faites du vélo dans un club, marchez à la montagne ; une fois par jour, adressez la parole à un inconnu en établissant un contact le plus vrai et le plus profond possible.
3 — Eau : prenez l'arcane 18, la Lune du tarot, et exprimez-vous dessus ; baignez-vous dans la mer ou en piscine et laissez libre votre imagination ; vous n'avez plus de limites, votre corps, la piscine, la mer, la Terre se « gonflent » jusqu'à se confondre avec l'Univers.
4 — Terre : sur une plage de sable, faites-vous enterrer par vos enfants et restez seul quelques instants ; sur de la terre ou de l'herbe, mettez-vous nu-pieds, les jambes légèrement écartées, imaginez des racines qui poussent

au bout de vos pieds et s'enfoncent dans la terre ; chaque jour identifiez une proposition non réaliste que vous vous faites ou que vous faites à quelqu'un d'autre, et modifiez-la dans un sens plus concret.

5 — Vide : une fois par semaine, prenez votre petit déjeuner dans le silence, sans famille autour de vous, sans radio et sans TV ; chaque jour, libérez 15 minutes dans votre agenda pour vous donner rendez-vous avec vous-même (écrivez : SILENCE) ; chaque jour, lâchez une « prise » de plus (ne plus vous préoccuper de ce que votre collègue pense de vous, de la prochaine réunion à préparer, de l'argent qui manque...).

6 — Pensée (le penseur) : apprenez à utiliser les faits concrets, les chiffres et la logique ; notez les détails d'une situation, posez-vous souvent la question : « De quoi s'agit-il ? » ; intéressez-vous davantage aux idées et aux concepts.

7 — Intuition (l'intuitif) : entraînez-vous à trouver des solutions ; apprenez à lire le tarot ou à interpréter vos rêves ; mettez-vous consciemment en état alpha une fois par jour ; communiquez de préférence par des dessins ; faites-vous plaisir une fois par jour ; posez-vous souvent les questions : « Pourquoi ? où ? et si ? ».

8 — Sensation (le sensoriel) : entraînez-vous à gérer votre temps ; découpez vos tâches en étapes ; une fois par jour, exprimez franchement une opinion tranchée ; montez votre prochain objet en kit, en suivant uniquement la notice ; apprenez un nouveau logiciel informatique ; posez-vous souvent la question : « Comment ? ».

9 — Émotion (l'émotionnel) : une fois par jour, entraînez-vous à écouter ce que disent les autres et répondez leur de façon plus chaleureuse que d'habitude ; avant de commencer seul une nouvelle tâche, demandez-vous qui pourrait vous aider ? Posez-vous souvent la question : « Avec qui ? »

10 — Esprit : une fois par jour, réfléchissez 5 minutes de plus avant de vous précipiter dans l'action ; avant de prendre votre prochaine décision importante, observez les aspects rationnels et interrogez votre intuition ; recherchez trois valeurs qui motivent vos actions.

11 — Cœur : au cours de votre prochaine réunion, ne vous préoccupez que de l'ambiance, du climat convivial et du confort de vos « invités », et notez les changements qui se produisent ; quand vous voulez remercier ou récompenser quelqu'un, faites-le immédiatement ; une fois par jour, suivez votre émotion sans la rationaliser.

12 — Corps : dans votre prochaine communication, donnez un exemple pour chaque concept que vous proposez ; une fois par jour, donnez-vous un objectif concret et atteignez-le en priorité ; inscrivez-vous à un stage de massage.

Rire en équipe

Rire, à la demande, d'un texte sérieux vous procure également la capacité de « lire votre vie » avec moins de sérieux, et si tout était risible ? Pour y parvenir, il suffirait de vider ses poumons et de commencer à parler de façon saccadée !

Retrouver ses jeux d'enfant permet de contacter son rire naturel, sans calcul, sans chercher à montrer ou à se cacher. Autorisez-vous cet exercice simple, rappelez-vous vos rires d'enfant et proposez-les à l'équipe.

Voici quelques histoires courtes et primaires, empruntées à Ibrahim Seck :
— Un inspecteur primaire va dans une classe et pose la question suivante aux élèves : douze bouteilles de vin, à 0,10 € pièce, combien ça fait ? Un élève se lève et dit : Je ne sais pas combien ça fait, mais à la maison, douze bouteilles de vin, ça fait trois jours !
— Un cannibale qui souffrait très souvent de maux de tête va voir son docteur. Celui-ci l'ausculte et lui dit : Mon cher, vous bouffez trop d'intellectuels !
— Quelle est la différence entre un accident et une catastrophe ?
Réponse : Si votre belle-mère tombe dans l'océan et va se noyer, c'est un accident. Mais si jamais on la repêche à temps, ça c'est une catastrophe !
— Savez-vous pourquoi les Bretons sont tous frères ?
Réponse : Parce qu'ils ont Quimper !

Le don du sourire ; ce poème se rencontre parfois à l'entrée de certaines maisons :

« *Il ne coûte rien et produit beaucoup.*
Il enrichit celui qui le reçoit sans appauvrir celui qui le donne.
Il ne dure qu'un instant mais son souvenir est parfois immortel.
Un sourire, c'est du repos pour l'être fatigué,
Du courage pour l'âme abattue,
De la consolation pour le cœur endeuillé.
C'est un véritable antidote que la nature
Tient en réserve pour toutes les peines.
Et si l'on refuse le sourire que vous méritez,
Soyez généreux, donnez le vôtre
Nul n'a autant besoin d'un sourire
Que celui qui ne sait pas en donner aux autres. »

CORRIGÉ 13

L'analyse de la situation

1) Les raisons essentielles du changement envisagé

Deux motifs semblent pouvoir être dégagés.

a) *Une cause objective :* le pourcentage élevé de défauts de fabrication.

Il est certain que l'entreprise *Calrex* se doit de prendre en compte ce problème. Ne pas le faire conduirait inexorablement à une détérioration considérable de la réputation de la firme. Cependant, l'imputation automatique des difficultés au mode de production actuel (le taylorisme) est discutable. Certes, les pratiques inspirées de l'OST (Organisation Scientifique du Travail) ont souvent été dénoncées pour leurs conséquences négatives. Mais, une qualité insuffisante peut aussi avoir une autre origine. La recherche des causes potentielles véritables n'a jamais été effectuée ici. L'objectivité de l'approche du problème n'est donc qu'apparente.

b) *La volonté du sous-directeur* : celui-ci occupe un emploi nouveau et il se doit donc de démontrer qu'il est efficace et que son rôle est irremplaçable. Pour cela, il lui est nécessaire d'engager des opérations d'envergure. Connaissant l'enrichissement des tâches, il peut être tentant pour lui d'exprimer sa compétence à travers la mise en place d'une structure nouvelle impliquant des modifications spectaculaires, dans une situation de rapport de force favorable avec ses subalternes (lui, connaît les problèmes posés par ces nouvelles conditions de travail). Dès lors, consciemment ou non, objectivement ou non, il peut avoir intérêt à « forcer la main » à ses partenaires.

2) Les modifications conjointes du processus de fabrication et des horaires

Incontestablement, les horaires variables correspondent à une amélioration des conditions de travail. De plus ils sont réclamés par les salariés. Les envisager est donc pertinent, *mais introduire simultanément deux modifications considérables est fondamentalement une erreur.*

D'abord, l'analyse de la situation en est singulièrement compliquée et certaines réticences au changement vont être amplifiées d'autant. Ainsi, le chef du personnel ne serait-il pas plus coopérant face à l'enrichissement si celui-ci était retenu seul ? Quand plusieurs mesures sont préconisées en même temps, on ne sait plus très bien lesquelles sont discutées. Des interférences sont inévitables.

Sur le plan théorique, on conseille généralement de privilégier des transformations nombreuses, mais de plus faible envergure plutôt que les macro-changements. Toute modification dans un système, aussi bien préparée soit-elle, commence par une phase de désorganisation pendant laquelle de nouvelles relations de travail doivent s'établir.

On imagine aisément les problèmes insolubles que risque de rencontrer le chef du service fabrication ; il devra instaurer des procédures novatrices de travail, avec un personnel qui ne sera plus présent en permanence. Certaines confrontations collectives n'en seront que plus difficiles. De plus, une entreprise ayant un recrutement rural, ce qui est le cas ici, a toujours plus de difficultés à mettre en place les horaires variables. En effet, pour des raisons financières, certains individus, quand les horaires sont imposés, ont pris l'habitude de venir travailler ensemble. La liberté relative, au niveau du moment de début ou de fin de travail, peut remettre en cause ces équipes qui s'étaient constituées pour le trajet. Des réajustements seront également nécessaires, à ce niveau ; des heurts momentanés peuvent en naître, ce qui rejaillira sur la mise en œuvre du changement des conditions de travail, cette dernière en sera compliquée d'autant puisqu'elle sera perturbée par d'autres phénomènes.

Il serait plus judicieux, donc, de dissocier les deux mesures. Les horaires variables impliquent que le mode de fabrication retenu ne soit pas trop rigide. Ils sont difficilement conciliables avec le taylorisme (sauf si l'on utilise des stocks-tampons, c'est-à-dire des réserves d'avance à chaque poste de travail) puisque l'activité de chacun dépend de celui (ou de ceux) qui le précède(nt) dans la chaîne. Il serait pertinent de présenter l'enrichissement des tâches comme une mesure préalable aux horaires variables. Ceux-ci ne seraient adoptés que lorsque les nouveaux modes opératoires seraient expérimentés et rodés (une date échéance pourrait être proposée, par exemple au plus tard dans six mois).

3 et 4) Personnels et unités concernés, résistances éventuelles

Dans la mesure où les personnels qui doivent évoluer n'ont pas pu participer à une réflexion véritable sur le changement, sur ses modalités d'application, on peut prévoir des résistances de leur part.

Une modification d'une unité s'accompagne aussi de conséquences inévitables pour les autres groupes qui sont en relation avec elles.

Il est évident que *le service fabrication* est le premier concerné. L'enrichissement des tâches se traduit par le passage d'un travail imposé à une activité gérée par l'individu ou le groupe. Les salariés doivent alors prendre toute une série de décisions pour accomplir non plus des tâches parcellaires, mais des réalisations plus globales et plus significatives. Ils y gagnent un travail plus intéressant mais aussi plus difficile. Vont-ils accepter d'affronter cette complexité croissante ? La proportion considérable d'OS augmente le risque d'une opposition collective face à une situation jugée trop dangereuse. Or, si les salariés de la fabrication n'assument pas leurs responsabilités, l'enrichissement sera un échec.

Les contremaîtres, non consultés dans la décision de changer, seront aussi impliqués. Leur rôle ne sera plus essentiellement de contrôler que les processus opératoires retenus sont bien appliqués. La définition de ceux-ci devient en effet largement sous la dépendance des salariés. Le danger est alors que les contremaîtres ne modifient pas leurs attitudes et continuent à imposer de manière très directive certaines manières de procéder. Ou alors, face à certaines interrogations des salariés, ils feront en sorte de ne pas prendre position. Leur non-implication totale est parfois observée. Or, s'ils n'animent pas leurs équipes, s'ils ne se reconvertissent pas dans un rôle d'analyseurs de situations et de stimulateurs de la réflexion des ouvriers, beaucoup de difficultés quotidiennes ne seront pas surmontées.

Il en est de même pour *le service des méthodes* qui n'aura plus à imposer des modes opératoires rigides et non discutables. D'un rôle de décideur, il passe à un rôle d'expert ou de conseil. Face à certaines questions des salariés quant à l'organisation du travail, il devra réagir en permettant une meilleure compréhension de la situation et en présentant plusieurs méthodes susceptibles de résoudre les problèmes posés. On ne lui demandera plus *la* solution mais de présenter *des possibles* entre lesquels les ouvriers de fabrication décideront, ce qui est beaucoup plus délicat.

Le service entretien n'échappe pas à ces conséquences. Un enrichissement des tâches bien conçu vise à modifier le rapport du salarié à sa machine. Notamment, il ne doit plus la vivre comme étant étrangère à sa responsabilité. Il doit pouvoir assurer les réglages, l'entretien préventif et certaines réparations. Mais dès lors, les effectifs du service entretien peuvent en subir les conséquences. De plus, la *nature* du travail des ouvriers d'entretien change. Ils partagent une partie de leur pouvoir avec d'autres personnes et ne seront plus appelés que pour des pannes que les salariés de la fabrication ne savent comment traiter. Lors de la mise en place de l'enrichissement, ils peuvent faire de la rétention d'information (il est fréquent de voir disparaître les fiches d'entretien des machines), et ainsi ils ne permettront pas aux OS et OP de jouer leurs nouveaux rôles.

Quant au *service des études-recherche et contrôle* (d'ailleurs bien hétérogène), les effets de la modification ne l'épargnent pas. L'enrichissement présuppose que le contrôle de la qualité soit réalisé par ceux qui ont effectué l'activité (sauf pour quelques contrôles plus poussés impliquant la maîtrise de technologies élaborées). Ce service verra donc sa qualification moyenne augmenter puisque les tâches routinières de contrôle systématique seront transférées. Mais, que deviendront alors les contrôleurs ? Par contre, les personnels du nouveau service études-recherche seront satisfaits puisqu'il ne leur restera que des activités plus nobles. Ils seront donc favorables à l'enrichissement.

Aucun service de la fonction production ne peut donc se considérer à l'abri de conséquences indirectes. Mais les modifications ne s'arrêtent pas là.

Le service personnel va se trouver confronté à de multiples problèmes. Il lui faut prendre conscience que ces mutations technologiques s'accompagnent de transformations dans les qualités que l'on recherchera chez les salariés ; les analyses de poste antérieures doivent donc être revues. La mise en place de l'enrichissement ne paraît pas envisageable si un certain nombre de programmes pertinents de formation continue n'est pas envisagé. Il lui faudra définir les actions de formation prioritaires, leurs contenus, leurs durées, rechercher des intervenants compétents. De plus, l'enrichissement s'accompagnant d'une modification de la structure de certains services (entretien, études et contrôle, méthodes), il faudra provoquer des reconversions, peut-être envisager des promotions et le recrutement de salariés d'une autre qualification. Il en résulte un surcroît considérable de travail et l'apparition de problèmes liés à une décision qui peut être perçue par le service personnel comme ne le concernant pas. Or, il ne faut jamais oublier que ce dernier joue un rôle considérable dans la circulation de l'information. Celle-ci peut être, consciemment ou non, altérée, ce qui est alors l'expression d'un refus. Il faut ajouter que l'adhésion de ce service est d'autant plus importante que l'enrichissement des tâches et tous les changements, d'une manière plus générale, impliquent une bonne communication entre les personnels, afin de connaître et réguler les dysfonctionnements.

Le service financier aura lui aussi de nouveaux questionnements ; il va devoir engager des investissements, souvent coûteux, et évoquera des problèmes de comptabilité. Il s'interrogera sur les rémunérations. Comment évolueront les salaires des OS et OP qui passeront du taylorisme à l'enrichissement ? Il devra élaborer un bilan financier prévisionnel de l'entreprise en tenant compte des dépenses qu'il peut chiffrer et de données plus hypothétiques (moins de défauts, donc économie de temps et de matières premières mais dans quelles proportions ? Amélioration des produits et donc de l'image de la marque *Calrex* ; mais quel gain peut-on en attendre ?) Sa compétence peut être remise en cause si les prévisions sont trop éloignées de la réalité atteinte.

Il y a donc, pour lui, une prise de risque considérable. On comprend alors la position prudente du responsable de ce service. Cela peut le conduire à réaliser une évaluation financière suffisamment pessimiste de la situation pour que l'enrichissement soit refusé. Il peut aussi multiplier ultérieurement les obstacles dans la mise à disposition des crédits et provoquer l'échec si l'on est allé à l'encontre de ses avis.

Les fonctions achat et vente sont également impliquées ; l'acquisition de nouveaux matériaux devra être réalisée. De plus, exploitera-t-on au niveau de la clientèle les conséquences possibles de l'enrichissement des tâches au niveau de l'amélioration de la fiabilité des produits ? Elles devront tester les réactions des clients quant aux nouvelles productions. Qu'en pensent-ils, que peut-on encore améliorer ? Elles devront donc, plus encore que d'habitude, faire remonter l'information du terrain vers l'entreprise.

Compte tenu de l'interdépendance des unités, *tous les responsables de service* auront donc un surcroît de travail, voire des activités sources de danger pour eux à prendre en compte. Les dirigeants (directeur, sous-directeur), pour des raisons variées, sont favorables à l'évolution. Ceci est un élément essentiel. Si la direction ne prend pas une position officielle favorable sur les mutations, celles-ci seront encore plus difficiles à envisager. Mais les autres responsables apparaissent peu enthousiastes. Ils évitent à l'évidence de s'opposer au pouvoir formel et suivent plus qu'ils ne provoquent ; il peut en résulter un manque de dynamisme face à certains événements. Ils rejetteront la responsabilité des problèmes inévitables sur la direction et la laisseront rechercher seule les décisions à prendre. Des conflits peuvent être notamment prévus avec le sous-directeur.

5) Bilan et propositions

La décision du changement paraît ici précipitée, vu l'ampleur des conséquences prévisibles. Aucune concertation véritable n'a été réalisée. On ne perçoit aucun consensus au niveau de l'entreprise. Le délai de quatre mois auquel songe le sous-directeur semble irréaliste ; l'association enrichissement-horaires variables est très discutable.

Pourtant, cette entreprise doit changer si elle ne veut pas que sa pérennité soit remise en cause ; la baisse de la qualité, dans une situation de concurrence, est très dangereuse.

Mais il ne faut pas précipiter le changement. Peut-être faudrait-il, dans un premier temps, analyser les diverses causes possibles de cette qualité médiocre et ce *avec l'ensemble des salariés*.

En effet, *ce qui convient dans une entreprise n'est pas nécessairement pertinent dans une autre* (parce que le climat y est différent, les salariés n'y sont pas les mêmes, les rapports avec l'environnement sont autres...). Une consultation *véritable* des personnels permettrait de faire émerger des idées concernant les méthodes de travail, ce qui pourrait ensuite être utilisé par l'entreprise. Enfin, des programmes de formation continue, centrés sur les technologies actuelles de production, pourraient être, dès à présent, retenus afin d'y sensibiliser les salariés et de diminuer leurs craintes. Il faut faire en sorte de ne pas se limiter au projet d'un ou deux individus, mais de passer à un *projet d'entreprise.*

CORRIGÉ 14

Question 1. La satisfaction et l'insatisfaction des subordonnés ne sont pas des réactions au degré de considération ou au degré d'interventions-sur-la-tâche mais aussi une réaction complexe d'une part au rapport entre ces 2 attitudes et d'autre part à la *signification* subjective (chez les subordonnés) de ce rapport.

Pour les chercheurs, les 2 variables (considération et interventions-contrôles) sont indépendantes mais « tout se passe comme si les employés ne le savaient pas » (cf. Lévy-Leboyer, *Psychologie des organisations,* PUF, 1974, p. 221). « Ils s'attendent, lorsque le patron est froid et distant, à ce qu'il soit *aussi* un chef exigeant, soucieux de l'efficacité ». Inversement, quand le patron est plein de considération et d'intérêt pour les personnes, les subordonnés s'attendent à ce qu'il laisse beaucoup d'initiative et d'autonomie, qu'il délègue plus facilement.

Question 2. Le souci de l'efficacité du chef, sa tendance à organiser et contrôler le travail des subordonnés (donc une certaine façon d'accomplir son rôle) fait que les subordonnés n'attendent pas de lui qu'il s'intéresse à leur personne, et, en un sens, c'est plus « franc » à leurs yeux. Ils deviennent mécontents si, en plus, un tel chef s'intéresse à leur personne parce qu'alors ils éprouveront cela comme un paternalisme hypocrite.

Si le chef à considération faible n'est pas exigeant et efficace, alors son absence d'intérêt *ne trouve pas d'excuse* aux yeux de ses subordonnés. Ainsi *le sens et le souci de l'efficacité chez le chef atténuent les réactions de frustration des subordonnés devant son absence d'intérêt pour les personnes ; la considération pour les personnes atténue la mauvaise impression que donne aux subordonnés la baisse du souci de l'efficacité chez le chef.* Autrement dit encore, on pardonne à un chef efficace d'être froid et peu soucieux des opinions, sentiments, problèmes personnels de ses subordonnés ; on ne le lui pardonne pas s'il est inefficace.

CORRIGÉ 15

NB — Je ne donne ici que les remarques-clés qui ont été formulées par des groupes réels ayant fait l'étude de cas.

1. *Il est impossible, pour le directeur, de prendre une décision adaptée sans avoir une idée suffisante de « ce qui s'est passé en réalité ». Toute autre décision (si elle n'est pas « solution d'attente ») partirait de principes* a priori *ou de projections personnelles inadaptées.*

2. *L'idée de son rôle chez le Pr Zilov est expressive de la tension ancienne et habituelle entre les 2 divisions, de l'impression de « déchéance » du chercheur chargé d'effectuer un enseignement, et de la contrainte subie. Il transpose son animosité contre la Direction de l'École (Cardy-Benacri) en agressivité contre les stagiaires (ironie, sadisme, sabotage de leur forma-*

tion). Le conflit Kossowski-Cardy marque, par personnes interposées et par déplacement, le conflit entre Zilov et ses élèves. De ce fait, lorsque ce conflit latent éclate à la dimension du Centre, Zilov Kossowski et toute la division Recherches jubilent. C'est pourquoi on ne les voit plus et ils laissent faire.

3. L'erreur du système est d'abord de croire qu'un chercheur compétent est nécessairement un pédagogue compétent. Rien ni personne ne s'occupe de la formation pédagogique des enseignants. Par exemple, la « situation pédagogique » qu'il crée échappe complètement (et dramatiquement) à l'intelligence de Zilov.

4. Le Directeur ne dirige pas, il incarne un Pouvoir sans rôle fonctionnel réel (absence de la fonction « Management »), sans compréhension, sans prévision. Son information sur « ce qui se passe » est indirecte et lointaine. L'essentiel pour lui est l'ordre immobiliste. L'objectif réel du Centre (la formation des ingénieurs-stagiaires), du moins dans sa division Enseignement, est perdu. Le Centre se bureaucratise.

5. La frustration des stagiaires est à la fois intense et bloquée dans ses expressions (cela par le quadruple verrou de la rigidité obtuse du directeur, de l'ironie inhibante de Zilov, de l'infériorisation opérée par le professeur au niveau du savoir, de l'anxiété de l'examen).

6. L'explosion se produit lorsque l'anxiété et la frustration fusionnent dans l'agressivité d'annulation de la situation insupportable. À noter au passage la naissance du fantasme de groupe (« pseudo-tirage au sort fabriqué par Zilov-Cardy ») car cet examen-là devient le symbole de la situation totale subie et la résume. Objectivement, il n'y a eu aucun truquage mais cette objectivité-là (quoiqu'elle puisse alimenter la bonne conscience de Cardy) n'a aucune vérité psychologique. Du fait des verrous, cette agressivité, pour ne pas avoir peur d'elle même, est obligée de devenir une révolte de tout le Centre, d'où le recrutement actif de tous les stagiaires du Centre. Le meneur (Alonze) sera celui qui a le moins peur des verrous ; de plus, il a un compte personnel à régler avec Zilov, et les autres « attendent » de lui, à ce moment-là, quelque chose. Les interprétations des autres (professeurs, jeunes assistants, directeurs) risquent de leur masquer le sens de cette « révolte » au niveau du Centre et de ses tensions internes chroniques.

CORRIGÉ 16

Question a : l'organisation de la fonction Ressources Humaines

Chez High Tech comme ailleurs, l'organisation de la fonction Ressources Humaines est liée aux éléments de contexte. Sont à noter particulièrement ici :

— la spécialisation forte des activités de la DRH par fonctions. Cette organisation est fréquente dans les entreprises de grande taille. Depuis quelques années, dans les DRH, l'organisation par fonctions est souvent complétée, ou combinée, avec une organisation sur une base divisionnelle, ou géographique, plus en relation avec le fonctionnement des unités. L'organisation par fonction favorise le développement du professionnalisme mais, en même temps, conduit chacun à s'intéresser plus à sa spécialité qu'aux objectifs collectifs ;

— la centralisation forte des décisions de gestion (le rôle des services du personnel d'établissement est assez limité). La tendance actuelle est à décentraliser les décisions de gestion au plus près des situations auxquelles elles s'appliquent. Une forte centralisation facilite la coordination des activités et favorise l'homogénéité du fonctionnement ; par contre, elle restreint les initiatives locales ;

— une différenciation nette entre les ingénieurs et cadres d'une part, et les autres salariés, d'autre part, et le maintien à la DRH de la gestion opérationnelle des ingénieurs et des cadres. C'est une caractéristique habituelle des grandes entreprises françaises. Les grandes entreprises ont cependant tendance, aujourd'hui, à ne conserver en central que la gestion des cadres supérieurs.

L'organisation existante influe sur la manière de conduire l'informatisation, elle a aussi des conséquences sur les comportements individuels comme on le verra dans la suite du cas.

Question b : la demande de Louis Martin

Louis Martin est excédé par l'avalanche de demandes d'achats qui ne cessent de lui parvenir. Sa demande est raisonnable (cohérence, amélioration des performances), mais on ne peut la traduire directement en moyens informatiques. Le schéma directeur relève d'une volonté politique, son élaboration ne peut donc être totalement déléguée à Paul Dugenou.

Question c : les besoins de la DRH

Les informations complémentaires qui vous ont été données constituent des attentes et non des besoins qui procéderaient d'objectifs collectifs de performance. Ce serait tomber dans un piège que d'amalgamer les demandes de chacun dans un pseudo-schéma directeur informatique. Il est urgent de rencontrer Paul Martin, pour lui faire préciser ses intentions et lui suggérer une méthode de travail. Une démarche générale est présentée dans le deuxième exposé que nous vous invitons à lire dès à présent.

Liste des ouvrages de la collection Formation permanente en sciences humaines classés par numéro

1 - L'entretien de face à face dans la relation d'aide, Roger Mucchielli
2 - Le questionnaire dans l'enquête psychosociale, Roger Mucchielli
3 - La conduite des réunions, Roger Mucchielli
4 - La dynamique des groupes, Roger Mucchielli
5 - La méthode des cas, Roger Mucchielli
6 - L'interview de groupe, Roger Mucchielli
7 - L'étude des postes de travail, Roger Mucchielli
8 - L'examen psychotechnique, Roger Mucchielli
9 - Opinions et changements d'opinion, Roger Mucchielli
10 - Psychologie de la publicité et de la propagande, Roger Mucchielli (épuisé)
11 - Les complexes personnels, Roger Mucchielli
12 - Communication et réseaux de communications, Roger Mucchielli
13 - Les méthodes actives dans la pédagogie des adultes, Roger Mucchielli
14 - Organigrammes et sociogrammes (épuisé), Roger Mucchielli
15 - Psychologie de la vie conjugale, Roger Mucchielli
16 - L'analyse de contenu des documents et des communications,Roger Mucchielli
17 - Observation psychologique et psychosociologique, Roger Mucchielli
18 - Le travail en équipe, Roger Mucchielli
19 - Psychologie de la relation d'autorité, Roger Mucchielli
20 - Psychosociologie d'une commune rurale, Roger Mucchielli
21 - Le conflit dans l'entreprise, Michel Fustier
22 - La formation par les méthodes TWI, OM, SORA, Roger Bazin
23 - Méthodes directives et formation des adultes, Daniel Chevrolet
24 - Psychosociologie des organisations, Alex Mucchielli
25 - Les réactions de défense dans les relations interpersonnelles, Alex Mucchielli
26 - Le sondage d'opinion, Nicole et François Berthier
27 - Pratique de la concertation, Pierre Lebel
28 - Métrologie, mesure et maîtrise des communications, Pierre Lebel
29 - Développement personnel et entraînement mental, Roger Bazin
30 - Organiser les sessions de formation, Roger Bazin
31 - La résolution de problèmes, méthodologie de l'action, Michel Fustier
32 - Pratique de la dialectique, Michel Fustier
33 - Pratique de la créativité, Michel Fustier
34 - La formation des animateurs de groupes de jeunes, Edouard Limbos

35 – L'animation des groupes de culture et de loisirs, Edouard Limbos

36 – Les « problèmes humains » dans les groupes, Edouard Limbos

37 – L'argumentation. Principes et méthodes, Lionel Bellenger

38 – Audiovisuel et pédagogie, Pierre Lebel

39 – Travail et méthodes du/de la documentaliste, Jacques Chaumier

40 – Analyse transactionnelle et relations de travail, Dominique Chalvin et l'équipe cegos-ippso

41 – L'affirmation de soi, Dominique Chalvin

42 – L'expression écrite. Écrire pour communiquer, Louis Timbal-Duclaux

43 – Le jeu de rôle, Anne Ancelin-Schützenberger

44 – L'expression orale. Une approche nouvelle de la parole expressive, Lionel Bellenger

45 – La négociation, Roger Launay

46 – Analyser les conditions de travail, V. de Keyser, M.-N. Beauchesne-Florival, D. Notte

47 – Organiser la pensée. Une formation méthodique au travail intellectuel, Jacques Claret

48 – Faire face aux stress de la vie quotidienne, Dominique Chalvin

49 – Rôles et communications dans les organisations, Alex Mucchielli

50 – Éduquer la mémoire, Marie-Josée Couchaere

51 – La décision, Jean-Paul Lavergne

52 – Les mentalités. Compréhension et analyse, Alex Mucchielli

53 – Optimiser les ressources humaines dans l'entreprise. Formation à la méthode du bilan comportemental, Victor Ernoult, Jean-Pierre Gruère, Fabienne Pezeu

54 – Les réunions d'expression des salariés. Les organiser, les animer et y participer, Dominique Chalvin et l'équipe cegos-ippso

55 – Les barrages personnels dans les rapports humains. Comment les comprendre et les surmonter, Edouard Limbos

56 – Autodiagnostic des styles de management. A l'usage des cadres et des dirigeants, Dominique Chalvin

57 – Méthodes et stratégies de lecture. Pour un art de lire, Philippe Pigallet

58 – Rechercher et innover en groupe. Méthodes à l'usage des groupes d'amélioration de la qualité, Christie Ravenne

59 – L'insécurité. Comprendre les risques de la vie quotidienne et y faire face, Gérard Chandezon et Joël Salou

60 – La programmation neuro-linguistique (PNL). Des techniques nouvelles pour favoriser l'évolution personnelle et professionnelle, Alain Cayrol et Patrick Barrère

61 – Utiliser tout son cerveau. De nouvelles voies pour accroître son potentiel de réussite, Dominique Chalvin

62 – Le temps mode d'emploi. Reconquérir son temps… et sa vie, Philippe Cruellas et Raphaël Benayoun

63 - Les outils de base de l'analyse transactionnelle. Pour développer l'énergie des individus et des organisations [1], Dominique Chalvin

64 - Les nouveaux outils de l'analyse transactionnelle. Pour développer l'énergie des individus et des organisations [2], Dominique Chalvin

65 - La participation. Conseils et méthodes pour développer la qualité et l'animation de la « vie associative », Edouard Limbos

66 - Pratique du droit social. A l'usage des cadres et de la maîtrise dans les entreprises, Pierre Lebel

67 - Analyser l'écriture. Une démarche et un outil nouveaux en graphologie, Patrick Gilbert et Christian Chardon

68 - Réussir le changement. Mutations des entreprises et problèmes humains, Daniel Pemartin

69 - Le projet d'entreprise. Comment le préparer, le réaliser et motiver votre personnel, Claude Lebœuf, Alex Mucchielli

70 - L'écoute. Mieux écouter pour mieux communiquer, Philippe Kaeppelin

71 - Gérer le pouvoir dans les entreprises et les organisations, Yves-Frédéric Livian

72 - Gérer les tournants de carrière, Christie Ravenne

73 - Gérer le changement dans l'entreprise. Comment conduire des projets novateurs et développer les ressources humaines, Patrick Gilbert

74 - La motivation et ses nouveaux outils. Des clés pour dynamiser une équipe, Jean-Dominique Chiffre et Jacques Teboul

75 - Les nouvelles missions du management. Adaptation et flexibilité, Christie Ravenne

76 - La négociation commerciale. Études de cas. Préparation et stratégie, Alain Jolibert et Maud Tixier

77 - Se préparer à l'oral des examens et des concours, Gérard Devaux

78 - S'entraîner à raisonner juste. Pour mieux se comprendre et mieux s'entendre, Laurent Godbout

79 - Animer une étude analyse de la valeur. Guide pratique des procédés et des techniques efficaces, Bernard Adam

80 - Améliorer la qualité de vie au travail par la participation, Pierre Lebel

81 - La créativité, mode d'emploi, Hubert Jaoui

82 - Le nouvel esprit qualité. Une pédagogie pour enrichir le dialogue social et garantir une meilleure efficacité des entreprises, Roger Bazin

83 - Stratégies et tactiques de négociation [1], Lionel Bellenger

84 - La communication écrite scientifique et technique. Qualité et lisibilité, Louis Timbal-Duclaux

85 - Le management des changements sociaux dans l'entreprise, Édouard Limbos

86 - La programmation neuro-linguistique appliquée à la négociation, Chantal Selva

87 - Le bilan personnel et professionnel. Instrument de management, Arlette Yatchinovsky, Pierre Michard

88 - L'entretien annuel d'appréciation et de carrière, Jean-François Laborey

89 - Informatiser la gestion. Application aux ressources humaines, Patrick Gilbert et Claude Piganiol-Jacquet

90 - Les outils du négociateur. Consulter, argumenter, réfuter [2], Lionel Bellenger

91 - Savoir définir et gérer des objectifs. Une stratégie de la réussite, Chantal Selva, Guy Missoum

92 - Développez votre intuition et celle de votre équipe, Michel Giffard

93 - Enseigner, former, conseiller avec la PNL, Marc Dovero et Élisabeth Grebot

94 - La communication pratique au service des entreprises, Hubert Jaoui, François-Marie Pons

95 - Animer et gérer un projet. Un concept et des outils pour anticiper l'action et le futur, Lionel Bellenger et Marie-Josée Couchaere

96 - L'entretien de recrutement. Des outils et des méthodes pour mieux recruter, Guy Sabon et Jean-Marie Jivel

97 - Les outils de base du formateur. Parole et supports [1], Sophie Courau

98 - Les émotions. Comment s'en faire des alliées avec les outils de la PNL, Viviane Dubos

99 - Les outils d'excellence du formateur. Pédagogie et animation [2], Sophie Courau

100 - La confiance en soi, Lionel Bellenger

101 - Images mentales et stratégies d'apprentissage. Explication et critique. Les outils modernes de gestion mentale, Élisabeth Grebot

102 - Les types de personnalité. Les comprendre et les appliquer avec le MBTI (indicateur typologique de Myers-Briggs), Pierre Cauvin et Geneviève Cailloux

103 - La gestion de soi. La nouvelle voie du management, Anne-Marie Laporte-Castelnau et Brigitte Laporte-Darbans

104 - Les techniques de recherche d'emploi, Bernard Gangloff

105 - La délégation efficace. Pour un nouveau management plus responsabilisant, Christophe Lunacek

106 - Formation des tuteurs et des maîtres d'apprentissage. Pour une intégration réussie des jeunes dans l'entreprise, Guy Sabon

107 - Mobiliser les compétences. Par une ingénierie de la formation, André Guittet

108 - Le parler-vrai. La méthode Schutz pour être vrai avec soi-même et avec les autres, Virginie Cornet, Philippe Auriol

109 - Savoir transmettre son expertise et son savoir-faire, Bruno Barjou

110 - Histoire de vie. Une nouvelle approche pour repenser sa vie autrement, Arlette Yatchinovsky, Pierre Michard

111 - Utiliser efficacement la vidéo en formation. L'autoscopie à l'usage des enseignants et des formateurs, Marie-Hélène Cou et Claude Demeure

112 - La formation psychologique des enseignants, Jacques Nimier

113 - Dictionnaire de la formation et du développement personnel, Lionel Bellenger et Philippe Pigallet

114 - L'affirmation de soi au féminin. L'assertivité au féminin, Odile Fèvre et éric Schuler

115 - Histoire des courants pédagogiques. Tome 1 - Encyclopédie des pédagogies pour adultes, Dominique Chalvin

116 - Méthodes et outils pédagogiques. Tome 2 - Encyclopédie des pédagogies pour adultes, Dominique Chalvin

117 - La communication non verbale. Aspects pragmatiques et gestuels des interactions, Guy Barrier

118 - Réussir dans ses nouvelles responsabilités. Prise de fonction : mode d'emploi, Bruno Barjou, Annick Cohen, Jacques Isoré, Jean-Pierre Testa

119 - La cohésion des équipes. Pratique du team building, Pierre Cauvin

120 - Mieux s'exprimer pour convaincre et agir, Guy Roudière

121 - Organiser le suivi de la formation. Méthodes et outils, Marc Dennery

122 - La force de persuasion. Du bon usage des moyens d'influencer et de convaincre, Lionel Bellenger

123 - 77 études de cas et exercices. Formation et développement personnel, Lionel Bellenger et Philippe Pigallet

124 - Être soi. Une démarche pour se réconcilier avec soi, Rebiha Couillet

125 - Manager son temps et son énergie. L'organisation du temps en équipe, Marie-Josée Couchaere

126 - Se former soi-même. Les outils de l'autoformation, Philippe Gabilliet et Yves de Montbron

127 - Les outils de la pensée. éduquer le sens critique, Philippe Pigallet

128 - Manager par projet. Méthodes et comportements pour animer hors statut hiérarchique, Bruno Barjou

129 - Comment raisonner pour décider. Apprendre à trouver des solutions, Jean-Michel Bazin et Roger Bazin

130 - être stratège. éduquer l'esprit de compétition, Lionel Bellenger

131 - La détection des potentiels. Pour une gestion anticipée des ressources humaines et des carrières, Luc Marsal

132 - Piloter un projet de formation. Du diagnostic des besoins à la mise sous assurance qualité, Marc Dennery

133 - L'approche systémique. Pour gérer l'incertitude et la complexité, Arlette Yatchinovsky

134 - Apprendre à coopérer. Repenser la formation, Arlette Mucchielli

135 - Le temps autrement. Le kit de survie des nouveaux nomades, Philippe Cruellas

136 - Tensions et conflits dans les relations personnelles. Comment s'en sortir, Dominique Chalvin.

137 - Savoir anticiper. Les outils pour maîtriser son futur, Philippe Gabilliet

138 - Décrypter les débats télévisés. Outils et pratiques, Guy Roudière

139 - Gérer efficacement son temps et ses priorités. Une logique du plaisir, Daniel Latrobe

140 - Internet cléfs de la lisibilité. Se former aux nouvelles exigences de l'hypermédia, Guy Barrier

141 - Vendre ses idées et ses projets. Des clefs pour obtenir l'accord, Bruno Barjou

142 - Agressivité et violences au travail. Comment y faire face, Bernard E. Gbézo

143 - Techniques de questionnement. Savoir poser les bonnes questions, Lionel Bellenger, Marie-Josée Couchaere

144 - Pratique de la médiation. Une méthode alternative à la résolution de conflits, Jean-Louis Lascoux

145 - Kit de formation. De la conception à la réalisation, Corinne Chauvin

146 - Évaluer la formation. Vers le pilotage économique, Marc Dennery

147 - Développement de la mémoire. Clés pour une mémoire dynamisée, Marie-Josée Couchaere

148 - Du bon usage de la manipulation. Les ressorts cachés de la communication d'influence, Dominique Chalvin

149 - Excellence à l'oral. Développer son charisme, Lionel Bellenger

150 - C'est moi d'abord ! Pour réussir son développement personnel et professionnel, Lionel Bellenger, Philippe Pigallet Rebiha Couillet, Bruno Barjou

151 - Traquer le non-dit. Une sémantique au quotidien, Guy Roudière

152 - Vivre ses projets. Construire activement son projet professionnel, Béatrice Dauberville, Bernard Létard, Nicole Soleilhac, Martine Poulain, Michèle Vayn, Louis Bailly, Alix Foulard, Odile Vialatte (CNAM)

153 - Le manager aux 5 passeports. De l'intelligence émotionnelle à l'intelligence managériale, Chantal Gensse

154 - 100 exercices et études de cas pour la formation. Communication, créativité, développement personnel, Lionel Bellenger Philippe Pigallet

LISTE DES OUVRAGES DISPONIBLES DANS LA COLLECTION
FORMATION PERMANENTE EN SCIENCES HUMAINES
CLASSÉS PAR AUTEUR

ROGER MUCCHIELLI

L'analyse de contenu des documents et des communications (8e édition – n° 16).
Communication et réseaux de communications (10e édition – n° 12).
Les complexes personnels (5e édition – n° 11).
La conduite des réunions (16e édition – n° 3).
La dynamique des groupes (16e édition – n° 4).
L'entretien de face à face dans la relation d'aide (17e édition – n° 1).
L'étude des postes de travail (8e édition – n° 7).
L'examen psychotechnique (8e édition – n° 8).
L'interview de groupe (7e édition – n° 6).
La méthode des cas (8e édition – n° 5).
Les méthodes actives dans la pédagogie des adultes (9e édition – n° 13).
Observation psychologique et psychosociologique (5e édition – n° 17).
Opinions et changements d'opinion (4e édition - n° 9).
Organigrammes et sociogrammes (épuisé – n° 14).
Psychologie de la publicité et de la propagande (épuisé – n° 10).
Psychologie de la relation d'autorité (6e édition - n° 19).
Psychologie de la vie conjugale (4e édition – n° 15).
Psychosociologie d'une commune rurale (épuisé – n° 20).
Le questionnaire dans l'enquête psychosociale (10e édition – n° 2).
Le travail en équipe (8e édition – n° 18).

BERNARD ADAM

Animer une étude analyse de la valeur. Guide pratique des procédés et des techniques efficaces (1re édition – n° 79).

ANNE ANCELIN-SCHUTZENBERGER

Le jeu de rôle (5e édition – n° 43).

BRUNO BARJOU

Manager par projet. Méthodes et comportements pour animer hors statut hiérarchique (3e édition - n° 128).
Savoir transmettre son expertise et son savoir-faire (1re édition – n° 109).
Vendre ses idées et ses projets. Des clefs pour obtenir l'accord. (1re édition - n° 141).

BRUNO BARJOU, ANNICK COHEN, JACQUES ISORÉ, JEAN-PIERRE TESTA

Réussir dans ses nouvelles responsabilités. Prise de fonction : mode d'emploi (4e édition – n° 118).

GUY BARRIER

La communication non verbale. Aspects pragmatiques et gestuels des interactions (2e édition – n° 117).
Internet, clefs pour la lisibilité. Se former aux nouvelles exigences de l'hypermédia (1re édition – n° 140).

JEAN-MICHEL BAZIN ET ROGER BAZIN
Comment raisonner pour décider. Apprendre à trouver des solutions (1re édition – n° 129).

ROGER BAZIN
Développement personnel et entraînement mental (5e édition – n° 29).
La formation par les méthodes TWI, OM, SORA (épuisé - n° 22)
Le nouvel esprit qualité. Une pédagogie pour enrichir le dialogue social et garantir une meilleure efficacité des entreprises (1re édition - n° 82).
Organiser les sessions de formation (5e édition - n° 30).

LIONEL BELLENGER
L'argumentation. Principes et méthodes (5e édition – n° 37).
La confiance en soi (4e édition – n° 100).
Etre stratège. Éduquer l'esprit de compétition (1re édition – n° 130).
L'excellence à l'oral (2e édition – n° 149).
L'expression orale. Une approche nouvelle de la parole expressive (épuisé – n° 44).
La force de persuasion. Du bon usage des moyens d'influencer et de convaincre (2e édition – n° 122)
Les outils du négociateur. Consulter, argumenter, réfuter [2] (2e édition – n° 90).
Stratégies et tactiques de négociation [1] (3e édition – n° 83).

LIONEL BELLENGER ET MARIE-JOSÉE COUCHAERE
Animer et gérer un projet. Un concept et des outils pour anticiper l'action et le futur (5e édition – n° 95).
Les techniques de questionnement. Savoir poser les bonnes questions (1re édition – n° 143).

LIONEL BELLENGER ET PHILIPPE PIGALLET
Dictionnaire de la formation et du développement personnel (1re édition – n° 113).
77 études de cas et exercices. Formation et développement personnel (2e édition – n° 123).

LIONEL BELLENGER, PHILIPPE PIGALLET, REHBIA COUILLET, MARIE-JOSÉ COUCHAERE, BRUNO BARJOU
C'est moi d'abord (1re édition - n° 150).

PIERRE CAUVIN
La cohésion des équipes. Pratique du team building (2e édition – n° 119).

PIERRE CAUVIN ET GENEVIEVE CAILLOUX
Les types de personnalité. Les comprendre et les appliquer avec le MBTI (indicateur typologique de Myers-Briggs) (3e édition – n° 102).

ALAIN CAYROL ET PATRICK BARRERE
La programmation neuro-linguistique (P.N.L.). Des techniques nouvelles pour favoriser l'évolution personnelle et professionnelle (10e édition – n° 60).

DOMINIQUE CHALVIN
L'affirmation de soi (11e édition – n° 41).

Autodiagnostic des styles de management. À l'usage des cadres et des dirigeants (4e édition – n° 56).
Du bon usage de la manipulation (3e édition – n° 148).
Faire face aux stress de la vie quotidienne (5e édition – n° 48).
Histoire des courants pédagogiques. Tome 1 – Encyclopédie des pédagogies pour adultes. (2e édition – n° 115).
Méthodes et outils pédagogiques. Tome 2 - Encyclopédie des pédagogies pour adultes. (2e édition – n° 116).
Les nouveaux outils de l'analyse transactionnelle. Pour développer l'énergie des individus et des organisations [2] (7e édition – n° 64).
Les outils de base de l'analyse transactionnelle. Pour développer l'énergie des individus et des organisations [1] (8e édition – n° 63).
Tensions et conflits dans les relations personnelles. Comment s'en sortir (2e édition - n° 136).
Utiliser tout son cerveau. De nouvelles voies pour accroître son potentiel de réussite (5e édition – n° 61).

GÉRARD CHANDEZON ET JOÊL SALOU
L'insécurité. Comprendre les risques de la vie quotidienne et y faire face (1re édition – n° 59).

JACQUES CHAUMIER
Travail et méthodes du documentaliste. Pour une exploitation méthodique et optimale de l'information (6e édition – n° 39).

CORINNE CHAUVIN
Le kit de la formation. De la conception à la réalisation (1re édition – n° 145)

JEAN-DOMINIQUE CHIFFRE ET JACQUES TEBOUL
La motivation et ses nouveaux outils. Des clés pour dynamiser une équipe (4e édition – n° 74).

JACQUES CLARET
Organiser la pensée. Une formation méthodique au travail intellectuel (5e édition – n° 47).

VIRGINIE CORNET, PHILIPPE AURIOL
Le parler-vrai. La méthode Schutz pour être vrai avec soi-même et avec les autres (1re édition – n° 108).

MARIE-HÉLENE COU ET CLAUDE DEMEURE
Utiliser efficacement la vidéo en formation. L'autoscopie à l'usage des enseignants et des formateurs (1re édition – n° 111).

MARIE-JOSÉE COUCHAERE
Éduquer la mémoire (épuisé – n° 50).
Manager son temps et son énergie. L'organisation du temps en équipe (2e édition – n° 125).
Le développement de la mémoire. Clés pour une mémoire dynamisée (1re édition – n° 146).

REBIHA COUILLET
Être soi. Une démarche pour se réconcilier avec soi (2e édition – n° 124).

SOPHIE COURAU
Les outils de base du formateur. Parole et supports [1] (5e édition – n° 97).
Les outils d'excellence du formateur. Concevoir et animer des sessions de formation [2] (4e édition – n° 99).

PHILIPPE CRUELLAS
Le temps autrement. Le kit de survie des nouveaux nomades (1re édition – n° 135).

PHILIPPE CRUELLAS ET RAPHAËL BENAYOUN
Le temps mode d'emploi. Reconquérir son temps... et sa vie (épuisé - n° 62).

MARC DENNERY
Évaluer la formation. Vers le pilotage économique (1re édition – n° 147).
Organiser le suivi de la formation. Méthodes et outils (2e édition – n° 121).
Piloter un projet de formation. Du diagnostic des besoins à la mise sous assurance qualité (2e édition – n° 132).

GÉRARD DEVAUX
Se préparer à l'oral des examens et des concours (3e édition – n° 77).

MARC DOVERO ET ELISABETH GREBOT
Enseigner, former, conseiller avec la PNL (3e édition – n° 93).

VIVIANE DUBOS
Les émotions. Comment s'en faire des alliées avec les outils de la PNL (5e édition – n° 98).

VICTOR ERNOULT, JEAN-PIERRE GRUERE, FABIENNE PEZEU
Optimiser les ressources humaines dans l'entreprise. Formation à la méthode du bilan comportemental (2e édition – n° 53).

ODILE FEVRE ET ÉRIC SCHULER
L'affirmation de soi au féminin. L'assertivité au féminin (1re édition – n° 114).

MICHEL FUSTIER
Pratique de la créativité (6e édition – n° 33).

PHILIPPE GABILLIET
Savoir anticiper. Les outils pour maîtriser son futur (1re édition – n° 137)

PHILIPPE GABILLIET ET YVES DE MONTBRON
Se former soi-même. Les outils de l'autoformation (1re édition – n° 126).

BERNARD GANGLOFF
Les techniques de recherche d'emploi (1re édition – n° 104).

BERNARD E. GBÉZO
Agressivité et violences au travail. Comment y faire face (2e édition – n° 142).

CHANTAL GENSSE
Le manager aux 5 passeports (1re édition - n° 153)

MICHEL GIFFARD
Développez votre intuition et celle de votre équipe (1re édition – n° 92).

PATRICK GILBERT ET CHRISTIAN CHARDON
Analyser l'écriture. Une démarche et un outil nouveaux en graphologie (2e édition – n° 67).

LAURENT GODBOUT
S'entraîner à raisonner juste. Pour mieux se comprendre et mieux s'entendre (1re édition – n° 78).

ELISABETH GREBOT
Images mentales et stratégies d'apprentissage. Explication et critique. Les outils modernes de gestion mentale (2e édition – n° 101).

ANDRÉ GUITTET
Développer les compétences par une ingénierie de la formation (2e édition – n° 107).

HUBERT JAOUI
La créativité, mode d'emploi (3e édition – n° 81).

HUBERT JAOUI, FRANÇOIS-MARIE PONS
La communication pratique au service des entreprises (1re édition – n° 94).

ALAIN JOLIBERT ET MAUD TIXIER
La négociation commerciale. Etudes de cas. Préparation et stratégie (1re édition – n° 76).

PHILIPPE KAEPPELIN
L'écoute. Mieux écouter pour mieux communiquer (5e édition – n° 70).

JEAN-FRANÇOIS LABOREY
L'entretien annuel d'appréciation et de carrière (2e édition – n° 88).

ANNE-MARIE LAPORTE-CASTELNAU
ET BRIGITTE LAPORTE-DARBANS
La gestion de soi. La voie nouvelle du management (2e édition – n° 103)

JEAN-LOUIS LASCOUX
Pratique de la médiation. Une méthode alternative à la résolution des conflits (2e édition – n° 144).

DANIEL LATROBE
Gérer efficacement son temps et ses priorités. Une logique du plaisir (3e édition – n° 139).

ROGER LAUNAY
La négociation (3e édition)

JEAN-PAUL LAVERGNE
La décision (épuisé - n° 51).

PIERRE LEBEL
Améliorer la qualité de vie au travail par la participation (1re édition – n° 80).
Métrologie, mesure et maîtrise des communications (1re édition – n° 28).

CLAUDE LEBŒUF, ALEX MUCCHIELLI
Le projet d'entreprise. Comment le préparer, le réaliser et motiver votre personnel (2e édition – n° 69).

EDOUARD LIMBOS
L'animation des groupes de culture et de loisirs (5e édition – n° 35).
Les barrages personnels dans les rapports humains. Comment les comprendre et les surmonter (3e édition – n° 55).
Le management des changements sociaux dans l'entreprise (1re édition – n° 85).
La participation. Conseils et méthodes pour développer la qualité et l'animation de la « Vie associative » (1re édition- n° 65).

YVES-FRÉDÉRIC LIVIAN
Gérer le pouvoir dans les entreprises et les organisations (1re édition – n° 71).

CHRISTOPHE LUNACEK
La délégation efficace. Pour un nouveau management plus responsabilisant (1re édition – n° 105).

LUC MARSAL
La détection des potentiels. Pour une gestion anticipée des ressources humaines et des carrières (1re édition – n° 131).

ALEX MUCCHIELLI
Rôles et communications dans les organisations (3e édition – n° 49).

ARLETTE MUCCHIELLI
Apprendre à coopérer. Repenser la formation (1re édition – n° 134).

JACQUES NIMIER
La formation psychologique des enseignants (1re édition – n° 112).

DANIEL PEMARTIN
Réussir le changement. Mutations des entreprises et problèmes humains (2e édition – n° 68).

PHILIPPE PIGALLET
Méthodes et stratégies de lecture. Pour un art de lire (3e édition – n° 57).
Les outils de la pensée. Éduquer le sens critique (1re édition – n° 127).

CHRISTIE RAVENNE
Gérer les tournants de carrière (1re édition – n° 72).
Les nouvelles missions du management. Adaptation et flexibilité (1re édition – n° 75).
Rechercher et innover en groupe. Méthodes à l'usage des groupes d'amélioration de la qualité (2e édition – n° 58).

GUY ROUDIÈRE
Décrypter les débats télévisés. Outils et pratiques (1re édition – n° 138).
Mieux s'exprimer pour convaincre et agir (1re édition – n° 120).
Traquer le non-dit (1re édition - n° 151).

GUY SABON
Formation des tuteurs et des maîtres d'apprentissage. Pour une intégration réussie des jeunes dans l'entreprise (1re édition – n° 106).

GUY SABON ET JEAN-MARIE JIVEL
L'entretien de recrutement. Des outils et des méthodes pour mieux recruter (2e édition – n° 96).

CHANTAL SELVA
La programmation neuro-linguistique appliquée à la négociation (4e édition – n° 86).

CHANTAL SELVA ET GUY MISSOUM
Savoir définir et gérer des objectifs. Une stratégie de la réussite (3e édition – n° 91).

LOUIS TIMBAL-DUCLAUX
La communication écrite scientifique et technique. Qualité et lisibilité (1re édition – n° 84).
L'expression écrite. Ecrire pour communiquer (6e édition – n° 42).

ARLETTE YATCHINOVSKY
L'approche systémique. Pour gérer l'incertitude et la complexité (2e édition – n° 133).

ARLETTE YATCHINOVSKY, PIERRE MICHARD
Le bilan personnel et professionnel. Instrument de management (4e édition – n° 87).
Histoire de vie. Une nouvelle approche pour repenser sa vie autrement (1re édition – n° 110).

Cet ouvrage a été achevé d'imprimer en mai 2003
sur les presses de Corlet Imprimeur à Condé-sur-Noireau – France
dépôt légal : mai 2003
n° d'édition 2905 ed 2705
n° d'imprimeur : 70987